한국 어문 규정 입문

Introduction to Korean Linguistic Rules

한국 어문 규정 입문

Introduction to Korean Linguistic Rules

최윤곤 지음

한국문화사

　　지난 2014년은 한국 어문 규정에 큰 변화가 있었던 한 해였다. '한글 맞춤법'(2015.01.01. 문화체육관광부 고시 제2014-39호), '외래어 표기법'(2014.12.05. 문화체육관광부 고시 제2014-43호), '국어의 로마자 표기법'(2014.12.05. 문화체육관광부 고시 제2014-42호) 등 3개의 어문 규정이 새롭게 고시되었다. 또한 국립국어원은 2011년 8월, 2014년 12월, 2015년 12월, 2016년 11월 등 4차례에 걸쳐서 추가 표준어 목록을 공표하였다. 1988년 이후로 복수 표준어 24개, 별도 표준어 38개, 복수 표준형 4개, 기타 3개 등이 새롭게 표준어로 추가되었다.

　　『한국어 어문 규범 입문』이 출판된 지도 3년 반이 지났다. 그 동안 강의를 하면서 발견한 오류를 모두 수정하여 반영하였다. 새롭게 출판하면서 책이름도 『한국 어문 규범 입문』으로 변경하고, 2014년 12월에 변경된 〈문장 부호〉와 2016년까지 4차에 걸쳐 고시된 새로운 표준어를 추가하였다. 이전 책에서 북한의 〈조선말 규범집〉을 수록하였는데, 이번에는 중국조선어사정위원회의 〈조선말 규범집〉을 추가하였다. 이로써 우리가 이미 알고 있던 남한과 북한의 어문 규범뿐만 아니라, 중국 조선어의 어문 규범까지도 모두 한 권의 책에 싣게 되어 한국, 북한, 중국에 존재하는 어문 규정을 비교할 수 있는 계기를 마련했다.

　　앞으로 남북의 어문 규범이 통일되고, 중국 조선어의 어문 규범도 아우르는 하나의 우리말 어문 규범이 만들어지는 그날을 기약하며 이 책이 작은 씨앗이 되기를 바란다.

2017년 1월
만해관 연구실에서
필자 쓰다

외래어 표기법

국어의 로마자 표기법

01

한글 맞춤법

Spelling System of Hangeul

「한글 맞춤법」 일부 개정안 문체부 고시 제2014-39호(2014. 12. 5.)

제1장 총칙

1. 뜻을 파악하기 쉽게 하기 위하여 각 형태소의 본모양을 밝히어 적는다.

> **제1항** 한글 맞춤법은 표준어를 소리대로 적되, 어법에 맞도록[1] 함을 원칙으로 한다.

맞춤법이란 주로 음소 문자(音素文字)에 의한 표기 방식을 이른다. 한글은 표음 문자(表音文字)이며 음소 문자인 자음과 모음의 결합 형식에 의하여 표준어를 소리대로 표기하는 것이 원칙이다.

그러나 이 원칙만을 적용하기 어려운 경우도 있다. '꽃(花)'이란 단어는 다른 단어와 결합하면 발음 형태가 다음과 같이 나타난다.

[꼬ㅊ]	꽃이[꼬치]	꽃을[꼬츨]	꽃에[꼬체]
[꼰]	꽃나무[꼰나무]	꽃놀이[꼰노리]	꽃망울[꼰망울]
[꼳]	꽃과[꼳꽈]	꽃다발[꼳따발]	꽃밭[꼳빧]

맞춤법에서는 각 형태소가 지닌 뜻이 분명히 드러나도록 하기 위하여, 그 본모양을 밝히어 적는 것을 또 하나의 원칙으로 삼는다. 결국 한글 맞춤법은 표음주의 표기를 원칙으로 하고, 표의주의 표기를 추가한다.

표의적 표기	표음적 표기
어법대로 적는 것, 어근을 밝혀서 적는 방식이다.	소리대로 적는 것, 발음 나는 대로 적는 방식이다
성공률, 합격률, 문예란	실패율, 백분율, 스포츠난
넘어지다, 떨어지다, 지껄이다	드러나다, 쓰러지다, 어우러지다
가깝다, 긋다, 빌다	가까워, 그어, 비세
묻음, 믿음, 길이, 굵다랗다	무덤, 미덥다, 너비, 널따랗다
넓히다, (우표를) 붙이다	드리다, (편지를) 부치다
살살이, 지킴이, 홀쭉이, 오뚝이	꾀꼬리, 뻐꾸기, 얼루기, 빈털터리
어떻든, 이렇든, 아무렇든	아무튼, 하여튼
승낙, 토론, 분노, 그럼으로써	수락, 의논, 희로애락, 그러므로

1 다음 표기된 표준어 중 성격이 <u>다른</u> 하나는?

　① 하늘　　　　　　② 믿음

　③ 구름　　　　　　④ 사랑

제2항 문장의 각 단어는 띄어 씀을 원칙으로 한다.

　한국어의 조사는 접미사[2] 범주(範疇)에 포함시키기 어렵기 때문에 하나의 단어로 인정하고, 형식 형태소이자 의존 형태소(依存形態素)이므로, 그 앞의 단어에 붙여 쓴다.

나물좀다오	나 물 좀 다오.	물[水]
	나물 좀 다오.	나물[菜蔬]
우리가정은넉넉하다	우리가 정은 넉넉하다.	정(情)
	우리 가정은 넉넉하다.	가정(家庭)

2 다음 중 띄어쓰기가 바르게 된 문장은?

　① 하늘이 새 파랗다.　　　② 하루종일 걱정만 할뿐이다.

　③ 그 행사는 올초에 열렸다.　④ 오늘은 할 일이 많다.

제3항 외래어는 '외래어 표기법'에 따라 적는다.

　외래어 표기법을 따로 정하고(1986년 1월 7일 문교부 고시), 그 규정에 따라 적는다. 1986년 영어, 독일어, 프랑스 어, 에스파냐 어, 이탈리아 어, 일본어, 중국어에 대한 표기법을 정한 후에 현재는 폴란드 어, 체코 어, 세르보크로아트 어, 루마니아 어, 헝가리 어, 스웨덴 어, 노르웨이 어, 덴마크 어, 말레이인도네시아 어, 타이 어, 베트남 어, 포르투갈 어, 네덜란드 어, 러시아 어까지 총 21개 언어에 대한 외래어 표기법이 제시 되어있다. 향후 국제관계와 언중의 요구에 따라 계속 추가될 것으로 예상된다.

3 ④

①, 'Beatles'는 '비틀스'로 적는다. '외래어 표기법' 외래어 용례의 표기 원칙, 제6장에 있는 '(나) 어말의 -s[z]는 '스'로 적는다.'라는 규정에 따른 것이다.

②, country[kʌntri]는 외래어 표기법 제2장 표기일람표에 따라 '컨트리'로 적는다.

③, cupcake[kʌpkeɪk]는 중모음 '[ei], [ou]'의 경우 표기 세칙 제3장, 제1절, 제1항의 조항 중 '3. 위 경우 이외의 어말과 자음 앞의 [p], [t], [k]는 '으'를 붙여 적는다.'는 조항을 적용하고 있어서 '컵케이크'로 적는다.

3 다음 중 외래어 표기법에 맞게 쓰인 것은?

① <u>비틀즈</u>의 음악을 좋아합니다.
② <u>컨츄리</u> 음악은 나와 맞지 않아.
③ <u>컵케익</u>은 간단히 만들 수 있다.
④ 책상 위에 <u>브로슈어</u>가 놓여 있다.

제2장 **자모**

제4항 한글 자모의 수는 스물넉 자로 하고, 그 순서와 이름은 다음과 같이 정한다.

ㄱ(기역)　　ㄴ(니은)　　ㄷ(디귿)　　ㄹ(리을)　　ㅁ(미음)

ㅂ(비읍)　　ㅅ(시옷)　　ㅇ(이응)　　ㅈ(지읒)　　ㅊ(치읓)

ㅋ(키읔)　　ㅌ(티읕)　　ㅍ(피읖)　　ㅎ(히읗)

ㅏ(아)　　　ㅑ(야)　　　ㅓ(어)　　　ㅕ(여)　　　ㅗ(오)

ㅛ(요)　　　ㅜ(우)　　　ㅠ(유)　　　ㅡ(으)　　　ㅣ(이)

한글 자모(字母)의 수와 차례 및 이름은 1933년 〈한글 마춤법 통일안〉에서와 동일하다. 'ㄱ, ㄷ, ㅅ'의 경우는 〈훈몽자회(訓蒙字會)〉(1527) 범례와 같이 '기역(其㪥), 디귿(池㫆) 시옷(時㪫)'으로 표기한다.

[붙임 1] 위의 자모로써 적을 수 없는 소리는 두 개 이상의 자모를 어울러서 적되, 그 순서와 이름은 다음과 같이 정한다.

ㄲ(쌍기역)　　ㄸ(쌍디귿)　　ㅃ(쌍비읍)　　ㅆ(쌍시옷)

ㅉ(쌍지읒)　　ㅐ(애)　　　　ㅒ(얘)　　　　ㅔ(에)

ㅖ(예)　　　　ㅘ(와)　　　　ㅙ(왜)　　　　ㅚ(외)　　　ㅝ(워)

ㅞ(웨)　　　　ㅟ(위)　　　　ㅢ(의)

두 개의 자음이 합친(ㄲ, ㄸ, ㅃ, ㅆ, ㅉ)과 두개의 모음이 합친(ㅐ, ㅒ, ㅔ, ㅖ, ㅘ, ㅚ, ㅝ, ㅟ, ㅢ)와, 세 개 모음이 합친 글자인 'ㅙ, ㅞ'를 쓴다.

[붙임 2] 사전에 올릴 적의 자모 순서는 다음과 같이 정한다.

자음: ㄱ   ㄲ   ㄴ   ㄷ   ㄸ
　　　 ㄹ   ㅁ   ㅂ   ㅃ   ㅅ
　　　 ㅆ   ㅇ   ㅈ   ㅉ   ㅊ
　　　 ㅋ   ㅌ   ㅍ   ㅎ

모음: ㅏ   ㅐ   ㅑ   ㅒ   ㅓ
　　　 ㅔ   ㅕ   ㅖ   ㅗ   ㅘ
　　　 ㅙ   ㅚ   ㅛ   ㅜ   ㅝ
　　　 ㅞ   ㅟ   ㅠ   ㅡ   ㅢ
　　　 ㅣ

겹글자의 차례가 일정하지 않기 때문에 사전 편찬자가 임의로 배열하는 데 따른 혼란을 막기 위함이다. 받침 글자의 순서는 다음과 같다.

ㄱ ㄲ ㄳ ㄴ ㄵ ㄶ ㄷ ㄹ ㄺ ㄻ ㄼ ㄽ ㄾ ㄿ ㅀ
ㅁ ㅂ ㅄ ㅅ ㅆ ㅇ ㅈ ㅊ ㅋ ㅌ ㅍ ㅎ

4 ③

③ 북한의 문화어에서
는 'ㄲ(된기윽), ㄸ(된
디읃), ㅃ(된비읍)' 등
으로 칭한다.

---

4 다음 중 자모에 관한 설명 중 틀린 것은?

① 한글 자모의 수와 차례 및 이름은 1933년 〈한글 마춤법 통일안〉을 따른다.

② 'ㄱ, ㄷ, ㅅ'은 훈몽자회(1527) 범례와 같이 명칭을 정한다.

③ 북한의 문화어에서 'ㄲ(쌍기역), ㄸ(쌍디귿), ㅃ(쌍비읍)' 등으로 자모 명칭을 정한다.

④ 사전에 올릴 적의 모음 순서는 'ㅏ, ㅐ, ㅑ, ㅒ, ㅓ, ㅔ, ㅕ, ㅖ, ㅗ, ㅘ, ㅙ, ㅚ, ㅛ, ㅜ, ㅝ, ㅞ, ㅟ, ㅠ, ㅡ, ㅢ, ㅣ'이다.

제3장 소리에 관한 것

제1절 된소리

3. 하나의 형태소 내부.

4. 발음에 있어서 경음화의 규칙성이 적용되는 조건이 아닌 경우.

제5항 한 단어 안[3]에서 뚜렷한 까닭 없이[4] 나는 된소리는 다음 음절의 첫소리를 된소리로 적는다.

1. 두 모음 사이에서 나는 된소리

소쩍새	어깨	오빠	으뜸	아끼다
기쁘다	깨끗하다	어떠하다	해쓱하다	가끔
거꾸로	부썩	어찌	이따금	

2. 'ㄴ, ㄹ, ㅁ, ㅇ' 받침 뒤에서 나는 된소리

산뜻하다	잔뜩	살짝	훨씬	담뿍
움찔	몽땅	엉뚱하다		

받침 'ㄴ, ㄹ, ㅁ, ㅇ' 다음에 오는 예사소리를 경음화시키는 필연적인 조건이 되지 않는다. '단짝, 번쩍, 물씬, 절뚝거리다, 듬뿍, 함빡, 껑뚱하다, 뭉뚱그리다' 등도 이 규정을 따른다.

다만, 'ㄱ, ㅂ' 받침 뒤에서 나는 된소리는, 같은 음절이나 비슷한 음절이 겹쳐 나는 경우가 아니면 된소리로 적지 아니한다.

국수	깍두기	딱지	색시
싹둑(~싹둑)	법석	갑자기	몹시

"늑대[늑때], 낙지[낙찌], 접시[접씨], 납작하다[납짜카다]"처럼 필연적으로 경음화 현상이 일어나기 때문에 된소리로 적지 않는다. 그러나 하나의 형태소 내부에 있어서도, '똑똑(-하다), 쓱싹(-쓱싹), 쌉쌀(-하다)' 등처럼 같은 음절이나 비슷한 음절이 거듭되는 경우에는 첫소리가 같은 글자로 적는다.

딱딱, 똑딱똑딱, 싹싹하다, 쌕쌕, 씩씩, 쏩쓸하다, 짭짤하다

5 ④

④, '*싹뚝'은 'ㄱ, ㅂ' 받침 뒤에 나는 된소리는, 같은 음절이나 비슷한 음절이 겹쳐나는 경우가 아니면 된소리로 적지 않기에 '싹둑'으로 적는다.

5. 형태소 연결에 있어서 실질 형태소인 체언, 어근, 용언 어간 등에 형식 형태소인 조사, 접미사, 어미 등이 결합하는 관계.

6 ①

①, 붙을[버틀]로 발음되는 연음 현상이 일어나는 것이지 구개음화가 아니다.

5 다음 된소리 표기 중 틀린 것은?

① 잔뜩   ② 담뿍

③ 법석   ④ 싹뚝

제2절 구개음화

제6항 'ㄷ, ㅌ' 받침 뒤에 종속적 관계[5]를 가진 '-이(-)'나 '-히-'가 올 적에는, 그 'ㄷ, ㅌ'이 'ㅈ, ㅊ'으로 소리나더라도 'ㄷ, ㅌ'으로 적는다.

맞음	틀림	맞음	틀림
맏이	마지	핥이다	할치다
해돋이	해도지	걷히다	거치다
굳이	구지	닫히다	다치다
같이	가치	묻히다	무치다
끝이	끄치		

실질 형태소의 끝 받침 'ㄷ, ㅌ'이 구개음화(口蓋音化)하여 [ㅈ, ㅊ]로 발음되더라도, 그 기본 형태를 밝히어 'ㄷ, ㅌ'으로 적는다. 형식 형태소의 경우는 변이 형태를 인정하여 소리나는 대로 적지만, 실질 형태소의 경우 본 모양을 밝히어 적는 것이 원칙이므로, [ㅈ, ㅊ]로 소리나더라도 'ㄷ, ㅌ'으로 적는다.

ㄷ 받침	+ -이	곧이곧대로, 미닫이, 해돋이, 맏이
	+ -히	굳히다, 닫히다, 묻히다
ㅌ 받침	+ -이	낱낱이, 피붙이, 샅샅이, 붙이다
ㄾ 받침	+ -이	벼훑이, 핥이다, 훑이다

6 다음 중 구개음화 현상이 일어나지 않는 문장은?

① 볕을 쬐다.   ② 끝이 없다.

③ 사진을 붙이다.   ④ 꽃밭이 아름답다.

제3절 'ㄷ' 소리 받침

제7항 'ㄷ' 소리로 나는 받침[6] 중에서 'ㄷ'으로 적을 근거가 없는 것[7]은 'ㅅ'으로 적는다.

덧저고리	돗자리	엇셈	웃어른
핫옷	무릇	사뭇	얼핏
자칫하면	뭇[衆]	옛	첫 헛

이 받침들은 뒤에 형식 형태소의 모음이 결합될 경우에는 뒤 음절 첫소리로 연음되지만, 단어의 끝이나 자음 앞 음절 말음으로 실현될 때는 모두 [ㄷ]로 발음된다.

6. 음절 끝소리로 발음될 때 [ㄷ]으로 실현되는 'ㅅ, ㅆ, ㅈ, ㅊ, ㅌ' 등을 가리킨다.

7. 그 형태소가 'ㄷ'받침을 가지지 않는 단어.

'ㄷ'으로 적을 근거가 있는 것	① 본래 'ㄷ'받침 걷-잡다, 곧-장, 낟-가리, 돋-보다, 딛다
	② 'ㄹ'받침→ 'ㄷ'받침 반짇고리(바느질+고리), 사흗날(사흘+날), 삼짇날(삼질+날) 섣달(설+달), 숟가락(술+가락), 이튿날(이틀+날) 잗주름(잘+주름)
'ㄷ'으로 적을 근거가 없는 것	갓-스물, 걸핏-하면, 그-까짓, 기껏, 놋-그릇, 덧-셈, 빗장 삿대, 숫-접다, 자칫, 짓-밟다, 풋-고추, 햇-곡식

7 다음 'ㄷ' 소리 받침 중 표기가 틀린 것은?

① 걷잡다   ② 돗자리
③ 숟가락   ④ 사흘날

7 ④

④, '사흗날'으로 적는 것이 맞으며, 원래 'ㄹ' 받침이 'ㄷ'로 바뀐 것이다.

제4절 모음

제8항 '계, 례, 몌, 폐, 혜'의 'ㅖ'는 'ㅔ'로 소리나는 경우가 있더라도 'ㅖ'로 적는다.

맞음	틀림	맞음	틀림
계수(桂樹)	게수	혜택(惠澤)	헤택
사례(謝禮)	사레	계집	게집
연몌(連袂)	연메	핑계	핑게
폐품(廢品)	페품		

'계, 례, 몌, 폐, 혜'는 [게, 레, 메, 페, 헤]로 발음이 가능한데, '예' 이외의 음절에 쓰이는 이중 모음 'ㅖ'는 단모음화[8]하여 [ㅔ]로도 발음할 수 있다.

다만, 다음 말은 본음대로 적는다.

계송(揭示)　게시판(揭示)　휴게실(休憩室)

한자 '偈, 揭, 憩'는 본음인 'ㅔ'로 적는다.

偈(글귀 게)	게구(偈句), 게제(偈諦)
揭(들 게)	게기(揭記), 게양(揭揚), 게재(揭載), 게판(揭板)
憩(쉴 게)	게류(憩嵌), 게식(憩息), 게휴(憩休)

8 다음 중 'ㅖ' 표기가 틀린 것은?

① 계수(桂樹)　　　② 게시판(揭示板)

③ 휴게실(休憩室)　④ 폐품(廢品)

제9항 '의'나, 자음을 첫소리로 가지고 있는 음절의 'ㅢ'는 'ㅣ'로 소리나는 경우가 있더라도 'ㅢ'로 적는다.

맞음	틀림	맞음	틀림
의의(意義)	의이	닁큼	닝큼
본의(本義)	본이	띄어쓰기	띠어쓰기
무늬(紋)	무니	씌어	씨어
보늬	보니	틔어	티어
오늬	오니	희망(希望)	히망
하늬바람	하니바람	희다	히다
닁리리	닁리리	유희(遊戱)	유히

8. 뜻을 파악하기 쉽도록 하기 위하여 각 형태소의 본 모양을 밝히어 적는다.

8 ④

④, '*폐품'은 '계, 례, 몌, 폐, 혜'의 'ㅖ'는 'ㅔ'로 소리나는 경우가 있더라도 'ㅖ'로 적기 때문에 '폐품'으로 적는다.

① '계, 례, 몌, 폐, 혜'의 'ㅖ'는 'ㅔ'로 소리나는 경우가 있더라도 'ㅖ'로 적기 때문에 정답이다.

②, ③, '게시판, 휴게실'는 예외를 인정하여 '게'로 적는다.

현실적으로 'ㅢ'와 'ㅣ', 'ㅢ'와 'ㅔ'가 각기 변별적 특징을 가지고 있으며, 'ㅢ'가 [ㅣ]나 [ㅔ]로 발음되는 경향이 있더라도 'ㅢ'로 적는다.

'ㅡㅣ'가 줄어진 형태	띄어(←뜨이어), 씌어(←쓰이어), 틔어(←트이어)
관용에 따라	희다, 희떱다, 희뜩거리다
첫소리 'ㄴ' 구개음화하지 않는 음([n])으로 발음	늴리리[닐리리], 닁큼[닝큼], 무늬[무니] 보늬[보니], 하늬바람[하니바람]

'ㄴ'은 'ㅣ(ㅑ, ㅕ, ㅛ, ㅠ)' 앞에 결합하면, [ɲ]처럼 경구개음(硬口蓋音)[ɲ]으로 발음된다. 그런데 '늴리리, 무늬' 등의 '늬'는 구개음화하지 않는 'ㄴ', 곧 치경음(齒莖音)[9] [n]을 첫소리로 가진 음절로 발음된다. 하지만 발음 형태는 [니]를 인정하면서도, 표기는 '늬'로 적는다.

---

9 다음 '민주주의의 의의' 발음 중 **틀린** 것은?

① [민주주의의 의의] ② [민주주의의 으이]
③ [민주주이에 의이] ④ [민주주이에 의의]

제5절 **두음 법칙**

제10항 한자음 '녀, 뇨, 뉴, 니'가 단어 첫머리에 올 적에는, 두음 법칙에 따라 '여, 요, 유, 이'로 적는다.

맞음	틀림	맞음	틀림
여자(女子)	녀자	유대(紐帶)	뉴대
연세(年世)	년세	이토(泥土)	니토
요소(尿素)	뇨소	익명(匿名)	닉명

연도(年度) 열반(涅槃) 요도(尿道) 육혈(衄血) 익사(溺死)

다만, 다음과 같은 의존 명사에서는 '냐, 녀' 음을 인정한다.

냥(兩) 냥쭝(兩-) 년(年)(몇 년)

9. 조음 가운데 설첨 또는 설단과 치경(齒莖, 잇몸) 사이에서 발음되는 음으로 치조음(齒槽音)이라고도 한다. ㄷ[t]・ㅌ[th]・ㄸ[t']・ㄴ[n]・ㄹ[r] 등이 이에 속한다.

9 ②

② '의의'는 [*으이]가 아니라 [의의]나 [의이]로 발음된다.

①, ③, ④, 단어의 첫 음절 이외의 '의'는 [이]로, 조사 '의'는 [에]로 발음할 수 있기 때문에 맞는 발음이다.

의존 명사인 '냥(兩), 냥쭝(兩重), 년(年)' 등은 그 앞의 말과 연결 되어 하나의 단어를 구성하는 것이므로, 소리나는 대로 적는다.

금 한 냥　　은 두 냥쭝　　십 년

'년(年)'이 '연 3회'처럼 '한 해(동안)'란 뜻을 표시하는 경우엔 의존 명사가 아니므로, 두음 법칙이 적용된다.

고유어 중에서도 '녀석(고얀 녀석), 년(괘씸한 년), 님(바느질 실 한 님), 닢(엽전 한 닢, 가마니 두 닢)'과 같은 의존 명사에는 두음 법칙이 적용되지 않는다.

> **[붙임 1]** 단어의 첫머리 이외의 경우에는 본음대로 적는다.
> 남녀(男女)　　당뇨(糖尿)　　결뉴(結紐)　　은닉(隱匿)

단어의 첫머리가 아닌 경우에는 두음 법칙이 적용되지 않는다.

소녀(少女)　　만년(晚年)　　배뇨(排尿)　　비구니(比丘尼)　　탐닉(耽溺)

> **[붙임 2]** 접두사처럼 쓰이는 한자[10]가 붙어서 된 말이나 합성어에서, 뒷말의 첫소리가 'ㄴ' 소리로 나더라도 두음 법칙에 따라 적는다.
> 신여성(新女性)　　공염불(空念佛)　　남존여비(男尊女卑)

다음의 경우에는 두음 법칙이 적용된다.

	맞음	틀림
한자어 접두사 형태소+단어	신-여성 구-여성 공-염불	신녀성 구녀성 공념불
한자어 합성어	남존-여비 남부-여대(男負女戴)	남존녀비 남부녀대

한편, '신년도, 구년도' 등은 그 발음 형태가 [신년도], [구 : 년도]이며 또 '신년-도, 구년-도'로 분석되는 구조이므로, 이 규정이 적용되지 않는다.

[붙임 3] 둘 이상의 단어로 이루어진 고유 명사를 붙여 쓰는 경우에도 붙임 2에 준하여 적는다.

한국여자대학　　　　대한요소비료회사

둘 이상의 단어로 이루어진 고유 명사를 붙여 쓰는 경우에도, '한국 여자 약사회 → 한국여자약사회'처럼 결합된 각 단어를 두음 법칙에 따라 적는다.

10 다음 중 한자 '女'를 바르게 적은 것은?

① 신녀성(新女性)　　　② 한국녀자대학(韓國女子大學)
③ 남존녀비(男尊女卑)　　④ 남녀(男女)

제11항 한자음 '랴, 려, 례, 료, 류, 리'가 단어의 첫머리에 올 적에는, 두음 법칙에 따라 '야, 여, 예, 요, 유, 이'로 적는다.

맞음	틀림	맞음	틀림
양심(良心)	량심	용궁(龍宮)	룡궁
역사(歷史)	력사	유행(流行)	류행
예의(禮儀)	례의	이발(理髮)	리발

성씨(姓氏)의 '양(梁), 여(呂), 염(廉), 용(龍), 유(柳), 이(李)' 등도 이 규정에 따라 적는다.

양기탁(梁起鐸)　　　여운형(呂運亨)　　　염온동(廉溫東)
유관순(柳寬順)　　　이이(李珥)

다만, 다음과 같은 의존 명사는 본음대로 적는다.

리(里): 몇 리냐?　　　리(理): 그럴 리가 없다.

의존 명사 '량(輛), 리(理, 里, 厘)' 등은 두음 법칙과 관계없이 본음대로 적는다. 의존 명사는 항상 어떤 말 뒤에서만 사용하는 특성이 있기 때문이다.

객차(客車) 오십 량(輛)　　　2푼 5리(厘)

10 ④

④. '남녀'는 단어의 첫머리 이외의 경우에는 본음대로 적기 때문에 정답이다.
①. '*신녀성'에서 '신(新)'이 접두사처럼 쓰이기 때문에 뒷말의 첫소리가 'ㄴ'소리로 나더라도 두음법칙에 따라 적기 때문에 '신여성'으로 적어야 한다.
②. '*한국녀자대학'은 둘 이상의 단어로 이루어진 고유 명사를 붙여 쓰는 경우이기에 두음 법칙에 따라 '한국여자대학'으로 적는다.
③. '*남존녀비'는 접두사처럼 쓰이는 한자가 붙어서 된 말이나 합성어이기에 뒷말의 첫소리가 'ㄴ'소리로 나더라도 두음 법칙에 따라 '남존여비'로 적는다.

[붙임 1] 단어의 첫머리 이외의 경우에는 본음대로 적는다.

개량(改良)	선량(善良)	수력(水力)
협력(協力)	사례(謝禮)	혼례(婚禮)
와룡(臥龍)	쌍룡(雙龍)	하류(下流)
급류(急流)	도리(道理)	진리(眞理)

'쌍룡(雙龍)'은 각기 하나의 명사로 보아 '쌍'(한 쌍, 두 쌍, ……)과 '용' 결합한 구조이지만 '쌍룡'의 '쌍'은 수량 단위를 표시하지 않으며, 또 '쌍룡'이 하나의 단어로 익어져 쓰이고 있으므로, '쌍룡'으로 적는다.

다만, 모음이나 'ㄴ' 받침 뒤에 이어지는 '렬, 률'은 '열, 율'로 적는다.

맞음	틀림	맞음	틀림
나열(羅列)	나렬	규율(規律)	규률
치열(齒列)	치렬	비율(比率)	비률
비열(卑劣)	비렬	실패율(失敗率)	실패률
분열(分裂)	분렬	선율(旋律)	선률
선열(先烈)	선렬	전율(戰慄)	전률
진열(陳列)	진렬	백분율(百分率)	백분률

모음이나 'ㄴ' 받침 뒤에 결합되는 '렬(列, 烈, 裂, 劣), 률(律, 率, 栗, 慄)'은 발음 형태가 [나열, 서:열, ……]이므로, 관용에 따라 '열, 율'로 적는다.

모음/받침 ㄴ 뒤	예외
서열(序列), 분열(分列), 전열(前列)	일렬(一列), 정렬(整列), 병렬(竝列)
우열(優劣), 비열(卑劣)	졸렬(拙劣), 용렬(庸劣)
의열(義烈), 선열(先烈)	충렬탑(忠烈塔), 강렬(强烈) 장렬(壯烈), 정렬부인(貞烈夫人)
이율(利率), 백분율(百分率)	능률(能率), 수익률(收益率) 명중률(命中率), 출석률(出席率) 합격률(合格率)
자율(自律), 운율(韻律)	법률(法律)
균열(龜裂), 분열(分裂) 사분오열(四分五裂)	결렬(決裂)
조율(棗栗), 전율(戰慄)	

[붙임 2] 외자로 된 이름을 성에 붙여 쓸 경우에도 본음대로 적을 수 있다.

신립(申砬)   최린(崔麟)   채륜(蔡倫)   하륜(河崙)

발음 형태가 이미 '申砬[실립]', '崔麟[최린]'으로 익어져 있으므로, 표기 형태인 '*신입, *최인'으로 적지 않는다. 그러나 이것은 한 글자 이름의 경우에 국한되는 허용 규정이므로, 두 글자 이름의 경우에는 '*박린수(朴麟洙), *김륜식(金倫植), *최량수(崔良洙)'처럼 적는 것이 허용되지 않는다.

[붙임 3] 준말에서 본음으로 소리나는 것은 본음대로 적는다.

국련(국제연합)   대한교련(대한교육연합회)

둘 이상의 단어로 이루어진 말 중에서 줄어져서 두 개 단어로 인식되지 않는 것은 뒤 한자의 음을 본음대로 적는다. 이 경우 뒤의 한자는 하나의 단어가 아니기 때문에, 두음 법칙이 적용되지 않는다.

국제 연합(두 개 단어) → 국련(國聯) (두 단어로 인식되지 않음.)
교육 연합회(두 개 단어) → 교련(敎聯) (두 단어로 인식되지 않음.)

[붙임 4] 접두사처럼 쓰이는 한자가 붙어서 된 말이나 합성어에서, 뒷말의 첫소리가 'ㄴ' 또는 'ㄹ' 소리로 나더라도 두음 법칙에 따라 적는다.

역이용(逆利用)   연이율(年利率)
열역학(熱力學)   해외여행(年利率)

두음 법칙의 적용에 따라서 다음과 같이 구분한다.

적용	접두사처럼 쓰이는 한자어 형태소가 결합하여 된 단어	몰-이해(沒理解) 가-영수(假領收) 불-이행(不履行) 생-육신(生六臣) 소-연방(蘇聯邦)	과-인산(過燐酸) 등-용문(登龍門) 사-육신(死六臣) 선-이자(先利子) 청-요리(淸料理)

두 개 단어가 결합하여 된 합성어	수학-여행(修學旅行) 무실-역행(務實力行)	낙화-유수(落花流水) 시조-유취(時調類聚)
고유어+한자어로 하나의 단어로 인식	개-연(蓮) 허파숨-양(量)[肺活量]	구름-양(量)[雲量] 숫-용[雄龍]
예 외 발음 습관이 굳어진 경우	미-립자(微粒子) 수-류탄(手榴彈)	소-립자(素粒子) 파-렴치(破廉恥)

[붙임 5] 둘 이상의 단어로 이루어진 고유 명사를 붙여 쓰는 경우나 십진법에 따라 쓰는 수(數)도 붙임 4에 준하여 적는다.

서울여관   신흥이발관   육천육백육십육(六千六百六十六)

'육육삼십육(6×6=36)' 같은 형식도 이에 준하여 적는다. 다만, '오륙도(五六島), 육륙봉(六六峰)' 등은 '오/육, 육/육'처럼 두 단어로 갈라지는 구조가 아니므로, 본음대로 적는다.

③, '*백분률'처럼 모음이나 'ㄴ'받침 뒤에 오는 '렬, 률'은 '열, 율'로 적는다. '백분율'이 맞다.

11 다음 〈보기〉를 읽고 그에 해당하는 설명 중 틀린 것은?

─── 보 기 ───

한자음 '랴, 려, 례, 료, 류, 리'가 단어의 첫머리에 올 적에는, 두음 법칙에 따라 '야, 여, 예, 요, 유, 이'로 적는다.

① 리(里)나 리(理)와 같은 의존 명사는 본음대로 적는다.
② 수력(水力), 협력(協力)처럼 단어의 첫머리 이외의 경우에는 본음대로 적는다.
③ '백분률'처럼 모음이나 'ㄴ'받침 뒤에 오는 '렬, 률'은 그대로 적는다.
④ 국련(국제연합) 등과 같이 준말에서 본음으로 소리나는 것은 본음대로 적는다.

제12항 한자음 '라, 래, 로, 뢰, 루, 르'가 단어의 첫머리에 올 적에는, 두음 법칙에 따라 '나, 내, 노, 뇌, 누, 느'로 적는다.

맞음	틀림	맞음	틀림
낙원(樂園)	락원	뇌성(雷聲)	뢰성
내일(來日)	래일	누각(樓閣)	루각
노인(老人)	로인	능묘(陵墓)	룽묘

[붙임 1] 단어의 첫머리 이외의 경우에는 본음대로 적는다.

쾌락(快樂)　　극락(極樂)　　거래(去來)

왕래(往來)　　부로(父老)　　연로(年老)

지뢰(地雷)　　낙뢰(落雷)　　고루(高樓)

광한루(廣寒樓)　동구릉(東九陵)　가정란(家庭欄)

한자어 뒤에 결합할 때에는 통상 하나의 단어로 인식되지 않기 때문에 본음대로 적는다.

	한자어 뒤에 결합	외래어/고유어와 결합
난(欄)	공란(空欄), 답란(答欄), 투고란(投稿欄) 독자란(讀者欄), 비고란(備考欄)	어린이난, 어머니난 가십(gossip)–난, 토픽난
능(陵)	강릉(江陵), 태릉(泰陵), 서오릉(西五陵) 왕릉(臥陵), 정릉(貞陵), 영릉(英陵) 선릉(宣陵), 홍릉(洪陵)	아기능
양(量)	노동량(勞動量), 수출량(輸出量) 작업량(作業量), 생산량(生産量)	일양, 구름양, 소금양 허파숨양, 알카리양

[붙임 2] 접두사처럼 쓰이는 한자가 붙어서 된 단어는 뒷말을 두음 법칙에 따라 적는다.

내내월(來來月)　　상노인(上老人)

중노동(重勞動)　　비논리적(非論理的)

접두사처럼 쓰이는 한자어 형태소가 결합한 단어나 합성어에서 뒷말의 첫소리가 'ㄴ' 또는 'ㄹ' 소리로 나더라도 두음 법칙에 따라 적는다.

반–나체(半裸體)　　실–낙원(失樂園)

중–노인(中老人)　　육체–노동(肉體勞動)

부화–뇌동(附和雷同)　사상–누각(砂上樓閣)

평지–낙상(平地落傷)　고랭지(高冷地)

한랭전선(寒冷前線)

12 ④

④, 접두사처럼 쓰이는 한자가 붙어서 된 단어는 뒷말을 두음 법칙에 따라 적는다. 그러므로 정답이다.

①, 모음이나 'ㄴ'받침 뒤에 오는 '렬, 률'은 '열, 율'로 적기 때문에 '백분율'이 맞다.

②, ③, '*노동양'과 '*투고난'의 '양'과 '난'은 고유어나 외래어와 결합하는 한자어 형태소이기에 하나의 단어로 인식되어 두음 법칙을 적용하여 '노동량', '투고란'으로 적는다.

11. 한 단어를 반복적으로 결합한 복합어로 첩어(疊語)라 부른다.

---

12 다음 중 한자음의 표기가 맞는 것은?

① 백분률(百分率)   ② 노동양(勞動量)

③ 투고난(投稿欄)   ④ 내내월(來來月)

제6절 겹쳐 나는 소리[11]

제13항 한 단어 안에서 같은 음절이나 비슷한 음절이 겹쳐 나는 부분은 같은 글자로 적는다.

맞음	틀림	맞음	틀림
딱딱	딱닥	꼿꼿하다	꼿곳하다
쌕쌕	쌕색	놀놀하다	놀롤하다
씩씩	씩식	눅눅하다	눙눅하다
똑딱똑딱	똑닥똑닥	밋밋하다	민밋하다
쓱싹쓱싹	쓱삭쓱삭	싹싹하다	싹삭하다
연연불망(戀戀不忘)	연련불망	쌉쌀하다	쌉살하다
유유상종(類類相從)	유류상종	씁쓸하다	씁슬하다
누누이(屢屢-)	누루이	짭짤하다	짭잘하다

제2음절 이하에서 한자는 본음대로 적는다.

낭랑(朗朗)하다   냉랭(冷冷)하다   녹록(碌碌)하다
늠름(凜凜)하다   역력(歷歷)하다   연년생(年年生)
염념불망(念念不忘)   인린(燐燐)하다   적나라(赤裸裸)하다

---

13 다음 문장 중 겹쳐 나는 소리가 바르게 쓰인 것은?

① 목소리가 낭낭하다.

② 남녀 관계가 냉냉하다.

③ 그녀는 나와 연연생이다.

④ 누누이 말하다.

---

13 ④

④, '누누이'는 관용 형식을 취하여 '누누이'로 적는다.

①, ②, ③, 끝소리가 모음이나 'ㄴ'이 아닌, '랑(浪), 록(碌), 름(凜), 력(歷)' 등 제2음절 한자는 본음대로 적는다. '낭랑하다, 냉랭하다, 연년생'으로 적는 것이 맞다.

제4장 형태에 관한 것

제1절 체언과 조사

제14항 체언은 조사와 구별하여 적는다.

떡이	떡을	떡에	떡도	떡만
손이	손을	손에	손도	손만
팔이	팔을	팔에	팔도	팔만
밤이	밤을	밤에	밤도	밤만
집이	집을	집에	집도	집만
옷이	옷을	옷에	옷도	옷만
콩이	콩을	콩에	콩도	콩만
낮이	낮을	낮에	낮도	낮만
꽃이	꽃을	꽃에	꽃도	꽃만
밭이	밭을	밭에	밭도	밭만
앞이	앞을	앞에	앞도	앞만
밖이	밖을	밖에	밖도	밖만
넋이	넋을	넋에	넋도	넋만
흙이	흙을	흙에	흙도	흙만
삶이	삶을	삶에	삶도	삶만
여덟이	여덟을	여덟에	여덟도	여덟만
곬이	곬을	곬에	곬도	곬만
값이	값을	값에	값도	값만

실질 형태소인 체언의 형태를 고정하고, 조사가 모든 체언에 결합한다. '값[價]'에 조사가 결합한 형태를 소리나는 대로 적는다면 '*갑씨, *갑쓸, *갑또, *감만'처럼 되어서, 실질 형태소의 형태가 여러 가지로 표기되면 그 의미 파악이 어려워지고, 따라서 독서의 능률이 크게 저하된다.

'밭-이'를 '*바티' 혹은 '*바치'로 적는다고 하면, 체언의 형태가 파괴될 뿐 아니라, 주격을 표시하는 조사의 형태가 불분명해진다. 따라서 '밭'을 고정시키고, 여기에 주격을 표시하는 '이'가 결합한 형태는 '밭이'로 적는 것이 합리적인 방식이다.

14 ①

①, 체언 '값[價]'과 조사 '이'가 결합하였지만 소리나는 대로 적지 않고 구별하여 적었다.

②, ③, ④, '값[價]'에 조사 '을, 도, 만'이 붙었지만 체언과 조사로 구별하여 적지 않고 소리나는 대로 적었다.

---

14 다음 중 체언과 조사를 구별하여 바르게 적은 것은?

① 값이   ② 갑쓸

③ 갑또   ④ 감만

제2절 어간과 어미

제15항 용언의 어간과 어미는 구별하여 적는다.

먹다	먹고	먹어	먹으니
신다	신고	신어	신으니
믿다	믿고	믿어	믿으니
울다	울고	울어	(우니)
넘다	넘고	넘어	넘으니
입다	입고	입어	입으니
웃다	웃고	웃어	웃으니
찾다	찾고	찾아	찾으니
좇다	좇고	좇아	좇으니
같다	같고	같아	같으니
높다	높고	높아	높으니
좋다	좋고	좋아	좋으니
깎다	깎고	깎아	깎으니
앉다	앉고	앉아	앉으니
많다	많고	많아	많으니
늙다	늙고	늙어	늙으니
젊다	젊고	젊어	젊으니
넓다	넓고	넓어	넓으니
훑다	훑고	훑어	훑으니
읊다	읊고	읊어	읊으니
옳다	옳고	옳아	옳으니
없다	없고	없어	없으니
있다	있고	있어	있으니

어간의 형태를 고정시키고, 어미도 모든 어간에 공통적으로 결합하는 통일된 형식을 유지시켜 적는다. 어간 형태소 '늙-'에 어미가 결합한 형태를 소리나는 대로 적으면 다음과 같다.

① 늘꼬 / 늘게　② 늑찌 / 늑쏘　③ 능는 / 능네　④ 늘그니 / 늘거서

위와 같이 소리나는 대로 적는다면 어간의 형태가 어떤 것인지, 어미와의 경계가 어디인지 구분하기 어렵다. 이 경우 '늙고, 늙지, 늙는, 늙으니'처럼 어간과 어미의 형태를 분명히 구별함으로써, 어간이 표시하는 어휘적 의미와 어미가 표시하는 문법적 의미가 쉽게 파악할 수 있다.

[붙임 1] 두 개의 용언이 어울려 한 개의 용언이 될 적에, 앞말의 본뜻이 유지되고 있는 것은 그 원형을 밝히어 적고, 그 본뜻에서 멀어진 것[12]은 밝히어 적지 아니한다.

(1) 앞말의 본뜻이 유지되고 있는 것

넘어지다	늘어나다	늘어지다	돌아가다
되짚어가다	들어가다	떨어지다	벌어지다
엎어지다	접어들다	틀어지다	흩어지다

(2) 본뜻에서 멀어진 것

드러나다	사라지다	쓰러지다

(1)과 같이 아래의 단어들은 앞 단어의 본뜻을 유지하고 있다.

늘어나다 – 늘다[增]	늘어지다 – 늘다[延]
돌아가다 – 돌다[回]	들어가다 – 들다[入]
떨어지다 – (밤을) 떨다	벌어지다 – (아람이) 벌다
엎어지다 – 엎다[覆]	틀어지다 – 틀다[妨]
흩어지다 – 흩다[散]	

(2)의 규정이 적용되는 단어들은 다음과 같다.

나타나다	바라보다	바라지다[圻]
배라먹다[乞食]	부서지다[碎]	불거지다[凸]

12. 그 단어가 단독으로 쓰일 때 표시되는 어휘적 의미가 제대로 인식되지 못하거나 변화되었음을 말한다.

부러지다[折]　　　자라나다[長]　　　자빠지다[沛]
토라지다[少滯]

> **[붙임 2]** 종결형에서 사용되는 어미 '-오'는 '요'로 소리나는 경우가 있더라도 그 원형을 밝혀 '오'로 적는다.
>
> | 맞음 | 틀림 |
> |------|------|
> | 이것은 책이오. | 이것은 책이요. |
> | 이리로 오시오. | 이리로 오시요. |
> | 이것은 책이 아니오. | 이것은 책이 아니요. |
>
> **[붙임 3]** 연결형에서 사용되는 '이요'는 '이요'로 적는다.
>
> | 맞음 | 틀림 |
> |------|------|
> | 이것은 책이요, 저것은 붓이요, 또 저것은 먹이다. | 이것은 책이오, 저것은 붓이오, 또 저것은 먹이다. |

　　연결형의 경우 '오' 형식이 없으므로, 소리나는 대로 '요'로 적는다. 그러나 종결형의 경우는, '나도 가오.', '집이 크오.'처럼 모든 용언 어간에 공통적으로 결합하는 형태가 '오'이기 때문에 '이-' 뒤에서도 '오'로 적는다.

15 ②

②, '쓸다'와 '지다'가 결합되었지만, 본뜻인 '쓸다'와　의미적으로 유연성이 없다.

①, ③, ④, '엎다[覆], 늘다[延], 틀다[妨]'의 본뜻을 가지고 있다.

> **15 다음 중 본뜻에서 멀어진 것은?**
> ① 엎어지다 　　　　　② 쓰러지다
> ③ 늘어지다 　　　　　④ 틀어지다

> **제16항** 어간의 끝음절 모음이 'ㅏ, ㅗ'일 때에는 어미를 '-아'로 적고, 그 밖의 모음일 때에는 '-어'로 적는다.
>
> 1. '-아'로 적는 경우

나아	나아도	나아서
막아	막아도	막아서
얇아	얇아도	얇아서
돌아	돌아도	돌아서
보아	보아도	보아서

2. '-어'로 적는 경우

개어	개어도	개어서
겪어	겪어도	겪어서
되어	되어도	되어서
베어	베어도	베어서
쉬어	쉬어도	쉬어서
저어	저어도	저어서
주어	주어도	주어서
피어	피어도	피어서
희어	희어도	희어서

모음 조화(母音調和)의 규칙성에 따른 구별인데, 어미의 모음이 어간의 모음에 의해서 자동적으로 제약 받는 현상이다.

어간 끝 음절의 모음	어미의 형태
ㅏ, ㅗ	-아(아라, 아서, 아도, 아야)(-았, -았었-)
ㅐ, ㅓ, ㅔ, ㅚ, ㅜ, ㅞ, ㅟ, ㅡ, ㅢ, ㅣ	-어(어라, 어서, 어도, 어야)(-었-, -었었-)

16 다음 중 틀린 것은?

① 얇어서   ② 개어서

③ 피어서   ④ 희어서

제17항 어미 뒤에 덧붙는 조사 '요'는 '요'로 적는다.

읽어	읽어요
참으리	참으리요
좋지	좋지요

'요'는 어미 뒤에 결합하여 높임의 뜻을 더하는 성분인데, 어미에 결합하는 '요'는 조사로 의문형 어미 뒤에도 결합한다.

16 ①

①, 위의 설명처럼 '얇아서'라고 적어야 한다.

②, ③, ④, 어간의 끝 음절 모음이 'ㅏ, ㅗ' 일 때에는 어미를 '-아'로 적고, 그 밖의 모음일 때에는 '-어'로 적기 때문에 맞는 표현이다.

가리-요   가지-요
가나-요   가는가-요

17 ①

①, '-요'가 아니라 '-
오'로 종결형에서 사
용되는 어미 '-오'는
'요'로 소리나는 경우
가 있더라도 그 원형
을 밝혀 '오'로 적는다.

②, ③, ④, '-요'는 조
사이며, 어미 뒤에 덧
붙는 조사 '요'는 '요'
로 적기 때문에 정답
이다.

17 다음 중 '요'의 쓰임이 틀린 것은?

① 이것은 책이요.   ② 그것도 좋지요.
③ 책을 읽어요.   ④ 오늘은 참으리요.

제18항 다음과 같은 용언들은 어미가 바뀔 경우, 그 어간이나 어미가 원칙에 벗어나면[13] 벗어나는 대로 적는다.

어간(어휘적 형태소)과 어미(문법적 형태소)[14]가 결합하여 이루어지는 활용의 체계에는 (1) 어간의 모양은 바뀌지 않고, 어미만이 교체된다. (2) 어미는 모든 어간에 공통되는 형식으로 결합한다는 2가지 원칙이 있다.

13. 두 가지 조건에 맞지
않음을 뜻한다.
① 어미가 예외적인 형태
로 결합하는 것
② 어간의 모양이 달라지
고, 어미도 예외적인 형
태로 결합하는 것

14. 형태소는 의미를 기준
으로 어휘 형태소(=실질
형태소)와 문법 형태소(=
형식 형태소)로 나뉜다. 어
휘 형태소는 명사나 동사,
형용사처럼 실질적인 의
미를 가지고 있는 것이고,
문법 형태소는 조사나 어
미처럼 문법적인 기능을
가지고 있는 것을 가리킨
다.

1. 어간의 끝 'ㄹ'이 줄어질 적

갈다:	가니	간	갑니다	가시다	가오
놀다:	노니	논	놉니다	노시다	노오
불다:	부니	분	붑니다	부시다	부오
둥글다:	둥그니	둥근	둥급니다	둥그시다	둥그오
어질다:	어지니	어진	어집니다	어지시다	어지오

['ㄹ' 탈락] 어간 끝 받침 'ㄹ'이 어미의 첫소리 'ㄴ, ㅂ, ㅅ' 및 '-(으)오, -(으)ㄹ' 앞에서 예외 없이 모두 탈락한다.

[붙임] 다음과 같은 말에서도 'ㄹ'이 준 대로 적는다.

마지못하다   마지않다   (하)다마다
(하)자마자   (하)지 마라   (하)지 마(아)

어간 끝 받침 'ㄹ'은 'ㄷ, ㅈ, 아' 앞에서 줄지 않는 게 원칙인데, 관용적으로 'ㄹ'이 줄어진 형태가 굳어져 쓰이는 것은 준 대로 적는다.

-다 말다 → -다마다   말지 못하다 → 마지못하다
멀지 않아 → 머지않아-   자 말자 → -자마자
-지 말아 → -지 마(아)   -지 말아라 → -지 마라

그러나 다음과 같은 경우는 '말라'가 사용된다.

문어체(文語體) 명령형	(가지 말아라) 가지 말라.
간접 인용법	읽지 말라고 말했다.

명령형 어미 '-아(라)'가 결합하는 경우 '＊말아, ＊말아라'가 아닌 '마, 마라'가 된다. '-(으)라'가 결합하는 경우에는 '말라'가 된다. "늦게 다니지 말라고 말했다."의 '말라고'는 '말-+-(으)라고'의 구조이기 때문에 '마라고'가 되지 않는다.

2. 어간의 끝 'ㅅ'이 줄어질 적

긋다: 그어   그으니   그었다
낫다: 나아   나으니   나았다
잇다: 이어   이으니   이었다
짓다: 지어   지으니   지었다

['ㅅ' 불규칙] 어간 끝 받침 'ㅅ'이 어미의 모음 앞에서 바뀐다.

규칙	벗다, 빗다, 빼앗다, 솟다, 씻다, 웃다……
불규칙	잣다, 젓다……

3. 어간의 끝 'ㅎ'이 줄어질 적

그렇다: 그러니   그럴   그러면   그러오
까맣다: 까마니   까말   까마면   까마오
동그랗다: 동그라니   동그랄   동그라면   동그라오

| 퍼렇다: | 퍼러니 | 퍼럴 | 퍼러면 | 퍼러오 |
| 하얗다: | 하야니 | 하얄 | 하야면 | 하야오 |

['ㅎ' 불규칙] 형용사의 어간 받침 'ㅎ'이 어미 '-네'나 모음 앞에서 탈락할 경우, 준 대로 적는다. 다만, 어미 '-아/-어'와 결합할 때는 '-애/-에'로 나타난다.

규칙	좋다, 놓다
불규칙	노랗다 (노랗네) 노라네 (노랗은) 노란 　　　(노랗으니) 노라니 (노랗아) 노래 　　　(노랗아지다) 노래지다 허옇다 (허옇네) 허여네 (허옇을) 허열 　　　(허옇으면) 허여면 (허옇어) 허예 　　　(허옇어지다) 허예지다

4. 어간의 끝 'ㅜ, ㅡ'가 줄어질 적

푸다:	퍼	펐다
끄다:	꺼	껐다
담그다:	담가	담갔다
따르다:	따라	따랐다
뜨다:	떠	떴다
크다:	커	컸다
고프다:	고파	고팠다
바쁘다:	바빠	바빴다

['우' 불규칙] 어간이 모음 'ㅜ'로 끝나는 동사 '푸다'는 뒤에 어미 '-어'와 결합하면 'ㅜ'가 줄어든다.

규칙	주다, 누다…….
불규칙	푸다(1개만 있음)

['으' 탈락] 어간이 모음 'ㅡ'로 끝나는 용언 중에서 '-어'와 결합하는 경우 'ㅡ'가 탈락하는 경우이다. '잠그다, 치르다, 트다, 가쁘다, 기쁘다, 나쁘다, 미쁘다, 슬프다, 아프다, 예쁘다' 등이 있다.

5. 어간의 끝 'ㄷ'이 'ㄹ'로 바뀔 적

걷다[步]:	걸어	걸으니	걸었다
듣다[聽]:	들어	들으니	들었다
묻다[問]:	물어	물으니	물었다
싣다[載]:	실어	실으니	실었다

['ㄷ' 불규칙] 어간 끝 받침 'ㄷ'이 모음 앞에서 'ㄹ'로 바뀐다.

규칙	걷다[收, 撤], 닫다[閉], 돋다, 묻다[埋], 믿다, 받다, 벋다, 뻗다, 얻다 곧다, 굳다…….
불규칙	긷다, 깨닫다, 눋다, 닫다[走], 붇다…….

6. 어간의 끝 'ㅂ'이 'ㅜ'로 바뀔 적

깁다:	기워	기우니	기웠다
굽다[炙]:	구워	구우니	구웠다
가깝다:	가까워	가까우니	가까웠다
괴롭다:	괴로워	괴로우니	괴로웠다
맵다:	매워	매우	매웠다
무겁다:	무거워	무거우니	무거웠다
밉다:	미워	미우니	미웠다
쉽다:	쉬워	쉬우니	쉬웠다

['ㅂ' 불규칙] 어간 끝 받침 'ㅂ'이 모음 앞에서 '우'로 바뀌어 나타나는 경우, 바뀐 대로 적는다.

규칙	뽑다, 씹다, 업다, 잡다, 접다, 집다, 곱다, 굽다[曲], 좁다…….
불규칙	줍다, 가볍다, 간지럽다, 그립다, 더럽다, 메스껍다, 미덥다 사납다 서럽다, 아니꼽다, 어둡다, 역겹다, 즐겁다, 지겹다, 차갑다, 춥다…….

다만, '돕-, 곱-'과 같은 단음절 어간에 어미 '-아'가 결합되어 '와'로 소리나는 것은 '-와'로 적는다.

돕다[助]:　도와　　도와서　　　도와도　　　도왔다
곱다[麗]:　고와　　고와서　　　고와도　　　고왔다

모음 조화의 규칙성에 따라 'ㅏ, ㅗ'에 붙은 'ㅂ' 받침 뒤에 어미 '-아(았)'가 결합한 형태는 모음이 'ㅗ'인 단음절 어간 뒤에 결합하는 '-아'의 경우만 '와'로 적고, 그 밖의 경우는 모두 '워'로 적는다.

　'와'형: 돕다(도와, 도와라), 곱다(고와, 고와서)…….
　'워'형: 괴롭다(괴로워, 괴로워서), 아름답다(아름다워, 아름다워서)…….

7. '하다'의 활용에서 어미 '-아'가 '-여'로 바뀔 적

하다:　하여　　　　하여서　　　　하여라　　　하였다

['여' 불규칙] 어미 '-아'는 어간 '하-' 뒤에서는 분명히 [여]로 발음되기 때문에, 예외적인 형태인 '여'로 적는다.

8. 어간의 끝음절 '르' 뒤에 오는 어미 '-어'가 '-러'로 바뀔 적

이르다[至]:　이르러　　　　이르렀다
노르다:　　노르러　　　　노르렀다
누르다:　　누르러　　　　누르렀다
푸르다:　　푸르러　　　　푸르렀다

['러' 불규칙] 어간이 '르'로 끝나는 어간에 '-어'가 결합하여 '-러'로 바뀐다.

9. 어간의 끝음절 '르'의 'ㅡ'가 줄고, 그 뒤에 오는 어미 '-아/-어'가 '-라/-러'로 바뀔 적

가르다:　　갈라　　　　　갈랐다

거르다:	걸러	걸렀다
구르다:	굴러	굴렀다
벼르다:	별러	별렀다
부르다:	불러	불렀다
오르다:	올라	올랐다
이르다:	일러	일렀다
지르다:	질러	질렀다

['르' 불규칙] 어간 끝 음절 '르' 뒤에 어미 '-어'가 결합할 때, 어간 모음 'ㅡ'가 줄면서 'ㄹ'이 앞 음절 받침으로 붙고, 어미 '-어'가 '-라/러'로 바뀐다.

나르다	날라	날라서	날랐다
누르다	눌러	눌러서	눌렀다

어간 끝 음절이 '르'인 용언 중, '우' 불규칙이나 '러' 불규칙 용언 이외의 것들은 모두 이에 해당된다. 그리고 어간 끝 음절 '르' 뒤에 피동 접미사나 사동 접미사 '-이-'가 결합하는 경우에도 역시 어간 모음 'ㅡ'가 줄고, '-이-'가 '-리-'로 바뀌어 나타난다.

눌리다   올리다   흘리다

18 다음 중 어미가 바뀌지만, 어간이 변하지 않는 것은?

① 붓다   ② 짓다
③ 젓다   ④ 웃다

18 ④

④, '웃으니'로 'ㅅ'이 남아 있다.

①, ②, ③, 어간 끝 받침 'ㅅ'이 어미의 모음 앞에서 줄어지는 경우, 준대로 적지만, ④는 'ㅅ' 받침이 줄어지지 않는다. 예를 들어 어미가 '-으니'로 바뀔 경우 ①②③은 '부으니, 지으니, 저으니'로 적는다.

제3절 접미사가 붙어서 된 말

제19항 어간에 '-이'나 '-음/-ㅁ'이 붙어서 명사로 된 것과 '-이'나 '-히'가 붙어서 부사로 된 것은 그 어간의 원형을 밝히어 적는다.

1. '-이'가 붙어서 명사로 된 것

길이	깊이	높이	다듬이
땀받이	달맞이	먹이	미닫이
벌이	벼훑이	살림살이	쇠붙이

2. '-음/-ㅁ'이 붙어서 명사로 된 것

걸음	묶음	믿음	얼음
엮음	울음	웃음	졸음
죽음	앎	만듦	

어간+-이(명사화 접미사)
(묻다) 휘묻이　(잡다) 손잡이　(씻다) 호미씻이　(맞다) 손님맞이
(받다) 물받이　(돋다) 해돋이　(닫다) 여닫이　(굽다) 굽이
(걸다) 귀걸이　(놀다) 뱃놀이　(살다) 하루살이　(걸다) 옷걸이
(밝다) 귀밝이　(넓다) 넓이　(앓다) 배앓이　(더듬다) 더듬이

어간+-음(명사화 접미사)
(막다) 판막음　(볶다) 고기볶음　(솎다) 솎음　(엮다) 엮음
(일컫다) 일컬음　(갈다) 갈음(-하다)　(그을다) 그을음　(살다) 삶
(놀다) 탈놀음　(섧다) 설움　(수줍다) 수줍음
(솟다) 용솟음　(갚다) 앙갚음

3. '-이'가 붙어서 부사로 된 것

같이	굳이	길이	높이
많이	실없이	좋이	짓궂이

4. '-히'가 붙어서 부사로 된 것

밝히   익히   작히

어간+-이(부사화 접미사)
(곧다) 곧이(-듣다)   (없다) 덧없이   (옳다) 옳이   (적다) 적이

어간+-히(부사화 접미사)
(밝다) 밝히   (익다) 익히   (작다) 작히

다만, 어간에 '-이'나 '-음'이 붙어서 명사로 바뀐 것이라도 그 어간의 뜻과 멀어진 것은 원형을 밝히어 적지 아니한다.

굽도리   다리[髢]   목거리(목병)   무녀리
코끼리   거름(비료)   고름[膿]   노름(도박)

'돌(다), 달(다), 걸(다), 열(다), 길(다), 놀(다)' 등은 어간 형태소의 뜻이 유지되고 있지 않으므로, '*굽돌이, *달이, *목걸이, *문열이, *코길이(코낄이), *곯음, *놀음'처럼 적지 않는다. 다음의 단어들은 이 규정이 적용된다.

너비   도리깨   두루마리
목도리   빈털터리   턱거리

'거름[肥料], 노름[賭博], 어름[物界]' 등은 '걸음[步], 놀음[遊], 얼음[氷]'과 달리 적는 동음이의어(同音異義語)이다.

[붙임] 어간에 '-이'나 '-음' 이외의 모음으로 시작된 접미사가 붙어서 다른 품사로 바뀐 것은 그 어간의 원형을 밝히어 적지 아니한다.

(1) 명사로 바뀐 것

귀머거리   까마귀   너머   뜨더귀
마감   마개   마중   무덤
비렁뱅이   쓰레기   올가미   주검

(2) 부사로 바뀐 것

거뭇거뭇	너무	도로	뜨덤뜨덤
바투	불긋불긋	비로소	오긋오긋
자주	차마		

(3) 조사로 바뀌어 뜻이 달라진 것

나마	부터	조차

(1) 명사로 된 것

(꾸짖웅) 꾸중	(남어지) 나머지	(눋웅지) 누룽지
(늙으막) 늘그막	(돌앙) 도랑	(돌으래) 도르래
(동글아미) 동그라미	(붉엉이) 불겅이	(뻗으렁) 뻐드렁니
(옭아미) 올가미	(짚앙이) 지팡이	(뚫에) 코뚜레

(2) 부사로 된 것

(늘우) 느루	(돋우) 도두	(돌오) 도로
(맞우) 마주	(비뚤오) 비뚜로	(밟암) 발밤발밤
(잡암) 자밤자밤	(줏엄) 주섬주섬	

단어	품사	예
넘어	동사	산을 넘어 날아간다.
너머	명사	산 너머에 있는 마을.
너무	부사	사람이 너무 많다.

단어	품사	예
참아	동사	괴로움을 참아 왔다.
차마	부사	차마 때릴 수는 없었다.

15. 실질 형태소인 품사에서 조사나 어미 등의 형식 형태소로 변화한 문장 성분이다. 예를 들어 동사 '붙다[觸]'의 실질 형태소 '붙-'이 문법화 과정을 거쳐서 조사 '부터'라는 형식 형태소로 변화되었다.

(3) 조사로 된 것

동사 '남다, 붙다, 좇다'의 부사형 '남아, 붙어, 좇아'가 허사화(虛辭化)[15]한 것인데, 형식 형태소인 조사이므로 소리나는 대로 적는다. '마저'(←마자←맞아)'도 이에 해당된다.

19 다음 명사형 중 틀린 것은?

① 거름   ② 만듬
③ 얼음   ④ 울음

②, '만들다'의 어간 '만들-'에 '-ㅁ'이 붙어서 명사로 된 것으로 '만듦'으로 적는다.

①, '(땅이) 걸다'의 어간 '걸-'에 '-음'이 붙은 형태이지만 '(땅이) 건 것'을 뜻하는 게 아니라 '비료'를 뜻하므로, 본뜻에서 멀어진 것이며, 소리나는 대로 '거름'으로 적는다.

③, ④, '얼다, 울다'의 어간 '얼-, 울-'에 '-음'이 붙어 명사로 바뀐 것으로 '얼음, 울음'으로 적는다.

제20항 명사 뒤에 '-이'가 붙어서 된 말은 그 명사의 원형을 밝히어 적는다.

1. 부사로 된 것

곳곳이   낱낱이   몫몫이
샅샅이   앞앞이   집집이

2. 명사로 된 것

곰배팔이   바둑이   삼발이
애꾸눈이   육손이   절뚝발이/절름발이

명사가 중복되면서 '-이'가 결합하여 부사어가 된 경우는 다음과 같다.

간간이   겹겹이   길길이   눈눈이   틈틈이
땀땀이   번번이   첩첩이   옆옆이   나날이
줄줄이   참참이   철철이   다달이   구구절절이
골골샅샅이   사사건건이   사람사람이

품사는 달라지지 않으면서 뜻만 달라지는 것으로는 다음과 같다.

각설이   검정이   고리눈이   네눈이   딸깍발이
맹문이   생손이   왕눈이   외톨이   외팔이
우걱뿔이   퉁방울이

20①

①, '모가치'로 적어야 한다. '몫'에 '-아치'가 붙어서 된 단어로 '*목사치'로 적어야 하지만, 사람들이 그 어원 형태를 인식하지 못하고 [모가치]로 굳어져 있기 때문에 관용에 따라 '모가치'로 적는다.

②, ③, ④, '*갑서치, *벼스라치, *반비사치'로 적어야 할 것이나, 명사적 성격을 강하게 띠고 있으므로 관용에 따라 '값어치, 벼슬아치, 반빗아치'라고 적는다.

[붙임] '-이' 이외의 모음으로 시작된 접미사가 붙어서 된 말은 그 명사의 원형을 밝히어 적지 아니한다.

꼬락서니	끄트머리	모가치	바가지
바깥	사타구니	싸라기	이파리
지붕	지푸라기	짜개	

이 경우는 규칙적으로 널리 결합하는 형식이 아니므로, 명사의 형태를 밝히어 적지 아니한다.

(골앙) 고랑	(굴엉) 구렁	(끝으러기) 끄트러기
(목아지) 모가지	(샅애) 사태-고기	(속아지) 소가지
(솔앵) 소댕	(올아기) 오라기	(털억) 터럭

20 명사에 접미사가 붙어서 된 말 중 잘못 적은 것은?

① 몫아치   ② 값어치

③ 벼슬아치   ④ 반빗아치

제21항 명사나 혹은 용언의 어간 뒤에 자음으로 시작된 접미사가 붙어서 된 말은 그 명사나 어간의 원형을 밝히어 적는다.

1. 명사 뒤에 자음으로 시작된 접미사가 붙어서 된 것

값지다	홑지다	넋두리
빛깔	옆댕이	잎사귀

2. 어간 뒤에 자음으로 시작된 접미사가 붙어서 된 것

낚시	늙정이	덮개
뜯게질	갉작갉작하다	갉작거리다
뜯적거리다	뜯적뜯적하다	굵다랗다
굵직하다	깊숙하다	넓적하다
높다랗다	늙수그레하다	얽죽얽죽하다

명사나 어간에 자음으로 시작된 접미사가 결합하여 된 단어는, 그 명사나 어간의 형태를 밝히어 적는다.

(값)값지다	(꽃)꽃답다	(끝)끝내
(맛)맛깔스럽다	(멋)멋지다	(밑)밑지다
(볕)볕뉘	(부엌)부엌데기	(빚)빚쟁이
(빛)빛깔	(숯)숯쟁이	(숲)숲정이
(앞)앞장(-서다)	(옆)옆구리	(잎)잎사귀
(흙)흙질(-하다)	(넓)넓죽하다	(높)높다랗다
(엎)엎적엎적하다	(엎)엎지르다	(읊)읊조리다

(굵)굵적거리다, 굵죽거리다
(늙)늙다리, 늙바탕, 늙수그레하다
(묽)묽숙하다, 묽수그레하다

다만, 다음과 같은 말은 소리대로 적는다.

(1) 겹받침의 끝소리가 드러나지 아니하는 것

할짝거리다	널따랗다	널찍하다	말끔하다
말쑥하다	말짱하다	실쭉하다	실큼하다
얄따랗다	얄팍하다	짤따랗다	짤막하다
실컷			

후행 발음	어간의 형태를 밝히어 적는다.	굵다랗다([국-]), 굵적거리다([극-]) 늙수그레하다([늑-])
선행 발음	소리나는 대로 적는다	할짝거리다, 말끔하다, 실쭉하다

(2) 어원이 분명하지 아니하거나 본뜻에서 멀어진 것

넙치   올무   골막하다   납작하다

---

21 다음 중 표기가 틀린 것은?

① 굵다랗다   ② 넓다랗다

③ 넓죽하다   ④ 넓적하다

---

21 ②

②, 겹받침의 끝소리가 드러나지 않으므로 소리대로 '널따랗다'로 적는다.

①, ③, ④, 명사나 혹은 용언의 어간 뒤에 자음으로 시작된 접미사가 붙어서 된 말로 그 명사나 어간의 원형을 밝히어 적는다.

16. 한국어 문장은 동작이나 행위를 누가 하느냐에 따라 능동문과 피동문으로 나누어지는데, 주어가 동작을 제 힘으로 하는 것은 능동(能動), 주어가 다른 주체에 의해서 동작을 당하게 되는 것을 피동(被動)이라 한다. 주동과 사동, 능동과 피동은 관점의 차이에 따른 분류로 결과적으로 주동과 능동은 동일한 동사의 행위를 가리킨다.

17. 문장은 주어가 동작이나 행위를 직접 하느냐 아니면 다른 사람에게 하도록 하느냐에 따라 주동문과 사동문으로 나뉜다. 주어가 동작을 직접 하는 것을 주동(主動)이라 하고, 주어가 남에게 동작으로 하도록 시키는 것을 사동(使動)이라 한다.

제22항 용언의 어간에 다음과 같은 접미사들이 붙어서 이루어진 말들은 그 어간을 밝히어 적는다.

1. '-기-, -리-, -이-, -히-, -구-, -우-, -추-, -으키-, -이키-, -애-'가 붙는 것

맡기다	옮기다	웃기다	쫓기다	뚫리다
울리다	낚이다	쌓이다	핥이다	굳히다
굽히다	넓히다	앉히다	얽히다	잡히다
돋구다	솟구다	돋우다	갖추다	곧추다
맞추다	일으키다	돌이키다	없애다	

이 접미사들은 피동, 사동 등의 의미와 기능을 표시하는 요소이므로, 실질 형태소인 어간과는 분명하게 구별된다. '어간+피동화·사동화 요소+어미'의 구조에 있어서 피동화[16], 사동화[17] 요소의 첨가는 규칙적인 형식으로 성립된다.

'낚다'의 피동사나 사동사는 마찬가지로 '낚이다'로 적으며, '녹다, 눅다[柔, 軟], 썩다'의 사동사는 '녹이다(*녹히다), 눅이다(*눅히다), 썩이다(*썩히다)'로 적는다. 그리고 '돋우다, 돋구다'는, 안경의 도수(度數) 등을 높게 하다란 뜻으로는 '돋구다'를, 높아지게 하다, 끌어올리다란 뜻으로는 '돋우다'를 쓴다. 흔히 사용되고 있는 '*늘구다(→늘리다, 늘이다), *떨구다(→떨어뜨리다)' 등은 비표준어이다.

다만, '-이-, -히-, -우-'가 붙어서 된 말이라도 본뜻에서 멀어진 것은 소리대로 적는다.

도리다(칼로 ~)	드리다(용돈을 ~)	고치다
바치다(세금을 ~)	부치다(편지를 ~)	거두다
미루다	이루다	

어원적인 형태는 어간에 접미사 '-이-, -히-, -우-'가 결합한 것으로 해석되더라도, 본뜻에서 멀어졌기 때문에 피동이나 사동의 형태로 인식되지 않는 것은 소리나는 대로 적는다.

2. '-치-, -뜨리-, -트리-'가 붙는 것

놓치다	덮치다	떠받치다	받치다
밭치다	부딪치다[18]	뻗치다	엎치다
부딪뜨리다/부딪트리다		쏟뜨리다/쏟트리다	
젖뜨리다/젖트리다		찢뜨리다/찢트리다	
흩뜨리다/흩트리다			

자음으로 시작된 접미사가 결합하는 형식이므로, 전항(제21항) 규정의 적용 대상이기도 하다. '-뜨리-, -트리-'는 지금까지 '-뜨리-'만을 취했었으나, 표준어 규정(제26항)에서 두 가지를 다 인정한다. 그리고 '뻐치다(~까지 미치다, 닿다), 뻗치다('뻗지르다'의 강세어)'는 구별 없이 '뻗치다'로 적는다(제55항 참조).

[붙임] '-업-, -읍-, -브-'가 붙어서 된 말은 소리대로 적는다.

미덥다   우습다   미쁘다

역사적인 현상으로는, '고프다(←곯브다), 기쁘다(←깃브다), 나쁘다(←낮브다), 바쁘다(←밭브다), 슬프다(←슳브다)' 등도 이런 유형이다.

> **22 다음 중 표기가 틀린 것은?**
>
> ① 떠받치다   ② 쏟트리다
>
> ③ 부디치다   ④ 흩뜨리다

제23항 '-하다'나 '-거리다'가 붙는 어근에 '-이'가 붙어서 명사가 된 것은 그 원형을 밝히어 적는다.

맞음	틀림	맞음	틀림
깔쭉이	깔쭈기	살살이	살사리
꿀꿀이	꿀꾸리	쌕쌕이	쌕쌔기
눈깜짝이	눈깜짜기	오뚝이	오뚜기
더펄이	더퍼리	코납작이	코납자기
배불뚝이	배불뚜기	푸석이	푸서기
삐죽이	삐주기	홀쭉이	홀쭈기

18. 부딪다
(힘있게 마주 닿다, 또는 그리 되게 하다.)
부딪치다
('부딪다'의 강세어.)
부딪히다
('부딪다'의 피동사. 부딪 힘을 당하다의 뜻.)
부딪치이다
('부딪치다'의 피동사. 부 딪침을 당하다의 뜻.)

22③

③, '부딪다'의 강세어 로 '부딪치다'만 표준 어로 삼는다.

①, '떠받다'에 접미사 '-치-'가 결합된 형태 이므로 그 어간을 밝 히어 적는다.

②, '쏟뜨리다'와 '쏟 트리다'는 모두 널리 쓰이므로 둘 다 표준 어로 삼는다.

④, '흩트리다'와 '흩 뜨리다'는 모두 널리 쓰이므로 둘 다 표준 어로 삼는다.

접미사 '-하다'나 '-거리다'가 붙는 어근이란, 곧 동사는 형용사가 파생될 수 있는 어근을 말한다.

> **[붙임]** '-하다'나 '-거리다'가 붙을 수 없는 어근에 '-이'나 또는 다른 모음으로 시작되는 접미사가 붙어서 명사가 된 것은 그 원형을 밝히어 적지 아니한다.
>
> | | | | |
> |---|---|---|---|
> | 개구리 | 귀뚜라미 | 기러기 | 깍두기 |
> | 꽹과리 | 날라리 | 누더기 | 동그라미 |
> | 두드러기 | 딱따구리 | 매미 | 부스러기 |
> | 뻐꾸기 | 얼루기 | 칼싹두기 | |

23 ④

④, '-하다', '-거리다'가 붙는 어근에 '-이'가 붙어서 된 말은 그 원형을 밝히어 적으므로 정답이다.

①, '-하다', '-거리다'가 붙는 어근에 '-이'가 붙어서 된 말은 그 원형을 밝히어 적는 원칙에 따라 '오뚝이'로 적는다.

②, ③, '-하다'나 '-거리다'가 붙을 수 없는 어근에 '-이'나 또 다른 모음으로 시작되는 접미사가 붙어서 명사가 된 것은 그 원형을 밝히어 적지 않는 원칙에 따라 '깍두기, 얼루기'로 적는다.

> **23 다음 중 표기가 맞는 것은?**
>
> ① 오뚜기   ② 깍뚝이
> ③ 얼룩이   ④ 살살이

제24항 '-거리다'가 붙을 수 있는 시늉말 어근에 '-이다'가 붙어서 된 용언은 그 어근을 밝히어 적는다.

맞음	틀림	맞음	틀림
깜짝이다	깜짜기다	속삭이다	속사기다
꾸벅이다	꾸버기다	숙덕이다	숙더기다
끄덕이다	끄더기다	울먹이다	울머기다
뒤척이다	뒤처기다	움직이다	움지기다
들먹이다	들머기다	지껄이다	지꺼리다
망설이다	망서리다	퍼덕이다	퍼더기다
번득이다	번드기다	허덕이다	허더기다
번쩍이다	번쩌기다	헐떡이다	헐떠기다

접미사 '-이다'는 규칙적으로 여러 어근에 결합한다.

(간질간질) 간질이다   (깐족깐족) 깐족이다   (꿈적꿈적) 꿈적이다
(끈적끈적) 끈적이다   (끔적끔적) 끔적이다   (덜렁덜렁) 덜렁이다

(덥적덥적) 덥적이다   (뒤적뒤적) 뒤적이다   (들썩들썩) 들썩이다
(펄럭펄럭) 펄럭이다   (훌쩍훌쩍) 훌쩍이다

24 다음 중 표기가 **틀린** 것은?

① 번득이다   ② 들석이다

③ 꿈적이다   ④ 숙덕이다

24 ②

②, 한글맞춤법 24항의 '-거리다'가 붙을 수 있는 시늉말 어근에 '-이다'가 붙어서 된 용언은 그 어근을 밝히어 적는다는 규정에 따라 '들썩이다'로 적는다.

①, ③, ④, '번득번득, 꿈적꿈적, 숙덕숙덕'에 '-이다'가 붙은 것이다.

제25항 '-하다'가 붙는 어근[19]에 '-히'나 '-이'가 붙어서 부사가 되거나, 부사에 '-이'가 붙어서 뜻을 더하는 경우[20]에는 그 어근이나 부사의 원형을 밝히어 적는다.

1. '-하다'가 붙는 어근에 '-히'나 '-이'가 붙는 경우

급히   꾸준히   도저히
딱히   어렴풋이   깨끗이

'-이'나 '-히'는 규칙적으로 여러 어근에 결합하는 부사화 접미사이다. 명사화 접미사 '-이'나 동사, 형용사화 접미사 '-하다', '-이다' 등의 경우와 마찬가지로, 그것이 결합하는 어근의 형태를 밝히어 적는다.

(나란하다) 나란히   (넉넉하다) 넉넉히
(무던하다) 무던히   (속하다) 속히

[붙임] '-하다'가 붙지 않는 경우에는 소리대로 적는다.

갑자기   반드시(꼭)   슬며시

'-하다'가 붙지 않는 경우는 어근과 접미사의 결합체로 분석되지 않으므로, 소리나는 대로 적는다. '반듯하다[正, 直]'의 '반듯-'에 '-이'가 붙은 '반듯이(반듯하게)'와 '반드시[必]'는 뜻이 다른 단어다.

반듯이(반듯하게) 서라.   그는 반드시(꼭) 돌아온다.

19. '급(急)하다, 꾸준하다'처럼 접미사 '-하다'가 결합하여 용언이 파생되는 어근 형태소.

20. 품사는 바뀌지 않으면서 발음 습관에 따라, 혹은 감정적 의미를 더하기 위하여, 독립적인 부사 형태에 '-이'가 결합하는 형식.

2. 부사에 '-이'가 붙어서 역시 부사가 되는 경우

곰곰이	더욱이	생긋이
오뚝이	일찍이	해죽이

발음 습관에 따라, 혹은 감정적 의미를 더하기 위하여 독립적인 부사 형태에 '-이'가 결합된 경우는, 그 부사의 본 모양을 밝히어 적는다. '오뚝이'는 명사와 부사의 표기 형태가 동일하다.

25 ③

'- 하다'가 붙는 어근에 '- 히'나 '- 이'가 붙어서 부사가 되거나, 부사에 '- 이'가 붙어서 뜻을 더하는 경우에는 그 어근이나 부사의 원형을 밝히어 적는다. ㄷ, ㄹ은 바르게 적었고, ㄱ,ㄴ은 '곰곰이, 깨끗이'로 적는다.

25 다음 중 표기가 맞는 것은?

─ 보 기 ─
ㄱ. 곰곰히   ㄴ. 깨끗히
ㄷ. 더욱이   ㄹ. 일찍이

① ㄱ, ㄴ   ② ㄴ, ㄷ
③ ㄷ, ㄹ   ④ ㄱ, ㄹ

제26항 '-하다'나 '-없다'가 붙어서 된 용언은 그 '-하다'나 '-없다'를 밝히어 적는다.

1. '-하다'가 붙어서 용언이 된 것

딱하다	숱하다	착하다	텁텁하다	푹하다

'-하다'는 규칙적으로 널리 결합하는 접미사이다. 그러므로 '-하다'가 결합된 형식임을 밝혀 적음으로써 형태상의 체계를 유지한다.

꽁하다	눅눅하다	단단하다	멍하다	뺀하다
성하다	욱하다	찜찜하다	칠칠하다	털털하다

2. '-없다'가 붙어서 용언이 된 것

부질없다	상없다	시름없다	열없다	하염없다

26 다음 중 표기가 틀린 것은?

① 시늠없다   ② 텁텁하다
③ 멍하다   ④ 숱하다

제4절 합성어 및 접두사가 붙은 말

제27항 둘 이상의 단어가 어울리거나 접두사가 붙어서 이루어진 말은 각각 그 원형을 밝히어 적는다.

국말이	꺾꽂이	꽃잎	끝장
물난리	밑천	부엌일	싫증
웃안	웃옷	젖몸살	첫아들
칼날	팥알	헛웃음	홀아비
홑몸	흙내	값없다	겉늙다
굶주리다	낮잡다	맞먹다	받내다
벋놓다	빗나가다	빛나다	새파랗다
샛노랗다	시꺼멓다	싯누렇다	엇나가다
엎누르다	엿듣다	옻오르다	짓이기다
헛되다			

(1) 두 개의 실질 형태소가 결합한 것(합성어)

둘 이상의 어휘 형태소가 결합하여 합성어를 이루거나, 어근에 접두사가 결합하여 파생어를 이룰 때, 그 사이에서 발음 변화가 일어나더라도 실질 형태소의 본 모양을 밝히어 적음으로써, 그 뜻이 분명히 드러난다.

(2) 접두사가 결합한 것(파생어)

접두사 '새-/시-, 샛-/싯-'의 구별은 된소리나 거센소리 앞에는 '새-/시-'를 붙이되, 어간 첫 음절이 양성 계열 모음일 때는 '새-', 음성 계열 모음일 때는 '시-'로 적는다.

새까맣다 – 시꺼멓다   새빨갛다 – 시뻘겋다
새파랗다 – 시퍼렇다   새하얗다 – 시허옇다

그러나 울림소리²¹ 앞에는 '샛-/싯-'으로 적는다.

샛노랗다 – 싯누렇다

[붙임 1] 어원은 분명하나 소리만 특이하게 변한 것은 변한 대로
적는다.

할아버지   할아범

이 규정은 ① 어원은 분명하나(한-아버지, 한-아범), ② 소리만 특이하게 변한
것은 변한 대로 적는다(한→할), ③ 다만, 실질 형태소의 기본 형태를 밝히어
적는다((할)아버지, (할)아범)와 같이 해석된다.

[붙임 2] 어원이 분명하지 아니한 것은 원형을 밝히어 적지 아니한다.

골병	골탕	끌탕	며칠
아재비	오라비	업신여기다	부리나케

어원이 불분명한 단어들은, 그 원형을 밝히지 않고 소리나는 대로 적는다.
한편, '섣부르다'도 '설다'와의 연관성이 인정되는 구조이므로, '(설부르다→)섣부
르다'로 적는다.

[붙임 3] '이[齒, 虱]'가 합성어나 이에 준하는 말에서 '니' 또는
'리'로 소리날 때에는 '니'로 적는다.

간니	덧니	사랑니	송곳니	앞니
어금니	윗니	젖니	톱니	틀니
가랑니	머릿니			

합성어나 이에 준하는 구조의 단어에서 실질 형태소는 본 모양을 밝혀 적는
것이 원칙이지만, '이[齒, 虱]'의 경우는 예외로 한다. '이[齒]'는 옛말에서 '니'였

²¹ 발음할 때 목청이 떨려
울리는 소리로 한국어의
모든 모음이 이에 속하며,
자음 가운데에는 'ㄴ, ㄹ,
ㅁ' 등이 있다. 유성음이라
고도 한다.

으나, 현대어에서는 '이'가 표준어이다. 따라서 다른 단어나 접두사 뒤에서 [니] 또는 [리]로 소리나는 '이'는 '간니[代生齒], 덧니, 틀니, 가랑니[幼虱], 머릿니[頭 髮蟲] ……'처럼 적는다.

---

27 다음 표기된 표준어 중 성격이 다른 하나는?

① 옷안   ② 웃옷

③ 홑몸   ④ 몇일

---

27 ④

④, '몇+일'에서 온 말 로 분석하기 어렵고, 어원이 불분명한 말이 므로 소리나는 대로 '며칠'로 적는다.

①, ②, ③, 한글 맞춤 법 제27항의 "둘 이상 의 단어가 어울리거나 접두사가 붙어서 이루 어진 말은 각각 그 원 형을 밝히어 적는다." 에 맞게 쓰였다.

제28항 끝소리가 'ㄹ'인 말과 딴 말이 어울릴 적에 'ㄹ' 소리가 나지 아니하는 것은 아니 나는 대로 적는다.

다달이(달-달-이)	따님(딸-님)	마되(말-되)
마소(말-소)	무자위(물-자위)	바느질(바늘-질)
부나비(불-나비)	부삽(불-삽)	부손(불-손)
소나무(솔-나무)	싸전(쌀-전)	여닫이(열-닫이)
우짖다(울-짖다)	화살(활-살)	

합성어나 접미사가 붙은 파생어에서 앞 단어의 'ㄹ'받침이 발음되지 않는 것은 발음되지 않는 형태로 적는다. 'ㄹ'은 대체로 'ㄴ, ㄷ, ㅅ, ㅈ' 앞에서 탈락한다. 이외에도 'ㄹ' 받침이 떨어진 단어는 다음과 같다.

표기형	원형	표기형	원형
나날이	← 날날이	주낙	← 줄낚시
무논	← 물논	차돌[石英]	← 찰돌
무수리	← 물수리	차조	← 찰조
미닫이	← 밀닫이	차지다	← 찰지다
부넘기	← 불넘기	하느님	← 하늘님
아드님	← 아들님		

한자 '불(不)'이 첫소리 'ㄷ, ㅈ' 앞에서 '부'로 읽히는 단어의 경우도 'ㄹ'이 떨어진 대로 적는다.

부단(不斷), 부당(不當), 부동(不同, 不凍, 不動), 부득이(不得已), 부등(不 等), 부적(不適), 부정(不正, 不貞, 不定), 부조리(不條理), 부주의(不注意), ……

28②

한글맞춤법 제28항 "끝소리가 'ㄹ'인 말과 딴 말이 어울릴 적에 'ㄹ' 소리가 나지 아니 하는 것은 아니 나는 대로 적는다."에서 ②는 '다달이'로 소리 나므로 '다달이'로 적는다.

①, ③, ④, 규정대로 '솔-나무, 활-살, 쌀-전'이 'ㄹ'소리가 나지 않으므로 아니 나는 대로 적는다.

28 다음 중 틀린 문장은?

① <u>소나무</u>를 심는다.　② <u>달달이</u> 지불한다.

③ <u>화살</u>이 날아간다.　④ <u>쌀전</u>에 다녀와라.

제29항 끝소리가 'ㄹ'인 말과 딴 말이 어울릴 적에 'ㄹ' 소리가 'ㄷ' 소리로 나는 것은 'ㄷ'으로 적는다.

반짇고리(바느질~)	사흗날(사흘~)	삼짇날(삼질~)
섣달(설~)	숟가락(술~)	이튿날(이틀~)
잗주름(잘~)	푿소(풀~)	섣부르다(설~)
잗다듬다(잘~)	잗다랗다(잘~)	

'ㄹ'이 'ㄷ'으로 바뀌어 굳어져 있는 단어는 어원적인 형태를 밝혀 적지 않는다. 'ㄹ' 받침이 'ㄷ'으로 바뀐 단어는 다음과 같다.

나흗날	잗갈다	잗갈리다
잗널다	잗달다	잗타다

29①

①, 한글맞춤법 제29 항 "끝소리가 'ㄹ'인 말과 딴 말이 어울릴 적에 'ㄹ' 소리가 'ㄷ' 소리로 나는 것은 'ㄷ' 으로 적는다."에 따라 정답이다.

②, ③, ④, '반짇고리, 숟가락, 삼짇날'이라 고 적는 것이 옳다.

29 다음 표기된 단어 중 맞는 것은?

① 사흗날　② 반짓고리

③ 숫가락　④ 삼짓날

제30항 사이시옷은 다음과 같은 경우에 받치어 적는다.

1. 순 우리말로 된 합성어로서 앞말이 모음으로 끝난 경우

(1) 뒷말의 첫소리가 된소리로 나는 것

고랫재	귓밥	나룻배	나뭇가지
냇가	댓가지	뒷갈망	맷돌
머릿기름	모깃불	못자리	바닷가
뱃길	볏가리	부싯돌	선짓국

쇳조각	아랫집	우렁잇속	잇자국
잿더미	조갯살	찻집	쳇바퀴
킷값	핏대	햇볕	혓바늘

(2) 뒷말의 첫소리 'ㄴ, ㅁ' 앞에서 'ㄴ' 소리가 덧나는 것

멧나물	아랫니	텃마당	아랫마을
뒷머리	잇몸	깻묵	냇물
빗물			

(3) 뒷말의 첫소리 모음 앞에서 'ㄴㄴ' 소리가 덧나는 것

도리깻열	뒷윷	두렛일	뒷일
뒷입맛	베갯잇	욧잇	깻잎
나뭇잎	댓잎		

2. 순 우리말과 한자어로 된 합성어로서 앞말이 모음으로 끝난
   경우

(1) 뒷말의 첫소리가 된소리로 나는 것

귓병	머릿방	뱃병	봇둑
사잣밥	샛강	아랫방	자릿세
전셋집	찻잔	찻종	촛국
콧병	탯줄	텃세	핏기
햇수	횟가루	횟배	

(2) 뒷말의 첫소리 'ㄴ, ㅁ' 앞에서 'ㄴ' 소리가 덧나는 것

곗날	제삿날	훗날	툇마루	양칫물

(3) 뒷말의 첫소리 모음 앞에서 'ㄴㄴ' 소리가 덧나는 것

가욋일	사삿일	예삿일	훗일

3. 두 음절로 된 다음 한자어

곳간(庫間)   셋방(貰房)   숫자(數字)   찻간(車間)

툇간(退間)   횟수(回數)

(1) '고유어+고유어', '고유어+한자어', '한자어+고유어'가 결합한 합성어 중에서 사잇소리가 날 때, 선행 어근 다음에 사이시옷을 적는다.

나무+가지 → 나뭇가지   모기+불 → 모깃불

뒤+일 → 뒷일   귀+병(病) → 귓병

후(後)+날 → 훗날   예사(例事)+일 → 예삿일

(2) 한자어로만 구성된 합성어의 경우에는 원칙적으로 사이시옷을 붙이지 않는다.

---

30 다음 중 표기가 맞는 것은?

① 조개살   ② 전셋집

③ 머리기름   ④ 나루배

30②

②, 고유어가 포함된 합성어에서 뒷소리가 된소리로 나면, 앞말의 받침에 'ㅅ'을 받쳐 적으므로 정답이다.

①, ③, ④, 고유어로 된 합성어에서 뒷소리가 된소리로 나면, 앞말의 받침에 'ㅅ'을 받쳐 적으므로 '조갯살, 머릿기름, 나룻배'로 적어야 한다.

제31항 두 말이 어울릴 적에 'ㅂ' 소리나 'ㅎ' 소리가 덧나는 것은 소리대로 적는다.

1. 'ㅂ' 소리가 덧나는 것

댑싸리(대ㅂ싸리)   멥쌀(메ㅂ쌀)   볍씨(벼ㅂ씨)

입때(이ㅂ때)   입쌀(이ㅂ쌀)   접때(저ㅂ때)

좁쌀(조ㅂ쌀)   햅쌀(해ㅂ쌀)

'싸리[荊], 쌀[米], 씨[種], 때[時]' 등은 단어 첫머리에 [ㅂ]음을 가지고 있었던 단어이다. 이 단어들이 다른 단어 또는 접두사와 결합하는 경우, 두 형태소 사이에서 [ㅂ]음이 발음되기도 한다. 따라서 받침으로 붙여 적는다. 이러한 단어로는 '냅뜨다, 부릅뜨다, 칩떠보다, 휩싸다, 휩쓸다' 등도 있다.

2. 'ㅎ' 소리가 덧나는 것

머리카락(머리ㅎ가락)	살코기(살ㅎ고기)	수캐(수ㅎ개)
수컷(수ㅎ것)	수탉(수ㅎ닭)	안팎(안ㅎ밖)
암캐(암ㅎ개)	암컷(암ㅎ것)	암탉(암ㅎ닭)

옛말에서 ㅎ곡용어였던 '머리[頭], 살[肌], 수[雄], 암[雌], 안[內]' 등에 다른 단어가 결합하여 이루어진 합성어 중에서, [ㅎ]음이 첨가되어 발음되는 단어는 소리나는 대로 뒤 단어의 첫소리를 거센소리로 적는다.

---

31 다음 중 표기가 틀린 것은?

① 수캉아지   ② 수캐

③ 수병아리   ④ 수퇘지

31 ③

③, 수컷을 이르는 접두사는 '수-'로 통일하며, 접두사 '수-' 다음에서 나는 거센소리를 인정하므로 '수평아리'로 적는다.

①, ②, ④, 거센소리를 인정하는 단어로 바르게 적은 것이다.

제5절 준말

제32항 단어의 끝모음이 줄어지고 자음만 남은 것은 그 앞의 음절에 받침으로 적는다.

본말	준말	본말	준말
기러기야	기럭아	가지고, 가지지	갖고, 갖지
어제그저께	엊그저께	디디고, 디디지	딛고, 딛지
어제저녁	엊저녁		

'어제그저께'에서 '어제'의 'ㅔ'가 준 형태는 '엊'으로, '가지고'에서 '가지'의 'ㅣ'가 준 형태는 '갖'으로 적는다. 그런데 줄어지는 음절의 첫소리 자음이 올라붙지 않고 받침 소리가 올라붙는 형식도 있다. "바둑-장기→박장기, 어긋-매끼다→엇매끼다, 바깥-벽→밭벽, 바깥-사돈→밭사돈" 등이 있다.

④, 한글맞춤법 제32항 "단어의 끝모음이 줄어지고 자음만 남은 것은 그 앞의 음절에 받침으로 적는다."에 따라 '어제저녁'은 '엊저녁'으로 적는다.

①, ②, ③, '기럭아, 엊그저께, 딛고'로 적는다.

32 다음 중 준말이 바른 것은?

	본말	준말
①	기러기야	기러가
②	어제그저께	엊그저께
③	디디고	딪고
④	어제저녁	엊저녁

제33항 체언과 조사가 어울려 줄어지는 경우에는 준 대로 적는다.

본말	준말	본말	준말
그것은	그건	너는	넌
그것이	그게	너를	널
그것으로	그걸로	무엇을	뭣을/무얼/뭘
나는	난	무엇이	뭣이/무에
나를	날		

이외에도 다음과 같은 예가 있다.

(그 애 → 걔) 그 애는 → 걔는 → 걘,　　그 애를 → 걔를 → 걜
(이 애 → 얘) 이 애는 → 얘는 → 얜,　　이 애를 → 얘를 → 얠
(저 애 → 쟤) 저 애는 → 쟤는 → 쟨,　　저 애를 → 쟤를 → 쟬
그리로 → 글로　　　이리로 → 일로　　　저리로 → 절로
조리로 → 졸로　　　그것으로 → 그걸로　　이것으로 → 이걸로
저것으로 → 저걸로

④, 준말이 쓰이고 있더라도, 본말이 널리 쓰이고 있으면 본말을 표준어로 삼기에 '아래로'로 사용하는 것이 맞다.

①, ②, ③, 체언과 조사가 어울려 줄어질 경우 준 대로 적기 때문에 바르게 적은 것이다.

33 다음 중 준말이 틀린 것은?

	본말	준말
①	무엇이	무에
②	그 애	걔
③	그것이	그게
④	아래로	알로

제34항 모음 'ㅏ, ㅓ'로 끝난 어간에 '-아/-어, -았-/-었-'이 어울릴 적에는 준 대로 적는다.

본말	준말	본말	준말
가아	가	가았다	갔다
나아	나	나았다	났다
타아	타	타았다	탔다
서어	서	서었다	섰다
켜어	켜	켜었다	켰다
펴어	펴	펴었다	폈다

이외에도 다음과 같은 예가 있다.

본말	준말	본말	준말
따아	따	건너어	건너
따아서	따서	건너어서	건너서
따아도	따도	건너어도	건너도
따았다	땄다	건너었다	건넜다

다만, 'ㅅ' 불규칙 용언의 어간에서 'ㅅ'이 줄어진 경우에는 '-아/어'가 줄어지지 않는 게 원칙이다.

낫다: 나아, 나아서, 나아도, 나아야, 나았다
젓다: 저어, 저어서, 저어도, 저어야, 저었다

[붙임 1] 'ㅐ, ㅔ' 뒤에 '-어, -었-'이 어울려 줄 적에는 준 대로 적는다.

본말	준말	본말	준말
개어	개	개었다	갰다
내어	내	내었다	냈다
베어	베	베었다	벴다
세어	세	세었다	셌다

이 외에도 다음과 같은 예가 있다.

매어 → 매   매어라 → 매라   매었다 → 맸다   매어 두다 → 매 두다
떼어 → 떼   떼어라 → 떼라   떼었다 → 뗐다   떼어 놓다 → 떼 놓다

다만, 어간 모음 'ㅏ' 뒤에 접미사 '-이'가 결합하여 'ㅐ'로 줄어지는 경우는, '-어'가 줄어지지 않는 게 원칙이다.

빈틈없이 (짜이어 →) 째어 있다   우묵우묵 (파이어 →) 패어 있다

[붙임 2] '하여'가 한 음절로 줄어서 '해'로 될 적에는 준 대로 적는다.

본말	준말	본말	준말
하여	해	하였다	했다
더하여	더해	더하였다	더했다
흔하여	흔해	흔하였다	흔했다

'하다'는 '여' 불규칙 용언이므로, '*하아'로 되지 않고 '하여'로 된다. 이 '하여'가 한 음절로 줄어진 형태는 '해'로 적는다.

하여 → 해   하여라 → 해라
하여서 → 해서   하였다 → 했다

34②

②, 한글맞춤법 34항의 "모음 'ㅏ, ㅓ'로 끝난 어간에 '- 아/-어, -았-/-었-'이 어울릴 적에는 준 대로 적는다" 라는 규정에 따라 '가 아'는 '가'로 적는 것이 맞다.

①, '났다'로 적어야 한다.

③, '하다'는 '여' 불규칙 용언이므로, '하아' 로 되지 않고 '하여'로 된다. 이 '하여'가 한 음절로 줄어진 형태는 '해'로 적는다.

④, '벴다'로 적어야 한다.

34 다음 중 바르게 짝지어 진 것은?

① 나았다 → 낫다   ② 가아 → 가
③ 하아 → 해   ④ 베었다 → 벳다

제35항 모음 'ㅗ, ㅜ'로 끝난 어간에 '-아/-어, -았-/-었-'이 어울려 'ㅘ/ㅝ', 'ㅘㅆ/ㅝㅆ'으로 될 적에는 준 대로 적는다.

본말	준말	본말	준말
꼬아	꽈	꼬았다	꽜다
보아	봐	보았다	봤다
쏘아	쏴	쏘았다	쐈다
두어	둬	두었다	뒀다
쑤어	쒀	쑤었다	쒔다
주어	줘	주었다	줬다

이외에도 다음과 같은 예가 있다.

오아 → 와　　오아도 → 와도　　오아서 → 와서　　오았다 → 왔다
추어 → 춰　　추어서 → 춰서　　추어야 → 춰야　　추었다 → 췄다

다만, '푸다'의 경우는 '푸어 → 퍼'처럼 어간 모음 'ㅜ'가 줄어지므로, '*풔'로 적지 않는다.

[붙임 1] '놓아'가 '놔'로 줄 적에는 준 대로 적는다.

'좋다'의 어간 '좋-'에 어미 '-아'가 붙으면 '좋아'가 되는데, 이 '좋아'가 줄어져서 '*좌'가 되지는 않는다. 그러나 '놓다'(규칙 동사)의 경우는 어간 받침 'ㅎ'이 줄면서 두 음절이 하나로 줄어진다. 그리하여 '놓다'의 경우는 예외적인 형식을 인정한다.

놓아 → (노아 →) 놔
놓아라 → (노아라 →) 놔라
놓았다 → (노았다 →) 놨다

[붙임 2] '괴' 뒤에 '-어, -었-'이 어울려 '괘, 쨌'으로 될 적에도 준 대로 적는다.

본말	준말	본말	준말
괴어	괘	괴었다	괬다
되어	돼	되었다	됐다
뵈어	봬	뵈었다	뵀다
쇠어	쇄	쇠었다	쇘다
씌어	쐐	씌었다	쐤다

'되다'는 다음과 같이 줄어지는 형식으로 쓸 수 있다.

일이 뜻대로 (되어 →) 돼 간다.   만나게 (되어서 →) 돼서 기쁘다.
일이 잘 (되어야 →) 돼야 한다.   나도 가게 (되었다 →) 됐다.

'죄다, 쬐다' 등도 다음과 같이 줄어진다.

죄다   나사를 (죄어 →) 좨 본다.
      나사를 (죄어야 →) 좨야 한다.
      나사를 (죄었다 →) 좼다.

쬐다   볕을 (쬐어라 →) 쫴라.
      볕을 (쬐어야 →) 쫴야 한다.
      볕을 (쬐었다 →) 쬈다.

35④

④, 줄어 적은 문장이 아니며, 바른 문장이다.

①, ②, ③, 어간 모음 '괴' 뒤에 '-어'가 붙어서 '괘'로 줄어지는 것은 '괘'로 적기 때문에 ①, ②, ③은 '되었다→됐다,   되어야→돼야, 되어서→돼서'로 줄어지는 것이 맞다.

35 다음 중 바르게 적은 문장은?

① 나도 가게 <u>됬다</u>.   ② 일이 잘 <u>되야</u> 한다.
③ 만나게 <u>되서</u> 기쁘다.   ④ 일이 잘 <u>되어</u> 간다.

제36항 'ㅣ' 뒤에 '-어'가 와서 'ㅕ'로 줄 적에는 준 대로 적는다.

본말	준말	본말	준말
가지어	가져	가지었다	가졌다
견디어	견뎌	견디었다	견뎠다
다니어	다녀	다니었다	다녔다
막히어	막혀	막히었다	막혔다
버티어	버텨	버티었다	버텼다
치이어	치여	치이었다	치였다

접미사 '-이, -히, -기, -리, -으키, -이키' 뒤에 '-어'가 붙은 경우도 이에 포함된다.

본말	준말	본말	준말
녹이어	녹여	남기어야	남겨야
먹이어서	먹여서	옮기었다	옮겼다
숙이었다	숙였다	굴리어	굴려
업히어	업혀	날리어야	날려야
입히어서	입혀서	돌리었다	돌렸다
잡히었다	잡혔다	일으키어	일으켜
굶기어	굶겨	돌이키어	돌이켜

---

36 다음 밑줄 친 단어 중에서 표준어가 아닌 것은?

① 끝까지 <u>버텼다</u>.　　② 길이 <u>막혔다</u>.
③ 회사를 <u>다녔다</u>.　　④ 사람에 <u>치였다</u>.

36①

①, 한글 맞춤법 'ㅣ' 뒤에 '-어'가 와서 'ㅕ'로 줄 적에는 준 대로 적는다에 따라 '버티었다→버텼다'로 적는다.

②, ③, ④, 바르게 적은 문장이다.

제37항 'ㅏ, ㅕ, ㅗ, ㅜ, ㅡ'로 끝난 어간에 '-이-'가 와서 각각 'ㅐ, ㅖ, ㅚ, ㅟ, ㅢ'로 줄 적에는 준 대로 적는다.

본말	준말	본말	준말
싸이다	쌔다	누이다	뉘다
펴이다	폐다	뜨이다	띄다
보이다	뵈다	쓰이다	씌다

어간 끝 모음 'ㅏ, ㅕ, ㅗ, ㅜ, ㅡ' 뒤에 '-이'가 결합하여 'ㅐ, ㅖ, ㅚ, ㅟ, ㅢ'로 줄어지는 것은 'ㅐ, ㅖ, ㅚ, ㅟ, ㅢ'로 적는다.

본말	준말	본말	준말
까이다[被孵]	깨다	꾸이다[現夢]	뀌다
켜이다[被鋸]	켸다	트이다	틔다
쏘이다	쐬다		

'놓이다'가 '뇌다'로 줄어지는 경우도 '뇌다'로 적는다. 또, 형용사화 접미사 '-스럽(다)'에 '-이'가 결합한 '스러이'가 '-스레'로 줄어지는 경우도 준 대로 적는다. 이에 따라서 '새삼스러이→새삼스레, 천연스러이→천연스레'로 적는다.

37④

④, "어간 끝모음 'ㅏ, ㅕ, ㅗ, ㅜ, ㅡ' 뒤에 '-이'가 결합하여 'ㅐ, ㅖ, ㅚ, ㅟ, ㅢ'로 줄어지는 것은 'ㅐ, ㅖ, ㅚ, ㅟ, ㅢ'로 적는다."에 따라 ④는 정답이다.

①, ②, ③, '쐬다, 틔다, 뀌다'로 적어야 한다.

37 다음 중 준말이 바르게 짝지어 진 것은?

① 쏘이다 → 쏘다　　② 트이다 → 트다

③ 꾸이다[現夢] → 꾸다　　④ 켜이다[被鋸] → 켸다

제38항 'ㅏ, ㅗ, ㅜ, ㅡ' 뒤에 '-이어'가 어울려 줄어질 적에는 준 대로 적는다.

본말	준말	본말	준말
싸이어	쌔어, 싸여	뜨이어	띄어
보이어	뵈어, 보여	쓰이어	씌어, 쓰여
쏘이어	쐬어, 쏘여	트이어	틔어, 트여
누이어	뉘어, 누여		

'이'가 어간 음절이나 어미 음절에 축약되기도 한다.

까이어 → 깨어/까여　　꼬이어 → 꾀어/꼬여
누이어 → 뉘어/누여　　뜨이어 → 띄어/(눈이)뜨여
쓰이어 → 씌어/쓰여　　트이어 → 틔어/트여

'놓이다'의 준말 '뇌다'의 경우는 '뇌어'로 적지만, '놓이어'가 줄어진 형태는 '놓여'로 적는다. '띄우다(←뜨이우다), 씌우다 (←쓰이우다), 틔우다(←트이우다)'처럼 '-이' 뒤에 다시 '-우'가 붙는 형식에서는, '이'를 앞 음절에 올려붙여 적는다.

38 다음 중 잘못 짝지어진 것은?

① 쓰이어 → 쓰여   ② 뜨이어 → 뜨여

③ 보이어 → 보여   ④ 트이어 → 트여

38②

②, '띄어'로 적는다.

①, ③, ④, 규정대로 'ㅏ, ㅗ, ㅜ, ㅡ' 뒤에 '-이어'가 어울려 줄어질 적에 준 대로 적었다.

제39항 어미 '-지' 뒤에 '않-'이 어울려 '-잖-'이 될 적과 '-하지' 뒤에 '않-'이 어울려 '-찮-'이 될 적에는 준 대로 적는다.

본말	준말	본말	준말
그렇지 않은	그렇잖은	만만하지 않다	만만찮다
적지 않은	적잖은	변변하지 않다	변변찮다

줄어진 형태를 하나의 단어처럼 다룬 경우에는, 그 원형과 결부시켜 준 과정의 형태를 밝힐 필요가 없기 때문에 소리나는 대로 '잖, 찮'으로 적는다.

두렵지 않다 → 두렵잖다   많지 않다 → 많잖다

예사롭지 않다 → 예사롭잖다   의롭지 않다 → 의롭잖다

성실하지 않다 → 성실찮다   심심하지 않다 → 심심찮다

평범하지 않다 → 평범찮다   허술하지 않다 → 허술찮다

'귀찮-, 점잖-'처럼 어간 끝소리가 'ㅎ'인 경우는, [찬]으로 소리나더라도 '귀찮지 않다 → 귀찮잖다, 점잖지 않다 → 점잖잖다'로 적는다.

39 다음 중 표기가 틀린 것은?

① 점잖찮다   ② 대단찮다

③ 만만찮다   ④ 변변찮다

39①

①, '귀찮-, 점잖-'처럼 어간 끝소리가 'ㅎ'인 경우는, [찬]으로 소리나더라도 '귀찮지 않다→귀찮잖다, 점잖지 않다→점잖잖다'로 적는다.

②, ③, ④, 바르게 적은 것이다.

제40항 어간의 끝음절 '하'의 'ㅏ'가 줄고 'ㅎ'이 다음 음절의 첫소리와 어울려 거센소리로 될 적에는 거센소리로 적는다.

본말	준말	본말	준말
간편하게	간편케	다정하다	다정타
연구하도록	연구토록	정결하다	정결타
가하다	가타	흔하다	흔타

어간 끝 음절 '하'의 'ㅏ'가 줄고 'ㅎ'이 남는 경우, 사이 글자 'ㅎ'을 쓰는 경우도 예외로 다루어 소리나는 대로 적는다.

본말	준말	본말	준말
가(可)하다 부(否)하다	가타 부타(→가타부타)	부지런하다	부지런타
무능하다	무능타	감탄하게	감탄케
아니하다	아니타	실망하게	실망케
달성하게	달성케	무심하지	무심치
당(當)하지	당치	분발하도록	분발토록
허송하지	허송치	추진하도록	추진토록
실천하도록	실천토록	달성하고자	달성코자
결근하고자	결근코자	청하건대	청컨대
사임하고자	사임코자	회상하건대	회상컨대

[붙임 1] 'ㅎ'이 어간의 끝소리로 굳어진 것은 받침으로 적는다.

않다	않고	않지	않든지
그렇다	그렇고	그렇지	그렇든지
아무렇다	아무렇고	아무렇지	아무렇든지
어떻다	어떻고	어떻지	어떻든지
이렇다	이렇고	이렇지	이렇든지
저렇다	저렇고	저렇지	저렇든지

한 개 단어로 보아 준말의 기준은 관용에 따르는데, 대체로 지시 형용사 '이러하다, 그러하다, 저러하다, 어떠하다, 아무러하다' 및 '아니하다' 등이 줄어진 형태가 이에 해당된다.

(이러하다→) 이렇다, 이렇게, 이렇고, 이렇지, 이렇거나…….
(아니하다→) 않다, 않게, 않고, 않지, 않든지, 않도록…….

[붙임 2] 어간의 끝음절 '하'가 아주 줄 적에는 준 대로 적는다.

본말	준말	본말	준말
거북하지	거북지	넉넉하지 않다	넉넉지 않다
생각하건대	생각건대	못하지 않다	못지않다
생각하다 못해	생각다 못해	섭섭하지 않다	섭섭지 않다
깨끗하지 않다	깨끗지 않다	익숙하지 않다	익숙지 않다

안울림소리 받침 뒤에서 나타나는 어간의 끝 음절 '하'가 줄어진 형태는 다음과 같이 표기한다.

갑갑하지 않다 → 갑갑지 않다 → 갑갑잖다
깨끗하지 않다 → 깨끗지 않다 → 깨끗잖다
넉넉하지 않다 → 넉넉지 않다 → 넉넉잖다
답답하지 않다 → 답답지 않다 → 답답잖다
못하지 않다 → 못지않다(→못잖다)

[붙임 3] 다음과 같은 부사는 소리대로 적는다.

결단코	결코	기필코	무심코
아무튼	요컨대	정녕코	필연코
하마터면	하여튼	한사코	

어원적인 형태는 용언의 활용형으로 볼 수 있더라도, 부사로 전성된 단어는 소리나는 대로 적는다. 이들 단어는 문법화 과정을 거쳐 이미 부사로 전성되었기 때문이다.

그러나 '이렇든(지), 그렇든(지), 저렇든(지), 아무렇든(지), 어떻든(지)' 등은 '이렇다, 그렇다, 저렇다, 아무렇다, 어떻다'의 활용형이므로, '*튼(지)'으로 적지 않는다. '이토록, 그토록, 저토록, 열흘토록, 종일토록, 평생토록' 등도 소리나는 대로 적는다.

40 다음 중 준말의 표기가 맞는 것은?
① 생각컨대　　　　② 깨끗지 않다
③ 익숙치 않다　　　④ 넉넉치 않다

40②

②, 어간의 끝음절 '하'가 아주 줄 적에는 준 대로 적는다에 따라 '깨끗하지 않다'를 줄 어진 형태로 맞게 적었다.

①, ③, ④, '생각건대, 익숙지 않다, 넉넉지 않다'록 적는다.

제5장 띄어쓰기

제1절 조사

> **제41항 조사는 그 앞말에 붙여 쓴다.**
>
> | | | | |
> |---|---|---|---|
> | 꽃이 | 꽃마저 | 꽃밖에 | 꽃에서부터 |
> | 꽃으로만 | 꽃이나마 | 꽃이다 | 꽃입니다 |
> | 꽃처럼 | 어디까지나 | 거기도 | 멀리는 |
> | 웃고만 | | | |

조사는 그것이 결합되는 체언이 지니는 문법적 기능을 표시하므로, 그 앞의 단어에 붙여 쓴다. 조사가 둘 이상 겹쳐지거나, 조사가 어미 뒤에 붙는 경우에도 붙여 쓴다.

집에서처럼	학교에서만이라도	여기서부터입니다
어디까지입니까	나가면서까지도	들어가기는커녕
아시다시피	옵니다그려	"알았다."라고

41 ④

④, 한글맞춤법 제41항 "조사는 그 앞말에 붙여 쓴다."에 따라 ④는 '알았다.'라고 적는다. 앞말이 직접 인용되는 말임을 나타내는 '-라고'는 조사이므로, 큰따옴표로 묶인 단위에 붙여 적는다.

①, ②, ③, 바르게 적은 것이다.

> **41 다음 중 띄어쓰기가 틀린 것은?**
> ① 들어가기는커녕　　② 어디까지입니까
> ③ 집에서처럼　　④ "알았다." 라고

제2절 의존 명사, 단위를 나타내는 명사 및 열거하는 말 등

> **제42항** 의존 명사는 띄어 쓴다.
>
> 아는 **것**이 힘이다.   나도 할 **수** 있다.
> 먹을 **만큼** 먹어라.   아는 **이**를 만났다.
> 네가 뜻한 **바**를 알겠다.   그가 떠난 **지**가 오래다.

의존 명사는 의미적 독립성은 없으나 다른 단어 뒤에 의존하여 명사적 기능을 담당하므로, 하나의 단어이다.

(1) '들'

품사	예문
접미사	남자들, 학생들
의존 명사	쌀, 보리, 콩, 조, 기장 들을 오곡(五穀)이라 한다.

(2) '뿐'

품사	예문
접미사	남자뿐이다, 셋뿐이다
의존 명사	웃을 뿐이다. 만졌을 뿐이다.

(3) '대로'

품사	예문
조사	법대로, 약속대로
의존 명사	아는 대로 말한다. 약속한 대로 이행한다.

(4) '만큼'

품사	예문
조사	여자도 남자만큼 일한다. 키가 전봇대만큼 크다.
의존 명사	볼 만큼 보았다. 애쓴 만큼 얻는다.

(5) '만'

품사	예문
조사	하나만 알고, 둘은 모른다. 이것은 그것만 못하다.
의존 명사	떠난 지 사흘 만에 돌아왔다. 온 지 1년 만에 떠나갔다.

(6) '지'

품사	예문
어미	집이 큰지 작은지 모르겠다.
의존 명사	그가 떠난 지 보름이 지났다. 그를 만난 지 한 달이 지났다.

(7) '차(次)'

품사	예문
접미사	연수차(研修次) 도미(渡美)한다.
의존 명사	고향에 갔던 차에 선을 보았다.

(8) '판'

품사	예문
명사	노름판, 씨름판, 웃음판
의존 명사	바둑 한 판 두자. 장기를 세 판이나 두었다.

42 ④

④, 두 개 이상의 사물을 열거하는 구조에서 '그런 따위'란 뜻을 나타내는 경우는 의존 명사이므로 띄어 쓴다.

①, ②, ③, 한글맞춤법 제42항 "의존명사는 띄어 쓴다."에 따라 '*아는것 → 아는 것, *떠난지 → 떠난 지, *아는대로 → 아는 대로'로 적는다.

42 다음 중 바르게 적은 문장은?

① 아는것이 힘이다.
② 그가 떠난지가 오래다.
③ 아는대로 말한다.
④ 쌀, 콩, 조, 기장 들을 오곡이라 한다.

제43항 단위를 나타내는 명사는 띄어 쓴다.

한 개	차 한 대	금 서 돈	소 한 마리
옷 한 벌	열 살	조기 한 손	연필 한 자루
버선 한 죽	집 한 채	신 두 켤레	북어 한 쾌

다만, 순서를 나타내는 경우나 숫자와 어울리어 쓰이는 경우에는 붙여 쓸 수 있다.

두시 삼십분 오초	제일과	삼학년
육층	1446년 10월 9일	2대대
16동 502호	제1실습실	80원
10개	7미터	

(1) 단위를 나타내는 의존 명사(수량 단위 불완전 명사)는 그 앞의 수관형사와 띄어 쓴다.

나무 한 그루	고기 두 근	열 길 물 속
은 넉 냥(-쭝)	바느질 실 한 님	엽전 두 닢
금 서 돈(-쭝)	토끼 두 마리	논 두 마지기
쌀 서 말	물 한 모금	실 한 바람
장작 한 바리	열 바퀴	새끼 두 발
국수 한 사리	벼 석 섬	밥 한 술
흙 한 줌	집 세 채	밤 한 톨
김 네 톳	풀 한 포기	

(2) 수관형사 뒤에 의존 명사가 붙어서 차례를 나타내는 경우나, 의존 명사가 아라비아 숫자 뒤에 붙는 경우는 붙여 쓸 수 있다.

제일 편 → 제일편　　　제삼 장 → 제삼장　　　제칠 항 → 제칠항

'제-'가 생략된 경우라도, 차례를 나타내는 말일 때는 붙여 쓸 수 있다.

(제)이십칠 대 → 이십칠대　　　(제)오십팔 회 → 오십팔회
(제)육십칠 번 → 육십칠번　　　(제)구십삼 차 → 구십삼차
(제)일 학년 → 일학년　　　　　(제)구 사단 → 구사단

(제)칠 연대 → 칠연대 　　　(제)삼 층 → 삼층

(제)팔 단 → 팔단 　　　　(제)육 급 → 육급

(제)16 통 → 16통 　　　　(제)274 번지 → 274번지

제1 연구실 → 제1연구실

(3) 연월일, 시각 등도 붙여 쓸 수 있다.

일천구백팔십팔 년 오 월 이십 일 　→　일천구백팔십팔년 오월 이십일

여덟 시 오십구 분 　　　　　　→　여덟시 오십구분

(4) 수효를 나타내는 '개년, 개월, 일(간), 시간' 등은 붙여 쓰지 않는다.

삼 (개)년 육 개월 이십 일(간) 체류하였다.

(5) 아라비아 숫자 뒤에 붙는 의존 명사는 모두 붙여 쓸 수 있다.

35원　　70관　　42마일　　26그램　　3년 6개월 20일간

43④

②, 순서를 나타내는 경우나 숫자와 어울리어 쓰이는 경우에는 붙여 쓸 수 있는 규정에 따라 바르게 적은 것이다.

①, ③, ④, 한글맞춤법 제43항의 "단위를 나타내는 명사는 띄어 쓴다."에 따라 ①, ③, ④는 '열 살, 집 한 채, 옷 한 벌'로 적는다.

---

43 다음 중 표기가 바른 것은?

① 열살 　　　　　　② 육층

③ 집 한채 　　　　　④ 옷한벌

제44항 수를 적을 적에는 '만(萬)' 단위로 띄어 쓴다.

십이억 삼천사백오십육만 칠천팔백구십팔

12억 3456만 7898

(1) 십진법(十進法)에 따라 띄어 쓰던 것을 '만' 단위로 띄어 쓴다. 따라서 '만, 억, 조' 및 '경(京), 해(垓), 자(秭)' 단위로 띄어 쓴다.

삼천이백사십삼조 칠천팔백육십칠억 팔천구백이십칠만 육천삼백오십사

3243조 7867억 8927만 6354

(2) 금액을 적을 때는 변조(變造) 등의 사고를 방지하려는 뜻에서 붙여 쓸 수 있다.

일금: 삼십일만오천육백칠십팔원정.

돈: 일백칠십육만오천원임.

---

44 다음 중 〈보기〉의 숫자를 바르게 띄어 쓴 것은?

> ─── 보 기 ───
>
> 2,156,972,057

① 이십일억 오천육백구십칠만 이천오십칠
② 이십일억오천육백구십칠만이천오십칠
③ 이십일억오천 육백구십칠만 이천오십칠
④ 이십 일억 오천 육백 구십 칠만 이천 오십 칠

44①

②, ③, ④, 한글맞춤법 제43항 "수를 적을 적에는 '만(萬)' 단위로 띄어 쓴다."에 따라 '이십일억 오천육백구십칠만 이천오십칠'으로 적는다.

제45항 두 말을 이어 주거나 열거할 적에 쓰이는 다음의 말들은 띄어 쓴다.

국장 **겸** 과장	열 **내지** 스물
청군 **대** 백군	책상, 걸상 **등**이 있다
이사장 **및** 이사들	사과, 배, 귤 **등등**
사과, 배 **등속**	부산, 광주 **등지**

겸(兼)	뽕도 딸 겸 임도 볼 겸 친구도 만날 겸 구경도 할 겸
대(對)	윗마을 대 아랫마을 한국 대 일본 5 대 3
내지(乃至)	하나 내지 넷 열흘 내지 보름 경주 내지 포항
및	위원장 및 위원들 사과 및 배, 복숭아
등(等) 등등(等等) 등속(等屬) 등지(等地)	ㄴ, ㄹ, ㅁ, ㅇ 등은 울림소리다. 과자, 과일, 식혜 등등 먹을 것이 많다. 사과, 배, 복숭아 등속을 사 왔다. 충주, 청주, 대전 등지로 돌아다녔다.

45①

①, 한글 맞춤법 제45항 "두 말을 이어 주거나 열거할 적에 쓰이는 말들은 띄어 쓴다."에 따라 '국장 겸 과장'으로 적는다.

②, ③, ④, 바르게 적은 문장이다

46④

④, 한글 맞춤법 제46항은 자연스럽게 의미적으로 한 덩이를 이룰 수 있는 구조에 적용되는 것으로 한 개의 음절로 된 단어는 무조건 붙여 쓸 수 있는 것이 아니므로 '훨씬 더 큰 새 집'으로 적는다.

①, ②, ③, 한글 맞춤법 제46항 '단음절로 된 단어가 연이어 나타날 적에는 붙여 쓸 수 있다.'에 따라 바르게 적은 것이다.

45 다음 중 표기가 틀린 것은?

① 국장겸 과장　　② 책상, 걸상 등

③ 열 내지 스물　　④ 부산, 광주 등지

제46항 단음절로 된 단어가 연이어 나타날 적에는 붙여 쓸 수 있다.

그때 그곳　　좀더 큰것　　이말 저말　　한잎 두잎

한 음절로 이루어진 단어가 여럿 이어지는 경우, 띄어 쓰면 기록하기에도 불편하고 시각적 부담이 커서 독서 능률을 떨어뜨릴 수 있다.

원칙	허용	원칙	허용
이 곳 저 곳	이곳 저곳	내 것 네 것	내것 네것
이 집 저 집	이집 저집	한 잔 술	한잔 술

그러나 한 개 음절로 된 단어는 무조건 붙여 쓸 수 있는 것이 아니다. 부사와 부사가 연결되는 경우 등 의미적 유형이 다른 단어끼리는 붙여 쓰지 않는 게 원칙이다.

맞음	틀림
더 못 간다	더못 간다
꽤 안 온다	꽤안 온다
늘 더 먹는다	늘더 먹는다

46 다음 중 표기가 틀린 것은?

① 그때 그곳　　② 좀더 큰것

③ 이말 저말　　④ 훨씬 더큰 새집

제3절 보조 용언

> **제47항** 보조 용언은 띄어 씀을 원칙으로 하되, 경우에 따라 붙여 씀도 허용한다.

원칙	허용
불이 꺼져 **간다**.	불이 꺼져**간다**.
내 힘으로 막아 **낸다**.	내 힘으로 막아**낸다**.
어머니를 도와 **드린다**.	어머니를 도와**드린다**.
그릇을 깨뜨려 **버렸다**.	그릇을 깨뜨려**버렸다**.
비가 올 **듯하다**.	비가 올**듯하다**.
그 일은 할 **만하다**.	그 일은 할**만하다**.
일이 될 **법하다**.	일이 될**법하다**.
비가 올 **성싶다**.	비가 올**성싶다**.
잘 아는 **척한다**.	잘 아는**척한다**.

각 단어는 띄어 쓴다는, 일관성 있는 표기 체계를 유지하려는 뜻에서, 띄어 쓰는 것을 원칙으로 하되, 붙여 쓰는 것도 허용한다.

보조 용언	원칙	허용
가다(진행)	늙어 간다, 되어 간다	늙어간다, 되어간다
가지다(보유)	알아 가지고 간다	알아가지고 간다
나다(종결)	겪어 났다, 견뎌 났다	겪어났다, 견뎌났다
내다(종결)	이겨 낸다, 참아 냈다	이겨낸다, 참아냈다
놓다(보유)	열어 놓다, 적어 놓다	열어놓다, 적어놓다
대다(강세)	떠들어 댄다	떠들어댄다
두다(보유)	알아 둔다, 기억해 둔다	알아둔다, 기억해둔다
드리다(봉사)	읽어 드린다	읽어드린다
버리다(종결)	놓쳐 버렸다	놓쳐버렸다
보다(시행)	뛰어 본다, 써 본다	뛰어본다, 써본다
쌓다(강세)	울어 쌓는다	울어쌓는다
오다(진행)	참아 온다, 견뎌 온다	참아온다, 견뎌온다
지다(피동)	이루어진다, 써진다, 예뻐진다	

그러나 '-아/-어' 뒤에 '서'가 줄어진 형식에서는 뒤의 단어가 보조 용언이 아니므로, 붙여 쓰는 게 허용되지 않는다.

(시험삼아)고기를 잡아 본다 → 잡아본다.〈허용〉
고기를 잡아(서) 본다(*잡아본다).

(그분의) 사과를 깎아 드린다 → 깎아드린다.〈허용〉
사과를 깎아(서) 드린다(*깎아드린다).

한편, 의존 명사 '양, 척, 체, 만, 법, 듯' 등에 '-하다'나 '-싶다'가 결합하여 된 보조 용언의 경우도 앞 말에 붙여 쓸 수 있다.

보조 용언	원칙	허용
양하다	학자인 양한다.	학자인양한다.
체하다	모르는 체한다.	모르는체한다.
듯싶다	올 듯싶다.	올듯싶다.
뻔하다	놓칠 뻔하였다.	놓칠뻔하였다.

다만, 앞말에 조사가 붙거나 앞말이 합성 동사인 경우, 그리고 중간에 조사가 들어갈 적에는 그 뒤에 오는 보조 용언은 띄어 쓴다.

잘도 놀아만 **나는구나!**   책을 읽어도 **보고**…….
네가 덤벼들어 **보아라.**   강물에 떠내려가 **버렸다.**
그가 올 듯도 **하다.**   잘난 체를 **한다.**

조사가 개입되는 경우는, 두 단어(본용언과 의존 명사) 사이의 의미적, 기능적 구분이 분명하게 드러날 뿐 아니라, 붙여 쓰지 않는다. 또, 본용언이 합성어인 경우는, '덤벼들어보아라, 떠내려가버렸다'처럼 길어지는 것을 피하기 위하여 띄어 쓴다.

아는 체를 한다(*아는체를한다).   비가 올 듯도 한다(*올듯도하다).
값을 물어만 보고(*물어만보고).   믿을 만은 하다(*믿을만은하다).
밀어내 버렸다(*밀어내버렸다).   잡아매 둔다(*잡아매둔다).
매달아 놓는다(*매달아놓는다).   집어넣어 둔다(*집어넣어둔다).

'물고늘어져 본다, 파고들어 본다' 같은 경우도 이에 준한다.

단음절로 된 어휘 형태소가 결합한 합성어 뒤에 연결되는 보조 용언은 붙여 쓸 수 있다.

나-가 버렸다 → 나가버렸다   빛-나 보인다 → 빛나보인다
손-대 본다 → 손대본다   잡-매 준다 → 잡매준다

그리고 보조 용언이 거듭되는 경우는 앞의 보조 용언만을 붙여 쓸 수 있다.

기억해 둘 만하다 → 기억해둘 만하다
읽어 볼 만하다   → 읽어볼 만하다
도와 줄 법하다   → 도와줄 법하다
되어 가는 듯하다 → 되어가는 듯하다

---

47 다음 문장 중에서 띄어쓰기가 틀린 것은?

① 불이 꺼져간다.   ② 이루어 진다.
③ 모르는체한다.   ④ 읽어볼 만하다.

제4절 고유 명사 및 전문 용어

제48항 성과 이름, 성과 호 등은 붙여 쓰고, 이에 덧붙는 호칭어, 관직명 등은 띄어 쓴다.

김양수(金良洙)   서화담(徐花潭)   채영신 씨
최치원 선생   박동식 박사   충무공 이순신 장군

성명에 있어서, 성과 이름은 별개 단어의 성격을 지니고 있다. 이름은 순수한 고유 명사의 성격을 지닌다. 그러나 한자 문화권에 속하는 나라들에서는 성명을 붙여 쓰는 것이 통례이고, 한국에서도 붙여 쓰는 게 관용 형식이다. 더구나, 한국인의 성은 보통 하나의 단어로 인식되지 않는다. 그리하여 성과 이름은 붙여 쓴다. 이름과 마찬가지 성격을 지닌 호(號)나 자(字)가 성에 붙는 형식도 이에 준한다.

47②

②, '지다(피동)'은 붙여 쓰는 것을 원칙으로 하기에 '이루어진다'로 적어야 한다.

①, 한글 맞춤법 제47항 "보조 용언은 띄어 씀을 원칙으로 하되, 경우에 따라 붙여 씀도 허용한다."에 따라 바르게 적은 것이다.

③, 의존 명사 '양, 척, 체, 만, 법, 듯' 등에 '-하다'나 '-싶다'가 결합하여 된 보조 용언의 경우 앞 말에 붙여 쓸 수 있다.

④, 보조 용언이 거듭되는 경우는 앞의 보조 용언만을 붙여 쓸 수 있다.

최학수(崔學洙)　　　　　　　　김영애(金榮愛)
유버들(柳−)　　　　　　　　　정송강(鄭松江)('송강'은 호)
이태백(李太白)('태백'은 자)

> 다만, 성과 이름, 성과 호를 분명히 구분할 필요가 있을 경우에는
> 띄어 쓸 수 있다.
>
> 남궁억/남궁 억　　　　　　　　　　　독고준/독고 준
> 황보지봉(皇甫芝峰)/황보 지봉

'남궁수, 황보영'같은 성명의 경우, '남/궁수, 황/보영'인지 '남궁/수, 황보/영'인지 혼동될 염려가 있는 것이므로, 성과 이름을 분명하게 밝힐 필요가 있을 때에는 띄어 쓸 수 있다.

한편, 성명 또는 성이나 이름 뒤에 붙는 호칭어나 관·직명(官職名) 등은 고유 명사와 별개의 단위이므로 띄어 쓴다. 호나 자 등이 성명 앞에 놓이는 경우도 띄어 쓴다.

강인구 씨　　　　　　강 선생　　　　　　인구 군
총장 정영수 박사　　　백범 김구 선생　　　계 계장(桂係長)
사 사장(史社長)　　　여 여사(呂女史)　　　주 주사(朱主事)

한국 한자음으로 적는 중국 인명의 경우도 본항 규정이 적용된다.

소정방(蘇定方)　　　이세민(李世民)　　　장개석(莊介石)

48①

①, 한글 맞춤법 제48항 "성과 이름, 성과 호 등은 붙여 쓰고, 이에 덧붙는 호칭어, 관직명 등은 띄어 쓴다."에 따라 '이순신 씨'로 적는다.

②, ③, ④, 바르게 적은 것이다.

---

48 다음 중 '이순신'의 호칭 표기가 틀린 것은?

① 이순신씨　　　　　　② 이순신 선생
③ 충무공 이순신 장군　④ 이순신 사장

제49항 성명 이외의 고유 명사는 단어별로 띄어 씀을 원칙으로 하되, 단위별로 띄어 쓸 수 있다.

원칙	허용
대한 중학교	대한중학교
한국 대학교 사범 대학	한국대학교 사범대학

둘 이상의 단어가 결합하여 이루어진 고유 명사는 단어별로 띄어 쓰는 것을 원칙으로 하되, 단위별로 붙여 쓸 수 있다.

(원칙) 서울 대공원 관리 사무소 관리부 동물 관리과
(허용) 서울대공원관리사업소 관리부 동물관리과

(원칙) 한국 방송 공사 경영 기획 본부 경영 평가실 경영 평가 분석부
(허용) 한국방송공사 경영기획본부 경영평가실 경영평가분석부

'부설(附設), 부속(附屬), 직속(直屬), 산하(傘下)' 등은 그 대상물의 존재 관계(형식)를 나타내는 말이므로, 원칙적으로 앞뒤의 말과 띄어 쓴다.

(원칙) 학술원 부설 국어 연구소
(허용) 학술원 부설 국어연구소

(원칙) 대통령 직속 국가 안전 보장 회의
(허용) 대통령 직속 국가안전보장회의

(원칙) 서울 대학교 사범 대학 부속 고등 학교
(허용) 서울대학교 사범대학 부속고등학교

(원칙) 한국 대학교 의과 대학 부속 병원
(허용) 한국대학교 의과대학 부속병원

49 다음 중 띄어쓰기가 바른 것은?

① 학술원 부설국어연구소
② 사범대학 부속고등학교
③ 대통령 직속국가안전보장회의
④ 국무총리 산하경제 · 인문사회연구회

제50항 전문 용어는 단어별로 띄어 씀을 원칙으로 하되, 붙여 쓸 수 있다.

원칙	허용
만성 골수성 백혈병	만성골수성백혈병
중거리 탄도 유도탄	중거리탄도유도탄

49②

②, '부속 학교, 부속 국민 학교, 부속 중학교, 부속 고등 학교' 등은 교육학 연구나 교원 양성을 위하여 교육 대학이나 사범 대학에 부속시켜 설치한 학교를 이르므로, 하나의 단위로 보아 붙여 쓸 수 있으므로 정답이다.

①, ③, ④, '부설(附設), 부속(附屬), 직속(直屬), 산하(傘下)' 따위는 고유 명사로 일컬어지는 대상물이 아니라, 그 대상물의 존재 관계(형식)를 나타내는 말이므로, 원칙적으로 앞뒤의 말과 띄어 쓴다. 그래서 '학술원 부설 국어연구소, 대통령 직속 국가안전보장회의, 국무총리 산하 경제·인문사회연구회'로 적는다.

의미 파악이 쉽게 하기 위하여 띄어 쓰는 것을 원칙으로 하고, 편의상 붙여 쓸 수 있다.

원칙	허용
만국 음성 기호(萬國音聲記號)	만국음성기호
모음 조화(母音調和)	모음조화
긴급 재정 처분(緊急財政處分)	긴급재정처분
무한 책임 사원(無限責任社員)	무한책임사원
배당 준비 적립금(配當準備積立金)	배당준비적립금
손해 배상 청구(損害賠償請求)	손해배상청구
관상 동맥 경화증(冠狀動脈硬化症)	관상동맥경화증
급성 복막염(急性腹膜炎)	급성복막염
지구 중심설(地球中心說)	지구중심설
탄소 동화 작용(炭素同化作用)	탄소동화작용
해양성 기후(海洋性氣候)	해양성기후
두 팔 들어 가슴 벌리기	두팔들어가슴벌리기
무릎 대어 돌리기	무릎대어돌리기
여름 채소 가꾸기	여름채소가꾸기

다만, 명사가 용언의 관형사형으로 된 관형어의 수식을 받거나, 두 개 이상의 체언이 접속 조사로 연결되는 구조일 때는 붙여 쓰지 않는다.

간단한 도면 그리기   쓸모 있는 주머니 만들기
아름다운 노래 부르기   바닷말과 물고기 기르기

두 개 이상의 전문 용어가 접속 조사로 이어지는 경우는 전문 용어 단위로 붙여 쓸 수 있다.

감자찌기와 달걀삶기   기구만들기와 기구다루기
도면그리기와 도면읽기

50④

④, 명사가 용언의 관형사형으로 된 관형어의 수식을 받거나, 두 개 이상의 체언이 접속 조사로 연결되는 구조일 때는 붙여 쓰지 않기 때문에 '아름다운 노래 부르기'로 적는다.

①, ③, 한글맞춤법 제50항 "전문 용어는 단어별로 띄어 씀을 원칙으로 하되, 붙여 쓸 수 있다."에 따라 바르게 적은 것이다.

②, 두 개 이상의 전문 용어가 접속 조사로 이어지는 경우는 전문 용어 단위로 붙여 쓸 수 있기 때문에 바르게 적은 것이다.

50 다음 중 전문 용어 표기가 틀린 것은?
① 만성골수성백혈병   ② 감자찌기와 달걀삶기
③ 모음조화   ④ 아름다운 노래부르기

제6장 그 밖의 것

제51항 부사의 끝음절이 분명히 '이'로만 나는 것은 '-이'로 적고, '히'로만 나거나 '이'나 '히'로 나는 것은 '-히'로 적는다.

1. '이'로만 나는 것

가붓이	깨끗이	나붓이	느긋이
둥긋이	따뜻이	반듯이	버젓이
산뜻이	의젓이	가까이	고이
날카로이	대수로이	번거로이	많이
적이	헛되이	겹겹이	번번이
일일이	집집이	틈틈이	

(1) (첩어 또는 준첩어인) 명사 뒤

간간이	겹겹이	골골샅샅이	길길이
나날이	다달이	땀땀이	몫몫이
번번이	샅샅이	알알이	앞앞이
줄줄이	짬짬이	철철이	

(2) 'ㅅ' 받침 뒤

기웃이	나긋나긋이	남짓이	뜨뜻이
버젓이	번듯이	빠듯이	지긋이

(3) 'ㅂ'불규칙 용언의 어간 뒤

가벼이	괴로이	기꺼이	너그러이
부드러이	새로이	쉬이	외로이
즐거이	-스러이		

(4) '-하다'가 붙지 않는 용언 어간 뒤

같이	굳이	길이	깊이	높이
많이	실없이	적이	헛되이	

(5) 부사 뒤 (제25항2 참조)

곰곰이 더욱이 생긋이 오뚝이 일찍이 히죽이

2. '히'로만 나는 것

극히	급히	딱히	속히	작히
족히	특히	엄격히	정확히	

(1) '-하다'가 붙는 어근 뒤 (단, 'ㅅ'받침 제외)

극-히	급-히	딱-히	속-히	족-히
엄격-히	정확-히	간편-히	고요-히	공평-히
과감-히	급급-히	꼼꼼-히	나른-히	능-히
답답-히				

(2) '-하다'가 붙는 어근에 '-히'가 결합하여 된 부사가 줄어진 형태

(익숙히 →) 익히   (특별히 →) 특히

(3) 어원적으로는 '-하다'가 붙지 않는 어근에 부사화 접미사가 결합한 형태로 분석되더라도, 그 어근 형태소의 본뜻이 유지되고 있지 않은 단어의 경우는 익숙한 발음 형태대로 '히'로 적는다.

작히 (어찌 조그만큼만, 오죽이나)

3. '이, 히'로 나는 것

솔직히	가만히	간편히	나른히	무단히
각별히	소홀히	쓸쓸히	정결히	과감히
꼼꼼히	심히	열심히	급급히	답답히
섭섭히	공평히	능히	당당히	분명히
상당히	조용히	간소히	고요히	도저히

51 ①

①, 한글맞춤법 제51항 "부사의 끝음절이 분명히 '이'로만 나는 것은 '-이'로 적고, '히'로만 나거나 '이'나 '히'로 나는 것은 '-히'로 적는다."에 따라 '따뜻이'로 적는다.

②, ③, ④, 바르게 적은 것이다.

51 다음 표기된 표준어 중 성격이 <u>다른</u> 하나는?

① 따뜻히   ② 분명히

③ 나른히   ④ 간편히

제52항 한자어에서 본음으로도 나고 속음으로도 나는 것은 각각 그 소리에 따라 적는다.

본음으로 나는 것	속음으로 나는 것
승낙(承諾)	수락(受諾), 쾌락(快諾), 허락(許諾)
만난(萬難)	곤란(困難), 논란(論難)
안녕(安寧)	의령(宜寧), 회령(會寧)
분노(忿怒)	대로(大怒), 희로애락(喜怒哀樂)
토론(討論)	의논(議論)
오륙십(五六十)	오뉴월, 유월(六月)
목재(木材)	모과(木瓜)
십일(十日)	시방정토(十方淨土), 시왕(十王), 시월(十月)
팔일(八日)	초파일(初八日)

속음[22]은 세속에서 널리 사용되는 습관음이므로, 속음으로 된 발음 형태를 표준어로 삼게 되며, 따라서 맞춤법에서도 속음에 따라 적는다.

22. 속음(俗音)은 한자의 음을 읽을 때, 본음과는 달리 일반 사회에서 쓰는 습관음으로 예를 들어 '六月'을 '육월'로 읽지 않고 '유월'로 읽는 것을 말한다.

본음으로 적는 경우	속음으로 적는 경우
도장 (道場)	도량(道場)
공포 (公布)	보시 (布施)
제공 (提供)	보리(菩提)
자택 (自宅)	본댁(本宅), 시댁(媤宅), 댁내 (宅內)
단심 (丹心)	모란(牧丹)
동굴 (洞窟)	통찰 (洞察)
당분 (糖分)	사탕(砂糖), 설탕(雪糖)

52 ①

①, 한글맞춤법 제52항 "한자어에서 본음으로도 나고 속음으로도 나는 것은 각각 그 소리에 따라 적는다."에 따라 본음으로 나는 소리이기에 '오륙십'으로 적는다.

②, ③, ④, 바르게 적은 것이다.

52 다음 표기된 표준어 중 성격이 <u>다른</u> 하나는?

① 오륙십(五六十)   ② 시월(十月)

③ 십일(十日)   ④ 오뉴월

제53항 다음과 같은 어미는 예사소리로 적는다.

맞음	틀림	맞음	틀림
-(으)ㄹ거나	-(으)ㄹ꺼나	-(으)ㄹ지니라	-(으)ㄹ찌니라
-(으)ㄹ걸	-(으)ㄹ껄	-(으)ㄹ지라도	-(으)ㄹ찌라도
-(으)ㄹ게	-(으)ㄹ께	-(으)ㄹ지어다	-(으)ㄹ찌어다
-(으)ㄹ세	-(으)ㄹ쎄	-(으)ㄹ지언정	-(으)ㄹ찌언정
-(으)ㄹ세라	-(으)ㄹ쎄라	-(으)ㄹ진대	-(으)ㄹ찐대
-(으)ㄹ수록	-(으)ㄹ쑤록	-(으)ㄹ진저	-(으)ㄹ찐저
-(으)ㄹ시	-(으)ㄹ씨	-올시다	-올씨다
-(으)ㄹ지	-(으)ㄹ찌		

어미의 경우, 변이 형태를 인정하여 소리나는 대로 적는 것을 원칙으로 삼았으나 '*-ㄹ꺼나, *-ㄹ껄, *-ㄹ께……'처럼 적지 않고, 'ㄹ' 뒤에서 된소리로 발음되는 것은 된소리로 적지 않는다.

다만, 의문을 나타내는 다음 어미들은 된소리로 적는다.

-(으)ㄹ까?   -(으)ㄹ꼬?   -(스)ㅂ니까?

-(으)리까?   -(으)ㄹ쏘냐?

이미 널리 알려진 형식이기 때문에 관용을 따른다.

-나이까   -더이까-리까

-ㅂ니까/-습니까   -ㅂ디까/-습디까

53③

③, 형식 형태소인 어미의 경우, 규칙성이 적용되지 않는 현상일 때는 변이 형태를 인정하여 소리나는 대로 적는 것을 원칙으로 삼기 때문에 바르게 '*-(으)ㄹ께'가 아닌 '-(으)ㄹ게'로 적으므로 정답이다.

①, ②, ④, 의문을 나타내는 다음 어미들은 된소리로 적기 때문에 '먹을까?, 먹을꼬?, 먹을쏘냐?' 로 적는다.

53 다음 중 바르게 적은 문장은?

① 밥을 먹을가?   ② 밥을 먹을고?

③ 밥을 먹을게.   ④ 밥을 먹을소냐?

제54항 다음과 같은 접미사는 된소리로 적는다.

맞음	틀림	맞음	틀림
심부름꾼	심부름군	귀때기	귓대기
익살꾼	익살군	볼때기	볼대기
일꾼	일군	판자때기	판잣대기
장꾼	장군	뒤꿈치	뒷굼치
장난꾼	장난군	팔꿈치	팔굼치
지게꾼	지게군	이마빼기	이맛배기
때깔	땟갈	코빼기	콧배기
빛깔	빛갈	객쩍다	객적다
성깔	성갈	겸연쩍다	겸연적다

(1) '-군 / -꾼'은 '꾼'으로 통일하여 적는다.

개평꾼	거간꾼	곁꾼	구경꾼	나무꾼
낚시꾼	난봉꾼	내왕꾼	노름꾼	농사꾼
도망꾼	땅꾼	막벌이꾼	만석꾼	말썽꾼
목도꾼	몰이꾼	봉죽꾼	사기꾼	사냥꾼
소리꾼	술꾼	씨름꾼	장타령꾼	정탐꾼
주정꾼	짐꾼	투전꾼	헤살꾼	협잡꾼
훼방꾼	흥정꾼			

(2) '-갈 / -깔'은 '깔'로 통일하여 적는다.

맛깔 빛깔 색깔 성깔 태깔(態-)

(3) '-대기 / -때기'는 '때기'로 적는다.

거적때기	나무때기	등때기	배때기
송판때기(松板-)	판때기(널-)		팔때기

(4) '-굼치 / -꿈치'는 '꿈치'로 적는다.

발꿈치 발뒤꿈치

(5) '-배기'가 혼동될 수 있는 단어는,
첫째, [배기]로 발음되는 경우는 '배기'로 적는다.

귀퉁배기   나이배기   대짜배기   육자배기(六字-)
주정배기(酒酊-)   포배기   혀짤배기

둘째, 한 형태소 내부에 있어서, 'ㄱ, ㅂ'받침 뒤에서 [빼기]로 발음되는 경우는 '배기'로 적는다.(제5항 다만 참조)

뚝배기   학배기[蜻幼蟲]

셋째, 다른 형태소 뒤에서 [빼기]로 발음되는 것은 모두 '빼기'로 적는다.

고들빼기   그루빼기   대갈빼기   머리빼기
재빼기[嶺頂]   곱빼기   과녁빼기   밥빼기
악착빼기   앍둑빼기   앍작빼기   억척빼기
얽둑빼기   얽빼기   얽적빼기

(6) '-적다 / -쩍다'가 혼동될 수 있는 단어
    첫째, [적다]로 발음되는 경우는 '적다'로 적는다.

괘다리적다   괘달머리적다   딴기적다   열퉁적다

둘째, '적다[少]'의 뜻이 유지되고 있는 합성어의 경우는 '적다'로 적는다.

맛적다(맛이 적어 싱겁다)

셋째, '적다[少]'의 뜻이 없이, [쩍다]로 발음되는 경우는 '쩍다'로 적는다.

맥쩍다   멋쩍다   해망쩍다   행망쩍다

54②

②, '적다[少]'의 뜻이 없이, [쩍다]로 발음되는 경우이므로 정답이다.

①, ③, ④, ①은 '적다[少]'의 뜻이 유지되고 있는 합성어의 경우이므로 '맞적다'로 적으며, ③은 '-군/-꾼'은 '꾼'으로 통일하여 적으므로 '지게꾼'으로, ④는 다른 형태소 뒤에서 [빼기]로 발음되는 것은 모두 '빼기'로 적으므로 '곱빼기'로 적는다.

---

54 다음 중 표기가 맞는 것은?

① 맞쩍다   ② 멋쩍다

③ 지겟군   ④ 곱배기

제55항 두 가지로 구별하여 적던 다음 말들은 한 가지로 적는다.

맞음	틀림
맞추다(입을 맞춘다. 양복을 맞춘다.)	마추다
뻗치다(다리를 뻗친다. 멀리 뻗친다.)	뻐치다

'맞추다'와 '뻗치다'를 다음과 같이 구별할 수 있다.

맞추다	주문(注文)하다	양복을 맞춘다. 구두를 맞춘다. 맞춤 와이셔츠.
	맞게 하다	입을 맞춘다. 나사를 맞춘다. 차례를 맞춘다.
뻗치다	이 끝에서 저 끝까지 닿다, 멀리 연하다	세력이 남극까지 뻗친다.
	'뻗다, 뻗지르다'의 강세어	다리를 뻗친다.

---

55 다음 중 틀린 문장은?

① 양복을 마춘다.　　② 입을 맞춘다.

③ 차례를 맞춘다.　　④ 멀리 뻗친다.

제56항 '-더라, -던'과 '-든지'는 다음과 같이 적는다.

1. 지난 일을 나타내는 어미는 '-더라, -던'으로 적는다.

맞음	틀림
지난 겨울은 몹시 춥더라.	지난 겨울은 몹시 춥드라.
깊던 물이 얕아졌다.	깊든 물이 얕아졌다.
그렇게 좋던가?	그렇게 좋든가?
그 사람 말 잘하던데!	그 사람 말 잘하든데!
얼마나 놀랐던지 몰라.	얼마나 놀랐든지 몰라.

지난 일을 말하는 형식에는 '-더-'가 결합한 형태를 쓴다.

-더구나　-더구려　　-더구먼　-더군(←더구나, 더구먼)

-더냐　　-더니　　　-더니라　-더니만(←더니마는)

-더라　　-더라면　　-던　　　-던가　　-던걸

-던고　　-던데　　　-던들　　-던지

55①

①, '주문(注文)하다'란 뜻의 단어는 '마추다'로, '맞게 하다'란 뜻의 단어는 '맞추다'로 쓰던 것을, 두 가지 경우에 마찬가지로 '맞추다'로 적으므로 '양목을 맞춘다.'로 적는다.

②, ③, 바르게 적은 것이다.

④, '이 끝에서 저 끝까지 닿다, 멀리 연하다'란 뜻일 때는 '뻐치다'로, '뻗다, 뻗지르다'의 강세어는 '뻗치다'로 쓰던 것을, 구별 없이 '뻗치다'로 적으므로 바르게 적은 것이다.

이 밖에 '더'형 어미로 '-더라도' 등이 있다.

---

2. 물건이나 일의 내용을 가리지 아니하는 뜻을 나타내는 조사와 어미는 '(-)든지'로 적는다.

맞음	틀림
배든지 사과든지 마음대로 먹어라.	배던지 사과던지 마음대로 먹어라.
가든지 오든지 마음대로 해라.	가던지 오던지 마음대로 해라.

'-던'과 '-든'을 다음과 같이 구별할 수 있다.

'-던'	'-든'
지난 일을 나타내는 '더'에 관형사형 어미 '-ㄴ'이 결합한 형태	'내용을 가리지 않는' 뜻을 표시하는 연결 어미 '-든지'가 줄어든 형태
어렸을 때 놀던 곳 아침에 먹던 밥 그 집이 크던지 작던지 생각이 안 난다. 그가 집에 있었던지 없었던지 알 수 없다.	가든(지) 말든(지) 마음대로 하렴. 많든(지) 적든(지) 관계없다.

56③

③, 물건이나 일의 내용을 가리지 아니하는 뜻을 나타내는 조사와 어미는 '(-)든지'로 적으므로 ③이 정답이다.

56 다음 중 〈보기〉의 빈 칸 안에 들어갈 말로 바르게 짝지어 진 것은?

─── 보 기 ───
나는 네가 무엇을 하(　　) 말(　　) 상관없다.

① 던지, 든지　　　　② 든지, 던지
③ 든지, 든지　　　　④ 던지, 던지

제57항 다음 말들은 각각 구별하여 적는다.

가름　　　　둘로 가름.
갈음　　　　새 책상으로 갈음하였다.

가름(가르다+-ㅁ)　　　둘로 가름, 편을 가름, 판가름
갈음(갈다[代替]+-음)　　연하장으로 세배를 갈음한다.
　　　　　　　　　　　가족 인사로 약혼식을 갈음한다.

| 거름 | 풀을 썩힌 거름. |
| 걸음 | 빠른 걸음. |

거름(걸-+-음〉걸음→거름)   밭에 거름을 준다.
                         밑거름, 거름기
걸음(걷-+-음)   걸음이 빠르다.
                         걸음걸이, 걸음마

| 거치다 | 영월을 거쳐 왔다. |
| 걷히다 | 외상값이 잘 걷힌다. |

거치다   대전을 거쳐서 논산으로 간다.
(무엇에 걸려서 스치다, 경유하다) 가로거치다
걷히다('걷다'의 피동사)   안개가 걷힌다.
                              세금이 잘 걷힌다.

| 걷잡다 | 걷잡을 수 없는 상태. |
| 겉잡다 | 겉잡아서 이틀 걸릴 일. |

걷잡다(쓰러지는 것을 거두어 붙잡다)
    걷잡을 수 없게 악화한다.
    걷잡지 못할 사태가 발생한다.
겉잡다(겉가량하여 먼저 어림치다)
    겉잡아서 50만 명 정도는 되겠다.

그러므로(그러니까)

그는 부지런하다. 그러므로 잘 산다.

그럼으로(써)(그렇게 하는 것으로)

그는 열심히 공부한다. 그럼으로(써) 은혜에 보답한다.

그러므로(그러-+-므로)
(그러하기 때문에)   규정이 그러므로, 이를 어길 수 없다.
(그리 하기 때문에)   그가 스스로 그러므로, 만류하기가 어렵다.
(그렇기 때문에)   그는 훌륭한 학자다. 그러므로 존경을 받는다.

그럼으로(써)(그럼+-으로(써))
(그렇게 하는 것으로써)   그는 열심히 일한다.
                        그럼으로써 삶의 보람을 느낀다.

그럼으로(써)
(그렇게 하는 것 때문에)   네가 그럼으로(써), 병세가 더 악화하였다.

노름   노름판이 벌어졌다.
놀음(놀이)   즐거운 놀음.

노름(놀-+-음→노름)   노름꾼, 노름빚, 노름판 (도박판)
놀음(놀-+-음)   놀음놀이, 놀음판 (←놀음놀이판)

느리다   진도가 너무 느리다.
늘이다   고무줄을 늘인다.
늘리다   수출량을 더 늘린다.

느리다(속도가 빠르지 못하다)
      걸음이 느리다. 느리광이
늘이다(본디보다 길게 하다, 아래로 처지게 하다)
      바지 길이를 늘인다.
      (지붕 위에서 아래로) 밧줄을 늘여 놓는다.
늘리다(크게 하거나 많게 하다)
      마당을 늘린다.
      수효를 늘린다.

다리다   옷을 다린다.
달이다   약을 달인다.

다리다(다리미로 문지르다) 양복을 다린다.
      다리미질
달이다(끓여서 진하게 하다, 약제에 물을 부어 끓게 하다)
      간장을 달인다.
      한약을 달인다.

다치다	부주의로 손을 다쳤다.
닫히다	문이 저절로 닫혔다.
닫치다	문을 힘껏 닫쳤다.

다치다   발을 다쳤다.
(부딪쳐서 상하다, 부상을 입다)   허리를 다치었다.
닫히다('닫다[閉]'의 피동사)   문이 닫힌다.
닫치다('닫다'의 강세어)   문을 닫치다

마치다	벌써 일을 마쳤다.
맞히다	여러 문제를 더 맞혔다.

마치다(끝내다)   일과 (日課)를 마친다.
                    끝마치다.
맞히다(표적(標的)에 맞게 하다, 맞는 답을 내놓다, 침이나 매 등을 맞게 하
다, 눈·비·서리 등을 맞게 하다)
                    활로 과녁을 맞힌다.
                    답을 (알아)맞힌다.
                    침을 맞힌다.
                    비를 맞힌다.

목거리	목거리가 덧났다.
목걸이	금 목걸이, 은 목걸이.

목거리(목이 붓고 아픈 병)
    목거리 (병)가 잘 낫지 않는다.
목걸이(목에 거는 물건(목도리 등), 또는 여자들이 목에 거는 장식품)
    그 여인은 늘 목걸이를 걸고 다니다.

바치다	나라를 위해 목숨을 바쳤다.
받치다	우산을 받치고 간다.
	책받침을 받친다.
받히다	쇠뿔에 받혔다.
밭치다	술을 체에 밭친다.

바치다(신이나 웃어른께 드리다, 마음과 몸을 내놓다, 세금 등을 내다)

제물을 바친다.

정성을 바친다.

목숨을 바친다.

세금을 바친다.

받치다(밑을 괴다, 모음 글자 밑에 자음 글자를 붙여 적다, 위에서 내려오는 것을 아래에서 잡아 들다)

기둥 밑을 돌로 받친다.

'소'아래 'ㄴ'을 받쳐 '손'이라 쓴다.

우산을 받친다 ('받다'의 강세어).

받침, 밑받침

받히다('받다[觸]'의 피동사)

소에게 받히었다.

밭치다('밭다'의 강세어)

체로 밭친다.

술을 밭친다.

| 반드시 | 약속은 반드시 지켜라. |
| 반듯이 | 고개를 반듯이 들어라. |

반드시(꼭, 틀림없이)

그는 반드시 온다.

성(盛)한 자는 반드시 쇠할 때가 있다.

반듯이(비뚤어지거나 기울거나 굽지 않고 바르게)

반듯이 서라.

선을 반듯이 그어라.

| 부딪치다 | 차와 차가 마주 부딪쳤다. |
| 부딪히다 | 마차가 화물차에 부딪혔다. |

부딪다(물건과 물건이 서로 힘있게 마주 닿다 또는 그리되게 하다)

뒤의 차가 앞 차에 부딪는다.

몸을 벽에 부딪는다.

부딪치다('부딪다'의 강세어)

자동차에 부딪친다.

몸을 벽에 부딪친다.

부딪히다 (부딪음을 당하다, '부딪다'의 피동사)

자전거에 부딪혔다.

부딪치이다 (부딪침을 당하다)

자동차에 부딪치이었다.

부치다	힘이 부치는 일이다.	편지를 부친다.
	논밭을 부친다.	빈대떡을 부친다.
	식목일에 부치는 글.	회의에 부치는 안건.
	인쇄에 부치는 원고.	삼촌 집에 숙식을 부친다.
붙이다	우표를 붙인다.	책상을 벽에 붙였다.
	흥정을 붙인다.	불을 붙인다.
	감시원을 붙인다.	조건을 붙인다.
	취미를 붙인다.	별명을 붙인다.

'부치다'의 의미

① 힘이 미치지 못하다.	힘에 부치는 일.
② 부채 같은 것을 흔들어서 바람을 일으키다.	부채로 부친다.
③ 편지 또는 물건을 보내다.	편지를 부친다. 책을 소포로 부친다.
④ 논밭을 다루어서 농사를 짓다.	남의 논을 부친다.
⑤ 번철에 기름을 바르고 누름적, 저냐 등을 익혀 만든다.	저냐를 부친다.
⑥ 어떤 문제를 의논 대상으로 내놓다.	그 문제를 토의에 부친다.
⑦ 원고를 인쇄에 넘기다.	원고를 인쇄에 부친다.
⑧ 몸이나 식사 등을 의탁하다.	당숙 댁에 몸을 부치고 있다.

'붙이다'의 의미

① 붙게 하다.	포스터를 붙인다.
② 서로 맞닿게 하다.	찬장을 벽에 붙인다.
③ 두 편의 관계를 맺게 하다.	흥정을 붙인다.
④ 암컷과 수컷을 교합(交合)시키다.	접을 붙인다(→접붙인다)
⑤ 불이 옮아서 타게 한다.	불을 붙인다.
⑥ 노름이나 싸움 등을 어울리게 만든다.	싸움을 붙인다.
⑦ 딸려 붙게 하다.	경호를 붙인다. 단서(但書)를 붙인다.

⑧ 습관이나 취미 등이 익어지게 하다.	습관을 붙인다.
⑨ 이름을 가지게 하다.	이름(호, 별명)을 붙인다.
⑩ 뺨이나 볼기를 손으로 때리다.	한 대 올려 붙인다.

부치이다 ('부치다'의 피동사, 곧 '부치어지다')
　　　바람에 부치이다.
　　　풍구로 부치이다.

| 시키다 | 일을 시킨다. |
| 식히다 | 끓인 물을 식힌다. |

시키다(하게 하다)　　　　　　　공부를 시킨다.
　　　　　　　　　　　　　　　청소를 시킨다.
식히다('식다'의 사동사)　　　　뜨거운 물을 식힌다.
－시키다('시키다'를 사동화 접미사)　공부－시키다, 청소－시키다

아름	세 아름 되는 둘레.
알음	전부터 알음이 있는 사이.
앎	앎이 힘이다.

아름(두 팔을 벌려서 껴안은 둘레의 길이)
　　　둘레가 한 아름 되는 나무.
알음(알-＋-음) 서로 알음이 있는 사이.
　　　알음알음, 알음알이
앎('알음'의 축약형) 바로 앎이 중요하다.
　　　앎의 힘으로 문화를 창조한다.

| 안치다 | 밥을 안친다. |
| 앉히다 | 윗자리에 앉힌다. |

안치다(끓이거나 찔 물건을 솥이나 시루에 넣다)
　　　밥을 안치다.
　　　떡을 안치다.
앉히다('앉다'의 사동사, 버릇을 가르치다, 문서에 무슨 줄거리를 따로 잡아
기록하다)

자리에 앉힌다.
꿇어앉히다.
버릇을 앉히다.

어름	두 물건의 어름에서 일어난 현상.
얼음	얼음이 얼었다.

어름(두 물건의 끝이 닿는 데)
바다와 하늘이 닿은 어름이 수평선이다.
왼쪽 산과 오른쪽 산 어름에 숯막(-幕)들이 있었다.
얼음(물이 얼어서 굳어진 것)
얼음이 얼다.
얼음과자, 얼음물, 얼음장, 얼음주머니, 얼음지치기

이따가	이따가 오너라.
있다가	돈은 있다가도 없다.

이따가(조금 지난 뒤에)　　　이따가 가겠다.
　　　　　　　　　　　　　　　이따가 만나세.
있다가(있-+-다가)　　　　　　여기에 있다가 갔다.
　　　　　　　　　　　　　　　며칠 더 있다가 가마.

저리다	다친 다리가 저린다.
절이다	김장 배추를 절인다.

저리다(살이나 뼈 마디가 오래 눌리어 피가 잘 돌지 못해서 힘이 없고 감각이
둔하다)
발이 저리다.
손이 저리다.
절이다('절다'의 사동사)
배추를 절이다.
생선을 절인다.

조리다	생선을 조린다. 통조림, 병조림.
졸이다	마음을 졸인다.

조리다(어육(魚肉)이나 채소 등을 양념하여 국물이 바특하게 바짝 끓이다
　　　생선을 조린다.)
　　　장조림, 통조림
졸이다(속을 태우다시피 마음을 초조하게 먹다)
　　　마음을 졸인다.

주리다	여러 날을 주렸다.
줄이다	비용을 줄인다.

주리다(먹을 만큼 먹지 못하여 배곯다)
　　　오래 주리며 살았다.
　　　주리어 죽을지언정, 고사리를 캐먹는단 말인가?
　　　굶주리다.
줄이다('줄다'의 사동사)
　　　양을 줄인다.
　　　수효를 줄인다.
　　　줄임표(생략부)

하노라고	하노라고 한 것이 이 모양이다.
하느라고	공부하느라고 밤을 새웠다.

-노라고(자기 나름으로는 한다고)
　　　하노라고 하였다.
　　　쓰노라고 쓴 게 이 모양이다.
-느라고(하는 일로 인하여)
　　　소설을 읽느라고 밤을 새웠다.
　　　자느라고 못 갔다.

-느니보다(어미)	나를 찾아오느니보다 집에 있거라.
-는 이보다(의존 명사)	오는 이가 가는 이보다 많다.

-느니보다 마지못해 하느니보다 안 하는 게 낫다.
　　당치 않게 떠드느니보다 잠자코 있어라.
-는 이보다 아는 이보다 모르는 이가 더 많다.
　　바른말하는 이보다 아첨하는 이를 가까이 한다.

-(으)리만큼(어미)　　나를 미워하리만큼 그에게 잘못한 일이 없다.
-(으)ㄹ 이만큼(의존 명사)　찬성할 이도 반대할 이만큼이나 많을
　　　　　　　　　　　　　　　것이다.

-(으)리만큼(-ㄹ 정도만큼)
　　싫증이 나리만큼 잔소리를 들었다.
　　배가 터지리만큼 많이 먹었다.
-(으)ㄹ 이만큼(-ㄹ사람만큼)
　　반대할 이는 찬성할 이만큼 많지 않을 것이다.

-(으)러(목적) 공부하러 간다.
-(으)려(의도) 서울 가려 한다.

-(으)러(그 동작의 직접 목적)
　　친구를 만나러 간다.
　　책을 사러 간다.
-(으)려(그 동작을 하려고 하는 의도)
　　친구를 만나려(고) 한다.
　　무엇을 하려(고) 하느냐?

-(으)로서(자격)　　　사람으로서 그럴 수는 없다.
-(으)로써(수단)　　　닭으로써 꿩을 대신했다.

-(으)로서(어떤 지위나 신분이나 자격을 가진 입장에서)
① (~가 되어서) 교육자로서, 그런 짓을 할 수 있나?
　　사람의 자식으로서, 인륜을 어길 수는 없다.
　　정치인으로서의 책임과 학자로서의 임무
② (입장에서) 사장으로서 하는 말이다.
　　친구로서, 가만히 있을 수가 없다.
　　피해자로서 항의한다.
③ (의 자격으로) 주민 대표로서 참석하였다.
　　위원의 한 사람으로서 발언한다.

④ (~로 인정하고) 그를 친구로서 대하였다.

　　　그 분을 선배로서 예우(禮遇) 하였다.

-(으)로써(재료, 수단, 방법)
① (~를 가지고) 톱으로(써) 나무를 자른다.

　　　꾀로(써) 이긴다.

　　　동지애로(써) 결속(結束)한다.
② (때문에) 병으로(써) 결근하였다.

-(으)므로(어미)　　　　　　　그가 나를 믿으므로 나도 그를 믿는다.

(-ㅁ, -음)으로(써)(조사)　　　그는 믿음으로(써) 산 보람을 느꼈다.

-(으)므로(까닭을 나타내는 어미)

　　　날씨가 차므로, 나다니는 사람이 적다.

　　　비가 오므로, 외출하지 않았다.

　　　책이 없으므로, 공부를 못 한다.

-(으)ㅁ으로(써)(명사형 어미 또는 명사화 접미사 '-(으)ㅁ'에 조사 '-으로
(써)'가 붙은 형태)

　　　그는 늘 웃음으로(써) 대한다.

　　　책을 읽음으로(써) 시름을 잊는다.

　　　담배를 끊음으로써 용돈을 줄인다.

57-1 ④

　'거름'은 '(땅이) 걸다'
의 어간 '걸-'에 '-음'
이 붙은 형태로, '걸음'
은 '걷다'의 어간 '걷-'
에 '-음'이 붙은 형태
로 분석되는 것이지만,
'거름'은 '(땅이) 건
것'을 뜻하는 게 아니
라 비료를 뜻하므로,
본뜻에서 멀어진 것으
로 본다. 그리하여 소
리나는 대로 '거름'으
로 적어서, 시각적으
로 '걸음'과 구별하여
적는다.

57-2 ②

　'다치다'는 '부딪쳐서
상하다, 부상을 입다'
란 뜻을 나타내며, '닫
히다'는 '닫다[閉]'의
피동사이니, '닫아지
다' 대응하는 말이다.

> **57-1** 다음 중 〈보기〉의 빈 칸 안에 들어갈 말로 바르게 짝지어 진 것은?
>
> ──── 보 기 ────
>
> 나는 빠른 (ㄱ)으로 (ㄴ)을 운반했다.
>
> ① ㄱ. 거름, ㄴ. 거름　　　② ㄱ. 걸음, ㄴ. 걸음
>
> ③ ㄱ. 거름, ㄴ. 걸음　　　④ ㄱ. 걸음, ㄴ. 거름

57-2 다음 중 〈보기〉의 빈 칸 안에 들어갈 말로 바르게 짝지어 진 것은?

─ 보 기 ─

문이 (ㄱ) 난 후에 손을 (ㄴ).

① ㄱ. 다치고, ㄴ. 다쳤다   ② ㄱ. 닫히고, ㄴ. 다쳤다
③ ㄱ. 다치고, ㄴ. 닫쳤다   ④ ㄱ. 닫히고, ㄴ. 닫쳤다

57-3 다음 중 〈보기〉의 빈 칸 안에 들어갈 말로 바르게 짝지어 진 것은?

─ 보 기 ─

제물로 (ㄱ) 소에게 (ㄴ)

① ㄱ. 바칠, ㄴ. 받혔다   ② ㄱ. 받칠, ㄴ. 받혔다
③ ㄱ. 바칠, ㄴ. 받쳤다   ④ ㄱ. 받칠, ㄴ. 받쳤다

57-4 다음 중 〈보기〉의 빈 칸 안에 들어갈 말로 바르게 짝지어 진 것은?

─ 보 기 ─

친구와 (ㄱ) 나는 넘어지면서 벽에 머리를 (ㄴ).

① ㄱ. 부딪친, ㄴ. 부딪쳤다
② ㄱ. 부딪친, ㄴ.부딪혔다
③ ㄱ. 부딪힌, ㄴ. 부딪혔다
④ ㄱ. 부딪힌, ㄴ. 부딪쳤다

57-5 다음 중 〈보기〉의 빈 칸 안에 들어갈 말로 바르게 짝지어 진 것은?

─ 보 기 ─

교육자(ㄱ) 살아간다.   칼(ㄴ) 무릎을 자른다.

① ㄱ. 로서, ㄴ. 로서
② ㄱ. 로써, ㄴ. 로서
③ ㄱ. 로서, ㄴ. 로써
④ ㄱ. 로써, ㄴ. 로써

57-3 ①

'바치다'는 '신이나 옷 어른께 드리다, 마음 과 몸을 내놓다, 세금 따위를 내다'란 뜻을, '받치다'는 '밑을 괴 다, 모음 글자 밑에 자 음 글자를 붙여 적다, 위에서 내려오는 것을 아래에서 잡아 들다' 등의 뜻을 나타내며, '받히다'는 '받다[觸]' 의 피동사이다.

57-4 ②

'부딪치다'는 '부딪 다(물건과 물건이 서 로 힘있게 마주 닿다, 또는 그리 되게 하다.) 의 강세어이고, '부딪 히다'는 '부딪다'의 피 동사이다.

57-5 ③

'-(으)로서'는 '어떤 지 위나 신분이나 자격을 가진 입장에서'란 뜻 을 나타내며, '-(으)로 써'는 '재료, 수단, 방 법'을 나타내는 조사 이므로 ㄱ은 신분을 나타내고 ㄴ은 수단을 나타낸다.

부록 문장부호

문장 부호는 글에서 문장의 구조를 드러내거나 글쓴이의 의도를 전달하기 위하여 사용하는 부호이다. 문장 부호의 이름과 사용법은 다음과 같이 정한다.

1. 마침표(.)

(1) 서술, 명령, 청유 등을 나타내는 문장의 끝에 쓴다.

예 젊은이는 나라의 기둥입니다.

예 제 손을 꼭 잡으세요.

예 집으로 돌아갑시다.

예 가는 말이 고와야 오는 말이 곱다.

문장은 크게 평서문, 청유문, 명령문, 의문문, 감탄문 등으로 나눌 수 있는데 평서문, 청유문, 명령문의 끝에는 마침표를 쓰는 것이 원칙이다.

(1) 젊은이는 나라의 기둥입니다. (평서문)
(2) 가는 말이 고와야 오는 말이 곱다. (평서문)
(3) 집으로 돌아갑시다. (청유문)
(4) 소금이 쉴 때까지 해 보자. (청유문)
(5) 제 손을 꼭 잡으세요. (명령문)
(6) 너 자신을 알라. (명령문)

아래와 같이 일상의 대화에서는 서술어 없이도 문장이 성립되는 경우가 흔하다. 이런 경우에도 그 문장이 서술이나 청유 또는 명령을 나타낸다면 마침표를 쓴다.

(7) 철수: 지금 몇 시야?
　　영희: 네 시.

[붙임 1] 직접 인용한 문장의 끝에는 쓰는 것을 원칙으로 하되, 쓰지 않는 것을 허용한다.(ㄱ을 원칙으로 하고, ㄴ을 허용함.)

예 ㄱ. 그는 "지금 바로 떠나자."라고 말하며 서둘러 짐을 챙겼다.

　　ㄴ. 그는 "지금 바로 떠나자"라고 말하며 서둘러 짐을 챙겼다.

직접 인용한 문장의 끝에도 마침표를 쓰는 것이 원칙이다. 마침표를 씀으로써 비로소 문장이 완성되기 때문이다. 그런데 글 속에 직접 인용한 문장이 포함된 경우에는 현실적으로 마침표를 쓰지 않는 사례가 많기도 하거니와 큰따옴표로써 이미 인용한 문장의 경계를 확인할 수 있기 때문에, 이때는 마침표를 쓰지 않는 것도 허용된다.

(8) 아버지는 "혼자 있어도 옆에 다른 사람이 있는 것처럼 행동해야 한다./한다"라고 나에게 말씀하셨다.

작은따옴표로 인용하는 문장에서도 마침표의 용법은 큰따옴표를 쓰는 경우와 같다.

(9) '이번에는 꼭 이기고야 말겠어./말겠어' 호연이는 마음속으로 몇 번이나 그렇게 다짐하며 주먹을 불끈 쥐었다.

인용한 문장이 의문문이면 물음표를, 감탄문이면 느낌표를 쓰되, 의문이나 감탄의 정도가 약할 때는 물음표나 느낌표 대신 마침표를 쓸 수 있다. ['제2항의 (1)의 붙임 2', '제3항의 (1)의 붙임' 참조]

(10) 『논어』에 "배우고 때로 익히면 또한 기쁘지 아니한가?/아니한가."라는 구절이 있다.

(11) 그는 미소를 띠면서 "경치가 참 좋네!/좋네."라고 말했다.

[붙임 2] 용언의 명사형이나 명사로 끝나는 문장에는 쓰는 것을 원칙으로 하되, 쓰지 않는 것을 허용한다.(ㄱ을 원칙으로 하고, ㄴ을 허용함.)

> 예 ㄱ. 목적을 이루기 위하여 몸과 마음을 다하여 애를 씀.
>   ㄴ. 목적을 이루기 위하여 몸과 마음을 다하여 애를 씀
> 예 ㄱ. 결과에 연연하지 않고 끝까지 최선을 다하기.
>   ㄴ. 결과에 연연하지 않고 끝까지 최선을 다하기
> 예 ㄱ. 신입 사원 모집을 위한 기업 설명회 개최.
>   ㄴ. 신입 사원 모집을 위한 기업 설명회 개최
> 예 ㄱ. 내일 오전까지 보고서를 제출할 것.
>   ㄴ. 내일 오전까지 보고서를 제출할 것

명사형 어미나 서술성 명사만으로 문장을 끝맺는 경우가 있다. 이는 종결 어미 없이도 문장의 의미를 충분히 드러낼 수 있을 때 사용되는 형식이다. 이때 마침표의 사용 여부를 두고 논란이 있어 왔는데, 명사형 어미나 서술성 명사로 문장을 끝맺을 때도 마침표를 쓰는 것이 원칙이다. 독립적이고 완결된 생각의 단위를 이룬다는 점에서 사실상 문장의 기능을 하고 있으며, 이런 형식이 연이어 나타날 때는 그 사이에 마침표를 찍지 않을 수 없기 때문이다. 단, 명사형 어미나 서술성 명사로 끝난 문장이 연이어 나타나지 않고 단독으로 있을 때는 마침표를 쓰지 않을 수도 있다. 현실적으로 마침표를 쓰지 않는 사례가 많기도 하고, 언어학 전문가가 아닌 사람으로서는 명사형 어미나 서술성 명사를 판별하는 일이 쉽지 않기 때문이다.

[붙임 2]에 규정된 '용언의 명사형이나 명사로 끝나는 문장'에서 마침표의 사용법을 자세히 살펴보면 다음과 같다.

먼저, '용언의 명사형으로 끝나는 문장'이란 '-ㅁ/-음', '-기'와 같은 명사형 어미로 끝나는 문장을 말하는데, 이와 같은 문장에서는 마침표를 쓰는 것이 원칙이되 쓰지 않는 것도 허용한다.

(12) 어제 오전에 보고서를 제출함./제출함
(13) 내일 오전까지 보고서 제출하기./제출하기

일기장에서 흔히 보는 '날씨: 맑음'과 같은 표현에서 '맑음'의 뒤에도 논리상으로는 마침표를 쓰는 것이 가능하지만 이렇게 용언 하나로만 되어 있는 경우에는 마침표를 쓰지 않는 것이 일반적이다. '날씨: 맑음' 자체가 일종의 굳어진 표현 형식으로 쓰이는 면도 있다. 그런데 '날씨: 비 온 뒤 갬', '날씨: 눈 많이 내림'

등과 같은 표현에서는 마침표를 써도 어색하지 않다. 결국 글쓴이가 임의로 마침표의 사용 여부를 결정할 수밖에 없다.

편지글에서 보내거나 받는 사람의 이름 아래에 쓰는 말로 '올림, 드림, 보냄, 받음, 귀하' 등의 표현이 쓰이는데, 이 중에서 '올림, 드림, 보냄, 받음' 따위의 뒤에도 마침표를 쓸 수 있는가 하는 문제가 있다. 위의 날씨 표현에서처럼 '올림, 드림, 보냄, 받음' 따위의 뒤에도 마침표를 쓰는 것이 가능은 하다. 그런데 '홍길동 올림/드림/보냄/받음' 자체가 관용구처럼 쓰인다는 점, '홍길동 귀하'에는 마침표를 쓸 근거가 없다는 점, '올림'은 국어사전에 명사로 처리되고 있는 점 등을 고려하면 마침표를 쓰지 않는 것이 무난하다.

다음으로, '명사로 끝나는 문장'이라고 할 때의 명사는 일반적으로 서술성을 가진 명사를 가리킨다. (14)에서 '개최'는 서술성이 있으므로 마침표를 쓰는 것이 원칙이고 쓰지 않을 수도 있다. 그런데 같은 '개최'라 하더라도 경우에 따라서는 서술성을 가지지 않을 수도 있으므로 주의해야 한다. (14)에서는 '개최' 뒤에 '하다'를 붙이는 것이 가능하지만, (15)에서는 '개최' 뒤에 '하다'를 붙이는 것이 불가능하다는 차이가 있다. 다시 말해서, 같은 '개최'라 하더라도 경우에 따라 (14)처럼 서술성을 가진 명사가 될 수도 있고, (15)처럼 서술성을 가지지 않은 명사가 될 수도 있다. (14)는 이 조항에서 가리키는 '명사로 끝나는 문장'에 해당하므로 마침표를 쓰는 것이 원칙이고 쓰지 않을 수도 있지만, (15)는 '명사로 끝나는 구'이므로 마침표를 쓸 수 없는 것이다.

(14) 2014년 10월 27일 재건축 설명회 개최./개최
(15) 재건축 설명회의 성공적인 개최

(16)과 같이 서술성이 없는 명사로 끝나는 말의 뒤에는 마침표를 쓰지 않는다.

(16) 2014년 10월 27일에 개최한 재건축 설명회

'것'으로 끝나는 문장도 마침표를 쓰는 것이 원칙이되 쓰지 않는 것도 허용한다. 여기서 '것'으로 끝나는 문장이란, (17)처럼 '~할 것'과 같은 구성으로 쓰여 명령의 뜻을 나타내는 경우를 말한다. (18)처럼 '것'이 사물, 일, 현상 자체를 나타낼 때는 마침표를 쓰지 않는다.

(17) 내일 오전까지 기획서를 제출할 <u>것./것</u>

(18) 제출 대상: 오늘 오전까지 작업을 완료한 것

> **다만, 제목이나 표어에는 쓰지 않음을 원칙으로 한다.**
>
> 예 압록강은 흐른다
> 예 꺼진 불도 다시 보자
> 예 건강한 몸 만들기

문장 형식으로 된 제목이나 표어 등에는 마침표를 쓰지 않는 것이 원칙이다. 단, 제목이나 표어 등에 꼭 필요하다고 판단될 때에는 예외적으로 마침표를 쓸 수도 있다.

(19) 한때 『세계는 넓고 할 일은 많다』라는 책이 인기를 끈 적이 있다.

(20) 난폭 운전 눈물 주고 양보 운전 웃음 준다.

(21)과 (22)는 각각 제목과 표어가 두 문장으로 구성된 예이다. 이때는 앞에 나오는 문장에는 마침표를 써야 한다. 뒤에 나오는 문장에는 쓰지 않아도 되긴 하지만 앞에 나오는 문장과의 균형을 고려하면 마침표를 쓰는 것이 자연스럽다.

(21) 오늘은 『바람이 분다. 당신이 좋다.』라는 책을 함께 읽어 볼까요?

(22) 기억해요, 아픈 역사. 잊지 마요, 보훈 정신.

인용한 문장의 끝에는 마침표를 쓰지 않는 것이 허용되지만, 인용한 문장이 둘 이상 이어질 때, 앞에 나오는 인용문의 끝에는 마침표를 써야 한다. 명사형 어미나 명사로 끝나는 문장이 둘 이상 이어질 때도 앞에 나오는 문장의 끝에는 마침표를 써야 한다.

(23) 아버지는 운전을 하시다가 "졸음이 자꾸 오네. 휴게소에서 잠깐 쉬었다 가야겠다."라고 말씀하셨다.

(24) 행사장은 아침 8시부터 입장이 가능함. 입장 시 초대권을 반드시 제시할 것.

(25) 청사 신축 공사는 9월 30일 완료 예정. 준공식은 10월 5일 개최.

(2) 아라비아 숫자만으로 연월일을 표시할 때 쓴다.

예 1919. 3. 1.　　　예 10. 1.~10. 12.

글자 대신 마침표로 연월일을 나타낼 수 있다. 즉, '1919년 3월 1일'에서 한글로 쓰인 '년, 월, 일'을 각각 마침표로 대신하여 '1919. 3. 1.'과 같이 쓸 수 있다. '일'을 나타내는 마침표를 생략하는 경우가 많은데, 이는 글자로 치면 '일'을 쓰지 않는 것과 같다. 즉, '1919. 3. 1'은 '1919년 3월 1'처럼 쓰다 만 것이 되므로 잘못된 표기이다. 또한 마지막에 마침표를 찍지 않으면 다른 숫자를 덧붙여 변조할 우려도 있다. 따라서 '일'을 나타내는 마침표는 생략해서는 안 된다.
　　연과 월 또는 월과 일만 보일 때에도 글자 대신 마침표를 쓸 수 있다.

(26) 2008년 5월 → 2008. 5.
(27) 7월 22일 → 7. 22.

'연' 또는 '월' 또는 '일'만 쓰고자 할 때에는 글자 대신 마침표를 쓰지 않는다. 즉, '개최 연도: 2014년'을 '개최 연도: 2014.'과 같이 쓰지는 않는다는 뜻이다. 단, 기간을 표시하면서 중복되는 부분은 생략하고 '월'이나 '일'만 나타낼 때는 글자 대신 마침표를 쓸 수 있다.

(28) 2008년 5월~10월 → 2008. 5.~10.
(29) 7월 22일~30일 → 7. 22.~30.

(3) 특정한 의미가 있는 날을 표시할 때 월과 일을 나타내는 아라비아 숫자 사이에 쓴다.

예 3.1 운동　　　예 8.15 광복

[붙임] 이때는 마침표 대신 가운뎃점을 쓸 수 있다.

예 3 · 1 운동　　　예 8 · 15 광복

특정한 의미가 있는 날을 표시할 때 월과 일을 나타내는 아라비아 숫자 사이에는 마침표를 쓰는 것이 원칙이고 가운뎃점을 쓰는 것도 허용된다. 종전 규정에서는 특정한 의미가 있는 날을 표시할 때는 가운뎃점만 쓰도록 했었다. 그런데 실제 언어생활에서 마침표가 널리 쓰이고 있고, 연월일을 표시할 때에도 마침표를 쓰며, 컴퓨터 자판으로 입력하는 데에도 마침표가 편리하다는 점 등을 고려하여 마침표를 원칙으로 하고 가운뎃점도 허용하는 식으로 바꾸게 되었다.

(30) 4.19 혁명/4·19 혁명
(31) 그녀는 6.25/6·25 때 남편을 여의고 홀몸으로 남매를 키우느라 고생을 많이 했다고 한다.

그러나 특정한 의미가 있는 날을 한글로 적을 때는 월과 일 사이에 마침표나 가운뎃점을 쓰지 않는다. 즉, '팔.일오 광복'이나 '육·이오 전쟁'과 같이 쓰지 않는다.

(4) 장, 절, 항 등을 표시하는 문자나 숫자 다음에 쓴다.
예 가. 인명   예 ㄱ. 머리말
예 Ⅰ. 서론   예 1. 연구 목적

장, 절, 항 등을 표시하는 문자나 숫자 다음에 마침표를 쓴다. 그리고 문자나 숫자를 붙임표(-)나 마침표 등으로 연결하여 하위 장, 절, 항 등을 표시할 때도 끝에 마침표를 쓴다.

(32) 가-1. 인명   1-1. 머리말   1.1. 연구 목적

장, 절, 항 등을 표시하는 문자나 숫자를 괄호에 넣어 나타낼 때는 마침표를 쓰지 않는다. ['제10항의 (6)' 참조]

[붙임] '마침표' 대신 '온점'이라는 용어를 쓸 수 있다.

종전 규정에서 '마침표'는 문장 끝에 쓰이는 온점, 물음표, 느낌표 등을 아울러 이르는 말이었지만, 실제 언어생활에서는 '온점'이라는 용어는 잘 쓰이지 않고 '마침표'가 부호 '.'를 가리키는 말로 널리 쓰여 왔다. 이와 같은 언어 현실과 규범 사이의 괴리 때문에 교육 현장 등에서는 적잖은 혼란이 있었다. 그래서 이번

개정안에서는 부호 '.'를 가리키는 기본적인 용어로서 '마침표'를 인정하여 언어 현실에 부합하도록 하였다. 그리고 '온점'이라는 용어도 그대로 쓸 수 있도록 함으로써 용어 교체로 말미암아 둘 중 어느 것이 맞고 틀리느냐의 문제가 생기지 않도록 하였다.

한편, 종전 규정에는 준말을 나타내는 데 마침표를 쓸 수 있다는 조항이 있었다. 예를 들면, '서기'를 '서.'와 같이 나타내는 것이다. 그런데 이 용법은 실제 사용 빈도가 현저히 낮아서 이번 개정안에서 제외하였다. 그러나 이는 규정에서 다루지 않았을 뿐이지, 준말임을 나타내는 부호로 마침표를 활용하는 것 자체를 막는 것은 아니다.

2. 물음표(?)

> (1) 의문문이나 의문을 나타내는 어구의 끝에 쓴다.
>
> 예 점심 먹었어?
> 예 이번에 가시면 언제 돌아오세요?
> 예 제가 부모님 말씀을 따르지 않을 리가 있겠습니까?
> 예 남북이 통일되면 얼마나 좋을까?
> 예 다섯 살짜리 꼬마가 이 멀고 험한 곳까지 혼자 왔다?
> 예 지금?
> 예 뭐라고?
> 예 네?

의문문, 즉 의문형 종결 어미가 쓰인 문장의 끝에는 물음표를 쓰는 것이 원칙이다. 의문형 종결 어미가 쓰이지 않았거나 전형적인 문장 형식을 갖추지 않았더라도 의문을 나타낸다면 그 끝에 물음표를 쓴다.

(1) 몸은 좀 괜찮으십니까?
(2) 휴가를 낸 김에 며칠 푹 쉬고 온다?
(3) 무슨 일?

[붙임 1] 한8 문장 안에 몇 개의 선택적인 물음이 이어질 때는 맨 끝의 물음에만 쓰고, 각 물음이 독립적일 때는 각 물음의 뒤에 쓴다.

예 너는 중학생이냐, 고등학생이냐?

예 너는 여기에 언제 왔니? 어디서 왔니? 무엇하러 왔니?

한 문장 안에서 몇 개의 선택적인 물음이 이어질 때 앞에 오는 물음의 끝에는 쉼표를 쓰고 물음표는 맨 끝의 물음, 즉 문장의 끝에 한 번만 쓴다. 각 물음이 독립적일 경우에는 각 물음의 끝마다 물음표를 쓰기로 한 것은 그 물음들이 결국 별개의 의문문이기 때문이다.

(4) 너는 이게 마음에 드니, 저게 마음에 드니?
(5) 숙소는 편하셨어요? 음식은 입에 맞으셨고요?

[붙임 2] 의문의 정도가 약할 때는 물음표 대신 마침표를 쓸 수 있다.

예 도대체 이 일을 어쩐단 말이냐.

예 이것이 과연 내가 찾던 행복일까.

의문의 정도가 약하면 물음표 대신 마침표를 쓸 수 있는데, 의문의 정도가 강하고 약함은 글쓴이의 의향에 달려 있다.

(6) 이번 시간에는 별자리에 대해 알아볼까요?/알아볼까요.

특히 반어 의문문에는 마침표를 쓰는 경우가 많다. 형식적으로는 의문문이지만, 실제로는 묻는 내용이 아니기 때문이다.

(7) 내가 널 두고 어디를 가겠느냐./가겠느냐?
(8) 구름 없는 하늘에 비 올까./올까?

다만, 제목이나 표어에는 쓰지 않음을 원칙으로 한다.

예 역사란 무엇인가

예 아직도 담배를 피우십니까

의문문 형식의 제목이나 표어 등에는 물음표를 쓰지 않는 것이 원칙이다. 다만, 특별한 의도나 효과를 드러내고자 할 때는 예외적으로 물음표를 쓸 수도 있다.

(9) 사막의 동물들은 어떻게 살아갈까/살아갈까? (제목)

(2) 특정한 어구의 내용에 대하여 의심, 빈정거림 등을 표시할 때, 또는 적절한 말을 쓰기 어려울 때 소괄호 안에 쓴다.

예 우리와 의견을 같이할 사람은 최 선생(?) 정도인 것 같다.

예 30점이라, 거참 훌륭한(?) 성적이군.

예 우리 집 강아지가 가출(?)을 했어요.

물음표는 의문 이외에도 의심스러움, 빈정거림 등의 감정 상태를 드러내는 부호로 쓸 수 있다. 이런 감정 상태는 표현할 적절한 말이 없거나, 표현을 하더라도 구구하게 쓰게 되는 경우가 많다. 이때 해당 어구 뒤의 소괄호 안에 물음표를 쓰는 것으로써 그러한 감정 상태를 간편하게 표현할 수 있다.

(10) 그 사건은 대구(?)에서 발생했다고 들은 것 같습니다.

(11) 주말 내내 누워서 텔레비전만 보고 있는 당신도 참 대단(?)하네요.

(12) 현관문 열어 놓을 때 닫히지 않게 문 밑에 다는 받침대(?) 같은 거있잖아. 뭔지 알겠지? 철물점에 가서 그거 좀 사 올래?

(3) 모르거나 불확실한 내용임을 나타낼 때 쓴다.

예 최치원(857~?)은 통일 신라 말기에 이름을 떨쳤던 학자이자 문장가이다.

예 조선 시대의 시인 강백(1690?~1777?)의 자는 자청이고, 호는 우곡이다.

물음표는 모르거나 불확실한 내용임을 나타내는 부호로 쓸 수 있다.

(13) 노자(?~?)는 중국 춘추 시대의 사상가로 도를 좇아서 살 것을 역설하였다.

(14) 순자(기원전 298?~기원전 238?)는 맹자의 성선설에 대하여 성악설을 제창하였다.

(13)은 모르는 내용임을 나타내는 경우이고, (14)는 불확실한 내용임을 나타내는 경우이다. (14)에서 '298?'을 '이천구백팔십몇'의 의미로, 또 '238?'을 '이천삼백팔십몇'의 의미로는 쓰지 않는다.

3. 느낌표(!)

> (1) 감탄문이나 감탄사의 끝에 쓴다.
>
> 예 이거 정말 큰일이 났구나!　　예 어머!

감탄문, 즉 감탄형 종결 어미가 쓰인 문장의 끝에는 느낌표를 쓰는 것이 원칙이다. 감탄사만으로 감정을 나타내는 경우에도 그 끝에 느낌표를 쓴다.

(1) 꽃이 정말 아름답구나!
(2) 어이쿠!
(3) 이야! 정말 멋지구나!

> [붙임] 감탄의 정도가 약할 때는 느낌표 대신 쉼표나 마침표를 쓸 수 있다.
>
> 예 어, 벌써 끝났네.　　예 날씨가 참 좋군.

감탄의 정도가 약하면 느낌표 대신 마침표나 쉼표를 쓸 수 있다. 마침표는 감탄의 정도가 약한 감탄문이나 감탄사의 끝에 쓸 수 있으며, 쉼표는 감탄의 정도가 약한 감탄사의 끝에 쓸 수 있다. 감탄의 정도가 강하고 약함은 글쓴이의 의향에 따라 정해진다.

(4) 어머,/어머! 벌써 시간이 이렇게 됐네.

(5) 단풍이 참 곱구나./곱구나!

3항에서는 제목이나 표어 등과 관련하여 별도의 조항을 두지는 않았다. 제목이나 표어에서 느낌표의 용법은 물음표의 관련 조항을 준용하면 된다. 즉, 제목이나 표어는 감탄문이나 감탄사로 되어 있더라도 느낌표를 쓰지 않는 것이 원칙이다. 다만, 특별한 의도나 효과를 드러내고자 할 때는 예외적으로 느낌표를 쓸수도 있다.

(6) 어제는 『새들도 세상을 뜨는구나』라는 시집을 읽었다.

(7) 『사람아, 아, 사람아!』는 중국 격변기 지식인의 모습을 섬세하게 그려낸 작품이다.

(2) 특별히 강한 느낌을 나타내는 어구, 평서문, 명령문, 청유문에 쓴다.

예 청춘! 이는 듣기만 하여도 가슴이 설레는 말이다.

예 이야, 정말 재밌다!

예 지금 즉시 대답해!

예 앞만 보고 달리자!

감탄사나 감탄문이 아니더라도 강한 느낌이나 의지 등을 나타내고자 할 때는 쉼표나 마침표 대신 느낌표를 쓸 수 있다.

(8) 통일! 이것이야말로 우리 겨레의 가장 큰 소원이자 희망이다.

(9) 내일부터 정말 열심히 할 거야!

(10) 빨리 와!

(11) 한번 버텨 보자!

(3) 물음의 말로 놀람이나 항의의 뜻을 나타내는 경우에 쓴다.

예 이게 누구야!　　예 내가 왜 나빠!

형식은 의문문이지만 대답을 요구하는 것이 아니라 놀람, 항의, 반가움, 꾸중 등의 강한 감정 상태를 표현하는 문장에는 물음표 대신 느낌표를 쓸 수 있다.

(12) 이게 웬 마른날에 벼락 맞을 소리냐!
(13) 일을 이런 식으로 진행하는 법이 어디에 있단 말입니까!
(14) 우리가 얼마 만에 만난 것이냐!
(15) 숙제를 이렇게 엉망으로 해 와도 되느냐!

> (4) 감정을 넣어 대답하거나 다른 사람을 부를 때 쓴다.
>
> 예 네!　　　　　예 네, 선생님!
> 예 흥부야!　　　예 언니!

감정을 넣어 대답하거나 다른 사람을 부를 때 느낌표를 쓴다. 활기차게 대답한다든지, 급하게 부른다든지, 강하게 부정한다든지 할 때의 감정을 느낌표로써 나타낼 수 있다. ['제4항의 (7)' 참조]

(16) "얘야, 어디에 있니?" "할머니! 여기예요, 여기!"
(17) 아가! 어서 이리 좀 와 봐라.
(18) "너 나를 속이려고 했지?" "아니요! 절대로 그렇지 않습니다."

4. 쉼표(,)

> (1) 같은 자격의 어구를 열거할 때 그 사이에 쓴다.
>
> 예 근면, 검소, 협동은 우리 겨레의 미덕이다.
> 예 충청도의 계룡산, 전라도의 내장산, 강원도의 설악산은 모두 국립
> 　공원이다.
> 예 집을 보러 가면 그 집이 내가 원하는 조건에 맞는지, 살기에 편한
> 　지, 망가진 곳은 없는지 확인해야 한다.
> 예 5보다 작은 자연수는 1, 2, 3, 4이다.

문장 안에서 같은 자격의 어구가 연이어 나올 때는 기본적으로 각 어구들 사이에 쉼표를 쓴다. 쉼표로 연결되는 어구에는 단어도 있을 수 있고, 구나 절 형식도 있을 수 있다. 쉼표는 각 어구들을 구분하는 기능을 하며, 읽을 때에 호흡을 조절하는 데에도 도움을 준다.

(1) 소설 구성의 3 요소는 인물, 사건, 배경이다.
(2) 사회 조사 방법론에는 양적 연구, 질적 연구, 이 둘을 합한 통합적 연구 등이 있다.
(3) 서울의 숭례문, 경주의 석굴암, 익산의 미륵사지 석탑은 모두 국보다.

열거되는 어구 중에 마지막 어구 앞에 '그리고'를 쓰는 경우가 있는데, 이때 '그리고' 앞에 쉼표를 써야 하는가 하는 문제가 있다. 어구를 열거할 때 쓰는 쉼표는 '그리고'를 대신하는 것이다. 따라서 쉼표와 '그리고'를 함께 쓰는 것은 일종의 중복이라 할 수 있으므로 이 경우에는 쉼표를 쓰지 않는 것이 자연스럽다.
열거되는 어구 중에 맨 앞의 어구 뒤에 '그리고'를 쓰고 이어지는 어구들은 쉼표로 열거하는 경우도 있는데 이때도 '그리고' 앞에는 쉼표를 쓰지 않는 것이 자연스럽다.

(4) 정욱, 재용, 성민 그리고 은길이까지 모두 네 명이 시험에 합격했다.
(5) 정욱 그리고 재용, 성민, 은길이까지 모두 네 명이 시험에 합격했다.

다만, (가) 쉼표 없이도 열거되는 사항임이 쉽게 드러날 때는 쓰지 않을 수 있다.

예 아버지 어머니께서 함께 오셨어요.
예 네 돈 내 돈 다 합쳐 보아야 만 원도 안 되겠다.

쉼표는 같은 자격의 어구들이 열거되어 있음을 쉽게 알아볼 수 있게 하는 부호이므로 쉼표 없이도 그러한 사정을 분명히 알 수 있는 경우에는 쉼표를 쓰지 않아도 된다.

(6) 우리나라는 봄 여름 가을 겨울의 구분이 뚜렷하다.

> (나) 열거할 어구들을 생략할 때 사용하는 줄임표 앞에는 쉼표를
> 쓰지 않는다.
> 예 광역시: 광주, 대구, 대전……

열거할 어구들을 생략할 때에는 줄임표를 쓰는데, 이때 줄임표 앞에는 쉼표를
쓰지 않는다.

(7) '규현, 재호, 정석, 민수, 혁진, 광선……' 이렇게 고등학교 때 친구들의 이름
을 하나하나 떠올리며 생각에 잠겨 있던 중에 갑자기 전화기가 울렸다.
(8) 육십갑자: 갑자, 을축, 병인, 정묘, 무진, 기사, 경오, 신미……

> (2) 짝을 지어 구별할 때 쓴다.
> 예 닭과 지네, 개와 고양이는 상극이다.

'제4항의 (2)'는 '제4항의 (1)'의 연장선에 있는 쉼표의 용법이다. 나열된 어구
들을 짝을 지어서 구별할 때 그 사이에 쉼표를 쓴다.

(9) 한국과 일본, 필리핀과 베트남은 각각 동북아시아와 동남아시아에 있는
국가들이다.

> (3) 이웃하는 수를 개략적으로 나타낼 때 쓴다.
> 예 5, 6세기   예 6, 7, 8개

아라비아 숫자를 이용하여 이웃하는 수를 개략적으로 나타낼 때 각각의 숫자
사이에 쉼표를 쓴다. 여기서 이웃하는 수란 바로 다음에 이어지는 수를 가리킨다.

(10) 이 책은 4, 5세 정도의 유아에게 읽히면 좋습니다.

(4) 열거의 순서를 나타내는 어구 다음에 쓴다.

예 첫째, 몸이 튼튼해야 한다.

예 마지막으로, 무엇보다 마음이 편해야 한다.

여러 가지 내용을 열거할 때 사용하는 '첫째, 둘째, 셋째……', '먼저, 다음으로, 마지막으로……' 등과 같은 어구 다음에는 쉼표를 쓴다.

(11) 다음으로, 애국가 제창이 있겠습니다.

'그리고, 그러나, 그런데, 그러므로……' 등과 같은 접속 부사의 뒤에서는 쉼표를 쓰지 않는 것이 자연스럽다. 접속 부사와 쉼표의 기능이 중복되는 면이 있기 때문이다. 그런데 쉼표는 꼭 접속의 기능만 하는 것이 아니므로, 글쓴이가 필요하다고 판단된다면 접속 부사의 뒤에서도 쉼표를 쓸 수 있다.

(12) 네 말도 일리는 있다. 그렇지만 우리는 다른 사람들의 의견에 따라야만 한다.
(13) 노래는 감정이다. 그러므로, 노래를 강권한다는 것은 감정을 강요하는 것과도 같은 일이다.

(5) 문장의 연결 관계를 분명히 하고자 할 때 절과 절 사이에 쓴다.

예 콩 심은 데 콩 나고, 팥 심은 데 팥 난다.

예 저는 신뢰와 정직을 생명과 같이 여기고 살아온바, 이번 비리 사건과는 무관하다는 점을 분명히 밝힙니다.

예 떡국은 설날의 대표적인 음식인데, 이걸 먹어야 비로소 나이도 한 살 더 먹는다고 한다.

문장의 연결 관계를 분명히 하고자 할 때는 절과 절 사이에 쉼표를 쓴다. 그런데 이 말은 문장의 연결 관계가 쉼표 없이도 분명히 드러난다면 (15)처럼 쉼표를 쓰지 않아도 된다는 뜻이기도 하다.

(14) 모든 국민은 건강하고 쾌적한 환경에서 생활할 권리를 가지며, 국가와
　　 국민은 환경 보전을 위하여 노력하여야 한다.
(15) 발표회가 끝나면 바로 회사로 돌아가야 합니다.

　(16)처럼 한 문장에서 절과 절 사이에 쓰는 쉼표와 여러 어구를 열거할 때
쓰는 쉼표가 동시에 쓰이는 경우가 있다. 각각의 쉼표는 저마다의 기능을 하는
것이므로 이와 같이 쓰는 것을 잘못되었다고 할 수는 없다. 그러나 이런 경우에
는 (17)처럼 절과 절 사이에 쓰는 쉼표를 생략하는 것이 일반적이다. 문장의 연결
관계는 연결 어미만으로도 어느 정도 분명하게 드러나기 때문이다.

(16) 1반, 2반, 3반은 집으로 돌아가고, 4반, 5반, 6반은 학교에 남았다.
(17) 1반, 2반, 3반은 집으로 돌아가고 4반, 5반, 6반은 학교에 남았다.

> **(6)** 같은 말이 되풀이되는 것을 피하기 위하여 일정한 부분을 줄
> 여서 열거할 때 쓴다.
> 예 여름에는 바다에서, 겨울에는 산에서 휴가를 즐겼다.

　같은 말이 되풀이되는 것을 피하기 위하여 일정한 부분을 줄여서 열거할 때는
쉼표를 사용하여 어구 간의 연결 관계를 분명하게 드러낼 수 있다.

(18) 빨간색을 선택한 분들은 오른쪽으로, 파란색을 선택한 분들은 왼쪽으로
　　 가 주세요.
(19) 사람은 평생 음식물을 섭취, 소화, 배설하면서 살아간다.

> **(7)** 부르거나 대답하는 말 뒤에 쓴다.
> 예 지은아, 이리 좀 와 봐. 예 네, 지금 가겠습니다.

　독립 성분은 다른 문장 성분들과 직접적인 관련을 맺지 아니하고 따로 떨어져
있는 성분으로서, 부르거나 대답하는 말은 대표적인 독립 성분이다. 이런 말 뒤
에는 쉼표를 씀으로써 다른 문장 성분들과의 경계를 분명하게 하는 효과를 거둘
수 있다.

(20) "너, 나를 속이려고 했지?" "아니요, 절대로 그렇지 않습니다."
(21) "아가, 이리 좀 와 봐라." "네, 어머니."

특별한 감정을 넣어 이런 말들을 사용할 때는 쉼표 대신 느낌표를 쓸 수 있다.
['제3항의 (4)' 참조]

> (8) 한 문장 안에서 앞말을 '곧', '다시 말해' 등과 같은 어구로
> 다시 설명할 때 앞말 다음에 쓴다.
> 예 책의 서문, 곧 머리말에는 책을 지은 목적이 드러나 있다.
> 예 원만한 인간관계는 말과 관련한 예의, 즉 언어 예절을 갖추는 것에
> 서 시작된다.
> 예 호준이 어머니, 다시 말해 나의 누님은 올해로 결혼한 지 20년이
> 된다.
> 예 나에게도 작은 소망, 이를테면 나만의 정원을 가졌으면 하는 소망
> 이 있어.

한 문장 안에서 앞말을 '곧', '즉', '다시 말해', '이를테면' 등과 같은 어구로 다시
설명할 때 앞말 다음에 쉼표를 쓴다.

(22) 야구 경기에서 가장 중요한 것은 승리를 위해 서로 마음과 힘을 하나로
합하는 것, 곧 협동 정신이다.
(23) 창경궁은 15세기 후반에 성종이 전왕의 부인, 즉 대비들의 거처로 마련
한 것이다.
(24) 무엇을 하든지 꾸준히 열심히 하는 것, 다시 말해 성실이 가장 큰 경쟁
력이다.
(25) 그곳에는 대중교통 수단, 이를테면 버스 같은 것도 없나요?

문장 첫머리에 '곧', '즉', '다시 말해', '이를테면' 등과 같은 어구가 나올 때 그
뒤에 쉼표를 쓸 것인지 말 것인지는 글쓴이가 임의로 판단해서 정할 수 있다.

(26) 그의 말은 사실이었다. 곧,/곧 오해는 나의 실수였던 것이다.
(27) 민지는 성호에게 이별을 선언했다. 즉,/즉 성호는 민지에게 실연을 당한
것이다.

(28) <u>다시 말해,/다시 말해</u> 선입견은 틀릴 때가 더 많다는 것이 내 경험이다.

(29) <u>이를테면,/이를테면</u> 어린아이로서는 그런 어려운 과제를 감당할 수가
    없다는 것이다.

한 문장 안에서나 문장 첫머리에서 앞말의 내용을 전환하거나 앞말과 반대되
는 내용을 기술할 때 사용하는 어구인 '반면(에)', '한편' 등의 뒤에 쉼표를 쓸
것인지, 쓰지 않을 것인지도 글쓴이가 임의로 판단해서 정할 수 있다.

(30) 건강에 좋은 음식이 있는 <u>반면,/반면</u> 안 좋은 음식도 있다.

(31) 아군의 실종자는 20여 명이었다. <u>한편,/한편</u> 아군이 생포한 적의 포로
    는 무려 700여 명에 이르렀다.

---

(9) 문장 앞부분에서 조사 없이 쓰인 제시어나 주제어의 뒤에 쓴
다.

예 돈, 돈이 인생의 전부이더냐?

예 열정, 이것이야말로 젊은이의 가장 소중한 자산이다.

예 지금 네가 여기 있다는 것, 그것만으로도 나는 충분히 행복해.

예 저 친구, 저러다가 큰일 한번 내겠어.

예 그 사실, 넌 알고 있었지?

문장 앞부분에서 조사 없이 쓰인 제시어나 주제어는 독립 성분과 같은 성격을
가진 말로서 그 뒤에 잠시 휴지를 두는 것이 일반적이다. 이런 특성을 고려하여
제시어나 주제어의 뒤에는 쉼표를 쓴다.

(32) 가족, 나에게 가족보다 더 소중한 것은 없습니다.

(33) 금연, 건강의 시작입니다.

---

(10) 한 문장에 같은 의미의 어구가 반복될 때 앞에 오는 어구
다음에 쓴다.

예 그의 애국심, 몸을 사리지 않고 국가를 위해 헌신한 정신을 우리는
본받아야 한다.

한 문장에 같은 의미의 어구가 반복될 때 앞에 오는 어구 다음에는 쉼표를 쓴다. 여기서 쉼표가 하는 역할은 앞말의 의미를 보충적으로 제시해 주는 뒷말을 앞말과 명확하게 구분하고, 잠시 쉬었다가 읽을 것을 요구하는 것이다. 따라서 이 조항은 앞말을 다시 설명하는 '곧, 다시 말해' 앞에 쉼표를 쓰는 것과 같은 맥락으로 이해하면 된다.

(34) 거북선, 우리 민족이 만든 세계 최초의 이 철갑선은 임진왜란 때 왜군을 무찌르는 데에 큰 역할을 했다.
(35) 순애, 내 가장 친한 친구는 오늘 몸이 아파 결석을 했다.
(36) 내 가장 친한 친구 순애는 오늘 몸이 아파 결석을 했다.

(34)의 '거북선'과 (35)의 '순애' 뒤에는 쉼표를 썼으나 (36)의 '내 가장 친한 친구' 뒤에는 쉼표를 쓰지 않았다. 같은 의미의 어구가 반복된다는 점에서는 같지만 두 부류 사이에는 차이가 있다. (36)에서 '내 가장 친한 친구 순애'는 굳이 쉼을 두어 읽을 만한 자리가 아닐 뿐더러, '내 가장 친한 친구인 순애'와 같이 써도 자연스럽게 읽히는 것으로 보아 단순한 수식-피수식 관계로 해석할 수 있다. 따라서 이때는 쉼표를 쓰지 않는 것이 자연스럽다.

(11) 도치문에서 도치된 어구들 사이에 쓴다.
예 이리 오세요, 어머님.
예 다시 보자, 한강수야.

도치문에서 도치된 어구를 특별히 구분하여 드러내고자 할 때 쉼표를 쓴다. 특히 (38), (39)처럼 서술어가 다른 문장 성분의 앞에 나올 때는 쉼표를 쓰는 것이 자연스럽다.

(37) 아침밥을, 아들이 차리고 있었다.
(38) 비가 세차게 내렸다, 오전에도.
(39) 반드시 완수하겠습니다, 제게 주어진 임무를.

(12) 바로 다음 말과 직접적인 관계에 있지 않음을 나타낼 때 쓴다.

예 갑돌이는, 울면서 떠나는 갑순이를 배웅했다.

예 철원과, 대관령을 중심으로 한 강원도 산간 지대에 예년보다 일찍 첫눈이 내렸습니다.

어떤 어구가 바로 다음 말과 직접적인 관계에 있지 않음을 나타낼 때 쉼표를 쓴다. 앞에 나오는 말은 바로 다음에 이어지는 말과 '주술 관계', '수식 관계' 또는 '접속 관계' 등에 놓이는 것이 일반적이다. 그런데 때로는 바로 다음에 이어지는 말과 직접 관계를 맺지 않는 경우가 있다. 이때 쉼표를 쓰지 않으면 바로 다음에 이어지는 말과 직접 관계를 맺는 것으로 잘못 해석될 수 있으므로, 이를 방지하기 위하여 쉼표를 쓴다.

본문의 첫째 예는 쉼표를 사용함으로써 '우는 사람'이 갑순이라는 것을 알 수 있다. 만약 쉼표를 쓰지 않으면 '우는 사람'은 갑돌이가 된다. 본문의 둘째 예도 쉼표를 사용함으로써 '철원'과 접속 관계에 있는 어구가 '강원도 산간 지대'라는 것을 알 수 있다. 만약 쉼표를 쓰지 않으면 '철원'과 접속 관계에 있는 어구는 '대관령'이 된다.

(13) 문장 중간에 끼어든 어구의 앞뒤에 쓴다.

예 나는, 솔직히 말하면, 그 말이 별로 탐탁지 않아.

예 영호는 미소를 띠고, 속으로는 화가 치밀어 올라 잠시라도 견딜 수 없을 만큼 괴로웠지만, 그들을 맞았다.

[붙임 1] 이때는 쉼표 대신 줄표를 쓸 수 있다.

예 나는 – 솔직히 말하면 – 그 말이 별로 탐탁지 않아.

예 영호는 미소를 띠고 – 속으로는 화가 치밀어 올라 잠시라도 견딜 수 없을 만큼 괴로웠지만 – 그들을 맞았다.

강조나 부가 설명 또는 예를 들기 위하여 중간에 어구를 삽입하는 경우가 있다. 이런 어구를 문장 안의 다른 어구들과 구분하기 위하여 해당 어구의 앞뒤에 쉼표를 쓰며, 쉼표 대신 줄표를 쓸 수 있다.

(40) 치열한 접전 끝에 우리 팀은, 다시 생각하기도 싫지만, 결국 지고 말았다.

(41) 치열한 접전 끝에 우리 팀은 ― 다시 생각하기도 싫지만 ― 결국 지고 말았다.

[붙임 2] 끼어든 어구 안에 다른 쉼표가 들어 있을 때는 쉼표 대신 줄표를 쓴다.

예 이건 내 것이니까 ― 아니, 내가 처음 발견한 것이니까 ― 절대로 양보할 수 없다.

삽입한 어구 안에 쉼표가 있을 때에는 삽입한 어구의 앞뒤에는 쉼표를 쓰지 않고 줄표를 써야 한다. 서로 다른 기능을 하는 쉼표가 한 문장 안에 쓰이게 되면 해석상 혼동이 생길 수 있기 때문이다.

(42) 치열한 접전 끝에 우리 팀은 ― 다시 생각하기도 싫고, 말을 꺼내기도 싫지만 ― 결국 지고 말았다. (○)

(43) 치열한 접전 끝에 우리 팀은, 다시 생각하기도 싫고, 말을 꺼내기도 싫지만, 결국 지고 말았다. (×)

(14) 특별한 효과를 위해 끊어 읽는 곳을 나타낼 때 쓴다.

예 내가, 정말 그 일을 오늘 안에 해낼 수 있을까?

예 이 전투는 바로 우리가, 우리만이, 승리로 이끌 수 있다.

일반적으로는 끊어 읽지 않아도 되고 따라서 쉼표를 쓰지 않아도 되는 어구이지만, 끊어 읽음으로써 해당 어구를 두드러지게 하려는 의도로 특정 어구의 뒤에 쉼표를 쓸 수 있다.

(44) 발 가는 대로, 그는 어느 틈엔가 안전지대에 가서, 자기의 두 손을 내려다 보았다.

(45) 구보는, 자기는, 대체, 얼마를 가져야 행복할 수 있을까 생각해 본다.

(15) 짧게 더듬는 말을 표시할 때 쓴다.

예 선생님, 부, 부정행위라니요? 그런 건 새, 생각조차 하지 않았습니다.

짧게 더듬는 말임을 나타낼 때 그 더듬는 요소 사이에 쉼표를 쓴다.

(46) 내가 그, 그럴 리가 없잖아.
(47) 제가 정말 하, 합격이라고요?

[붙임] '쉼표' 대신 '반점'이라는 용어를 쓸 수 있다.

종전 규정에서 '쉼표'는 문장 중간에 쓰이는 반점, 가운뎃점, 쌍점, 빗금 등을 아울러 이르는 말이었지만, 실제 언어생활에서는 '반점'이라는 용어는 잘 쓰이지 않고 '쉼표'가 부호 ','를 가리키는 말로 널리 쓰여 왔다. 이와 같은 언어 현실과 규범상의 괴리 때문에 교육 현장 등에서는 적잖은 혼란이 있었다. 그래서 이번 개정안에서는 부호 ','를 가리키는 기본적인 용어로서 '쉼표'를 인정하여 언어 현실에 부합하도록 하였다. 그리고 '반점'이라는 용어도 그대로 쓸 수 있도록 함으로써 용어 교체로 말미암아 둘 중 어느 것이 맞고 틀리느냐의 문제는 생기지 않도록 하였다.

한편, 종전 규정에는 '100,000원'과 같이 수의 자릿점을 나타낼 때 쉼표를 쓸 수 있다는 규정이 있었다. 그런데 이 용법은 개정안에서 정의한 문장 부호, 즉 문장의 구조를 드러내거나 글쓴이의 의도를 전달하기 위해 사용하는 부호가 아니라서 제외하였다. 그러나 이는 쉼표의 이런 용법이 문장 부호에 해당하지 않아서 규정에서 다루지 않는다는 것이지, 수의 자릿점을 나타내는 부호로 쉼표를 활용하는 것을 막는 것은 아니다.

지금까지 살펴보았듯이 쉼표는 어구 연결, 절 접속, 휴지 등 다양한 기능을 하는 부호이다. 그러다 보니 한 문장 안에서 서로 다른 기능을 하는 쉼표가 연이어 쓰일 수 있는 경우가 많다. 그렇다고 쉼표를 일일이 쓰게 되면 오히려 글을 읽는데 방해가 되기도 한다. 쉼표는 그 속성상 대부분은 반드시 써야 하는 부호는 아니다. 글을 쓰는 사람이 판단해서 필요하다고 생각될 때 쓰면 되는 것이다. 따라서 쉼표를 쓰는 것이 오히려 글을 이해하는 데 방해가 되거나 불편을 준다고 판단될 때에는 적절하게 조절하여 쓰면 된다.

5. 가운뎃점(·)

(1) 열거할 어구들을 일정한 기준으로 묶어서 나타낼 때 쓴다.

예 민수·영희, 선미·준호가 서로 짝이 되어 윷놀이를 하였다.

예 지금의 경상남도·경상북도, 전라남도·전라북도, 충청남도·충청
북도 지역을 예부터 삼남이라 일러 왔다.

어구들을 낱낱으로 열거하지 않고 일정한 기준에 따라 묶어서 나타낼 때 묶음 사이에는 쉼표를, 같은 묶음에 속한 어구들 사이에는 가운뎃점을 쓴다.

(1) 시의 종류는 내용에 따라 서정시·서사시·극시, 형식에 따라 자유시·정
형시·산문시로 나눌 수 있다.

(2) 짝을 이루는 어구들 사이에 쓴다.

예 한(韓)·이(伊) 양국 간의 무역량이 늘고 있다.

예 우리는 그 일의 참·거짓을 따질 겨를도 없었다.

예 하천 수질의 조사·분석

예 빨강·초록·파랑이 빛의 삼원색이다.

짝을 이룬다는 것은 각각의 어구가 서로 긴밀한 관계를 맺으면서 전체 집합의 필수적인 요소가 된다는 뜻이다. 이렇게 짝을 이루는 어구들 사이에는 가운뎃점을 쓰는 것이 원칙이다.

(2) 김 과장은 회의 자료를 수정·보완하여 제출하였다.
(3) 곤충의 몸은 머리·가슴·배로 구분할 수 있다.
(4) 우리나라의 바다에는 동해·서해·남해가 있다.

다만, 이때는 가운뎃점을 쓰지 않거나 쉼표를 쓸 수도 있다.

예 한(韓) 이(伊) 양국 간의 무역량이 늘고 있다.

예 우리는 그 일의 참 거짓을 따질 겨를도 없었다.

> 예 하천 수질의 조사, 분석
> 예 빨강, 초록, 파랑이 빛의 삼원색이다.

 짝을 이루는 어구들 사이에는 가운뎃점을 쓰지 않거나 쉼표를 쓸 수도 있다. 각 어구들을 하나의 단위로 뭉쳐서 나타내고자 할 때는 가운뎃점을 쓰고, 각 어구들을 낱낱으로 풀어서 열거하고자 할 때는 쉼표를 쓰거나 아무 부호도 쓰지 않을 수 있다. ['제4항의 (1)' 참조]

 (5) 김 과장은 회의 자료를 수정, 보완하여/수정 보완하여 제출하였다.
 (6) 곤충의 몸은 머리, 가슴, 배로/머리 가슴 배로 구분할 수 있다.
 (7) 우리나라의 바다에는 동해, 서해, 남해가/동해 서해 남해가 있다.

> (3) 공통 성분을 줄여서 하나의 어구로 묶을 때 쓴다.
>
> 예 상·중·하위권   예 금·은·동메달
> 예 통권 제54·55·56호
>
> **[붙임]** 이때는 가운뎃점 대신 쉼표를 쓸 수 있다.
>
> 예 상, 중, 하위권   예 금, 은, 동메달
> 예 통권 제54, 55, 56호

 공통 성분을 줄여서 하나의 어구로 묶을 때에는 가운뎃점을 쓰는 것이 원칙이다. '금메달, 은메달, 동메달'에서 공통 성분은 '메달'이다. 이 부분을 반복하지 않고 줄여서 하나의 어절로 묶어서 나타낼 때는 '금·은· 동메달'과 같이 가운뎃점을 쓰는 것이 원칙이고, '금, 은, 동메달'과 같이 쉼표를 쓰는 것도 가능하다.

 (8) 이번 학력 평가는 전국의 초·중·고등학교에서/초, 중, 고등학교에서 동시에 실시될 예정이다.
 (9) 이번 독감 예방 주사는 모든 병·의원에서/병, 의원에서 맞을 수 있다.

 공통 성분이 줄어서 하나의 어구로 묶인 말 중에는 단어로 굳어진 것이 있다. '검인정(검정+인정), 논밭일(논일+밭일), 민형사(민사+형사), 선후배(선배+후

배), 직간접(직접+간접)' 등과 같은 것들이다. 이처럼 한 단어로 굳어진 말에는 가운뎃점이나 쉼표를 쓰지 않는다.

(10) 검인정 교과서
(11) 우리 과는 선후배 사이의 관계가 돈독하다.

6. 쌍점(:)

(1) 표제 다음에 해당 항목을 들거나 설명을 붙일 때 쓴다.

예 문방사우: 종이, 붓, 먹, 벼루
예 일시: 2014년 10월 9일 10시
예 흔하진 않지만 두 자로 된 성씨도 있다.(예: 남궁, 선우, 황보)
예 올림표(♯): 음의 높이를 반음 올릴 것을 지시한다.

표제에 해당하는 항목을 열거하여 보이거나 표제에 대한 구체적인 설명을 붙일 때 표제 다음에 쌍점을 쓴다.

(1) 십장생: 해, 산, 물, 돌, 구름, 소나무, 불로초, 거북, 학, 사슴
(2) 문장 부호: 마침표, 물음표, 느낌표, 쉼표 등
(3) 장소: 광화문 광장 일대
(4) 협동: 마음과 힘을 하나로 합하는 것

(2) 희곡 등에서 대화 내용을 제시할 때 말하는 이와 말한 내용 사이에 쓴다.

예 김 과장: 난 못 참겠다.
예 아들: 아버지, 제발 제 말씀 좀 들어 보세요.

희곡이나 시나리오 등에서 등장인물의 대화 내용을 나타낼 때 등장인물의 이름과 대화 내용 사이에 쌍점을 쓴다.

(5) 로미오: (정원에서) 안녕히! 내 사랑. 기회 있을 때마다 반드시 소식을
전하겠소.
줄리엣: 하지만 우리가 다시 또 만날 수 있을까요?

> (3) 시와 분, 장과 절 등을 구별할 때 쓴다.
>
> 예 오전 10:20(오전 10시 20분)
> 예 두시언해 6:15(두시언해 제6권 제15장)

시·분·초, 권·장·절, 조·항·호 등을 구별할 때 쌍점을 쓴다.

(6) 해 뜨는 시각 7:10:54(7시 10분 54초)
(7) 요한복음 3:16(3장 16절)
(8) 「국어기본법」 14:1(제14조 제1항)

> (4) 의존명사 '대'가 쓰일 자리에 쓴다.
>
> 예 65:60(65 대 60)
> 예 청군:백군(청군 대 백군)

의존 명사 '대'가 쓰일 자리에 '대' 대신 쌍점을 쓸 수 있다.

(9) 후반전도 30분이 넘어가고 있는 상황에서 한국과 미국은 0:0으로 팽팽히
맞서고 있다.

> [붙임] 쌍점의 앞은 붙여 쓰고 뒤는 띄어 쓴다. 다만, (3)과 (4)에서
> 는 쌍점의 앞뒤를 붙여 쓴다.

7. 빗금(/)

(1) 대비되는 두 개 이상의 어구를 묶어 나타낼 때 그 사이에 쓴다.

예 먹이다/먹히다
예 남반구/북반구
예 금메달/은메달/동메달
예 (　　　　　)이/가 우리나라의 보물 제1호이다.

둘 이상의 어구를 서로 대비해서 보이고자 할 때 빗금을 쓴다. 일반적으로 상위어 또는 상위 개념이 같으면서도 개념상 대비가 되는 어구들을 하나로 묶어서 나타낼 때 빗금을 쓴다. 따라서 굳이 대비해서 보일 필요가 없을 때에는 쉼표를 써도 된다.

　(1) 반짝이다/반짝거리다/반짝반짝하다
　(2) 물/불/풀/뿔

(2) 기준 단위당 수량을 표시할 때 해당 수량과 기준 단위 사이에 쓴다.

예 100미터/초　　　예 1,000원/개

'1,000원/개'는 '한 개에 1,000원'이라는 뜻이다. 이처럼 기준 단위당 수량을 표시할 때 해당 수량과 기준 단위 사이에 빗금을 쓴다.

　(3) 놀이공원 입장료는 4,000원/명이다.

(3) 시의 행이 바뀌는 부분임을 나타낼 때 쓴다.

예 산에 / 산에 / 피는 꽃은 / 저만치 혼자서 피어 있네

다만, 연이 바뀜을 나타낼 때는 두 번 겹쳐 쓴다.

예 산에는 꽃 피네 / 꽃이 피네 / 갈 봄 여름 없이 / 꽃이 피네 //
산에 / 산에 / 피는 꽃은 / 저만치 혼자서 피어 있네

본문에 제시된 예를 줄을 바꾸어서 행과 연을 구분하여 적으면 아래와 같다.

산에는 꽃 피네
꽃이 피네
갈 봄 여름 없이
꽃이 피네
산에
산에
피는 꽃은
저만치 혼자서 피어 있네

위와 같이 여러 행과 연으로 된 시를 한 줄로 이어 쓸 때는 시행이 바뀌는 부분에는 빗금을 한 번 쓰고, 연이 바뀌는 부분에는 빗금을 두 번 겹쳐 쓴다.

(4) 까마득한 날에 / 하늘이 처음 열리고 / 어데 닭 우는 소리 들렸으랴 // 모든 산맥들이 / 바다를 연모해 휘달릴 때도 / 차마 이곳을 범하던 못하였으리라 // 끊임없는 광음을 / 부지런한 계절이 피어선 지고 / 큰 강물이 비로소 길을 열었다 // 지금 눈 내리고 / 매화 향기 홀로 아득하니 / 내 여기 가난한 노래의 씨를 뿌려라 // 다시 천고의 뒤에 / 백마 타고 오는 초인이 있어 / 이 광야에서 목놓아 부르게 하리라

이육사의 「광야」

한편, 종전 규정에는 '3/4'과 같이 분수를 나타낼 때 빗금을 쓸 수 있다는 규정이 있었다. 그런데 이 용법은 수학이나 경제학 분야 등의 특수한 용법인 것으로 보아 이번 개정안에서는 제외하였다. 그러나 이는 빗금의 이런 용법이 문장 부호에 해당하지 않아서 규정에서 다루지 않는다는 것이지, 분수를 나타내는 부호로 빗금을 활용하는 것을 막는 것은 아니다.

[붙임] 빗금의 앞뒤는 (1)과 (2)에서는 붙여 쓰며, (3)에서는 띄어 쓰는 것을 원칙으로 하되 붙여 쓰는 것을 허용한다. 단, (1)에서 대비되는 어구가 두 어절 이상인 경우에는 빗금의 앞뒤를 띄어 쓸 수 있다.

'제7항의 (1)'에서 빗금은 앞말과 뒷말에 붙여 쓰는 것이 원칙이되, 띄어 쓰는 것도 허용된다. 대비되는 어구가 둘 이상의 어절로 되어 있을 때에 빗금을 앞말과 뒷말에 붙여 쓰게 되면 대비되는 내용이 불분명해질 수 있기 때문이다.

(5) 문과 대학/이과 대학/예술 대학
(6) 문과 대학 / 이과 대학 / 예술 대학

'제7항의 (2)'에서 빗금은 앞말과 뒷말에 붙여 쓴다. '제7항의 (3)'에서 빗금은 앞말과 뒷말에 띄어 쓰는 것이 원칙이되, 붙여 쓰는 것도 허용된다.

8. 큰따옴표(" ")

(1) 글 가운데에서 직접 대화를 표시할 때 쓴다.
예 "어머니, 제가 가겠어요." "아니다. 내가 다녀오마."

글 가운데에서 대화문임을 나타낼 때 큰따옴표를 쓴다. 소설이나 수필과 같은 서사 형식의 글에서는 중간에 나오는 대화문에 큰따옴표를 쓴다. 그러나 희곡처럼 전체가 대사로 이루어진 글에서는 큰따옴표를 쓰지 않는다.

(1) "오늘은 어제보다 더 춥구나."
   "네, 손발이 꽁꽁 어는 것 같아요."

> (2) 말이나 글을 직접 인용할 때 쓴다.
>
> 예 나는 "어, 광훈이 아니냐?" 하는 소리에 깜짝 놀랐다.
> 예 밤하늘에 반짝이는 별들을 보면서 "나는 아무 걱정도 없이 가을
>   속의 별들을 다 헬 듯합니다."라는 시구를 떠올렸다.
> 예 편지의 끝머리에는 이렇게 적혀 있었다.
>   "할머니, 편지에 사진을 동봉했다고 하셨지만 봉투 안에는 아무것
>   도 없었어요."

다른 사람의 말이나 글을 직접 인용한 부분임을 나타낼 때 큰따옴표를 쓴다.
(6)처럼 인용한 말이 혼잣말인 경우에도 큰따옴표를 쓴다.

(2) 사회자가 "이쪽부터 차례로 자기소개를 합시다."라고 말했다.
(3) 석가모니는 재산이 없어도 다음과 같은 것을 베풀 수 있다고 가르쳤다.
   "첫째는 얼굴에 화색을 띠고 부드럽고 정다운 얼굴로 남을 대하는 것이
   요, 둘째는……."
(4) "낮말은 새가 듣고 밤말은 쥐가 듣는다."라는 속담이 있다.
(5) 방정환 선생이 이에 대해 일찍이 잘 표현한 바 있다. "평화라는 평화
   중에 그중 훌륭한 평화만을 골라 가진 것이 어린이의 자는 얼굴이다."
(6) 동생은 "오늘 안에 기어코 퍼즐을 다 맞추고야 말겠어."라고 중얼거리면
   서 널브러진 퍼즐 조각들을 색깔별로 나누었다.

인용한 말이나 글이 문장 형식이 아니더라도 큰따옴표를 쓴다.

(7) 푯말에는 "출입 금지 구역"이라고 쓰여 있었다.

문장 안에서 책의 제목이나 신문 이름 등을 나타낼 때에도 큰따옴표를 쓸 수
있다. ['제13항의 붙임' 참조]

9. 작은따옴표(' ')

(1) 인용한 말 안에 있는 인용한 말을 나타낼 때 쓴다.

예 그는 "여러분! '시작이 반이다.'라는 말 들어 보셨죠?"라고 말하며
   강연을 시작했다.

인용한 말 속에 들어 있는 인용한 말을 나타낼 때는 작은따옴표를 쓴다. 인용한 말이므로 큰따옴표를 쓸 만하지만, 바깥쪽의 큰따옴표와 중복되므로 안쪽에는 작은따옴표를 쓰도록 하였다.

(1) 그때 누군가가 큰 소리로 말했다. "침착해야 합니다! '하늘이 무너져도
    솟아날 구멍이 있다.'라고 하지 않습니까?"

(2) 마음속으로 한 말을 적을 때 쓴다.

예 나는 '일이 다 틀렸나 보군.' 하고 생각하였다.
예 '이번에는 꼭 이기고야 말겠어.' 호연이는 마음속으로 몇 번이나
   그렇게 다짐하며 주먹을 불끈 쥐었다.

인용한 말이 마음속으로 한 말임을 나타낼 때는 작은따옴표를 쓴다.

(2) '처음에만 열심히 하는 척하다가 결국에는 그만두겠지.' 하고 생각했어
    요.

소제목, 그림이나 노래와 같은 예술 작품의 제목, 상호, 법률, 규정 등을 나타낼 때에도 작은따옴표를 쓸 수 있다. ['제14항의 붙임' 참조]
   그리고 문장 내용 중에서 주의가 미쳐야 할 곳이나 중요한 부분을 특별히 드러내 보일 때에도 작은따옴표를 쓸 수 있다. ['제18항의 붙임' 참조]

10. 소괄호(( ))

(1) 주석이나 보충적인 내용을 덧붙일 때 쓴다.

예 니체(독일의 철학자)의 말을 빌리면 다음과 같다.

예 2014. 12. 19.(금)

예 문인화의 대표적인 소재인 사군자(매화, 난초, 국화, 대나무)는 고결한 선비 정신을 상징한다.

앞말에 대한 주석이나 보충적인 내용임을 나타낼 때 소괄호를 쓴다.

(1) 홑화살괄호(〈 〉)와 겹화살괄호(≪ ≫)는 개정안에서 새로 추가된 문장 부호이다.
(2) 훈민정음은 창제된 해(1443년)와 반포된 해(1446년)가 다르다.

원문에 대한 이해를 돕기 위해 설명이나 논평 등을 덧붙일 때는 대괄호를 쓰기도 한다. ['제12항의 (3)' 참조]

(2) 우리말 표기와 원어 표기를 아울러 보일 때 쓴다.

예 기호(嗜好), 자세(姿勢)

예 커피(coffee), 에티켓(étiquette)

한자어나 외래어의 원어를 나타낼 때에는 소괄호를 쓴다.

(3) 대한민국(大韓民國), 크레용(crayon)

원어에 대응하는 한글 표기를 아울러 보일 때도 이 규정을 준용하여 소괄호를 쓴다.

(4) 嗜好(기호), 姿勢(자세), coffee(커피), étiquette(에티켓)

고유어에 대응하는 한자어, 고유어나 한자어에 대응하는 외래어나 외국어 표

기를 아울러 보일 때는 대괄호를 쓴다. ['제12항의 (2)' 참조]

(3) 생략할 수 있는 요소임을 나타낼 때 쓴다.

㉎ 학교에서 동료 교사를 부를 때는 이름 뒤에 '선생(님)'이라는 말을
덧붙인다.
㉎ 광개토(대)왕은 고구려의 전성기를 이끌었던 임금이다.

어떤 음절이나 어구가 생략이 가능한 요소임을 나타낼 때는 소괄호를 쓴다.

(5) 종묘(제례)악은 종묘에서 역대 제왕의 제사 때 쓰던 음악이다.

(4) 희곡 등 대화를 적은 글에서 동작이나 분위기, 상태를 드러낼
때 쓴다.

㉎ 현우: (가쁜 숨을 내쉬며) 왜 이렇게 빨리 뛰어?
㉎ "관찰한 것을 쓰는 것이 습관이 되었죠. 그러다 보니, 상상력이 생
겼나 봐요." (웃음)

희곡이나 시나리오 등의 대본에서 대사 외의 동작이나 분위기, 상태 등을 지
시하거나 설명하는 부분임을 나타낼 때는 소괄호를 쓴다.

(6) 교수: 됐어, 됐어. (크게 하품을 하며) 아이, 피곤해. (이때, 밖에서 시계가
여덟 시를 친다. 교수는 깜짝 놀라 일어선다.) 여덟 시야! 여덟 시!
늦겠군.
아내: 어디 가세요?

(5) 내용이 들어갈 자리임을 나타낼 때 쓴다.

㉎ 우리나라의 수도는 (   )이다.
㉎ 다음 빈칸에 알맞은 조사를 쓰시오.
민수가 할아버지(   ) 꽃을 드렸다.

어떤 내용이 들어갈 자리임을 나타낼 때에는 소괄호를 쓴다. 이는 나중에 내용을 채울 것을 전제로 하는 것으로서, 모르거나 밝힐 수 없어서 비워 둘 때 쓰는 빠짐표나 숨김표와는 용법상 차이가 있다. ['제19항', '제20항' 참조]

(7) 다음 빈칸에 공통으로 들어갈 수 있는 접미사는?
    겁( ), 고집( ), 떼( ), 멋( ), 무식( )

(6) 항목의 순서나 종류를 나타내는 숫자나 문자 등에 쓴다.

예 사람의 인격은 (1) 용모, (2) 언어, (3) 행동, (4) 덕성 등으로 표현된다.

예 (가) 동해, (나) 서해, (다) 남해

항목의 순서나 종류를 나타내는 숫자나 문자 등에 소괄호를 쓸 수 있다.

(8) 입사 지원에 필요한 서류는 (가) 이력서, (나) 자기 소개서, (다) 경력 증명서입니다.
(9) (1) 북한산, (2) 속리산, (3) 소백산, (4) 설악산, (5) 지리산

항목의 순서나 종류를 나타내는 숫자나 문자 등에는 소괄호 말고도 중괄호, 대괄호, 화살괄호, 낫표 등도 활용할 수 있다.

(10) {1}, [2], 〈3〉, ≪4≫, 「5」, 『6』

11. 중괄호({ })

(1) 같은 범주에 속하는 여러 요소를 세로로 묶어서 보일 때 쓴다.

예 주격 조사   { 이
                  가 }

예 국가의 성립 요소 { 영토 국민 주권 }

(2) 열거된 항목 중 어느 하나가 자유롭게 선택될 수 있음을 보일 때 쓴다.

예 아이들이 모두 학교{에, 로, 까지} 갔어요.

열거된 항목 중에서 어느 하나가 자유롭게 선택될 수 있음을 나타낼 때는 중괄호를 쓴다. 중괄호 안에 열거된 항목들은 쉼표로 구분할 수도 있고, 경우에 따라서는 빗금으로 구분할 수도 있다.

(2) 우등생인 민수{도, 까지, 조차, 마저} 불합격이라니 놀랍지 않을 수 없다.
(3) 할머니가 해 주신 음식을 맛있게 먹{는/었/겠}다.

12. 대괄호([ ])

종전 규정에는 대괄호가 '〔 〕'로 제시되어 있었으나, 개정안에서는 '[ ]'로 바뀌었다. 개정 이전부터 '〔 〕'는 잘 쓰이지 않고 '[ ]'가 주로 쓰여 온 것을 고려하여 기본적인 형태를 '[ ]'로 제시한 것이다. 하지만 '〔 〕'를 쓰지 못하는 것은 아니다. 디자인이나 편집 등에서 필요한 경우에는 대괄호로 '〔 〕'를 활용할 수 있다.

(1) 괄호 안에 또 괄호를 쓸 필요가 있을 때 바깥쪽의 괄호로 쓴다.

예 어린이날이 새로 제정되었을 당시에는 어린이들에게 경어를 쓰라고 하였다.[윤석중 전집(1988), 70쪽 참조]
예 이번 회의에는 두 명[이혜정(실장), 박철용(과장)]만 빼고 모두 참석했습니다.

주석이나 보충적인 내용을 덧붙일 때 보통 소괄호를 쓰는데, 소괄호 안에 다시 소괄호를 써야 하는 경우가 있다. 이런 경우에는 바깥쪽의 괄호를 대괄호로 쓴다.

(1) 이번 시험 기간[5. 13.(화)~5. 16.(금)]에는 도서관을 24시간 개방할 예정이오니 학생 여러분의 많은 이용을 바랍니다.

> (2) 고유어에 대응하는 한자어를 함께 보일 때 쓴다.
>
> 예 나이[年歲]   예 낱말[單語]   예 손발[手足]

고유어에 대응하는 한자어임을 나타낼 때는 대괄호를 쓴다. 고유어에 대응하는 한자어를 한자로 쓰지 않고 한글로 써서 보일 때도 대괄호를 쓴다.

(2) 할아버지[祖父], 큰아버지[伯父]
(3) 나이[연세], 낱말[단어]

고유나 한자어에 대응하는 외래어나 외국어 표기임을 나타낼 때도 이 규정을 준용하여 대괄호를 쓴다.

(4) 낱말[word], 문장[sentence], 책[book], 독일[도이칠란트],
    국제 연합[유엔]
(5) 자유 무역 협정[FTA] / 에프티에이(FTA)
(6) 국제 연합 교육 과학 문화 기구[UNESCO] / 유네스코(UNESCO)
(7) 국제 연합[United Nations] / 유엔(United Nations)

(5)는 한자어 '자유 무역 협정'에 대응하는 외국어 표기로서 'FTA'를 아울러 보일 때는 대괄호를 쓰지만, 외래어 '에프티에이'의 원어로서 'FTA'를 아울러 보일 때는 소괄호를 쓴다는 것을 나타내는 예이다. (6)과 (7)도 그러하다. ['제10항의 (2)' 참조]

> (3) 원문에 대한 이해를 돕기 위해 설명이나 논평 등을 덧붙일 때 쓴다.
>
> 예 그것[한글]은 이처럼 정보화 시대에 알맞은 과학적인 문자이다.

예 신경준의 ≪여암전서≫에 "삼각산은 산이 모두 돌 봉우리인데, 그
으뜸 봉우리를 구름 위에 솟아 있다고 백운(白雲)이라 하며 [이하
생략]"

예 그런 일은 결코 있을 수 없다.[원문에는 '업다'임.]

원문에 대한 이해를 돕기 위해 설명이나 논평 등을 덧붙일 때는 대괄호를 쓴
다. 이 용법은 주석이나 보충적인 내용을 덧붙일 때 쓰는 소괄호의 용법과 유사
하다. 대괄호는 주로 문장이나 단락처럼 비교적 큰 단위와 관련된 보충 설명을
덧붙일 때 쓰이지만, 소괄호는 문장보다 작은 단위와 관련된 보충 설명을 덧붙일
때에도 잘 쓰인다. ['제10항의 (1)' 참조]

(8) 푸릇푸릇한 보리밭에 <u>오도카니 서 있는 까마귀 한 마리</u>가 눈에 띄었다.
[밑줄은 인용자]

13. 겹낫표(『 』)와 겹화살괄호(≪ ≫)

책의 제목이나 신문 이름 등을 나타낼 때 쓴다.

예 우리나라 최초의 민간 신문은 1896년에 창간된 『독립신문』이다.

예 『훈민정음』은 1997년에 유네스코 세계 기록 유산으로 지정되었다.

예 ≪한성순보≫는 우리나라 최초의 근대 신문이다.

예 윤동주의 유고 시집인 ≪하늘과 바람과 별과 시≫에는 31편의 시
가 실려 있다.

[붙임] 겹낫표나 겹화살괄호 대신 큰따옴표를 쓸 수 있다.

예 우리나라 최초의 민간 신문은 1896년에 창간된 "독립신문"이다.

예 윤동주의 유고 시집인 "하늘과 바람과 별과 시"에는 31편의 시가
실려 있다.

문장 안에서 책의 제목이나 신문 이름 등을 나타낼 때는 그 앞뒤에 겹낫표나
겹화살괄호를 쓰는 것이 원칙이고 큰따옴표를 쓰는 것도 허용된다.

(1) 박경리의 『토지』는 전 5부 16권에 이르는 대하소설이다.

(2) 1906년에 창간된 《만세보》는 1년 후에 《대한신문》으로 이름을 바꾸었다.

(3) 남궁억은 "황성신문"의 사장을 지낸 인물이다.

책의 제목이나 신문 이름만 쓸 때는 이들 부호를 쓰지 않아도 된다.

(4) 고전 소설: 구운몽, 홍길동전, 춘향전, 박씨부인전 등

14. 홑낫표(「 」)와 홑화살괄호(〈 〉)

소제목, 그림이나 노래와 같은 예술 작품의 제목, 상호, 법률, 규정 등을 나타낼 때 쓴다.

예 「국어 기본법 시행령」은 「국어 기본법」에서 위임된 사항과 그 시행에 필요한 사항을 규정함을 목적으로 한다.

예 이 곡은 베르디가 작곡한 「축배의 노래」이다.

예 사무실 밖에 「해와 달」이라고 쓴 간판을 달았다.

예 〈한강〉은 사진집 《아름다운 땅》에 실린 작품이다.

예 백남준은 2005년에 〈엄마〉라는 작품을 선보였다.

[붙임] 홑낫표나 홑화살괄호 대신 작은따옴표를 쓸 수 있다.

예 사무실 밖에 '해와 달'이라고 쓴 간판을 달았다.

예 '한강'은 사진집 "아름다운 땅"에 실린 작품이다.

소제목, 그림이나 노래와 같은 예술 작품의 제목, 상호, 법률, 규정 등을 나타낼 때는 그 앞뒤에 홑낫표나 홑화살괄호를 쓰는 것이 원칙이고 작은따옴표를 쓰는 것도 허용된다.

(1) 나는 「고향으로 가는 길」이라는 제목으로 수필을 써서 선생님께 제출했다.

(2) 현행 〈국어의 로마자 표기법〉은 2000년에 고시된 것이다.

(3) 추사 김정희의 '세한도'는 절세의 명작이다.

한편, 간혹 홑낫표(또는 홑화살괄호나 작은따옴표)와 겹낫표(또는 겹화살괄호나 큰따옴표) 중에서 어느 것을 써야 할지 구분하기가 어려울 때가 있는데, 이때는 홑낫표(또는 홑화살괄호나 작은따옴표)를 우선 선택하면 된다.

15. 줄표(─)

제목 다음에 표시하는 부제의 앞뒤에 쓴다.

예 이번 토론회의 제목은 '역사 바로잡기 ─ 근대의 설정 ─'이다.
예 '환경 보호 ─ 숲 가꾸기 ─'라는 제목으로 글짓기를 했다.

다만, 뒤에 오는 줄표는 생략할 수 있다.

예 이번 토론회의 제목은 '역사 바로잡기 ─ 근대의 설정'이다.
예 '환경 보호 ─ 숲 가꾸기'라는 제목으로 글짓기를 했다.

제목 다음에 표시하는 부제의 앞뒤에는 줄표를 쓴다. 단, 뒤에 오는 줄표는 생략할 수 있다. 줄표와 붙임표는 길이로 구분한다. 줄표가 붙임표보다 상대적으로 길다.

(1) 올해의 권장 도서는 톨스토이의 『인생이란 무엇인가 ─ 삶의 길 ─』이다.
(2) 김 교수는 '풍성한 언어생활 ─ 표준어와 방언'이라는 주제로 특강을 할 예정이다.

[붙임] 줄표의 앞뒤는 띄어 쓰는 것을 원칙으로 하되, 붙여 쓰는 것을 허용한다.

16. 붙임표(-)

> **(1) 차례대로 이어지는 내용을 하나로 묶어 열거할 때 각 어구 사이에 쓴다.**
>
> 예 멀리뛰기는 도움닫기-도약-공중 자세-착지의 순서로 이루어진다.
> 예 김 과장은 기획-실무-홍보까지 직접 발로 뛰었다.

차례대로 이어지는 내용을 하나로 묶어 열거할 때 각 어구 사이에는 붙임표를 쓴다.

(1) 우리말 어순은 주어-목적어-서술어가 기본이고 영어 어순은 주어-서술
   어-목적어가 기본이다.
(2) 이 논문은 서론-본론-결론을 통일성 있게 잘 쓴 글이다.

단순히 열거만 하고자 할 때는 붙임표 대신 쉼표를 쓸 수도 있다.

(3) 이 논문은 서론, 본론, 결론을 통일성 있게 잘 쓴 글이다.

> **(2) 두 개 이상의 어구가 밀접한 관련이 있음을 나타내고자 할 때 쓴다.**
>
> 예 드디어 서울-북경의 항로가 열렸다.
> 예 원-달러 환율
> 예 남한-북한-일본 삼자 관계

두 개 이상의 어구가 밀접한 관련이 있음을 나타내고자 할 때는 붙임표를 쓴다. 경우에 따라서는 붙임표 대신 쉼표나 가운뎃점을 활용할 수도 있다.

예를 들어, 본문의 예 '남한-북한-일본 삼자 관계'에서 '남한'과 '북한'과 '일본'을 단순하게 나열하고자 할 때는 '남한, 북한, 일본 삼자 관계'처럼 쉼표를 쓸 수 있고, 짝을 이루는 어구로 보아 묶어서 표현하고자 한다면 '남한·북한·일본 삼자 관계'처럼 가운뎃점을 쓸 수도 있다.

한편, 종전 규정에는 '돌-다리'와 같이 합성어임을 나타내거나 '-스럽다, -습니다'와 같이 접사나 어미임을 나타낼 때, '핑크-빛, 제트-기'와 같이 외래어와 고유어 또는 한자어가 결합한 말임을 나타낼 때 붙임표를 쓸 수 있다는 규정이 있었

다. 그런데 이 용법은 언어학 분야의 특수한 용법인 것으로 보아 이번 개정 안에서는 제외하였다. 그러나 이는 붙임표의 이런 용법이 문장 부호에 해당하지 않아서 규정에서 다루지 않는다는 것이지, 단어의 구성 요소를 구별하는 부호로 붙임표를 활용하는 것을 막는 것은 아니다.

17. 물결표(~)

기간이나 거리 또는 범위를 나타낼 때 쓴다.

예 9월 15일~9월 25일
예 김정희(1786~1856)
예 서울~천안 정도는 출퇴근이 가능하다.
예 이번 시험의 범위는 3~78쪽입니다.

[붙임] 물결표 대신 붙임표를 쓸 수 있다.

예 9월 15일-9월 25일
예 김정희(1786-1856)
예 서울-천안 정도는 출퇴근이 가능하다.
예 이번 시험의 범위는 3-78쪽입니다.

기간이나 거리 또는 범위를 나타낼 때는 물결표를 쓰는 것이 원칙이고, 붙임표를 쓰는 것도 허용된다.

(1) 삼국 시대(4세기 초반~7세기 중반) 최후의 승자는 신라였다.
(2) 삼국 시대(4세기 초반-7세기 중반) 최후의 승자는 신라였다.

한편, 종전 규정에는 '~사회, 국제~'와 같이 어떤 말의 앞이나 뒤에 들어갈 말 대신 물결표를 쓴다는 규정이 있었다. 그런데 이 용법은 언어학 분야의 특수한 용법인 것으로 보아 이번 개정안에서는 제외하였다. 그러나 이는 물결표의 이런 용법이 문장 부호에 해당하지 않아서 규정에서 다루지 않는다는 것이지, 어떤 말의 앞이나 뒤에 들어갈 말 대신 쓰는 부호로 물결표를 활용하는 것을 막는 것은 아니다.

18. 드러냄표(˙)와 밑줄(＿＿)

> 문장 내용 중에서 주의가 미쳐야 할 곳이나 중요한 부분을 특별히 드러내 보일 때 쓴다.
>
> 예 한글의 본디 이름은 훈민정음이다.
> 예 중요한 것은 왜 사느냐가 아니라 어떻게 사느냐이다.
> 예 지금 필요한 것은 지식이 아니라 실천입니다.
> 예 다음 보기에서 명사가 아닌 것은?

> **[붙임]** 드러냄표나 밑줄 대신 작은따옴표를 쓸 수 있다.
>
> 예 한글의 본디 이름은 '훈민정음'이다.
> 예 중요한 것은 '왜 사느냐'가 아니라 '어떻게 사느냐'이다.
> 예 지금 필요한 것은 '지식'이 아니라 '실천'입니다.
> 예 다음 보기에서 명사가 '아닌' 것은?

문장 내용 중에서 주의가 미쳐야 할 곳이나 중요한 부분을 특별히 드러내 보일 때는 드러냄표나 밑줄 또는 작은따옴표를 쓸 수 있다. 이러한 용법으로는 일반적으로 작은따옴표가 가장 널리 쓰이므로 작은따옴표 항목에서 다루고, 원칙적으로 작은따옴표를 쓰도록 하는 것이 자연스럽다. 그런데도 작은따옴표의 용법을 여기에서 [붙임]으로 둔 이유는, 이 용법을 작은따옴표 항목에서 다루게 되면 드러냄표와 밑줄 항목을 별도로 세울 수가 없는 문제가 생기기 때문이다.

    (1) 배부른 돼지보다는 배고픈 소크라테스가 되겠다.
    (2) 홀소리는 다른 소리의 힘을 빌지 않고 홀로 나는 소리이고, 닿소리는
        그 소리가 홀로는 나지 못하고 다른 소리 곧, 홀소리에 닿아야만 나는
        소리이다.

한편, 종전 규정에는 드러냄표로 부호 ' ˚ '도 쓸 수 있었고, 밑줄로 부호 '﹏﹏'도 쓸 수 있다고 되어 있었으나 이들은 활용도가 낮은 부호이므로 개정안에서는 제외하였다.

19. 숨김표(○, ×)

'○'는 동그라미표, '×'는 가새표 또는 가위표라고 한다.

> (1) 금기어나 공공연히 쓰기 어려운 비속어임을 나타낼 때, 그 글자의 수효만큼 쓴다.
>
> 예 배운 사람 입에서 어찌 ○○○란 말이 나올 수 있느냐?
> 예 그 말을 듣는 순간 ×××란 말이 목구멍까지 치밀었다.

금기어나 공공연히 쓰기 어려운 비속어임을 나타낼 때는 숨김표를 그 글자의 수효만큼 쓴다. 예를 들어, 세 글자로 된 비속어임을 나타낼 때는 숨김표를 세 개 쓴다.

(1) 사람들은 평생 동안 얼마큼이나 ○을 쌀까?
(2) 그는 평생 남에게 욕은커녕 '미련한 ××' 따위의 말조차 뱉은 적이 없다.

> (2) 비밀을 유지해야 하거나 밝힐 수 없는 사항임을 나타낼 때 쓴다.
>
> 예 1차 시험 합격자는 김○영, 이○준, 박○순 등 모두 3명이다.
> 예 육군 ○○ 부대 ○○○ 명이 작전에 참가하였다.
> 예 그 모임의 참석자는 김×× 씨, 정×× 씨 등 5명이었다.

비밀을 유지해야 하거나 밝힐 수 없는 사항임을 나타낼 때는 숨김표를 쓴다. 종전 규정에서는 이때도 그 글자의 수효만큼 숨김표를 쓰도록 하였다. 그런데 밝혀서는 안 되는 사항이라면서 글자 수에 대한 정보를 제공해야 한다는 것은 모순이다. 그래서 개정안에서는 비밀이나 밝힐 수 없는 사항임을 나타내는 경우에는 그 글자의 수효만큼 숨김표를 써야 한다는 내용을 명시하지 않았다. 따라서, 본문의 예 "그 모임의 참석자는 김×× 씨, 정×× 씨 등 5명이었다."에서 '김×× 씨'의 이름은 한 글자일 수도 있고 두 글자 또는 그 이상일 수도 있는 것이다.

(3) 양구에 있는 ○○ 사단 병력 ○○○ 명을 파견했다.

(4) 담당 판사는 최×× 군에게 집행 유예를 선고하였다.

20. 빠짐표(□)

(1) 옛 비문이나 문헌 등에서 글자가 분명하지 않을 때 그 글자의 수효만큼 쓴다.

예 大師爲法主□□賴之大□薦

비문의 글자가 마모되었거나 문헌의 종이가 찢어졌거나 하여 글자를 알아볼 수 없을 때에는 빠짐표를 그 글자의 수효만큼 쓴다.

(2) 글자가 들어가야 할 자리를 나타낼 때 쓴다.

예 훈민정음의 초성 중에서 아음(牙音)은 □□□의 석 자다.

글자가 들어가야 할 자리를 나타낼 때는 빠짐표를 쓴다. '제20항의 (1)'과는 달리 임의로 글자를 빼놓은 것임을 나타내며, 뺀 글자의 수효만큼 쓰면 된다.

21. 줄임표(……)

(1) 할 말을 줄였을 때 쓴다.

예 "어디 나하고 한번……." 하고 민수가 나섰다.

할 말을 줄였음을 나타낼 때는 줄임표를 쓴다. 이때는 줄임표로써 문장이 끝나는 것이므로 줄임표 뒤에는 마침표나 물음표 또는 느낌표를 쓰는 것이 원칙이다.

(1) 그는 최선을 다했다. 그러나 성공할지는…….

(2) 한준이는 "하늘에 별이 저렇게 많을 수가……."라고 하면서 천체 망원경에서 눈을 떼지 못했다.

(2) 말이 없음을 나타낼 때 쓴다.

예 "빨리 말해!"
"……."

말이 없음을 나타낼 때는 줄임표를 쓴다. 이때는 줄임표만으로 문장의 기능을 하는 것이기 때문에 줄임표 뒤에는 마침표를 쓰는 것이 원칙이다.

(3) "어디 갔다 이제 오는 거야?"
"……."

(3) 문장이나 글의 일부를 생략할 때 쓴다.

예 '고유'라는 말은 문자 그대로 본디부터 있었다는 뜻은 아닙니다.
…… 같은 역사적 환경에서 공동의 집단생활을 영위해 오는 동안 공동으로 발견된, 사물에 대한 공동의 사고방식을 우리는 한국의 고유 사상이라 부를 수 있다는 것입니다.

문장이나 글의 일부를 생략할 때는 줄임표를 쓴다. 줄임표로 표현되는 부분은 문장의 일부분일 수도 있고, 여러 문장일 수도 있다. 그래서 이때는 줄임표의 앞뒤에 쉼표나 마침표 따위를 쓰지 않는다.

(4) 붕당의 폐단이 요즈음보다 심한 적이 없었다. 처음에는 사문에 소란을 일으키더니, 지금은 한쪽 사람을 모조리 역적으로 몰고 있다. …… 근래에 들어 사람을 임용할 때 모두 같은 붕당의 사람들만 등용하고자 한다.
(5) 육십갑자: 갑자, 을축, 병인, 정묘, 무진, 기사, 경오, 신미 …… 신유, 임술, 계해

(4) 머뭇거림을 보일 때 쓴다.

예 "우리는 모두…… 그러니까…… 예외 없이 눈물만…… 흘렸다."

머뭇거림을 보일 때는 줄임표를 쓴다. 두 어구 사이에 얼마간의 동안이 있음을 나타낸다.

(6) 저기…… 있잖아…… 나…… 너한테 할 말이 있어.

줄임표는 가운데에 여섯 점을 찍는 것이 원칙이나 아래에 여섯 점을 찍는 것도 허용된다. 컴퓨터 등에서의 입력을 간편하게 함으로써 부호 사용의 편의를 높이고자 한 것이다. 점을 아래에 찍는 경우에도 마침표가 필요한 경우에는 마침표를 찍어야 한다. 마침표를 포함하면 아래에 일곱 점을 찍는 셈이다.

(7) 그는 최선을 다했다. 그러나 성공할지는.......

(8) 저기...... 있잖아...... 나...... 너한테 할 말이 있어.

줄임표는 여섯 점을 찍는 것이 원칙이나 세 점을 찍는 것도 허용된다. 가운데에 세 점을 찍거나 아래에 세 점을 찍어서 나타낼 수 있다. 마침표의 사용 여부는 여섯 점을 찍는 경우와 다르지 않다.

(9) "빨리 말해!"
   "…"

(10) "빨리 말해!"
   "...."

58 다음 밑줄 친 부분의 문장 부호 표시가 바른 것은?

① 3·1 운동{1919} 당시 나는 중학생이었다.
② 예로부터 '민심은 천심이다.'라고 하였다.
③ 지금 필요한 것은 '실천'입니다.
④ 나이(   ) 낱말(   )

58③

①, 원어, 연대, 주석, 설명 등을 넣을 적에 소괄호를 쓰므로 (1919)로 적는다.

②, 남의 말을 인용할 경우에 큰따옴표를 쓰므로 "민심은 천심이다."라고 적는다.

③, 문장에서 중요한 부분을 두드러지게 하기 위해 드러냄표 대신에 쓰기도 하므로 정답이다.

④, 묶음표 안의 말이 바깥 말과 음이 다를 때에 대괄호를 사용하므로 나이[年歲], 낱말[單語]로 적는다.

02

표준어 규정

Standard Language Regulation

문교부 고시 제88-2호(1988. 1. 19.)

제1장 총칙

1. 서울 지역에서 쓰이는 말로 이전 판에서 사용한 서울 사람이라는 점을 제외하였다.

> **제1항** 표준어는 교양 있는 사람들이 두루 쓰는 현대 서울말[1]로 정함을 원칙으로 한다.

1 다음 중 표준어인 것은?
   ① 얼척   ② 맨날
   ③ 버카충   ④ 나들표

1 ②

②, 2011년 8월 31일 새로 추가된 표준어 중 하나로 기존의 '만날'에서 '맨날'도 표준어로 인정하고 있다.

표준어 규정 제1항 "표준어는 교양 있는 사람들이 두루 쓰는 현대 서울말로 정함을 원칙으로 한다."에 따라 ①은 '어처구니'의 방언(경상, 전남), ③은 10대 청소년들이 쓰는 '버스 카드 충전'의 줄임말, ④는 '입장표'의 북한어이므로 표준어가 아니다.

> **제2항** 외래어는 따로 사정한다.

외래어는 표준어 사정의 중요한 대상이다. 외래어는 수시로 나타나고, 유동적인 성격을 갖고 있기 때문에 그때그때 적절히 사정하여야 한다.

2 다음 중 외래어인 것은?
   ① 나라   ② 새내기
   ③ 잠자리   ④ 잠바

2 ④

④, '잠바(=점퍼)'는 품이 넉넉하고 활동성이 좋은 서양식 웃옷으로 'jumper'에서 온 외래어이다.

①, ②, ③, 이 세 단어는 한국의 고유어이다.

제2장 발음 변화에 따른 표준어 규정

제1절 자음

> **제3항** 다음 단어들은 거센소리를 가진 형태를 표준어로 삼는다.

표준어	비표준어	비고
끄나풀	끄나불	
나팔-꽃	나발-꽃	
녘	녁	동~, 들~, 새벽~, 동 틀 ~.
부엌	부억	
살-쾡이	삵-괭이	
칸	간	1. ~막이, 빈~, 방 한~. 2. '초가삼간, 윗간'의 경우에는 '간'임.
털어-먹다	떨어-먹다	재물을 다 없애다.

언어 변화 중 발음의 변화가 많아 기존의 표준어를 고수할 수 없는 것을 정리한 부분이다. 표준어 개정은 표기의 개정도 수반하므로, 언어의 변화를 모두 표준어 개정에 반영하는 일은 쉽지도 않고, 바람직하지도 않다. 그러나 그 차이가 워낙 커서 고형(古形)을 더 이상 유지하기 어려운 것은 새 형태를 표준어로 삼는다.

---

3 다음 중 표준어가 <u>아닌</u> 것은?

① 털어먹다　　　　② 초가삼간
③ 끄나불　　　　　④ 살쾡이

---

3 ③
③, 표준어 규정 제3항 "다음 단어들은 거센소리를 가진 형태를 표준어로 삼는다."에 따라 '끄나풀'로 적는다.

제4항 다음 단어들은 거센소리로 나지 않는 형태를 표준어로 삼는다.

표준어	비표준어	비고
가을-갈이	가을-카리	
거시기	거시키	
분침	푼침	分針

제3항과 같은 취지로 개정한 것들이나 발음 변화의 방향이 반대인 것들이다.

4 다음 〈보기〉에서 맞는 것은?

─ 보 기 ─
ㄱ. 가을갈이   ㄴ. 거시키   ㄷ. 푼침

① ㄱ   ② ㄱ, ㄴ
③ ㄱ, ㄷ   ④ ㄴ, ㄷ

4   ①

ㄱ은 표준어 규정 제4항 "다음 단어들은 거센소리로 나지 않는 형태를 표준어로 삼는다."에 포함되는 단어로 표준어이다.

ㄴ, ㄷ은 표준어 규정 제4항에 어긋나므로 비표준어이고, ㄴ은 '거시기', ㄷ은 '분침'이 표준어이다.

제5항 어원에서 멀어진 형태로 굳어져서 널리 쓰이는 것은, 그것을 표준어로 삼는다.

표준어	비표준어	비고
강낭-콩	강남-콩	
고삿	고샅	겉~, 속~.
사글-세	삭월-세	'월세'는 표준어임.
울력-성당	위력-성당	떼를 지어서 으르고 협박하는 일.

'어원(語源)이 뚜렷한데도 언중(言衆)들의 어원 의식이 약해져서 어원으로부터 멀어진 경우, 바뀐 형태를 표준어로 삼는다. 어원에 충실한 형태일지라도 현실에서 쓰이지 않는 것은 표준어 영역 밖으로 밀어낼 것을 다룬 항이다.

다만, 어원적으로 원형에 더 가까운 형태가 아직 쓰이고 있는 경우에는, 그것을 표준어로 삼는다.

표준어	비표준어	비고
갈비	가리	~구이, ~찜, 갈빗-대.
갓모	갈모	1. 사기 만드는 물레 밑고리. 2. '갈모'는 갓 위에 쓰는, 유지로 만든 우비.
굴-젓	구-젓	
말-곁	말-겻	
물-수란	물-수랄	
밀-뜨리다	미-뜨리다	
적-이	저으기	적이-나, 적이나-하면.
휴지	수지	

어원 의식이 남아 원형의 형태가 쓰이는 경우 그 짝이 되는 비어원적인 형태보다 우선권을 줄 것을 다룬 항이다.

5 다음 〈보기〉 중 표준어로만 짝지어 진 것은?

┌─── 보 기 ───┐
ㄱ. 강낭콩   ㄴ. 삭월세   ㄷ. 위력성당   ㄹ. 고샅

① ㄱ, ㄴ   ② ㄴ, ㄷ
③ ㄷ, ㄹ   ④ ㄱ, ㄹ

5 ④

ㄱ, ㄹ은 표준어 규정 제5항 "어원에서 멀어진 형태로 굳어져서 널리 쓰이는 것은, 그것을 표준어로 삼는다."에 따라 표준어이다. ㄴ, ㄷ은 '사글세, 울력성당'이 표준어이다.

제6항 다음 단어들은 의미를 구별함이 없이, 한 가지 형태만을 표준어로 삼는다.

표준어	비표준어	비고
돌	돐	생일, 주기.
둘-째	두-째	'제2, 두 개째'의 뜻.
셋-째	세-째	'제3, 세 개째'의 뜻.
넷-째	네-째	'제4, 네 개째'의 뜻.
빌리다	빌다	1. 빌려 주다, 빌려 오다. 2. '용서를 빌다'는 '빌다'임.

다만, '둘째'는 십 단위 이상의 서수사에 쓰일 때에 '두째'로 한다.

표준어	비고
열두-째	열두 개째의 뜻은 '열둘째'로.
스물두-째	스물두 개째의 뜻은 '스물둘째'로.

차례를 나타내는 말로 '열두째, 스물두째, 서른두째' 등 '두째' 앞에 다른 수가 올 때에는 받침 'ㄹ'이 탈락하는 언어 현실을 반영했다.

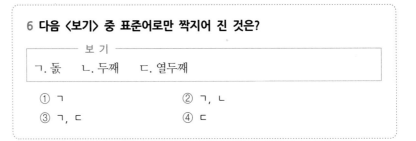

6 ④

ㄷ은 표준어 규정 제6항 "'둘째'는 십 단위 이상의 서수사에 쓰일 때에 '두째'로 한다."에 따라 표준어이다.

ㄱ에서 '돌'은 생일, '돐'은 '한글 반포 500돐'처럼 주기의 의미로 세분해 썼던 것을, 그러한 구분이 얼마간 인위적인 데다가 불필요한 세분이라 판단되어 '돌' 하나로 통합한 것이므로 '돌'이 표준어이다.

ㄴ은 차례를 나타내는 것과 수량을 나타내는 것으로 구분하여 왔으나 언어 현실에서 이와 같은 구분 역시 인위적인 것으로 판단되어 '둘째, 셋째'로 통합한 것이므로 '둘째'가 표준어이다.

6 다음 〈보기〉 중 표준어로만 짝지어 진 것은?

─── 보 기 ───

ㄱ. 돐   ㄴ. 두째   ㄷ. 열두째

① ㄱ   ② ㄱ, ㄴ

③ ㄱ, ㄷ   ④ ㄷ

제7항 수컷을 이르는 접두사는 '수-'로 통일한다.

표준어	비표준어	비고
수-꿩	수-퀑/숫-꿩	'장끼'도 표준어임.
수-나사	숫-나사	
수-놈	숫-놈	
수-사돈	숫-사돈	
수-소	숫-소	'황소'도 표준어임.
수-은행나무	숫-은행나무	

'암수'의 '수'는 역사적으로 명사 '숳'이었다. 오늘날 '수캐, 수탉' 등에 받침 'ㅎ'의 자취가 남아 있다. 그러나 오늘날 '숳'이 명사로 쓰이는 일은 '암수'라는 복합어 이외에는 거의 없고 접두사로만 쓰인다.

다만 1. 다음 단어에서는 접두사 다음에서 나는 거센소리를 인정한다. 접두사 '암-'이 결합되는 경우에도 이에 준한다.

표준어	비표준어	비고
수-캉아지	숫-강아지	
수-캐	숫-개	
수-컷	숫-것	
수-키와	숫-기와	
수-탉	숫-닭	
수-탕나귀	숫-당나귀	
수-톨쩌귀	숫-돌쩌귀	
수-퇘지	숫-돼지	
수-평아리	숫-병아리	

받침 'ㅎ'이 뒤 음절 첫소리와 거센소리를 이룬 단어들로서 역사적으로 복합어가 되어 화석화[2]한 것이라 보고 '숳'을 인정하되, 표기에서는 받침 'ㅎ'을 독립시키지 않는다. '개미, 거미'는 '*수캐미, *수커미'로 적지 않는다.

2. 언어가 역사적 과정을 통해서 원래 모습에서 변화하여 일정한 형식으로 굳어진 것.

다만 2. 다음 단어의 접두사는 '숫-'으로 한다.

표준어	비표준어	비고
숫-양	수-양	
숫-염소	수-염소	
숫-쥐	수-쥐	

〈다만 1〉과 〈다만 2〉에 제시된 단어 이외에서는 '수-'로 통일한다. 따라서 '거미, 개미, 할미새, 나비, 술' 등은 모두 '수거미, 수개미, 수할미새, 수나비, 수술'을 표준어로 삼는다.

---

7 다음 중 표준어로 바르게 적은 것은?

① 꿩 - 수꿩 　　② 강아지 - 수캉아지
③ 개 - 수개 　　④ 쥐 - 수쥐

7 ②

②, '강아지'는 접두사 '수-' 다음에 나는 거센소리를 인정하므로 표준어이다.

①, '꿩'은 ②에 해당되는 규정에 포함되지 않으므로 거센소리가 인정되지 않는다. 그러므로 표준어 규정 제7항 "수컷을 이르는 접두사는 '수-'로 통일한다."에 따라 '수꿩'이 표준어이다. ③, ②에 해당되는 규정에 포함되므로 '수캐'가 표준어이다. ④, '양, 염소, 쥐'는 '숫-'을 접두사로 하는 규정에 따라 '숫쥐'가 표준어이다.

제2절 **모음**

제8항 양성 모음이 음성 모음으로 바뀌어 굳어진 다음 단어는 음성 모음 형태를 표준어로 삼는다.

표준어	비표준어	비고
깡충-깡충	깡총-깡총	큰말[3]은 '껑충껑충'임.
-둥이	-동이	←童-이. 귀-, 막-, 선-, 쌍-, 검-, 바람-, 흰-.
발가-숭이	발가-송이	센말[4]은 '빨가숭이', 큰말은 '벌거숭이, 뻘거숭이'임.
보퉁이	보통이	
봉죽	봉족	←奉足. ~꾼, ~ 들다.
뻗정-다리	뻗장-다리	
아서, 아서라	앗아, 앗아라	하지 말라고 금지하는 말.
오뚝-이	오똑-이	부사도 '오뚝-이'임.
주추	주초	←柱礎. 주춧-돌.

한국어는 모음 조화가 특징인 언어이다. 그러나 후세에 오면서 모음 조화 규칙이 많이 무너졌고, 현재에는 더 약해지고 있다. 이 규칙의 붕괴는 대체로 한쪽 양성 모음이 음성 모음으로 바뀌면서 나타난다.

다만, 어원 의식이 강하게 작용하는 다음 단어에서는 양성 모음 형태를 그대로 표준어로 삼는다.

표준어	비표준어	비고
부조(扶助)	부주	~금, 부좃-술.
사돈(査頓)	사둔	밭~, 안~.
삼촌(三寸)	삼춘	시~, 외~, 처~.

현실적으로 '*부주, *사둔, *삼춘'이 널리 쓰이는 형태이나, 이들은 어원을 의식하는 경향이 커서, 음성 모음화를 인정하지 않는다.

8 다음 중 표준어가 <u>아닌</u> 것은?

① 깡총깡총   ② 부조(扶助)

③ 사돈(査頓)   ④ 삼촌(三寸)

8 ①

①, 표준어 규정 제8항 "양성 모음이 음성 모음으로 바뀌어 굳어진 단어는 음성 모음 형태를 표준어로 삼는다."에 따라 '깡충깡충'이 표준어이다.

②, ③, ④, "어원 의식이 강하게 작용하는 다음 단어에서는 양성 모음 형태를 그대로 표준어로 삼는다."는 규정에 따라 음성모음화를 인정하지 않아 ②③④는 표준어이다.

제9항 'ㅣ' 역행 동화 현상에 의한 발음은 원칙적으로 표준 발음으로 인정하지 아니하되, 다만 다음 단어들은 그러한 동화가 적용된 형태를 표준어로 삼는다.

표준어	비표준어	비고
-내기	-나기	서울-, 시골-, 신출-, 풋-.
냄비	남비	
동댕이-치다	동당이-치다	

'ㅣ' 역행 동화는 매우 일반화되어 있는 현상이다. 그러나 대부분 주의해서 발음하면 피할 수 있는 발음이어서, 그 동화형(同化形)을 표준어로 삼기가 어려운 실정이다.

[붙임 1] 다음 단어는 'ㅣ' 역행 동화가 일어나지 아니한 형태를 표준어로 삼는다.

표준어	비표준어	비고
아지랑이	아지랭이	

[붙임 2] 기술자에게는 '-장이', 그 외에는 '-쟁이'가 붙는 형태를 표준어로 삼는다.

표준어	비표준어	비고
미장이	미쟁이	
유기장이	유기쟁이	
멋쟁이	멋장이	
소금쟁이	소금장이	
담쟁이-덩굴	담장이-덩굴	
골목쟁이	골목장이	
발목쟁이	발목장이	'발'이나 '발목'을 속되게 이르는 말

'-장이'는 '匠人'이란 뜻이 살아 있는 말은 '-장이'로, 그 외는 '-쟁이'로 한다. 따라서 갓을 만드는 것을 업으로 하는 사람은 '갓장이', 갓을 멋들어지게 쓰는 사람은 '갓쟁이'로 분화된다.

---

9 다음 중 표준어인 것은?

① 남비 　　　　　　② 아지랑이
③ 소금장이 　　　　④ 멋장이

제10항 다음 단어는 모음이 단순화한 형태를 표준어로 삼는다.

표준어	비표준어	비고
괴팍-하다	괴퍅-하다/괴팩-하다	
-구면	-구면	
미루-나무	미류-나무	←美柳~.
미륵	미력	←彌勒. ~ 보살, ~불, 돌~.
여느	여늬	
온-달	왼-달	만 한 달.
으레	으례	
케케-묵다	켸켸-묵다	
허우대	허위대	
허우적-허우적	허위적-허위적	허우적-거리다.

이중 모음을 단모음으로 발음하고, 특히 'ㅚ, ㅟ, ㅘ, ㅝ' 등의 원순 모음을 평순 모음으로 발음하는 것은 일부 방언의 특징이다. 이 항에서 다룬 단어들은 표준어 지역에서도 모음의 단순화 과정을 겪고, 이제 본래의 형태는 찾아 보기 어렵게 된 것들이다.

---

10 다음 중 표준어가 <u>아닌</u> 것은?

① 여느 　　　　　　② 케케묵다
③ 허우대 　　　　　④ 으레

---

9 ②

②, '아지랑이'는 사전에서 '*아지랭이'로 고쳐져 교과서에 반영되어 그동안 '*아지랭이'가 표준어로 행세해 왔으나, 현실 언어가 '아지랑이'이므로 1936년에 정한 대로 '아지랑이'로 되돌린 것이다.

①, 'ㅣ' 역행 동화 현상에 의한 발음은 원칙적으로 표준 발음으로 인정하지 않지만 '냄비'는 그러한 동화가 적용된 형태를 표준어로 삼는다(언어 현실을 반영). ③, ④, 기술자에게는 '-장이', 그 외에는 '-쟁이'가 붙는 형태를 표준어로 하기에 '소금쟁이, 멋쟁이'가 표준어이다.

10 ④

④, 원래 '의례(依例)'에서 '*으례'가 되었던 것인데, 이중 모음을 단모음으로 발음하여 '례'의 발음이 '레'로 바뀌어 '으레'를 표준어로 한다.

①, ②, ③, 표준어 규정 제10항에 따라 모음이 단순화한 형태를 표준어로 삼고 있다.

제11항 다음 단어에서는 모음의 발음 변화를 인정하여, 발음이 바뀌어 굳어진 형태를 표준어로 삼는다.

표준어	비표준어	비고
-구려	-구료	
깍쟁이	깍정이	1. 서울 ~, 알~, 찰~. 2. 도토리, 상수리 등의 받침은 '깍정이'임.
나무라다	나무래다	
미수	미시	미숫-가루.
바라다	바래다	'*바램[所望]'은 비표준어임.
상추	상치	~쌈.
시러베-아들	실업의-아들	
주책	주착	←主着. ~망나니, ~없다.
지루-하다	지리-하다	←支離.
튀기	트기	
허드레	허드래	허드렛-물, 허드렛-일.
호루라기	호루루기	

제8항~제10항의 모음 변화처럼 어느 한 현상으로 묶기 어려운 것들을 모은 항이다.

---

11 다음 중 표준어인 것은?

① 허드레 ② -구료

③ 나무래다 ④ 바램

제12항 '웃-' 및 '윗-'은 명사 '위'에 맞추어 '윗-'으로 통일한다.

표준어	비표준어	비고
윗-넓이	웃-넓이	
윗-눈썹	웃-눈썹	
윗-니	웃-니	
윗-당줄	웃-당줄	
윗-덧줄	웃-덧줄	
윗-도리	웃-도리	

11 ①

①, 표준어 규정 제11항 "다음 단어에서는 모음의 발음 변화를 인정하여, 발음이 바뀌어 굳어진 형태를 표준어로 삼는다."에 따라 '허드레'는 표준어이다.

②, '-구려'와 '*-구료'는 미묘한 의미차가 있는 듯도 하나 확연치 않아 '-구려'쪽만 살린 것이다.

③, ④, '*나무래다, *바래다'는 방언으로 해석하여 '나무라다, 바라다'를 표준어로 삼아 '-나무라다'가 표준어이다. ④는 동사가 '바라다'인 이상 그로부터 파생된 명사가 '*바램'이 될 수는 없어 '바람'이 표준어이다.

표준어	비표준어	비고
윗-동아리	옷-동아리	준말은 '윗동'임.
윗-막이	옷-막이	
윗-머리	옷-머리	
윗-목	옷-목	
윗-몸	옷-몸	~ 운동.
윗-바람	옷-바람	
윗-배	옷-배	
윗-벌	옷-벌	
윗-변	옷-변	수학 용어.
윗-사랑	옷-사랑	
윗-세장	옷-세장	
윗-수염	옷-수염	
윗-입술	옷-입술	
윗-잇몸	옷-잇몸	
윗-자리	옷-자리	
윗-중방	옷-중방	

명사 '위'에 사이시옷이 결합된 것으로 해석하여 '윗'을 기본으로 삼았다.

다만 1. 된소리나 거센소리 앞에서는 '위-'로 한다.

표준어	비표준어	비고
위-짝	옷-짝	
위-쪽	옷-쪽	
위-채	옷-채	
위-층	옷-층	
위-치마	옷-치마	
위-턱	옷-턱	~ 구름[上層雲].
위-팔	옷-팔	

된소리나 거센소리 앞에서는 사이시옷을 쓰지 않는다.

다만 2. '아래, 위'의 대립이 없는 단어는 '옷-'으로 발음되는 형태를 표준어로 삼는다.

표준어	비표준어	비고
웃-국	윗-국	
웃-기	윗-기	
웃-돈	윗-돈	
웃-비	윗-비	~ 걷다.
웃-어른	윗-어른	
웃-옷	윗-옷	

대체로 '윗목-아랫목, 윗자리-아랫자리'처럼 '위-아래'의 대립이 있을 때에는 '윗'을 취하고 그렇지 않을 때에만 '웃'을 인정하였지만, '웃어른'은 절대로 '*윗어른'이 아니라든가, '윗목'은 '*웃목'으로 굳어져 쓰이는 것이 아니라는 경계가 그리 분명하지 않다. 그러나 '웃'으로 표기되는 단어를 최대한 줄이고 '윗'으로 통일함으로써 '웃~윗'의 혼란이 줄어들었다.

12 다음 중 〈보기〉의 빈 칸 안에 들어갈 말로 바르게 짝지어 진 것은?

─── 보 기 ───
(ㄱ)층 옷장 안에 (ㄴ)옷을 걸어 놓았다.

① ㄱ. 윗, ㄴ. 윗
② ㄱ. 위, ㄴ. 윗
③ ㄱ. 윗, ㄴ. 웃
④ ㄱ. 위, ㄴ. 웃

제13항 한자 '구(句)'가 붙어서 이루어진 단어는 '귀'로 읽는 것을 인정하지 아니하고, '구'로 통일한다.

표준어	비표준어	비고
구법(句法)	귀법	
구절(句節)	귀절	
구점(句點)	귀점	
결구(結句)	결귀	
경구(警句)	경귀	
경인구(警人句)	경인귀	
난구(難句)	난귀	

12 ④

표준어 규정 제12항 "'웃-' 및 '윗-'은 명사 '위'에 맞추어 '윗-'으로 통일한다." 다만, 된소리나 거센소리 앞에서는 '위-'로 하고, '아래, 위'의 대립이 없는 단어는 '웃-'으로 발음되는 형태를 표준어로 삼기 때문에 '위층'과 '웃옷'이 표준어이다.

표준어	비표준어	비고
단구(短句)	단귀	
단명구(短命句)	단명귀	
대구(對句)	대귀	~법(對句法).
문구(文句)	문귀	
성구(成句)	성귀	~어(成句語).
시구(詩句)	시귀	
어구(語句)	어귀	
연구(聯句)	연귀	
인용구(引用句)	인용귀	
절구(絶句)	절귀	
귀-글	구-글	
글-귀	글-구	

'句'의 훈과 음은 '글귀 구'이다. 따라서 '글귀, 귀글'의 경우는 예외로 한다.

13 ③

③, '글귀, 귀글'은 '귀'로 발음되는 형태를 표준어로 하므로 '글귀, 귀글'이 표준어이다.

①, ②, ④, 한자 '구(句)'가 붙어서 이루어진 단어는 '귀'로 읽는 것을 인정하지 아니하고, '구'로 통일하므로 표준어이다.

---

13 다음 중 표준어가 <u>아닌</u> 것은?

① 구점(句點)   ② 구법(句法)

③ 구글(句-)   ④ 구절(句節)

제3절 준말

제14항 준말이 널리 쓰이고 본말이 잘 쓰이지 않는 경우에는, 준말만을 표준어로 삼는다.

표준어	비표준어	비고
귀찮다	귀치 않다	
김	기음	~ 매다.
똬리	또아리	
무	무우	~강즙, ~말랭이, ~생채, 가랑~, 갓~, 왜~, 총각~.
미다	무이다	1. 털이 빠져 살이 드러나다. 2. 찢어지다.
뱀	배암	

표준어	비표준어	비고
뱀-장어	배암-장어	
빔	비음	설~, 생일~.
샘	새암	~바르다, ~바리.
생-쥐	새앙-쥐	
솔개	소리개	
온-갖	온-가지	
장사-치	장사-아치	

준말 형태를 취한 말 중 2음절이 1음절로 된 음절은 대개 긴소리로 발음된다. 그러나 '귀찮다, 솔개, 온갖, 장사치'에서는 짧은소리로 난다.

14 다음 중 표준어인 것은?

① 새앙쥐   ② 따리

③ 장사아치   ④ 소리개

제15항 준말이 쓰이고 있더라도, 본말이 널리 쓰이고 있으면 본말을 표준어로 삼는다.

표준어	비표준어	비고
경황-없다	경-없다	
궁상-떨다	궁-떨다	
귀이-개	귀-개	
낌새	낌	
낙인-찍다	낙-하다/낙-치다	
내왕-꾼	냉-꾼	
돗-자리	돗	
뒤웅-박	뒝-박	
뒷물-대야	뒷-대야	
마구-잡이	막-잡이	
맵자-하다	맵자다	모양이 제격에 어울리다.
모이	모	
벽-돌	벽	
부스럼	부럼	정월 보름에 쓰는 '부럼'은 표준어임.
살얼음-판	살-판	

14 ②

②, 본말인 '*또아리' 보다 준말인 '따리'가 더 널리 쓰이므로 '따리'만 표준어로 삼는다.

표준어 규정 제14항 "준말이 널리 쓰이고 본말이 잘 쓰이지 않는 경우에는, 준말만을 표준어로 삼는다." 에 따라 ①③④는 '생쥐, 장사치, 솔개'를 표준어로 삼는다.

표준어	비표준어	비고
수두룩-하다	수둑-하다	
암-죽	암	
어음	엄	
일구다	일다	
죽-살이	죽-살	
퇴박-맞다	퇴-맞다	
한통-치다	통-치다	

본말이 훨씬 널리 쓰이고 있고, 그에 대응되는 준말이 쓰인다 하여도 그 세력이 미미한 경우, 본말만을 표준어로 삼는다.

준말이 표준어인 경우	마음→맘, 다음→담
준말이 비표준어인 경우	어음→*엄' (사무적인 용어로 정확을 기할 필요가 있음)

[붙임] 다음과 같이 명사에 조사가 붙은 경우에도 이 원칙을 적용한다.

표준어	비표준어	비고
아래-로	알-로	

15 ④

④, 준말인 '*귀개'보다 본말인 '귀이개'가 더 널리 쓰이므로 '귀이개'만 표준어로 삼는다.

①, ②, ③의 준말인 '*경없다, *뒴박, *부럼'은 표준어로 인정하지 않는다.

15 다음 중 표준어가 아닌 것은?

① 오늘 하루 <u>경황없다</u>.
② 크고 작은 <u>뒤웅박</u>에 갖가지 씨를 넣어 두었다.
③ 온몸에 <u>부스럼</u>이 나다.
④ <u>귀개</u>로 귀를 후비니 기분 좋다.

제16항 준말과 본말이 다 같이 널리 쓰이면서 준말의 효용이 뚜렷이 인정되는 것은, 두 가지를 다 표준어로 삼는다.

본말	준말	비고
거짓-부리	거짓-불	작은말은 '가짓부리, 가짓불'임.
노을	놀	저녁~.
막대기	막대	
망태기	망태	
머무르다	머물다	┐ 모음 어미가 연결될 때에는
서두르다	서둘다	│ 준말의 활용형을 인정하지
서투르다	서툴다	┘ 않음[5].
석새-삼베	석새-베	
시-누이	시-뉘/시-누	
오-누이	오-뉘/오-누	
외우다	외다	외우며, 외워: 외며, 외어.
이기죽-거리다	이죽-거리다	
찌꺼기	찌끼	'찌꺽지'는 비표준어임.

제14항, 제15항과는 달리 본말과 준말을 함께 표준어로 삼은 단어들이다. 두 형태가 다 널리 쓰이는 것들이어서 어느 하나를 버릴 이유가 없다고 판단한 것이다.

5. 준말의 활용형에 대해서 규정하는데, '가지다'의 준말 '갖다'의 모음 어미 활용형 '*갖아, *갖아라, *갖았다, *갖으오, *갖은' 등이 성립하지 않는 현상에 유추하여 준말의 활용형을 제한한다. 따라서 '*머물어, *서둘어서, *서툴었다'는 '머물러, 서둘러서, 서툴렀다'로 표기하는 것이 옳다.

---

16 다음 중 표준어가 <u>아닌</u> 것은?

① 머물다   ② 서둘다

③ 짓물다   ④ 서툴다

16 ③

③, '짓무르다'는 준말 '*짓물다'형을 인정하지 않기 때문에 비표준어이며, '짓무르다'만 표준어로 삼는다.

①, ②, ③은 본말인 '머무르다. 서두르다, 서투르다'도 모두 표준어로 삼는다.

제4절 단수 표준어

제17항 비슷한 발음의 몇 형태가 쓰일 경우, 그 의미에 아무런 차이가 없고, 그 중 하나가 더 널리 쓰이면, 그 한 형태만을 표준어로 삼는다.

표준어	비표준어	비고
거든-그리다	거둥-그리다	1. 거든하게 거두어 싸다.
		2. 작은말은 '가든-그리다'임.
구어-박다	구워-박다	사람이 한 군데에서만 지내다.

표준어	비표준어	비고
귀-고리	귀엣-고리	
귀-띔	귀-팀	
귀-지	귀에-지	
까딱-하면	까땍-하면	
꼭두-각시	꼭둑-각시	
내색	나색	감정이 나타나는 얼굴빛.
내숭-스럽다	내흉-스럽다	
냠냠-거리다	얌냠-거리다	냠냠-하다.
냠냠-이	얌냠-이	
너[四]	네	~ 돈, ~ 말, ~ 발, ~ 푼.
넉[四]	너/네	~ 냥, ~ 되, ~ 섬, ~ 자.
다다르다	다닫다	
댑-싸리	대-싸리	
더부룩-하다	더뿌룩-하다/듬뿌룩-하다	
-던	-든	선택, 무관의 뜻을 나타내는 어미는 '-든'임.
-던가	-든가	가-든(지) 말-든(지), 보-든(가) 말-든(가).
-던걸	-든걸	
-던고	-든고	
-던데	-든데	
-던지	-든지	
-(으)려고	-(으)ㄹ려고/-(으)ㄹ라고	
-(으)려야	-(으)ㄹ려야/-(으)ㄹ래야	
망가-뜨리다	망그-뜨리다	
멸치	머루치/메리치	
반빗-아치	반비-아치	'반빗' 노릇을 하는 사람. 찬비(饌婢). '반비'는 밥짓는 일을 맡은 계집종.
보습	보십/보섭	
본새	뽄새	
봉숭아	봉숭화	'봉선화'도 표준어임.
뺨-따귀	뺌-따귀/뺨-따구니	'뺨'의 비속어임.
뻐개다[斫]	뻐기다	두 조각으로 가르다.
뻐기다[誇]	뻐개다	뽐내다.
사자-탈	사지-탈	
상-판대기	쌍-판대기	
서[三]	세/석	~ 돈, ~ 말, ~ 발, ~ 푼.
석[三]	세	~ 냥, ~ 되, ~ 섬, ~ 자.

표준어	비표준어	비고
설령(設令)	서령	
-습니다	-읍니다	먹습니다, 갔습니다, 없습니다, 있습니다, 좋습니다. 모음 뒤에는 '-ㅂ니다'임.
시름-시름	시늠-시늠	
씀벅-씀벅	썸벅-썸벅	
아궁이	아궁지	
아내	안해	
어-중간	어지-중간	
오금-팽이	오금-탱이	
오래-오래	도래-도래	돼지 부르는 소리.
-올시다	-올습니다	
옹골-차다	공골-차다	
우두커니	우두머니	작은말은 '오도카니'임.
잠-투정	잠-투세/잠-주정	
재봉-틀	자봉-틀	발~, 손~.
짓-무르다	짓-물다	
짚-북데기	짚-북세기	'짚북더기'도 비표준어임.
쪽	짝	편(便). 이~, 그~, 저~. 다만, '아무-짝'은 '짝'임.
천장(天障)	천정	'천정부지(天井不知)'는 '천정'임.
코-맹맹이	코-맹녕이	
흥-업다	흥-헙다	

약간의 발음 차이로 두 형태, 또는 그 이상의 형태가 쓰이는 것들에서 더 일반적으로 쓰이는 형태 하나만을 표준어로 삼은 것이다. 다음 항의 복수 표준어와 대립되는 처리인데 복수 표준어로 인정하려면 그 발음 차이가 이론적으로 설명되든가 두 형태가 비등하게 널리 쓰이든가 하여야 하는데, 여기에서 처리한 것들은 두 형태를 모두 표준어로 인정하면 한국어를 풍부하게 하기보다는 혼란을 야기한다고 판단되는 것이어서 단수 표준어로 처리한 것이다.

17 다음 중 표준어가 아닌 것은?

① 얌냠거리다   ② 상판대기

③ 내숭스럽다   ④ 망가뜨리다

17 ①

①, '남냠거리다'만 표준어로 삼는다.

②, ③, ④, 표준어 규정 제17항 "비슷한 발음의 몇 형태가 쓰일 경우, 그 의미에 아무런 차이가 없고, 그 중 하나가 더 널리 쓰이면, 그 한 형태만을 표준어로 삼는다."에 따라 표준어로 삼는다.

제5절 복수 표준어

제18항 다음 단어는 ㄱ을 원칙으로 하고, ㄴ도 허용한다.

ㄱ 원칙	ㄴ 허용	비고
네	예	
쇠-	소-	-가죽, -고기, -기름, -머리, -뼈.
괴다	고이다	물이 ~, 밑을 ~.
꾀다	꼬이다	어린애를 ~, 벌레가 ~.
쐬다	쏘이다	바람을 ~.
죄다	조이다	나사를 ~.
쬐다	쪼이다	볕을 ~.

비슷한 발음을 가진 두 형태의 경우, 그 발음 차이가 한국어의 음운 현상으로 설명이 가능하고, 두 형태가 널리 쓰이므로 모두 표준어로 인정한다.

18 ④

ㄱ, ㄴ, ㄷ은 표준어 규정 제18항에 따라 복수 표준어를 인정하므로, 'ㄱ: 쐬다/쏘이다, ㄴ: 쬐다/쪼이다, ㄷ: 죄다/조이다' 모두 사용 가능하다. 그러므로 '바람을 (쏘이다), 볕을 (쪼이다), 나사를 (조이다)'가 있는 ④가 정답이다.

---

18 다음 중 빈 칸에 들어갈 말로 알맞게 짝지어 진 것은?

> ── 보 기 ──
> 바람을 (ㄱ).
> 볕을 (ㄴ).
> 나사를 (ㄷ).

① ㄱ: 쐬다   ㄴ: 쏘이다   ㄷ: 조이다
② ㄱ: 쏘이다   ㄴ: 쬐다   ㄷ: 쪼이다
③ ㄱ: 쐬다   ㄴ: 쬐다   ㄷ: 쪼이다
④ ㄱ: 쏘이다   ㄴ: 쪼이다   ㄷ: 조이다

제19항 어감의 차이를 나타내는 단어 또는 발음이 비슷한 단어들이 다 같이 널리 쓰이는 경우에는, 그 모두를 표준어로 삼는다.

표준어	표준어	비고
거슴츠레-하다	게슴츠레-하다	
고까	꼬까	~신, ~옷.
고린-내	코린-내	

표준어	표준어	비고
교기(驕氣)	갸기	교만한 태도.
구린-내	쿠린-내	
꺼림-하다	께름-하다	
나부랭이	너부렁이	

어감(語感)의 차이를 나타내는 것으로 판단되어 복수 표준어로 인정된 단어들이다. 어감의 차이가 있다는 것은 엄밀히 별개의 단어라고 할 수도 있으나, 기원을 같이하는 단어이면서 그 어감의 차이가 미미한 것이어서 복수 표준어로 처리한다.

19 다음 중 표준어가 아닌 것은?

① 거슴츠레하다　　② 구린내
③ 코린내　　　　　④ 너부렝이

19 ④

'나부랭이'와 '너부렁이'는 발음이 비슷하고 둘 다 널리 쓰이므로 모두 표준어로 삼는다. 다만 '너부렁이'를 '나부랭이'에 견주어 '*너부렝이'로 쓰지는 않는다.

①, ②, ③, 표준어 규정 제19항 "어감의 차이를 나타내는 단어 또는 발음이 비슷한 단어들이 다 같이 널리 쓰이는 경우에는, 그 모두를 표준어로 삼는다."에 따라 '거슴츠레하다/게슴츠레하다, 고린내/코린내, 구린내/쿠린내' 모두 표준어이다.

제3장 어휘 선택의 변화에 따른 표준어 규정

제1절 고어

> **제20항** 사어(死語)가 되어 쓰이지 않게 된 단어는 고어로 처리하고, 현재 널리 사용되는 단어를 표준어로 삼는다.

표준어	비표준어	비고
난봉	봉	
낭떠러지	낭	
설거지-하다	설겆다	
애달프다	애닯다	
오동-나무	머귀-나무	
자두	오얏	

발음상의 변화가 아니라 어휘적으로 형태를 달리하는 단어들을 사정의 대상으로 삼은 것이다.

20②

20 다음 중 표준어가 아닌 것은?

① 설거지하다   ② 애닯다

③ 애달프다   ④ 낭떠러지

②, '*애닯다'는 고어(古語)의 잔재로 고어로 처리하고, '애달프다'를 표준어로 삼는다.

①, ③, ④, 표준어 규정 제20항 "사어(死語)가 되어 쓰이지 않게 된 단어는 고어로 처리하고, 현재 널리 사용되는 단어를 표준어로 삼는다."에 따라 표준어이다.

제2절 한자어

> **제21항** 고유어 계열의 단어가 널리 쓰이고 그에 대응되는 한자어 계열의 단어가 용도를 잃게 된 것은, 고유어 계열의 단어만을 표준어로 삼는다.

표준어	비표준어	비고
가루-약	말-약	
구들-장	방-돌	
길품-삯	보행-삯	
까막-눈	맹-눈	
꼭지-미역	총각-미역	
나뭇-갓	시장-갓	
늘-다리	노닥다리	
두껍-닫이	두껍-창	
떡-암죽	병-암죽	
마른-갈이	건-갈이	
마른-빨래	건-빨래	
메-찰떡	반-찰떡	
박달-나무	배달-나무	
밥-소라	식-소라	큰 놋그릇.
사래-논	사래-답	묘지기나 마름이 부쳐 먹는 땅.
사래-밭	사래-전	
삯-말	삯-마	
성냥	화곽	
솟을-무늬	솟을-문(~紋)	
외-지다	벽-지다	
움-파	동-파	
잎-담배	잎-초	
잔-돈	잔-전	
조-당수	조-당죽	
죽데기	피-죽	'죽더기'도 비표준어임.
지겟-다리	목-발	지게 동발의 양쪽 다리.
짐-꾼	부지-군(負持-)	
푼-돈	분-전/푼-전	
흰-말	백-말/부루-말	'백마'는 표준어임.
흰-죽	백-죽	

위 항의 한자어는 현대 한국어에서 그 사용 빈도가 낮은 것들을 비표준어로 규정한다. 대응되는 고유어 계열이 자연스러운 한국어로 일상생활에서 더 많이 쓰인다.

21 ①

①, 표준어 규정 제21
항 "고유어 계열의 단
어가 널리 쓰이고 그
에 대응되는 한자어
계열의 단어가 용도를
잃게 된 것은, 고유어
계열의 단어만을 표준
어로 삼는다."에 따라
'마른 빨래'가 표준어
이다.

②, ③, ④, 위의 규정
에 따라 표준어로 삼
는다.

21 다음 중 표준어가 <u>아닌</u> 것은?

① 건빨래　　　　　　② 구들장

③ 흰죽　　　　　　　④ 늙다리

제22항 고유어 계열의 단어가 생명력을 잃고 그에 대응되는 한자
어 계열의 단어가 널리 쓰이면, 한자어 계열의 단어를 표준어로
삼는다.

표준어	비표준어	비고
개다리-소반	개다리-밥상	개다리-소반(小盤)
겸-상	맞-상	겸상(兼牀)
고봉-밥	높은-밥	고봉(高捧)-밥
단-벌	홀-벌	단(單)-벌
마방-집	마바리-집	馬房~.
민망-스럽다/ 면구-스럽다	민주-스럽다	민망(憫忙)-스럽다/ 면구(面灸)-스럽다
방-고래	구들-고래	방(房)-고래
부항-단지	뜸-단지	부항(附缸)-단지
산-누에	멧-누에	
산-줄기	멧-줄기/멧-발	
수-삼	무-삼	수삼(水蔘)
심-돋우개	불-돋우개	심(心)-돋우개
양-파	둥근-파	양(洋)-파
어질-병	어질-머리	
윤-달	군-달	윤(閏)-달
장력-세다	장성-세다	장력(壯力)-세다
제석	젯-돗	제석(祭席)
총각-무	알-무/알타리-무	총각(總角)-무
칫-솔	잇-솔	칫(齒)-솔
포수	총-댕이	포수(砲手)

　　앞의 제21항과 반대되는 규정이다. 앞 항에서 한자어라고 하여 버리지 않았
던 것처럼 고유어라고 부당한 특혜를 주어 표준어로 삼는 일을 삼간 것이다.
고유어라도 일상 언어생활에서 쓰이는 일이 없어 생명을 잃은 것들은 버리고,
그에 짝이 되는 한자어만을 표준어로 삼는다.

22 다음 중 표준어인 것은?

① 맞상　　　　　② 고봉밥

③ 뜸단지　　　　④ 알타리무

제3절 방언

제23항 방언이던 단어가 표준어보다 더 널리 쓰이게 된 것은, 그것을 표준어로 삼는다. 이 경우, 원래의 표준어는 그대로 표준어로 남겨 두는 것을 원칙으로 한다.

표준어	표준어로 남겨 둠	비고
멍게	우렁쉥이	
물-방개	선두리	
애-순	어린-순	

방언 중에서 표준어보다 더 널리 쓰이게 된 것을 표준어로 인정하는 규정이다. 일례로 '멍게/우렁쉥이' 중 '우렁쉥이'가 표준어이나, '멍게'가 더 널리 쓰이게 됨에 따라 표준어로 삼은 것을 들 수 있다.

23 다음 〈보기〉 중 표준어로 짝지어 진 것은?

───── 보 기 ─────

ㄱ. 멍게-우렁쉥이　　ㄴ. 물방개-선두리
ㄷ. 귀밑머리-귓머리　　ㄹ. 애순-어린순

① ㄱ, ㄴ, ㄷ
② ㄱ, ㄴ, ㄹ
③ ㄱ, ㄷ, ㄹ
④ ㄱ, ㄴ, ㄷ, ㄹ

22 ②

②, 표준어 규정 제22항 "고유어 계열의 단어가 생명력을 잃고 그에 대응되는 한자어 계열의 단어가 널리 쓰이면, 한자어 계열의 단어를 표준어로 삼는다."에 따라 '고봉밥'만 표준어로 삼는다.

①, ③, ④, 위의 규정에 따라 '겸상, 부항단지, 총각무'만 표준어로 삼는다.

23 ②

ㄱ, ㄴ, ㄹ의 '멍게, 물방개, 애순'은 방언이던 단어가 표준어보다 더 널리 쓰이게 된 경우이지만 원래의 표준어인 '우렁쉥이, 선두리, 어린순'도 표준어 규정 제23항에 따라 표준어로 남겨 두는 것을 원칙으로 한다.

ㄷ은 표준어 규정 제24항에 따라 방언이던 '귀밑머리'만 표준어로 삼는다.

제24항 방언이던 단어가 널리 쓰이게 됨에 따라 표준어이던 단어가 안 쓰이게 된 것은, 방언이던 단어를 표준어로 삼는다.

표준어	비표준어	비고
귀밑-머리	귓-머리	
까-뭉개다	까-무느다	
막상	마기	
빈대-떡	빈자-떡	
생인-손	생안-손	준말은 '생-손'임.
역-겹다	역-스럽다	
코-주부	코-보	

제23항과 마찬가지로 방언을 표준어로 승격시킨 규정이나, 여기에서는 애초의 표준어를 버렸다는 것이 다르다

24①

①, 표준어 규정 제24항 "방언이던 단어가 널리 쓰이게 됨에 따라 표준어이던 단어가 안 쓰이게 된 것은, 방언이던 단어를 표준어로 삼는다."에 따라 방언인 '빈대떡'만 표준어로 삼는다.

②, ③, ④, 위의 규정에 따라 표준어이다.

24 다음 중 표준어가 아닌 것은?

① 빈자떡   ② 역겹다

③ 코주부   ④ 생인손

제4절 단수 표준어

제25항 의미가 똑같은 형태가 몇 가지 있을 경우, 그 중 어느 하나가 압도적으로 널리 쓰이면, 그 단어만을 표준어로 삼는다.

표준어	비표준어	비고
-게끔	-게시리	
겸사-겸사	겸지-겸지/겸두-겸두	
고구마	참-감자	
고치다	낫우다	병을 ~.
골목-쟁이	골목-자기	
광주리	광우리	
괴통	호구	자루를 박는 부분.

표준어	비표준어	비고
국-물	멀-국/말-국	
군-표	군용-어음	
길-잡이	길-앞잡이	'길라잡이'도 표준어임.
까다롭다	까닭-스럽다/ 까탈-스럽다	
까치-발	까치-다리	선반 따위를 받치는 물건.
꼬창-모	말뚝-모	꼬창이로 구멍을 뚫으면서 심는 모.
나룻-배	나루	'나루[津]'는 표준어임.
납-도리	민-도리	
농-지거리	기롱-지거리	다른 의미의 '기롱지거리'는 표준어임.
다사-스럽다	다사-하다	간섭을 잘 하다.
다오	다구	이리 ~.
담배-꽁초	담배-꼬투리/담배-꽁치 /담배-꽁추	
담배-설대	대-설대	
대장-일	성냥- 일	
뒤져-내다	뒤어-내다	
뒤통수-치다	뒤꼭지-치다	
등-나무	등-칡	
등-때기	등-떠리	'등'의 낮은 말.
등잔-걸이	등경-걸이	
떡-보	떡-충이	
똑딱-단추	딸꼭-단추	
매-만지다	우미다	
먼-발치	먼-발치기	
며느리-발톱	뒷-발톱	
명주-붙이	주- 사니	
목-메다	목-맺히다	
밀짚-모자	보릿짚-모자	
바가지	열-바가지/열-박	
바람-꼭지	바람-고다리	튜브의 바람을 넣는 구멍에 붙은, 쇠로 만든 꼭지.
반-나절	나절-가웃	
반두	독대	그물의 한 가지.
버젓-이	뉘연-히	

표준어	비표준어	비고
본-받다	법-받다	
부각	다시마-자반	
부끄러워-하다	부끄리다	
부스러기	부스럭지	
부지깽이	부지팽이	
부항-단지	부항-항아리	부스럼에서 피고름을 빨아 내기 위하여 부항을 붙이는 데 쓰는, 자그마한 단지.
붉으락-푸르락	푸르락-붉으락	
비켜-덩이	옆-사리미	김맬 때에 흙덩이를 옆으로 빼내는 일, 또는 그 흙덩이.
빙충-이	빙충-맞이	작은말은 '뱅충이'.
빠-뜨리다	빠-치다	'빠트리다'도 표준어임.
뻣뻣-하다	왜긋다	
뽐-내다	느물다	
사로-잠그다	사로-채우다	자물쇠나 빗장 따위를 반 정도만 걸어 놓다.
살-풀이	살-막이	
상투-쟁이	상투-꼬부랑이	상투 튼 이를 놀리는 말.
새앙-손이	생강-손이	
샛-별	새벽-별	
선-머슴	풋-머슴	
섭섭-하다	애운-하다	
속-말	속-소리	국악 용어 '속소리'는 표준어임.
손목-시계	팔목-계/팔뚝-시계	
손-수레	손-구루마	'구루마'는 일본어임.
쇠-고랑	고랑-쇠	
수도-꼭지	수도-고동	
숙성-하다	숙-지다	
순대	골집	
술-고래	술-꾸러기/술-부대/술-보/술-푸대	
식은-땀	찬-땀	
신기-롭다	신기-스럽다	'신기하다'도 표준어임.
쌍동-밤	쪽-밤	
쏜살-같이	쏜살-로	
아주	영판	

표준어	비표준어	비고
안-걸이	안-낚시	씨름 용어.
안다미-씌우다	안다미-시키다	제가 담당할 책임을 남에게 넘기다.
안쓰럽다	안-슬프다	
안절부절-못하다	안절부절-하다	
앉은뱅이-저울	앉은-저울	
알-사탕	구슬-사탕	
암-내	곁땀-내	
앞-지르다	따라-먹다	
애-벌레	어린-벌레	
얕은-꾀	물탄-꾀	
언뜻	펀뜻	
언제나	노다지	
얼룩-말	워라-말	
에는	엘랑	
열심-히	열심-로	
입-담	말-담	
입-담	말-담	
자배기	너벅지	
전봇-대	전선-대	
주책-없다	주책-이다	'주착→주책'은 제11항 참조.
쥐락-펴락	펴락-쥐락	
-지만	-지만서도	← -지마는.
짓고-땡	지어-땡/짓고-땡이	
짧은-작	짜른-작	
참-쌀	이-찹쌀	
청대-콩	푸른-콩	
칡-범	갈-범	

25-1 ③

'붉으락푸르락/*푸르락붉으락'과 같은 종류의 합성어에는 일정한 어순(語順)이 있는 까닭에 더 널리 쓰이는 '붉으락푸르락'만 표준어로 삼는다. '*안절부절하다'는 부정사를 빼고 쓰면서도 의미는 반대가 되지 않고 부정사가 있는 '안절부절못하다'와 같은 의미로 쓰이는 특이한 용법인데, 오용(誤用)으로 판단되어 표준어로 인정하지 않는다.

25-1 다음 중 〈보기〉의 빈 칸 안에 들어갈 말로 바르게 짝지어 진 것은?

───── 보 기 ─────

화가 난 남자는 얼굴이 (ㄱ)하면서 (ㄴ).

① ㄱ. 붉으락푸르락　　　ㄴ. 안절부절하였다
② ㄱ. 푸르락붉으락　　　ㄴ. 안절부절하였다
③ ㄱ. 붉으락푸르락　　　ㄴ. 안절부절못하였다
④ ㄱ. 푸르락붉으락　　　ㄴ. 안절부절못하였다

25-2 ①

표준어 규정 제25항 "의미가 똑같은 형태가 몇 가지 있을 경우, 그 중 어느 하나가 압도적으로 널리 쓰이면, 그 단어만을 표준어로 삼는다."에 따라 '매만지다, 샛별'만 표준어로 삼는다.

25-2 다음 중 〈보기〉의 빈 칸 안에 들어갈 말로 바르게 짝지어 진 것은?

───── 보 기 ─────

옷깃을 (ㄴ)가 문득 하늘에 떠 있는 (ㄱ)을 바라보았다.

① ㄱ. 매만지다　　　ㄴ. 샛별
② ㄱ. 우미다　　　　ㄴ. 샛별
③ ㄱ. 매만지다　　　ㄴ. 새벽별
④ ㄱ. 우미다　　　　ㄴ. 새벽별

제5절 복수 표준어

제26항 한 가지 의미를 나타내는 형태 몇 가지가 널리 쓰이며 표준어 규정에 맞으면, 그 모두를 표준어로 삼는다.

복수 표준어	비고
가는-허리/잔-허리	
가락-엿/가래-엿	
가뭄/가물	
가엾다/가엽다	가엾어/가여워, 가엾은/가여운.
감감-무소식/감감-소식	
개수-통/설거지-통	'설겆다'는 '설거지 - 하다'로.
개숫-물/설거지-물	
갱-엿/검은-엿	
-거리다/-대다	가물 - , 출렁 - .

복수 표준어	비고
거위-배/횟-배	
것/해	내 ~, 네 ~, 뉘 ~.
게을러-빠지다/게을러-터지다	
고깃-간/푸줏-간	'고깃-관, 푸줏-관, 다림-방'은 비표준어임.
곰곰/곰곰-이	
관계-없다/상관-없다	
교정-보다/준 -보다	
구들-재/구재	
귀퉁-머리/귀퉁-배기	'귀퉁이'의 비어임.
극성-떨다/극성-부리다	
기세-부리다/기세-피우다	
기승-떨다/기승-부리다	
깃-저고리/배내-옷/배냇-저고리	
까까-중/중-대라기	
꼬까/때때/고까	~신, ~옷.
꼬리-별/살-별	
꽃-도미/붉-돔	
나귀/당-나귀	
날-걸/세 -뿔	윷판의 쨀밭 다음의 셋째 밭.
내리-글씨/세로-글씨	
넝쿨/덩굴	'덩쿨'은 비표준어임.
녘/쪽	동~, 서~.
눈-대중/눈-어림/눈-짐작	
느리-광이/느림-보/늘-보	
늦-모/마냥-모	←만이앙-모.
다기-지다/다기-차다	
다달-이/매-달	
-다마다/-고말고	
다박-나룻/다박-수염	
닭의-장/닭-장	
댓-돌/툇-돌	
덧-창/겉-창	
독장-치다/독판-치다	
동자-기둥/쪼구미	
돼지-감자/뚱딴지	

복수 표준어	비고
되우/된통/되게	
두동-무니/두동-사니	윷놀이에서, 두 동이 한데 어울려 가는 말.
뒷-갈망/뒷-감당	
뒷-말/뒷-소리	
들락-거리다/들랑-거리다	
들락-날락/들랑-날랑	
딴-전/딴-청	
땅-콩/호-콩	
땔-감/땔-거리	
-뜨리다/-트리다	깨-, 떨어-, 쏟-.
뜬-것/뜬-귀신	
마룻-줄/용총-줄	돛대에 매어 놓은 줄. '이어줄'은 비표준어임.
마-파람/앞-바람	
만장-판/만장-중(滿場中)	
만큼/만치	
말-동무/말-벗	
매-갈이/매-조미	
매-통/목-매	
먹-새/먹음-새	'먹음-먹이'는 비표준어임.
멀찌감치/멀찌가니/멀찍이	
멱통/산-멱/산-멱통	
멱통/산-멱/산-멱통	
면-치레/외면-치레	
모-내다/모-심다	모-내기, 모-심기.
모쪼록/아무쪼록	
목판-되/모-되	
목화-씨/면화-씨	
무심-결/무심-중	
물-봉숭아/물-봉선화	
물-부리/빨-부리	
물-심부름/물-시중	
물추리-나무/물추리-막대	
물-타작/진-타작	
민둥-산/벌거숭이-산	
밑-층/아래-층	

복수 표준어	비고
바깥-벽/밭-벽	
바른/오른[右]	~손, ~쪽, ~편.
발-모가지/발-목쟁이	'발목'의 비속어임.
버들-강아지/버들-개지	
벌레/버러지	'벌거지, 벌러지'는 비표준어임.
변덕-스럽다/변덕-맞다	
보-조개/볼-우물	
보통-내기/여간-내기/예사-내기	'행-내기'는 비표준어임.
볼-따구니/볼-퉁이/볼-때기	'볼'의 비속어임.
부침개-질/부침-질/지짐-질	'부치개-질'은 비표준어임.
불똥-앉다/등화-지다/등화-앉다	
불-사르다/사르다	
비발/비용(費用)	
뾰두라지/뾰루지	
살-쾡이/삵	삵-피.
삽살-개/삽사리	
상두-꾼/상여-꾼	'상도-꾼, 향도-꾼'은 비표준어임.
상-씨름/소-걸이	
생/새앙/생강	
생-뿔/새앙-뿔/생강-뿔	'쇠뿔'의 형용.
생-철/양-철	1. '서양철'은 비표준어임. 2. '生鐵'은 '무쇠'임.
서럽다/섧다	'설다'는 비표준어임.
서방-질/화냥-질	
성글다/성기다	
-(으)세요/-(으)셔요	
송이/송이-버섯	
수수-깡/수숫-대	
술-안주/안주	
-스레하다/-스름하다	거무-, 발그-.
시늉-말/흉내-말	
시새/세사(細沙)	
신/신발	
신주-보/독보(櫝褓)	
심술-꾸러기/심술-쟁이	
씁쓰레-하다/씁쓰름-하다	

복수 표준어	비고
아귀-세다/아귀-차다	
아래-위/위-아래	
아무튼/어떻든/어쨌든/하여튼/여하튼	
앉음-새/앉음-앉음	
알은-척/알은-체	
애-갈이/애벌-갈이	
애꾸눈-이/외눈-박이	'외대-박이, 외눈-퉁이'는 비표준어임.
양념-감/양념-거리	
어금버금-하다/어금지금-하다	
어기여차/어여차	
어림-잡다/어림-치다	
어이-없다/어처구니-없다	
어저께/어제	
언덕-바지/언덕-배기	
얼렁-뚱땅/엄벙-뗑	
여왕-벌/장수-벌	
여쭈다/여쭙다	
여태/입때	'여직'은 비표준어임.
여태-껏/이제-껏/입때-껏	'여직-껏'은 비표준어임.
역성-들다/역성-하다	'편역-들다'는 비표준어임.
연-달다/잇-달다	
엿-가락/엿-가래	
엿-기름/엿-길금	
엿-반대기/엿-자박	
오사리-잡놈/오색-잡놈	'오합-잡놈'은 비표준어임.
옥수수/강냉이	~떡, ~묵, ~밥, ~튀김.
왕골-기직/왕골-자리	
외겹-실/외올-실/홑-실	'홑겹-실, 올-실'은 비표준어임.
외손-잡이/한손-잡이	
욕심-꾸러기/욕심-쟁이	
우레/천둥	우렛-소리, 천둥-소리.
우지/울-보	
을러-대다/을러-메다	
의심-스럽다/의심-쩍다	
-이에요/-이어요	

복수 표준어	비고
이틀-거리/당-고금	학질의 일종임.
일일-이/하나-하나	
일찌감치/일찌거니	
입찬-말/입찬-소리	
자리-옷/잠-옷	
자물-쇠/자물-통	
장가-가다/장가-들다	'서방-가다'는 비표준어임.
재롱-떨다/재롱-부리다	
제-가끔/제-각기	
좀-처럼/좀-체	'좀-체로, 좀-해선, 좀-해'는 비표준어임.
줄-꾼/줄-잡이	
중신/중매	
짚-단/짚-못	
쪽/편	오른~, 왼~.
차차/차츰	
책-씻이/책-거리	
척/체	모르는 ~, 잘난 ~.
천연덕-스럽다/천연-스럽다	
철-따구니/철-딱서니/철-딱지	'철-때기'는 비표준어임.
추어-올리다/추어-주다	'추켜-올리다'는 비표준어임.
축-가다/축-나다	
침-놓다/침-주다	
통-꼭지/통-젖	통에 붙은 손잡이.
파자-쟁이/해자-쟁이	점치는 이.
편지-투/편지-틀	
한턱-내다/한턱-하다	
해웃-값/해웃-돈	'해우-차'는 비표준어임.
혼자-되다/홀로-되다	
흠-가다/흠-나다/흠-지다	

종래에는 '출렁거리다/출렁대다'의 '-거리다/-대다'가 다 널리 쓰임에도 불구하고 이전에는 '-거리다'만을 표준어로 삼았지만 본 항에서 둘 다 표준어로 삼아 한국어를 풍부하게 하는 데 기여할 뿐만 아니라, 표준어가 인위적으로 부자연스럽게 결정되는 산물이라는 관념을 없앴다.

26-1 ④

ㄱ은 '개수통/설거지통'이 복수 표준어로 인정되며, '*설겆다'는 표준어 규정 제20항에 따라 표준어로 삼지 않는다.

ㄴ, ㄷ, ㄹ은 표준어 규정 제26항 "한 가지 의미를 나타내는 형태 몇 가지가 널리 쓰이며 표준어 규정에 맞으면, 그 모두를 표준어로 삼는다."에 따라 모두 복수 표준어로 인정한다.

26-2 ③

ㄴ, ㄷ은 표준어 규정 제26항에 따라 모두 표준어로 인정된다.

ㄱ, ㄹ은 '넝쿨/덩굴, 좀처럼/좀체'만 표준어로 인정한다.

26-1 다음 중 〈보기〉 중 표준어로 짝지어 진 것을 모두 고르시오.

보 기

ㄱ. 설거지통/설겆이통 　 ㄴ. 닭장/닭의장
ㄷ. 발모가지/발목쟁이 　 ㄹ. 철따구니/철딱서니

① ㄱ, ㄴ 　　　　　　② ㄱ, ㄷ
③ ㄱ, ㄷ, ㄹ 　　　　④ ㄴ, ㄷ, ㄹ

26-2 다음 중 〈보기〉 중 표준어로 짝지어 진 것을 모두 고르시오.

보 기

ㄱ. 넝쿨/덩쿨 　　　　ㄴ. 천연덕스럽다/천연스럽다
ㄷ. 혼자되다/홀로되다 　ㄹ. 좀체로/좀체

① ㄱ, ㄷ 　　　　　　② ㄱ, ㄹ
③ ㄴ, ㄷ 　　　　　　④ ㄴ, ㄹ

제1장 총칙

> **제1항** 표준 발음법은 표준어의 실제 발음을 따르되, 국어의 전통성과 합리성을 고려하여 정함을 원칙으로 한다.

표준 발음법은 교양 있는 사람들이 두루 쓰는 현대 서울말의 발음을 표준어의 실제 발음으로 여기고서 일단 이를 따르도록 원칙을 정한다. '값[價]'에 대하여 '값, 값만, 값이, 값을, 값에' 등은 [갑, 감만, 갑씨, 갑쓸, 갑쎄] 등으로 서울말에서 발음되는데, 바로 이러한 실제 발음에 따라 표준 발음을 정한다는 것이다(제14항 참조). 또한 겹받침 'ㄺ'의 발음은 체언의 경우 '닭이[달기], 닭을[달글]' 등과 같이 모음 앞에서 본음대로 'ㄺ'을 모두 발음하지만, '닭도[닥또], 닭과[닥꽈]' 등과 같이 자음 앞에서는 'ㄹ'을 탈락시키면서 'ㄱ'만을 발음하는데, 용언의 경우에는 환경에 따라 'ㄺ' 중에서 발음되는 자음을 달리한다.

'늙다'를 예로 보면 다음과 같다.

ㄺ+모음 시작 어미	ㄺ+ㄱ으로 시작하는 어미	ㄺ+ㅅ, ㄷ, ㅈ으로 시작하는 어미	ㅁ으로 시작하는 어미
ㄺ 모두 발음	ㄹ만 발음	ㄱ만 발음	ㅇ만 발음
늙은[늘근] 늙으면[늘그면] 늙어[늘거]	늙고[늘꼬] 늙거나[늘꺼나] 늙게[늘께]	늙소[늑쏘] 늙더니[늑떠니] 늙지[늑찌]	늙는[능는]

그런데 현대 서울말에서조차 실제의 발음에서는 여러 형태로 발음하는 경우가 있어서, 그러한 경우에는 한국어의 전통성과 합리성을 고려하여 표준 발음을

정한다는 조건을 이어서 제시하였다. 한국어의 전통성을 고려하여 정한다는 조건 이외에 다시 합리성을 고려하여 정한다는 것이다.

1 ②

②, 역사적으로 소리의 높이나 길이를 구별해 온 전통을 가지고 있으며, 한국어의 전통성을 고려하여 표준 발음법에 소리의 길이에 대한 규정을 포함시켰다.

①, ③, ④, 모두 옳은 설명이다.

---

1 다음 중 표준발음법에 관한 설명 중 틀린 것은?

① 표준어의 실제 발음을 따른다.
② 표준발음법에는 소리의 길이에 관한 규정은 없다.
③ '맛있다'의 경우 합리성을 고려하여 [마싣따]도 표준 발음으로 허용한다.
④ 한국어의 전통성과 합리성을 고려하여 정함을 원칙으로 한다.

제2장 **자음과 모음**

제2항 표준어의 자음은 다음 19개로 한다.

ㄱ	ㄲ	ㄴ	ㄷ	ㄸ	ㄹ	ㅁ	ㅂ
ㅃ	ㅅ	ㅆ	ㅇ	ㅈ	ㅉ	ㅊ	ㅋ
ㅌ	ㅍ	ㅎ					

19개의 자음을 위와 같이 배열한 것은 일반적인 한글 자모의 순서에다가 한국어사전에서의 자모 순서를 고려한다(한글 맞춤법 제4항 붙임 2 참조).

---

2 다음 중 바르지 않은 것은?

① 평음 - ㅂ, ㄷ, ㅅ, ㅈ, ㄱ, ㅎ
② 격음 - ㅍ, ㅌ, ㅊ, ㅋ
③ 경구개음 - ㅈ, ㅊ, ㅉ, ㅅ, ㅆ
④ 연구개음 - ㄱ, ㅋ, ㄲ, ㅇ

제3항 표준어의 모음은 다음 21개로 한다.

ㅏ	ㅐ	ㅑ	ㅒ	ㅓ	ㅔ	ㅕ	ㅖ	ㅗ	ㅘ
ㅙ	ㅚ	ㅛ	ㅜ	ㅝ	ㅞ	ㅟ	ㅠ	ㅡ	ㅢ	ㅣ

표준어의 단모음[1]과 이중 모음[2]의 배열 순서도 자음의 경우와 마찬가지로 일반적인 한글 자모의 순서와 한국어사전에서의 자모 순서를 함께 고려한다.

2 ③

③. 'ㅅ, ㅆ'는 허끝소리에 해당된다.

1. 발음을 하면서 입술 모양이나 혀의 위치가 고정되어 처음과 나중이 달라지지 않는 모음.

2. 발음을 하면서 입술 모양이나 혀의 위치가 처음과 나중이 달라지는 모음.

3 ①

①, 표준어의 모음은 21개로 순서는 다음과 같다.

ㅏ, ㅐ, ㅑ, ㅒ, ㅓ, ㅔ, ㅕ, ㅖ, ㅗ, ㅘ, ㅙ, ㅚ, ㅛ, ㅜ, ㅝ, ㅞ, ㅟ, ㅠ, ㅡ, ㅢ, ㅣ

②, 'ㅓ, ㅔ, ㅕ, ㅖ'가 바른 순서이다.

③, 'ㅜ, ㅝ, ㅞ, ㅟ'가 바른 순서이다.

④, 'ㅠ, ㅡ, ㅢ, ㅣ'가 바른 순서이다.

---

3 다음 중 모음이 순서대로 바르게 짝지어 진 것은?

① ㅏ, ㅐ, ㅑ, ㅒ 　　② ㅓ, ㅕ, ㅔ, ㅖ

③ ㅜ, ㅟ, ㅝ, ㅞ 　　④ ㅡ, ㅢ, ㅣ, ㅠ

제4항 'ㅏ ㅐ ㅓ ㅔ ㅗ ㅚ ㅜ ㅟ ㅡ ㅣ'는 단모음(單母音)으로 발음한다.

한국어의 단모음에 대하여 지금까지 여러 주장들이 있어 왔고 방언과 세대에 따라 단모음의 수가 다르기 때문에, 표준어의 단모음을 분명히 규정한다.

	전설 모음		후설 모음	
	평순	원순	평순	원순
고모음	ㅣ	ㅟ	ㅡ	ㅜ
중모음	ㅔ	ㅚ	ㅓ	ㅗ
저모음	ㅐ		ㅏ	

긴소리로서의 [ㅓ]는 [ㅡ]와 짧은 [ㅓ]와의 중간 모음인 올린 'ㅓ'로 하는 발음이 교양 있는 서울말의 발음이다. '걸다, 더럽다, 덥다, 멀다, 번지다, 썰다, 얻다, 얼다, 적다, 절다, 젊다, 헐다' 등의 첫째 음절이 긴소리인데, 이때에 올린 'ㅓ'로 발음한다. '거리(距離), 거머리, 널, 덜, 번민, 벌[蜂], 설, 섬[島], 얼, 전화, 헌법, 헝겊' 등의 경우에도 마찬가지다.

[붙임] 'ㅚ, ㅟ'는 이중 모음으로 발음할 수 있다.

전설 원순 모음인 'ㅚ, ㅟ'는 원칙적으로 단모음으로 규정한다. 즉 입술을 둥글게 하면서 'ㅔ, ㅣ'와 같이 이중 모음으로 발음하는 것을 허용하는 규정이다. 특히 'ㅚ'는 이중 모음으로 발음하는 경우에 문자와는 달리 'ㅞ'와 발음이 비슷하게 된다. '금괴(金塊)'가 '금궤(金櫃)'와 같이 발음되는 경우가 그 한 예이다.

4 ④
⠀⠀④, 'ㅚ, ㅟ'는 이중 모
⠀⠀음으로 발음할 수 있
⠀⠀지만 원칙적으로는 단
⠀⠀모음으로 규정한다.

4 다음 중 잘못 짝지어 진 것은?

　① ㅗ - 단모음　　　　② ㅏ - 단모음

　③ ㅐ - 단모음　　　　④ ㅟ - 이중모음

제5항 'ㅑ ㅒ ㅕ ㅖ ㅘ ㅙ ㅛ ㅝ ㅞ ㅠ ㅢ'는 이중 모음으로 발음한다.

　이들 이중 모음 중에서 'ㅕ'가 긴소리인 경우에는 긴소리의 'ㅓ'를 올린 'ㅓ'로 발음하는 경우에 준해서 올린 'ㅕ'로 발음하는 것이 교양 있는 서울말의 발음이다. '견본, 곁다, 별[星], 연(軟)하다, 열쇠, 영감(令監), 염주(念珠), 편지, 현대' 등의 첫째 음절의 'ㅕ'가 그 예이다. 다만, '열[十]'은 긴소리로 발음하면서도 올린 'ㅕ'로 발음하지 않는다.

다만 1. 용언의 활용형에 나타나는 '져, 쪄, 쳐'는 [저, 쪄, 처]로 발음한다.

　　가지어→가져[가저]　　　찌어→쪄[쪄]　　　　다치어→다쳐[다처]

　'져, 쪄, 쳐'로 적는 경우는 '지어, 찌어, 치어'를 줄여 쓴 것인데, 이때에 각각 [저, 쪄, 처]로 발음한다.

　지+어→져[저]　　　　　치+어→쳐[처]　　　　　붙이+어→붙여[부처]
　다지+어→다져[다저]　　살찌+어→살쪄[살쩌]　　바치+어→바쳐[바처]
　돋치+어→돋쳐[돋처]　　굳히+어→굳혀[구처]　　잊히+어→잊혀[이처]

다만 2. '예, 례' 이외의 'ㅖ'는 [ㅔ]로도 발음한다.

　계집[계ː집/게ː집]　　　　　계시다[계ː시다/게ː시다]
　시계[시계/시게](時計)　　　연계[연계/연게](連繫)
　몌별[몌별/메별](袂別)　　　개폐[개폐/개페](開閉)
　혜택[혜ː택/헤ː택](惠澤)　　지혜[지혜/지헤](智慧)

'ㅖ'는 본음대로 [ㅖ]로 발음하여야 한다. 그러나 '예, 례' 이외의 경우에는 [ㅔ]로 발음함도 허용한다(한글 맞춤법 제8항 참조).

계산[계 : 산~게 : 산]   통계[통 : 계~통 : 게]
폐단[폐 : 단~페 : 단]   밀폐[밀폐~밀페]
혜성[혜 : 성~헤 : 성]   은혜[은혜~은헤]

> ## 다만 3. 자음을 첫소리로 가지고 있는 음절의 'ㅢ'는 [ㅣ]로 발음한다.
>
> 늴리리   닁큼   무늬   띄어쓰기   씌어
> 틔어   희어   희떱다   희망   유희

표기상에서 자음과 결합한 'ㅢ'는 표기와는 달리 [ㅣ]로 발음하고 [ㅢ]나 [ㅡ]로는 발음하지 않는다(한글 맞춤법 제9항 참조).

흰무리[힌무리]   희미하다[히미하다]
보늬[보니]   오늬[오니]
하늬바람[하니바람]

> ## 다만 4. 단어의 첫음절 이외의 '의'는 [ㅣ]로, 조사 '의'는 [ㅔ]로 발음함도 허용한다.
>
> 주의[주의/주이]   협의[혀븨/혀비]
> 우리의[우리의/우리에]   강의의[강ː의의/강ː이에]

위의 [다만 3]의 규정과 어긋나는 듯이 보이나, '무늬'는 [무니]로 발음하고, '문의(問議)'는 [무 : 늬]가 원칙이고 [무 : 니]도 허용한다는 뜻이다. 한자어에서 '희'는 언제나 [히]로 발음이 되는데, '문의(問議)'처럼 받침이 '의'와 결합되어 나타나는 음절에서는 연음시켜 본음대로 발음함이 원칙이며, [ㅣ]로 발음함도 인정한다는 것이다. 원칙적으로는 [ㅢ]로 발음한다.

	원칙	허용
성의(誠意)	[성의]	[성이]
내의(內衣)	[내 : 의]	[내 : 이]

　관형격 조사 '의'도 [ㅢ]로 발음함이 원칙이다. 서울과 중부 지방의 일상 회화에서는 [ㅔ]로 발음되는 일이 많아, 이를 고려하여 '의'를 [ㅔ]로 발음함도 허용한다.

	원칙	허용
강의(講義)의	[강 : 의의]	[강 : 이의~강 : 이에]

---

5 다음 중 표준 발음이 <u>아닌</u> 것은?

① 주의[주의]　　　　② 우리의[우리의]

③ 강의의[강 : 의의]　　④ 유희[유회]

---

5 ④

④, 자음을 첫소리로 가지고 있는 음절의 'ㅢ'는 [ㅣ]로 발음하는 규정에 따라 [유히]로 발음한다.

①, ②, ③, 원칙적으로 [ㅢ]로 발음하지만 단어의 첫음절 이외의 '의'는 [ㅣ]로, 조사 '의'는 [ㅔ]로 발음할 수 있다.

제3장 음의 길이

> **제6항** 모음의 장단을 구별하여 발음하되, 단어의 첫음절에서만 긴 소리가 나타나는 것을 원칙으로 한다.
>
> (1) 눈보라[눈ː보라]   말씨[말ː씨]   밤나무[밤ː나무]
>   많다[만ː타]   멀리[멀ː리]   벌리다[벌ː리다]

(1)은 단어의 첫째 음절에서 긴소리를 가진 경우를 보인 것이다.

눈[雪] [눈ː뭉치], [눈ː보라], [눈ː사람]
말[言] [말ː동무], [말ː소리], [말ː싸움], [말ː씨], [말ː장난]
밤[栗] [밤ː꽃], [밤ː나무], [밤ː밥], [밤ː송이], [밤ː알], [밤ː콩]

> (2) 첫눈[천눈]   참말[참말]   쌍동밤[쌍동밤]
>   수많이[수ː마니]   눈멀다[눈멀다]   떠벌리다[떠벌리다]

(2)의 예들은 본래 긴소리였던 것이 복합어 구성에서 제2음절 이하에 놓인 것들로서 이 경우에는 단어의 첫 음절에서만 긴소리가 나타난다는 원칙에 따라 짧게 발음한다. 즉 '눈[눈ː]'은 긴소리로 발음하지만, '첫눈'에서는 '눈'이 첫 음절에 놓여 있지 않기 때문에 짧게 [천눈]으로 발음한다.

눈[目] 첫눈, 밤눈, 진눈깨비, 싸락눈, 함박눈
말[言] 참말, 거짓말, 서울말, 시골말, 중국말
밤[栗] 군밤, 찐밤, 족밤, 꿀밤
별[星] 샛별, 저녁별, 별똥별

'많–' 발음

많이	[마ː니]	말 많다	[말ː만ː타]
수많이	[수ː마니]	말많다	[말ː만타]

다만, 합성어의 경우에는 둘째 음절 이하에서도 분명한 긴소리를 인정한다.

반신반의[반ː신 바ː늬/반ː신 바ː니]　　재삼재사[재ː삼 재ː사]

둘째 음절 이하에서도 분명히 긴소리로 발음되는 것만은 그 긴소리를 인정한다. 첫음절 이외의 긴소리 경우는 다음과 같다.

첩어의 성격	긴발음	반관반민[반ː관 반ː민](半官半民) 선남선녀[선ː남 선ː녀](善男善女) 전신전화[전ː신 전ː화](電信電話)
같은 음절 반복	짧은 발음	반반(半半)[반ː 반] 간간(間間)이[간ː 간-] 영영(永永)[영ː 영] 서서(徐徐)이[서ː 서-] 시시비비(是是非非)[시ː 시비비]

[붙임] 용언의 단음절 어간에 어미 '-아/-어'가 결합되어 한 음절로 축약되는 경우에도 긴소리로 발음한다.

보아 → 봐[봐ː]　　기어 → 겨[겨ː]　　되어 → 돼[돼ː]

두어 → 둬[둬ː]　　하여 → 해[해ː]

용언의 단음절(單音節) 어간에 '-아/-어, -아라/-어라, -았다/-었다' 등이 결합되는 때에 그 두 음절이 다시 한 음절로 축약되는 경우에는 긴소리로 발음한다(한글 맞춤법 제34~38항 참조).

① 이어 → 여[여ː]　　띠어 → 뗘[뗘ː]　　시어 → 셔[셔ː]
② 주어 → 줘[줘ː]　　꾸어 → 꿔[꿔ː]　　쑤어 → 쒀[쒀ː]
③ 하여 → 해[해ː]　　되어 → 돼[돼ː]　　뵈어 → 봬[봬ː]
④ 쇠어 → 쇄[쇄ː]　　죄어 → 좨[좨ː]　　괴어 → 괘[괘ː]

여기서 ①의 경우에는 흔히 축약된 형태로 표기하는 것을 피하고 있다. 그러나 ②에 준하여 함께 넣는다.

용언 활용의 경우는 아니더라도 피동·사동의 경우에 어간과 접미사가 축약된 형태의 경우에도 마찬가지로 긴소리로 발음한다(한글 맞춤법 제37항 참조).

싸이다 → 쌔다[쌔 : 다]　　누이다 → 뉘다[뉘 : 다]
펴이다 → 폐다[폐 : 다]　　트이다 → 틔다[티 : 다]
쏘이다 → 쐬다[쐬 : 다]

다만, '오아 → 와, 지어 → 져, 찌어 → 쩌, 치어 → 쳐' 등은 긴소
리로 발음하지 않는다.

'오아 → 와, 지어 → 져, 찌어 → 쩌, 치어 → 쳐'는 예외적으로 짧게 발음한다.
또 '가+아 → 가, 서+어 → 서, 켜+어 → 켜'처럼 같은 모음끼리 만나 모음 하나가
빠진 경우에도 긴소리로 발음하지 않는다(한글 맞춤법 제34항 참조).

6 ④

④, 단어의 첫음절에
서만 긴소리가 나타나
는 것을 원칙으로 하
므로 [눈 : 보라]로 발
음한다.

①, ②, ③, 제2음절 이
하에 놓인 것들로 위
의 규정에 따라 [천눈],
[눈멀다], [함방눈]과
같이 짧게 발음한다.

---

6 다음 중 첫음절을 긴소리로 발음하는 것은?

① 첫눈　　　　　　　② 눈멀다

③ 함박눈　　　　　　④ 눈보라

제7항 긴소리를 가진 음절이라도, 다음과 같은 경우에는 짧게 발음한다.

긴소리를 가진 용언 어간의 짧게 발음되는 경우들을 규정한 것인데, 한국어에
서 가장 규칙적으로 나타나는 현상의 하나이다.

1. 단음절인 용언 어간에 모음으로 시작된 어미가 결합되는 경우

감다[감ː따] – 감으니[가므니]　　　밟다[밥ː따] – 밟으면[발브면]
신다[신ː따] – 신어[시너]　　　　　알다[알ː다] – 알아[아라]

다만, 다음과 같은 경우에는 예외적이다.

끌다[끌ː다] – 끌어[끄ː러]　　　떫다[떨ː따] – 떫은[떨ː븐]
벌다[벌ː다] – 벌어[버ː러]　　　썰다[썰ː다] – 썰어[써ː러]
없다[업ː따] – 없으니[업ː쓰니]

단음절인 용언 어간+모음으로 시작된 어미	
안다[안 : 따] – 안아[아나]	넘다[넘 : 따] – 넘으면[너므면]
살다[살 : 다] – 살아[사라]	밉다[밉 : 따] – 미워[미워]
닮다[담 : 따] – 닮아[달마]	묻다[묻 : 따] – 물어[무러]
밟다[밥 : 따] – 밟아[발바]	붓다[붇 : 따] – 부어[부어]

받침이 없는 용언 어간+모음으로 시작된 어미	
괴다[괴 : 다] – 괴어[괴어]	쥐다[쥐 : 다] – 쥐어[쥐어]
꾀다[꾀 : 다] – 꾀어[꾀어]	뉘다[뉘 : 다] – 뉘어[뉘어]
쏘다[쏘 : 다] – 쏘아[쏘아]	쉬다[쉬 : 다] – 쉬어[쉬어]
호다[호 : 다] – 호아[호아]	쑤다[쑤 : 다] – 쑤어[쑤어]

위의 예들이 다시 한 음절로 축약되는 경우에는 이미 제6항[붙임]에서 보인 것처럼 긴소리로 발음한다.

모음으로 시작된 어미와 같아 보이는 '-으오/-오'의 경우에는 다음과 같이 특이 하게 발음한다.

안으오[아느오]   미우오[미우오]   사오[사 : 오](살다)
밟으오[발브오]   물으오[무르오]   호오[호 : 오](호다)

용언 어간이 다음절(多音節)일 경우에는 어미에 따라 짧게 발음하지 않는다.

더럽다[더 : 럽따]   더러운[더 : 러운](더럽히다[더 : 러피다])
걸치다[걸 : 치다]   걸쳐[걸 : 처](걸다[걸 : 다])
졸리다[졸 : 리다]   졸려[졸 : 려](졸다[졸 : 다])

그런데 용언 어간이 이와 같이 모음으로 시작된 어미 앞에서 규칙적으로 짧게 발음되는 데도 불구하고 예외들이 있다.

작은[자 : 근]-작아[자 : 가]   적은[저 : 근]-적어[저 : 거]
먼[먼 :]-멀어[머 : 러]   얻은[어 : 든]-얻어[어 : 더]
웃은[우 : 슨]-웃어[우 : 서]   엷은[열 : 븐]-엷어[열 : 버]
끈[끈 :]-끌어[끄 : 러]   썬[썬 :]-썰어[써 : 러]
번[번 :]-벌어[버 : 러]

2. 용언 어간에 피동, 사동의 접미사가 결합되는 경우

감다[감ː따] — 감기다[감기다]　　꼬다[꼬ː다] — 꼬이다[꼬이다]
밟다[밥ː따] — 밟히다[발피다]

단음절 용언 어간의 피동·사동형은 일반적으로 짧게 발음한다.

안기다[안기다]　　옮기다[옴기다]　　알리다[알리다]
쏘이다[쏘이다]　　울리다[울리다]　　죄이다[죄이다]
넘기다[넘기다]　　떼이다[떼이다]

다만, 다음과 같은 경우에는 예외적이다.

끌리다[끌ː리다]　　벌리다[벌ː리다]　　없애다[업ː쌔다]

모음으로 시작된 어미 앞에서도 예외적으로 긴소리를 유지하는 용언 어간들의 피동·사동형의 경우에 여전히 긴소리로 발음된다.

웃기다[욷ː끼다]　　썰리다[썰ː리다]

3. 학교 문법 용어에 따른다면 여기의 '복합어'는 '합성어'가 된다.

4. 이를 '쏜살같-이'로 분석한다고 생각할 수 있으나, 고시본대로 둔다.

[붙임] 다음과 같은 복합어[3]에서는 본디의 길이에 관계없이 짧게 발음한다.

밀-물　　썰-물　　쏜-살-같이[4]　　작은-아버지

용언 활용형을 가진 합성어 중에는 그러한 활용형에서 긴소리를 가짐에도 불구하고, 합성어에서는 짧게 발음하는 예들이 더러 있다.

짧게 발음	작은집, 작은창자
길게 발음	먼동[먼ː동], 헌데[헌ː데]

제7항은 단음절의 용언 어간이 모음으로 시작된 어미와 결합되는 경우에 짧게 발음하는 것과 그 예외들을 규정한다. 그런데, 이 규정은 체언의 곡용에는 적용되지 않는 것이다. 체언은 자음으로 시작된 조사나 모음으로 시작된 조사나 관계없이 언제나 본래의 긴소리대로 발음한다.

눈[眼]이[누니]   눈[雪]이[누 : 니]
밤[夜]이[바미]   밤[栗]이[바 : 미]
발[足]이[바리]   발[簾]이[바 : 리]
성(城)이[성이]   성(姓)이[성 : 이]

그런데 둘 또는 셋 이상의 단어들을 한 마디로 발음하는 경우에는 뒷자리에 놓인 체언은 긴소리로 발음되지 않는다.

이 밤이[이바미]   그 사람도[그사람도]   저 오리는[저오리는]

강조해서 말할 때에 "그 사람이[그사 : 라미] 그럴 수가!", "빙그레[빙그레 :] 웃니?" 등과 같이 긴소리로 발음하더라도 그러한 소리의 길이에 대해서는 표준 발음법으로 규정하지 않으며 사전에서도 표시하지 않는다.

---

7 다음 중 소리의 장단 표기가 틀린 것은?

① 얻어[어 : 더]   ② 미워[미 : 워]
③ 엷어[열 : 버]   ④ 작아[자 : 가]

---

7 ②

②, 단음절인 용언 어간이 모음으로 시작된 어미와 결합되는 경우에 그 용언 어간은 짧게 발음하므로 [미워]로 발음한다.

①, ③, ④, 용언 어간이 모음으로 시작된 어미 앞에서 규칙적으로 짧게 발음되는 데도 불구하고 나타나는 예외들이다.

제4장 받침의 발음

> **제8항** 받침소리로는 'ㄱ, ㄴ, ㄷ, ㄹ, ㅁ, ㅂ, ㅇ'의 7 개 자음만 발음한다.

음절말 위치에서 실현되는 자음으로는 'ㄱ, ㄴ, ㄷ, ㄹ, ㅁ, ㅂ, ㅇ'의 7개가 있음을 규정한다. '훈민정음'에서는 'ㅅ'이 하나 더 있어서 8종성(終聲)이었는데, 그 뒤에 'ㅅ'이 'ㄷ'으로 실현됨으로써 현대 한국어에서는 7개가 되었다.

8 ①

①, 표준에 규정에 따라 받침소리로는 'ㄱ, ㄴ, ㄷ, ㄹ, ㅁ, ㅂ, ㅇ'의 7개 자음만 발음한다.

---

8 다음 중 받침소리로만 짝지어 진 것은?

① ㄱ, ㄴ, ㄷ, ㄹ   ② ㅁ, ㅂ, ㅅ, ㅇ

③ ㅈ, ㅊ, ㅋ, ㅌ   ④ ㅍ, ㅎ

> **제9항** 받침 'ㄲ, ㅋ', 'ㅅ, ㅆ, ㅈ, ㅊ, ㅌ', 'ㅍ'은 어말 또는 자음 앞에서 각각 대표음 [ㄱ, ㄷ, ㅂ]으로 발음한다.
>
> 닦다[닥따]   키읔[키윽]   키읔과[키윽꽈]
>
> 옷[옫]   웃다[욷ː따]   있다[읻따]
>
> 젖[젇]   빚다[빋따]   꽃[꼳]
>
> 쫓다[쫃따]   솥[솓]   뱉다[밷ː따]
>
> 앞[압]   덮다[덥따]

받침	발음	예
ㄱ		박[박]
ㄲ	[ㄱ]	밖[박], 꺾다[꺽따], 닦다[닥따]
ㅋ		부엌[부억]
ㄷ		받다[받따]
ㅅ	[ㄷ]	낫[낟], 낫다[낟ː따]
ㅆ		있었다[이썯따]

ㅈ		낯[낟], 낮다[낟따]
ㅊ	[ㄷ]	낯[낟]
ㅌ		낱[낟 :], 밭[받], 맡다[맏따], 뱉다[밷 : 따]
ㅂ	[ㅂ]	집[집], 집다[집따], 곱다[곱 : 따]
ㅍ		짚[집], 짚다[집따]

받침 'ㄴ, ㄹ, ㅁ, ㅇ'은 변화 없이 본음대로 각각 [ㄴ, ㄹ, ㅁ, ㅇ]로 발음된다.

---

9 다음 중 표준 발음이 <u>아닌</u> 것은?

① 닭다[닥따]　　　　② 뱉다[배 : 따]

③ 웃다[욷 : 따]　　　④ 덮다[덥따]

제10항 겹받침 'ㄳ', 'ㄵ', 'ㄼ, ㄽ, ㄾ', 'ㅄ'은 어말 또는 자음 앞에서 각각 [ㄱ, ㄴ, ㄹ, ㅂ]으로 발음한다.

넋[넉]　　　　　넋과[넉꽈]　　　　앉다[안따]

여덟[여덜]　　　넓다[널따]　　　　외곬[외골]

핥다[할따]　　　값[갑]　　　　　　없다[업ː따]

두 개의 자음으로 된 겹받침 가운데, 어말 위치에서 또는 자음으로 시작된 조사나 어미 앞에서 둘째 받침이 탈락하는 경우이다.

받침	발음	예
ㄳ	[ㄱ]	몫[목], 몫도[목또], 몫까지[목까지]
ㄵ	[ㄴ]	얹다[언따], 얹지[언찌], 얹고[언꼬]
ㄼ		얇다[얄 : 따], 얇지[얄 : 찌], 얇고[얄 : 꼬]
ㄽ	[ㄹ]	한 곬으로[한골쓰로], 외곬으로[외골쓰로]
ㄾ		훑다[훌따], 훑지[훌찌], 훑고[훌꼬]
ㅄ	[ㅂ]	값[갑], 없다[업 : 따]

9 ②

②, 받침 'ㄲ, ㅋ', 'ㅅ, ㅆ, ㅈ, ㅊ, ㅌ', 'ㅍ'은 어말 또는 자음 앞에서 각각 대표음 [ㄱ, ㄷ, ㅂ]으로 발음하므로 [밷 : 따]로 발음한다.

①, ③, ④, 위의 규정에 따라 표준 발음이다.

다만, '밟-'은 자음 앞에서 [밥]으로 발음하고, '넓-'은 다음과 같
은 경우에 [넙]으로 발음한다.

(1) 밟다[밥:따]　　　　밟소[밥:쏘]　　　밟지[밥:찌]

　　밟는[밥:는→밤:는][5]　　밟게[밥:께]　　　밟고[밥:꼬]

(2) 넓-죽하다[넙쭈카다]　　넓-둥글다[넙뚱글다]

받침 'ㄼ' 발음

발음		예
[ㄹ]		여덟[여덜], 엷고[열:꼬]
[ㅂ]	'밟다'의 경우	밟다[밥:따], 밟지[밥:찌], 밟게[밥:께]
	'넓다'의 파생어와 합성어	넓적하다[넙쩌카다], 넓죽하다[넙쭈카다] 넓둥글다[넙뚱글다]

현대 한국어에서 세 개의 자음을 이어서 발음할 수가 없고 두 개까지만 발음
할 수 있는 구조상의 제약에 따름을 각각 규정한 것이다.

> **10 다음 중 표준 발음인 것은?**
>
> ① 얇다[얍:따]　　　　② 밟다[밥:따]
> ③ 훑다[훕따]　　　　④ 넓다[넙따]

제11항 겹받침 'ㄺ, ㄻ, ㄿ'은 어말 또는 자음 앞에서 각각 [ㄱ,
ㅁ, ㅂ]으로 발음한다.

닭[닥]　　　　흙과[흑꽈]　　　　맑다[막따]

늙지[늑찌]　　삶[삼:]　　　　　젊다[점:따]

읊고[읍꼬]　　읊다[읍따]

---

5. '밟는'도 [밤:는]으로 발음하는 것이 표준 발음이되, [*발:른]은 비표준 발음이다.

---

10 ②

②, '밟-'은 자음 앞에서 [밥]으로 발음하므로 정답이다.

①, ③, ④, 겹받침 'ㄳ', 'ㄵ', 'ㄼ, ㄽ, ㄾ', 'ㅄ'은 어말 또는 자음 앞에서 각각 [ㄱ, ㄴ, ㄹ, ㅂ]으로 발음하므로 [얄:따], [훌따], [널따]로 발음한다.

겹받침에서 첫째 받침인 'ㄹ'이 탈락하는 경우이다.

겹받침	발음	예
ㄺ	[ㄱ]	칡[칙], 칡도[칙또], 칡까지[칙까지]
ㄻ	[ㅁ]	앎[암ː], 앎도[암ː도], 앎과[암ː과] 닮다[담ː따], 닮지[담ː찌], 닮고[담ː꼬]
ㄿ	[ㅂ]	읊다[읍따], 읊지[읍찌], 읊고[읍꼬]

다만, 용언의 어간 말음 'ㄺ'은 'ㄱ' 앞에서 [ㄹ]로 발음한다.

맑게[말께]   묽고[물꼬]   얽거나[얼꺼나]

'ㄺ' 용언의 경우에는 뒤에 오는 자음의 종류에 따라 두 가지로 발음된다.

자음	발음	예
'ㄷ, ㅈ, ㅅ' 앞	[ㄱ]	맑다[막따], 맑지[막찌], 맑습니다[막씁니다] 늙다[늑따], 늙지[늑찌], 늙습니다[늑씁니다]
'ㄱ' 앞	[ㄹ]	맑게[말께], 맑고[말꼬], 맑거나[말꺼나] 늙게[늘께], 늙고[늘꼬], 늙거나[늘꺼나]

파생어들인 '갉작갉작하다, 갉작거리다, 굵다랗다, 굵직하다, 굵적거리다, 늙수그레하다, 늙정이, 얽죽얽죽하다' 등의 경우에도 'ㄱ'앞이 아니므로 역시 [ㄱ]로 발음한다. [ㄹ]로 발음되는 경우에는 '말끔하다, 말쑥하다, 말짱하다' 등과 같이 'ㄹ'만을 받침으로 적는다.

---

11 다음 중 'ㄺ' 받침이 [ㄹ]로 발음되는 것은?

① 맑고   ② 맑지
③ 맑다   ④ 맑습니다

---

11 ①

①, 용언의 어간 말음 'ㄺ'은 'ㄱ' 앞에서 [ㄹ]로 발음하므로 [말꼬]로 발음한다.

②, ③, ④, 겹받침 'ㄺ, ㄻ, ㄿ'은 어말 또는 자음 앞에서 각각 [ㄱ, ㅁ, ㅂ]으로 발음하므로 [막찌], [막따], [막씁니다]로 발음한다.

제12항 받침 'ㅎ'의 발음은 다음과 같다.

1. 'ㅎ(ㄶ, ㅀ)' 뒤에 'ㄱ, ㄷ, ㅈ'이 결합되는 경우에는, 뒤 음절 첫소리와 합쳐서 [ㅋ, ㅌ, ㅊ]으로 발음한다.

놓고[노코]	좋던[조ː턴]	쌓지[싸치]
많고[만ː코]	않던[안턴]	닳지[달치]

받침'ㅎ'은 그와 결합되는 소리에 따라 여러 가지로 발음하기 때문에 받침'ㅎ'에 관련된 것들을 이 항에서 규정한다.

축약	예
ㅎ(ㄶ, ㅀ) + ㄱ → [ㅋ]	놓고[노코] 많고[만ː코] 앓고[알ː코]
ㅎ(ㄶ, ㅀ) + ㄷ → [ㅌ]	놓던[노턴] 많던[만ː턴] 앓던[알턴]
ㅎ(ㄶ, ㅀ) + ㅈ → [ㅊ]	놓지[노치] 많지[만ː치] 앓지[알치]

받침 'ㅎ'은 현대 한국어에서 용언 어간에만 쓰이기 때문에 위의 규정은 용언의 활용에만 적용된다. 다만, '싫증'은 [실쯩]으로 발음한다.

[붙임 1] 받침 'ㄱ(ㄲ), ㄷ, ㅂ(ㄼ), ㅈ(ㄵ)'이 뒤 음절 첫소리 'ㅎ'과 결합되는 경우에도, 역시 두 음을 합쳐서 [ㅋ, ㅌ, ㅍ, ㅊ]으로 발음한다.

각하[가카]	먹히다[머키다]	밝히다[발키다]
맏형[마텽]	좁히다[조피다]	넓히다[널피다]
꽂히다[꼬치다]	앉히다[안치다]	

한자어나 합성어 또는 파생어 등의 경우에 적용된다.

받침 ㄱ/ㄲ+ㅎ→[ㅋ]	국화[구콰] 박하다[바카다] 읽히다[일키다]	정직하다[정ː지카다] 박히다[바키다]
받침 ㄷ/ㅌ+ㅎ→[ㅌ]	맏형[마텽] 굿하다[구타다]	숱하다[수타다]
받침 ㅂ/+ㅎ→[ㅍ]	입학[이팍] 입히다[이피다]	급하다[그파다] 밟히다[발피다]
받침 ㅈ/ㄵ+ㅎ→[ㅊ]	잊히다[이치다] 얹히다[언치다]	

[붙임 2] 규정에 따라 'ㄷ'으로 발음되는 'ㅅ, ㅈ, ㅊ, ㅌ'의 경우에도 이에 준한다.

옷 한 벌[오탄벌]　　　낮 한때[나탄때]
꽃 한 송이[꼬탄송이]　　숱하다[수타다]

둘 또는 그 이상의 단어를 이어서 한 마디로 발음하는 경우에도 마찬가지다. 예시된 '옷 한 벌, 낮 한때, 꽃 한 송이' 등이 그것인데, 다음의 경우들도 그 예들이 된다.

온갖 힘[온 : 가팀]　　뭇 형벌[무텽벌]　　　몇 할[며탈]
밥 한 사발[바판사발]　국 한 대접[구칸대접]

단어마다 끊어서 발음할 때에는 '옷 한 벌[옫 한 벌]'과 같이 발음한다. 두 가지를 모두 인정한다.

2. 'ㅎ(ㄶ, ㅀ)' 뒤에 'ㅅ'이 결합되는 경우에는, 'ㅅ'을 [ㅆ]으로 발음한다.

닿소[다쏘]　　많소[만쏘]　　싫소[실쏘]

받침 'ㅎ'이 'ㅅ'을 만나면 둘을 합쳐 [ㅆ]로 발음한다.

끊습니다[끈씀니다]　　끊사오니[끈싸오니]

3. 'ㅎ' 뒤에 'ㄴ'이 결합되는 경우에는, [ㄴ]으로 발음한다.

놓는[논는]　　쌓네[싼네]

'ㄴ'으로 시작된 어미 '-는(다), -네, -나' 등 앞으로 받침 'ㅎ'은 [ㄴ]로 동화시켜 발음한다.

놓네[논네]　　놓나[논나]

[붙임] 'ㄶ, ㅀ' 뒤에 'ㄴ'이 결합되는 경우에는, 'ㅎ'을 발음하지 않는다.

않네[안네]　　　　않는[안는]
뚫네[뚤네→뚤레]　　뚫는[뚤는→뚤른]
'뚫네[뚤네→뚤레], 뚫는[뚤는→뚤른]'에 대해서는 제20항 참조.

받침 ㄶ+ㄴ→[ㄴㄴ]	끊는[끈는] 끊네[끈네] 끊나[끈나]
받침 ㅀ+ㄴ→[ㄹㄹ]	끓는[끌른] 끓네[끌레] 끓나[끌라]

4. 'ㅎ(ㄶ, ㅀ)' 뒤에 모음으로 시작된 어미나 접미사가 결합되는 경우에는, 'ㅎ'을 발음하지 않는다.

낳은[나은]　　놓아[노아]　　쌓이다[싸이다]
많아[마:나]　　않은[아는]　　닳아[다라]
싫어도[시러도]

받침 'ㅎ, ㄶ, ㅀ'의 'ㅎ'이 모음으로 시작된 어미나 접미사와 결합될 때에는 그 'ㅎ'은 발음하지 않는다.

넣은[너은]　　　　쌓을[싸을]　　　　찧으니까[찌으니까]
끊은[끄는]　　　　많을[마 : 늘]　　　않으니까[아느니까]
옳은[오른]　　　　싫을[시를]　　　　곯으니까[고르니까]
쌓인[싸인]　　　　끊일[끄닐]　　　　끓이니까[끄리니까]

한자어나 복합어에서 모음과 'ㅎ' 또는 'ㄴ, ㅁ, ㅇ, ㄹ'과 'ㅎ'이 결합된 경우에는 본음대로 발음함이 원칙이다.

경제학(經濟學)　　광어회(廣魚膾)　　신학(神學)　　전화(電話)
피곤하다　　　　임학(林學)　　　셈하다　　　공학(工學)
상학(商學)　　　경영학(經營學)

'ㄹ'과 'ㅎ'과의 결합에서는 'ㄹ'을 연음시키면서 'ㅎ'이 섞인 소리로 발음한다.

실학(實學)　　　철학(哲學)　　　실하다　　　팔힘

12 다음 중 표준 발음이 아닌 것은?

① 각하[가카] ② 먹히다[머키다]
③ 옷 한 벌[온탄벌] ④ 넓히다[널피다]

③, 'ㄷ'으로 발음되는 'ㅅ, ㅈ, ㅊ, ㅌ'의 경우에 뒤 음절 첫소리 'ㅎ'과 결합되는 경우에 두 음을 합쳐서 [ㅌ]으로 발음하므로 [오탄벌]로 발음한다.

①, ②, ④, 받침 'ㄱ(ㄺ), ㄷ, ㅂ(ㄼ), ㅈ(ㄵ)'이 뒤 음절 첫소리 'ㅎ'과 결합되는 경우에도, 역시 두 음을 합쳐서 [ㅋ, ㅌ, ㅍ, ㅊ]로 발음하므로 표준 발음이다.

제13항 홑받침이나 쌍받침이 모음으로 시작된 조사나 어미, 접미사와 결합되는 경우에는, 제 음가대로 뒤 음절 첫소리로 옮겨 발음한다.

깎아[까까] 옷이[오시] 있어[이써]
낮이[나지] 꽂아[꼬자] 꽃을[꼬츨]
쫓아[쪼차] 밭에[바테] 앞으로[아프로]
덮이다[더피다]

받침을 다음 음절의 첫소리로 옮겨서 발음하는 연음(連音)을 뜻하는 것인데, 홑받침의 경우이다.

부엌이[부어키] 낮을[나즐] 밭의[바틔] 무릎에[무르페]
꺾어[꺼꺼] 쫓을[쪼츨] 같은[가튼] 짚으면[지프면]
섞여[서껴] 높여[노펴]

13 다음 중 표준 발음인 것은?

① 옷이[오시] ② 꽃을[꼬슬]
③ 낮이[나시] ④ 밭에[바세]

13 ①

①, 홑받침이나 쌍받침이 모음으로 시작된 조사나 어미, 접미사와 결합되는 경우에는, 제 음가대로 뒤 음절 첫소리로 옮겨 발음하므로 정답이다.

②, ③, ④, 위의 규정에 따라 [꼬츨], [나지], [바테]로 발음한다.

제14항 겹받침이 모음으로 시작된 조사나 어미, 접미사와 결합되는 경우에는, 뒤엣것만을 뒤 음절 첫소리로 옮겨 발음한다(이 경우, 'ㅅ'은 된소리로 발음함).

넋이[넉씨] 앉아[안자] 닭을[달글]
젊어[절머] 곬이[골씨] 핥아[할타]
읊어[을퍼] 값을[갑쓸] 없어[업ː써]

겹받침 중에서 첫째 받침은 그대로 받침의 소리로 발음하되 둘째 받침은 다음 음절로 연음하여 발음한다.

닭이[달기] 여덟을[여덜블] 삶에[살 : 메]
읽어[일거] 밟을[발블] 옮은[올믄]

이때에 연음되는 받침의 소리는 본음대로 발음함이 원칙이나, 예외가 있다. (앓아[아라], 끓어[끄너], 훑이다[훌치다]).
그리고 겹받침 'ㄳ, ㄽ, ㅄ'의 경우에는 'ㅅ'을 연음하되, 된소리 [ㅆ]으로 발음한다.

몫이[목씨] 넋을[넉쓸] 곬이[골씨] 외곬으로[외골쓰로]
값이[갑씨] 값에[갑쎄] 없이[업 : 씨] 없으면[업 : 쓰면]

14 ④

④, 겹받침 'ㄳ, ㄽ, ㅄ' 의 경우에는 'ㅅ'을 연음하되 된소리 [ㅆ]로 발음하므로 정답이다.

①, 겹받침이 모음으로 시작된 조사나 어미, 접미사와 결합되는 경우에는, 뒤엣것만을 뒤 음절 첫소리로 옮겨 발음하므로 [달글]로 발음한다.

②, ③, ④와 마찬가지로 [ㅆ]로 발음하므로 [넉쓸], [갑쎄]로 발음한다.

14 다음 중 표준 발음인 것은?

① 닭을[다글] ② 값에[가베]
③ 넋을[너글] ④ 곬이[골씨]

제15항 받침 뒤에 모음 'ㅏ, ㅓ, ㅗ, ㅜ, ㅟ'들로 시작되는 실질 형태소가 연결되는 경우에는, 대표음으로 바꾸어서 뒤 음절 첫소리로 옮겨 발음한다.

밭 아래[바다래] 늪 앞[느밥] 젖어미[저더미]
맛없다[마덥따] 겉옷[거돋] 헛웃음[허두슴]
꽃 위[꼬뒤]

받침 뒤에 오는 모음으로 'ㅏ, ㅓ, ㅗ, ㅜ, ㅟ'로 한정시킨 이유는, 'ㅣ, ㅑ, ㅕ, ㅛ, ㅠ'와의 결합에서는 연음을 하지 않으면서 [ㄴ]가 드러나는 경우가 있기 때문이다. 그리고 'ㅐ, ㅔ, ㅚ' 등을 들지 않은 것은 표준어에서 그런 경우가 별로 없기 때문이다. 물론 '조국애, 국외' 같은 경우에는 연음시켜 발음해야 하고, '먼 외국' 같은 경우에는 두 단어로 독립시켜 발음할 때에는 [먼 : 외국]과 같이 연음하지 않고, 한 마디로 발음할 때에는 [머뇌국]과 같이 연음하여 발음한다.

다만, '맛있다, 멋있다'는 [마싣따], [머싣따]로도 발음할 수 있다.

'맛있다'는 실제 발음에서는 [마싣따]가 자주 쓰이는 두 단어 사이에서 받침 'ㅅ'을 [ㄷ]로 발음하는 [마딛따]가 오히려 합리성을 지닌 발음이다. 이러한 경우에는 전통성과 합리성을 고려하여 [마딛따]를 원칙적으로 표준 발음으로 정하되, [마싣따]도 표준 발음으로 허용한다.

	원칙	허용
맛있다	[마딛따]	[마싣따]
멋있다	[머딛따]	[머싣따]

[붙임] 겹받침의 경우에는, 그 중 하나만을 옮겨 발음한다.

넋없다[너겁따]   닭 앞에[다가페]

값어치[가버치]   값있는[가빈는]

독립형으로 쓰이는 받침의 소리는 위의 환경에서 연음한다.

15 다음 중 표준 발음이 아닌 것은?

① 헛웃음[허두슴]   ② 맛없다[마덥따]

③ 밭 아래[바타래]   ④ 꽃 위[꼬뒤]

제16항 한글 자모의 이름은 그 받침소리를 연음하되, 'ㄷ, ㅈ, ㅊ, ㅋ, ㅌ, ㅍ, ㅎ'의 경우에는 특별히 다음과 같이 발음한다.

디귿이[디그시]   디귿을[디그슬]   디귿에[디그세]

지읒이[지으시]   지읒을[지으슬]   지읒에[지으세]

치읓이[치으시]   치읓을[치으슬]   치읓에[치으세]

키읔이[키으기]   키읔을[키으글]   키읔에[키으게]

티읕이[티으시]   티읕을[티으슬]   티읕에[티으세]

피읖이[피으비]   피읖을[피으블]   피읖에[피으베]

히읗이[히으시]   히읗을[히으슬]   히읗에[히으세]

15 ③

③, 받침 뒤에 모음 'ㅏ, ㅓ, ㅗ, ㅜ, ㅟ'들로 시작되는 실질 형태소가 연결되는 경우에는, 대표음으로 바꾸어서 뒤 음절 첫소리로 옮겨 발음하므로 [바다래]로 발음한다.

①, ②, ④ 위의 규정에 따라 표준 발음이다.

한글 자모의 이름은 첫소리와 끝소리 둘을 모두 보이기 위한 방식으로 붙인 것이어서 원칙적으로는 모음 앞에서 '디귿이[*디그디], 디귿을[*디그들]' 등과 같이 발음하여야 하나, 실제 발음에서는 [디그시], [디그슬] 등과 같이 현실 발음을 반영시킨다. '꽃이[*꼬시], 밤낮으로[*밤나스로], 솥은[*소슨], 무릎을[*무르블], 부엌에[*부어게]' 등은 표준 발음으로 인정하지 않은 점에서 보면 이 규정은 예외적이다.

16 ②

②, 한글 자모의 이름은 그 받침소리를 연음하되, 'ㄷ, ㅈ, ㅊ, ㅋ, ㅌ, ㅍ, ㅎ'의 경우에는 특별히 현실 발음을 반영시켜 규정하였다. 그러므로 [히으시]라고 발음한다.

①, ③, ④, 현실 발음을 반영한 표준 발음이다.

---

16 다음 중 한글 자모 이름의 발음이 틀린 것은?

① 디귿이[디그시]　　　　② 히읗이[히으히]

③ 티읕이[티으시]　　　　④ 피읖이[피으비]

제5장 음의 동화

> **제17항** 받침 'ㄷ, ㅌ(ㄾ)'이 조사나 접미사의 모음 'ㅣ'와 결합되는 경우에는, [ㅈ, ㅊ]으로 바꾸어서 뒤 음절 첫소리로 옮겨 발음한다.
>
> 곧이듣다[고지듣따]　　굳이[구지]　　미닫이[미다지]
> 땀받이[땀바지]　　　　밭이[바치]　　벼훑이[벼훌치]

구개음화에 대한 규정이다.

(1) 모음 앞에서 본음대로 연음

밭은[바튼]　　　　밭을[바틀]　　　　밭에[바테]

(2) 받침 'ㄷ, ㅌ(ㄾ)'+조사나 접미사의 모음 'ㅣ' → [ㅈ, ㅊ]

밭이다[바치다]　　밭입니다[바침니다]　　해돋이[해도지]
낱낱이[난 : 나치]　　훑이다[훌치다]

> **[붙임]** 'ㄷ' 뒤에 접미사 '히'가 결합되어 '티'를 이루는 것은 [치]로 발음한다.
>
> 굳히다[구치다]　　　닫히다[다치다]　　　묻히다[무치다]

(3) 받침 'ㄷ' + 접미사 '-히-' → [ㅊ]

걷히다[거치다]　　받히다[바치다]

구개음화는 조사나 접미사에 의해서만 일어날 수가 있고, 합성어에서는 받침 'ㄷ, ㅌ' 다음에 '이'로 시작되는 단어가 결합되어 있을 때에도 구개음화는 일어날 수 없다. '밭이랑[반니랑]', 홑이불[혼니불]' 등과 같이 'ㄴ'에 의해서 'ㅌ'이 [ㄴ]로 발음된다.

②, 구개음화 현상으로 받침 'ㄷ, ㅌ(ㄾ)'이 조사나 접미사의 모음 'ㅣ'와 결합되는 경우에는, [ㅈ, ㅊ]으로 바꾸어서 뒤 음절 첫소리로 옮겨 발음하므로 정답이다.

④, 위의 규정에 따라 [벼훑치]가 표준 발음이다.

①, ③, 구개음화는 조사나 접미사에 의해서만 일어날 수도 있고 합성어에서는 받침 'ㄷ, ㅌ' 다음에 'ㅣ'로 시작되는 단어가 결합되어 있을 때에도 구개음화는 일어날 수 없고, 'ㄴ'에 의해서 'ㅌ'이 [ㄴ]로 발음된다. 그러므로 [반니랑], [혼니불]이 표준 발음이다.

17 다음 중 표준 발음을 바르게 적은 것은?

① 밭이랑[바치랑]　　　　② 밭이[바치]

③ 홑이불[홑치불]　　　　④ 벼훑이[벼훑치]

제18항 받침 'ㄱ(ㄲ, ㅋ, ㄳ, ㄺ), ㄷ(ㅅ, ㅆ, ㅈ, ㅊ, ㅌ, ㅎ), ㅂ(ㅍ, ㄼ, ㄿ, ㅄ)'은 'ㄴ, ㅁ' 앞에서 [ㅇ, ㄴ, ㅁ]으로 발음한다.

먹는[멍는]	국물[궁물]	깎는[깡는]
키읔만[키응만]	몫몫이[몽목씨]	긁는[긍는]
흙만[흥만]	닫는[단는]	짓는[진는]
옷맵시[온맵씨]	있는[인는]	맞는[만는]
젖멍울[전멍울]	쫓는[쫀는]	꽃망울[꼰망울]
붙는[분는]	놓는[논는]	잡는[잠는]
밥물[밤물]	앞마당[암마당]	밟는[밤는]
읊는[음는]	없는[엄는]	값매다[감매다]

'값만, 없는'은 우선 'ㅅ'을 탈락시키고서 'ㅁ, ㄴ'에 의하여 'ㅂ'이 [ㅁ]로 역행 동화되어 [감만], [엄ː는]으로 발음된다. [ㄷ]로 발음되는 'ㅅ, ㅆ, ㅈ, ㅊ, ㄷ, ㅌ' 받침은 'ㄴ, ㅁ' 앞에서 모두 [ㄴ]로 발음된다.

[붙임] 두 단어를 이어서 한 마디로 발음하는 경우에도 이와 같다.

책 넣는다[챙넌는다]	흙 말리다[흥말리다]
옷 맞추다[온마추다]	밥 먹는다[밤멍는다]
값 매기다[감매기다]	

위와 같은 환경에서 단어와 단어 사이도 비음으로 바뀐다.

국 마시다[궁마시다]　　　옷 마르다[온마르다]　　　입 놀리다[임놀리다]

18 다음 중 표준 발음을 바르게 적은 것은?

① 책 넣는다[챙 넌는다]　　② 긁는[극는]

③ 닫는[단는]　　　　　　④ 흙만[흑만]

제19항 받침 'ㅁ, ㅇ' 뒤에 연결되는 'ㄹ'은 [ㄴ]으로 발음한다.

담력[담ː녁]　　　　침략[침냑]　　　　강릉[강능]

항로[항ː노]　　　　대통령[대ː통녕]

한자어에서 받침 'ㅁ, ㅇ' 뒤에 결합되는 'ㄹ'을 [ㄴ]로 발음하는 규정이다. 본래 'ㄹ'을 첫소리로 가진 한자는 'ㄴ, ㄹ' 이외의 받침 뒤에서는 언제나 'ㄹ'이 [ㄴ]로 발음된다.

[붙임] 받침 'ㄱ, ㅂ' 뒤에 연결되는 'ㄹ'도 [ㄴ]으로 발음한다.[6]

막론[막논→망논]　　　　백리[백니→뱅니]

협력[협녁→혐녁]　　　　십리[십니→심니]

받침 'ㄱ, ㅂ' 뒤에서 'ㄹ'은 [ㄴ]로 발음되는데, 그 [ㄴ] 때문에 'ㄱ, ㅂ'은 다시 [ㅇ, ㅁ]로 역행 동화[7]되어 발음된다.

---

19 다음 중 표준 발음을 바르게 적은 것은?

① 침략[침약]　　　　② 막론[막논]

③ 대통령[대 : 통영]　　④ 협력[혐녁]

제20항 'ㄴ'은 'ㄹ'의 앞이나 뒤에서 [ㄹ]로 발음한다.

(1) 난로[날로]　　　　신라[실라]　　　　천리[철리]

광한루[광ː할루]　　　　대관령[대ː괄령]

---

18 ③

③, 받침 'ㄱ(ㄲ, ㅋ, ㄳ, ㄺ), ㄷ(ㅅ, ㅆ, ㅈ, ㅊ, ㅌ, ㅎ), ㅂ(ㅍ, ㄼ, ㄿ, ㅄ)'은 'ㄴ, ㅁ' 앞에서 [ㅇ, ㄴ, ㅁ]로 발음하므로 받침 'ㄷ'이 [ㄴ]로 발음되어 정답이다.

①, 발음을 적을 때는 붙여 쓰므로 [챙넌는다]로 붙여 쓴다.

②, ④, 위의 규정에 따라 [긍는], [흥만]이 표준 발음이다.

6. 예시어 중 '백리', '십리'를 '백 리', '십 리'처럼 띄어 쓸 수 있겠으나 고시 본대로 둔다.

7. 어떤 음운이 뒤에 오는 음운의 영향을 받아서 그와 비슷하거나 같게 소리 나는 현상

19 ④

④, 받침 'ㅁ, ㅇ' 뒤에 연결되는 'ㄹ'은 [ㄴ]로 발음하고, 받침 'ㄱ, ㅂ' 뒤에 연결되는 'ㄹ'도 [ㄴ]로 발음하므로 정답이다.

①, ③, 위의 규정에 따라 [침냑], [대 : 통녕]이 표준 발음이다.

②, '막론'은 자음동화 현상에 따라 [망논]으로 발음한다.

(2) 칼날[칼랄]　　　물난리[물랄리]　　　줄넘기[줄럼끼]
　　할는지[할른지]

　(1)은 한자어의 경우이고 (2)는 합성어 또는 파생어의 경우와 '-(으)ㄹ는지'의 경우이다. 이상의 경우 이외에 다음과 같은 경우에는 'ㄴ'을 [ㄹ]로 발음한다. 물론 이때에는 한 마디로 발음한다.

　땔 나무[땔ː라무]　　　갈 놈[갈롬]　　　바람 잦을 날[바람자즐랄]

[붙임] 첫소리 'ㄴ'이 'ㅀ', 'ㄾ' 뒤에 연결되는 경우에도 이에 준한다.

　닳는[달른]　　　뚫는[뚤른]　　　핥네[할레]

　'ㅀ, ㄾ'과 같이 자음 앞에서 [ㄹ]가 발음되는 용언 어간 다음에 'ㄴ'으로 시작되는 어미가 결합되면 그 'ㄴ'을 [ㄹ]로 동화시켜 발음한다.

　앓다: 앓는[알른], 앓나[알라], 앓네[알레]
　알다: 아는, 아나, 아네 (ㄹ 탈락)

다만, 다음과 같은 단어들은 'ㄹ'을 [ㄴ]으로 발음한다.

의견란[의ː견난]	임진란[임ː진난]	생산량[생산냥]
결단력[결딴녁]	공권력[공꿘녁]	동원령[동ː원녕]
상견례[상견녜]	횡단로[횡단노]	이원론[이ː원논]
입원료[이붠뇨]	구근류[구근뉴]	

한자어에서 받침 'ㄴ'+어두 'ㄹ' → [ㄴㄴ]

권력[궐력], 공권력[공꿘녁]

20 다음 중 표준 발음을 바르게 적은 것은?

① 줄넘기[줄럼끼] ② 대관령[대 : 관녕]

③ 광한루[광 : 한누] ④ 물난리[물난니]

제21항 위에서 지적한 이외의 자음 동화는 인정하지 않는다.

감기[감ː기](×[강ː기]) 옷감[옫깜](×[옥깜])

있고[읻꼬](×[익꼬]) 꽃길[꼳낄](×[꼭낄])

젖먹이[전머기](×[점머기]) 문법[문뻡](×[뭄뻡])

꽃밭[꼳빧](×[꼽빧])

'신문'을 때로는 역행 동화된 [*심문]으로 발음하는 경우가 있는데, 이러한 위치 동화를 표준 발음법에서는 허용하지 않는다는 규정이다.

옷감: [옫깜 / *옥깜 / *오깜]

걷습니다: [걷 : 씀니다 / *거 : 씀니다]

꽃밭: [꼳빧 / *꼽빧 / *꼬빧]

21 다음 중 표준 발음을 바르게 적은 것은?

① 옷감[옥깜] ② 꽃밭[꼽빧]

③ 걷습니다[거씀니다] ④ 문법[문뻡]

제22항 다음과 같은 용언의 어미는 [어]로 발음함을 원칙으로 하되, [여]로 발음함도 허용한다.

되어[되어/되여] 피어[피어/피여]

[붙임] '이오, 아니오'도 이에 준하여 [이요, 아니요]로 발음함을 허용한다.

20①

①, 'ㄴ'은 'ㄹ'의 앞이나 뒤에서 [ㄹ]로 발음하므로 정답이다.

②, ③, ④, 위의 규정에 따라 [대ː괄령], [광ː 할루], [물랄리]가 표준 발음이다.

21④

④, 17~20항에서 지적한 이외의 자음 동화는 인정하지 않는 규정으로 [문뻡]만 표준 발음으로 인정한다.

①, ②, ③, [옫깜]. [꼳빧], [걷 : 씀니다]만 표준 발음으로 인정된다. 이것은 자음 앞에서 발음되는 받침에 대한 규정(특히 제9항)을 중시한 것이며, 수의적으로 역행 동화된 발음은 표준 발음으로 인정하지 않는 것이다.

모음으로 끝난 용언 어간에 모음으로 시작된 어미가 결합될 때에 나타나는 모음 충돌에 대한 발음 규정이다. '되-＋-어→되어'는 [되어]로 발음함이 원칙이다. 때로 모음 충돌을 피한 발음인 [되여]가 쓰이기도 하여 이를 현실적으로 허용한다는 규정이다. '이오, 아니오'의 경우에도 마찬가지다.

22③

ㄴ, '되어'와 '피어'의 용언의 어미는 [어]로 발음함을 원칙으로 하되, [여]로 발음함도 허용하므로 [되어/되여], [피어/피여] 모두 발음하는 것이 가능하다.

ㄱ, [되여]도 표준 발음이다.

ㄷ, '이오'도 [이오/이요] 둘 다 표준 발음으로 허용한다.

---

22 다음 〈보기〉의 설명 중 맞는 것은?

― 보 기 ―

ㄱ. '되어'는 [되어]만 표준 발음이다.
ㄴ. '피어'는 [피어], [피여] 둘 다 표준 발음으로 허용한다.
ㄷ. '이오'는 [이오]만, '아니오'는 [아니오/아니요] 둘 다 표준 발음으로 허용한다.

① ㄱ   ② ㄱ, ㄴ
③ ㄴ   ④ ㄱ, ㄷ

제6장 경음화

제23항 받침 '¬(ㄲ, ㅋ, ㄳ, ㄹㄱ), ㄷ(ㅅ, ㅆ, ㅈ, ㅊ, ㅌ), ㅂ(ㅍ, ㄼ, ㄿ, ㅄ)' 뒤에 연결되는 '¬, ㄷ, ㅂ, ㅅ, ㅈ'은 된소리로 발음한다.

국밥[국빱]	깎다[깍따]	넋받이[넉빠지]
삯돈[삭똔]	닭장[닥짱]	칡범[칙뻠]
뻗대다[뻗때다]	옷고름[옫꼬름]	있던[읻떤]
꽂고[꼳꼬]	꽃다발[꼳따발]	낯설다[낟썰다]
밭갈이[받까리]	솥전[솓쩐]	곱돌[곱똘]
덮개[덥깨]	옆집[엽찝]	값지다[갑찌다]
넓죽하다[넙쭈카다]	읊조리다[읍쪼리다]	

선행 종성		후행 초성	발음
¬(ㄲ, ㅋ, ㄳ, ㄹㄱ)	[¬]	¬	[ㄲ]
ㄷ(ㅅ, ㅆ, ㅈ, ㅊ, ㅌ)	[ㄷ]	ㄷ	[ㄸ]
		ㅂ	[ㅃ]
ㅂ(ㅍ, ㄼ, ㄿ, ㅄ)	[ㅂ]	ㅅ	[ㅆ]
		ㅈ	[ㅉ]

선행 종성에 '+', 발음에 '→' 표시

23 다음 중 표준 발음이 <u>아닌</u> 것은?

① 솥전[솓쩐]　　② 낯설다[낟썰다]

③ 덮개[덥깨]　　④ 넓죽하다[넙쭈카다]

제24항 어간 받침 'ㄴ(ㄵ), ㅁ(ㄻ)' 뒤에 결합되는 어미의 첫소리 '¬, ㄷ, ㅅ, ㅈ'은 된소리로 발음한다.

신고[신ː꼬]　　껴안다[껴안따]　　앉고[안꼬]

23②

②, 받침 '¬(ㄲ, ㅋ, ㄳ, ㄹㄱ), ㄷ(ㅅ, ㅆ, ㅈ, ㅊ, ㅌ), ㅂ(ㅍ, ㄼ, ㄿ, ㅄ)' 뒤에 연결되는 '¬, ㄷ, ㅂ, ㅅ, ㅈ'은 된소리로 발음하므로, [낟썰다]가 표준 발음이다.

①, ③, ④, 위의 규정에 따라 모두 표준 발음이다.

없다[언따]	삼고[삼:꼬]	더듬지[더듬찌]
닭고[담:꼬]	젊지[점:찌]	

용언 어간 받침		후행 초성		발음
ㄴ(ㄵ), ㅁ(ㄻ)	+	ㄱ	→	[ㄲ]
		ㄷ		[ㄸ]
		ㅅ		[ㅆ]
		ㅈ		[ㅉ]

체언의 경우에는 '신도[신도], 신과[신과]'라든가 '바람도[바람도], 바람과[바람과]' 등과 같이 된소리로 발음하지 않는다.

다만, 피동, 사동의 접미사 '-기-'는 된소리로 발음하지 않는다.

안기다   감기다   굶기다   옮기다

'ㄴ, ㅁ' 받침을 가진 용언 어간의 피동·사동은 이 규정을 따르지 않고 '안기다[안기다], 남기다[남기다], 굶기다[굼기다]'와 같이 발음한다. 그러나 일종의 활용 형식인 용언의 명사형의 경우에는 '안기[안 : 끼], 남기[남 : 끼], 굶기[굼끼]'와 같이 된소리로 발음한다.

24①

①, 'ㄴ, ㅁ' 받침을 가진 용언 어간의 피동·사동의 접미사 '-가'는 된소리로 발음하지 않으므로 [감기다]가 표준 발음이다.

②, 어간 받침 'ㄴ(ㄵ), ㅁ(ㄻ)' 뒤에 결합되는 어미의 첫소리 'ㄱ, ㄷ, ㅅ, ㅈ'은 된소리로 발음하므로 모두 표준어이다.

24 다음 중 표준 발음이 <u>아닌</u> 것은?

① 감기다[감끼다]   ② 껴안다[껴안따]
③ 젊지[점 : 찌]   ④ 더듬지[더듬찌]

제25항 어간 받침 'ㄼ, ㄾ' 뒤에 결합되는 어미의 첫소리 'ㄱ, ㄷ, ㅅ, ㅈ'은 된소리로 발음한다.

넓게[널게]   핥다[할따]   훑소[홀쏘]
떫지[떨찌]

자음 앞에서 [ㄹ]로 발음되는 겹받침 'ㄼ, ㄾ' 뒤에 연결되는 자음을 된소리로 발음한다는 규정이다. 이는 용언 어간에 한정되는 규정인데, 체언의 경우에는 '여덟도[여덜도], 여덟과[여덜과], 여덟보다[여덜보다]'처럼 된소리로 발음되지 않는다.

---

25 다음 중 표준 발음이 <u>아닌</u> 것은?

① 넓게[널께]   ② 여덟도[여덜또]

③ 떫지[떨 : 찌]   ④ 핥다[할따]

제26항 한자어에서, 'ㄹ' 받침 뒤에 연결되는 'ㄷ, ㅅ, ㅈ'은 된소리로 발음한다.

갈등[갈뚱]	발동[발똥]	절도[절또]
말살[말쌀]	불소[불쏘](弗素)	일시[일씨]
갈증[갈쯩]	물질[물찔]	발전[발쩐]
몰상식[몰쌍식]	불세출[불쎄출]	

'결과, 물건, 불복, 설계, 열기, 절기, 출고, 팔경, 활보' 등 된소리로 발음되지 않는 예들이 많다. 된소리로 발음되는 경우에는 사전에서 그 발음을 표시한다.

다만, 같은 한자가 겹쳐진 단어의 경우에는 된소리로 발음하지 않는다.

허허실실[허허실실](虛虛實實)   절절-하다[절절하다](切切-)

같은 한자가 겹쳐진 단어의 경우에는 된소리로 발음하지 않는다.

결결[결결](缺缺)   별별[별별](別別)

25②

②, 자음 앞에서 [ㄹ]로 발음되는 겹받침 'ㄼ, ㄾ'이 체언의 경우에는 된소리로 발음되지 않기 때문에 [여덜도]가 표준 발음이다.

①, ③, ④, 어간 받침 'ㄼ, ㄾ' 뒤에 결합되는 어미의 첫소리 'ㄱ, ㄷ, ㅅ, ㅈ'은 된소리로 발음하므로 모두 표준 발음이다.

26 ①

①, 같은 한자가 겹친 첩어의 경우에는 된소리로 발음되지 않으므로 정답이다.

②, ③, ④, 한자어에서, 'ㄹ' 받침 뒤에 연결되는 'ㄷ, ㅅ, ㅈ'은 된소리로 발음하므로 [불쎄출], [일씨], [불쏘]와 같이 된소리로 발음한다.

26 다음 중 된소리로 발음되지 않는 것은?

① 절절하다(切切-) 　② 불세출

③ 일시 　　　　　　④ 불소(弗素)

제27항 관형사형 '-(으)ㄹ' 뒤에 연결되는 'ㄱ, ㄷ, ㅂ, ㅅ, ㅈ'은 된소리로 발음한다.

할 것을[할꺼슬]　　갈 데가[갈떼가]　　할 바를[할빠를]

할 수는[할쑤는]　　할 적에[할쩌게]　　갈 곳[갈꼳]

할 도리[할또리]　　만날 사람[만날싸람]

다만, 끊어서 말할 적에는 예사소리로 발음한다.

관형사형 어미 '-ㄹ, -을' 다음에서 'ㄱ, ㄷ, ㅂ, ㅅ, ㅈ'을 각각 예외 없이 된소리로 발음한다. '-(으)ㄹ' 다음에 오는 것이 보조 용언일 경우에도 다음 자음을 된소리로 발음한다.

할 듯하다[할뜨타다]　　할 법하다[할뻐파다]　　할 성싶다[할썽십따]

[붙임] '-(으)ㄹ'로 시작되는 어미의 경우에도 이에 준한다.

할걸[할껄]　　　　할밖에[할빠께]　　　　할세라[할쎄라]

할수록[할쑤록]　　할지라도[할찌라도]

할지언정[할찌언정]　　할진대[할찐대]

'-(으)ㄹ'로 시작되는 어미는 자음 'ㄱ, ㄷ, ㅂ, ㅅ, ㅈ'을 된소리로 각각 발음한다. '-(으)ㄹ거나, -(으)ㄹ세, -(으)ㄹ수록, -(으)ㄹ지, -(으)ㄹ진대' 등이 그 예들이다. 그러나 '-(으)ㄹ까, -(으)ㄹ꼬, -(으)ㄹ쏘냐'는 된소리로 표기한다.

관형사형 어미 '-(으)ㄴ, -는, -던' 등 'ㄴ' 받침을 가진 어미 뒤에서는 된소리로 발음하지 않는다.

간 사람[간사(:)람]　　　가는 사람[가는사(:)람]

가던 사람[가던사(:)람]　　입는다[임는다]

입는데[임는데]　　　　　입는지[임는지]

27 다음 문장 중에서 밑줄 친 <u>사람</u>의 발음이 다른 하나는?

① 수업이 끝나기 전에 집에 간 <u>사람</u>은 철수이다.
② 오늘 만날 <u>사람</u>이 있어.
③ 길을 같이 가던 <u>사람</u>이 사라졌다.
④ 서울로 가는 <u>사람</u>은 7번 승강장에서 버스를 타세요.

제28항 표기상으로는 사이시옷이 없더라도, 관형격 기능을 지니는 사이시옷이 있어야 할(휴지가 성립되는) 합성어의 경우에는, 뒤 단어의 첫소리 'ㄱ, ㄷ, ㅂ, ㅅ, ㅈ'을 된소리로 발음한다.

문-고리[문꼬리]	눈-동자[눈똥자]	신-바람[신빠람]
산-새[산쌔]	손-재주[손째주]	길-가[길까]
물-동이[물똥이]	발-바닥[발빠닥]	굴-속[굴쏙]
술-잔[술짠]	바람-결[바람껼]	그믐-달[그믐딸]
아침-밥[아침빱]	잠-자리[잠짜리]	강-가[강까]
초승-달[초승딸]	등-불[등뿔]	창-살[창쌀]
강-줄기[강쭐기]		

표기상으로는 사이시옷이 드러나지 않더라도, 기능상 사이시옷이 있을 만한 합성어의 경우 된소리로 발음되는 예들을 제시하고 있다. '나뭇집(나무를 파는 집)'과 '나무집(나무로 만든 집)'은 관형격의 기능을 보여 주지만 '돌집[돌 : 찝](돌로 지은 집)'은 관형격의 기능이 없음에도 된소리로 발음한다.

28 다음 〈보기〉에서 밑줄 친 단어가 모두 된소리로 발음되는 문장은?

보 기
ㄱ. <u>강가</u>에 <u>잠자리</u>가 날아다닌다.
ㄴ. <u>강줄기</u>를 따라 <u>술잔</u>이 떠내려간다.
ㄷ. 어두운 <u>굴속</u>에서 고양이의 <u>눈동자</u>가 반짝였다.

① ㄱ
② ㄱ, ㄴ
③ ㄱ, ㄷ
④ ㄴ, ㄷ

27 ②

②, 관형사형 '-ㄹ, -을' 다음에서는 'ㄱ, ㄷ, ㅂ, ㅅ, ㅈ'을 각각 예외 없이 된소리로 발음한다. '-(으)ㄹ' 다음에 오는 것이 명사가 아니라 보조 용언일 경우에도 역시 그 다음 자음을 된소리로 발음한다는 규정에 따라 [만날싸람]으로 발음한다.

①, ③, ④, 관형사형 어미 '-(으)ㄴ, -는, -던' 등 'ㄴ' 받침을 가진 어미 뒤에서는 된소리로 발음하지 않으므로 [간사(:)람], [가던사(:)람], [가는사(:)람]이 표준 발음이며, '만날 사람'과 달리 된소리로 발음되지 않는다.

28 ④

ㄴ, ㄷ, 표기상으로는 사이시옷이 없더라도, 관형격 기능을 지니는 사이시옷이 있어야 할(휴지가 성립되는) 합성어의 경우에는, 뒤 단어의 첫소리 'ㄱ, ㄷ, ㅂ, ㅅ, ㅈ'을 된소리로 발음하므로 [강쭐기], [술짠], [굴쏙], [눈똥자]가 표준 발음이며 모두 된소리로 발음된다.

ㄱ, '강가'는 위의 규정에 따라 [강까]로 발음하지만, 곤충인 '잠자리'의 경우는 [잠자리]로 발음한다.

제7장 음의 첨가

제29항 합성어 및 파생어에서, 앞 단어나 접두사의 끝이 자음이고 뒤 단어나 접미사의 첫음절이 '이, 야, 여, 요, 유'인 경우에는, 'ㄴ' 음을 첨가하여 [니, 냐, 녀, 뇨, 뉴]로 발음한다.

솜-이불[솜ː니불]	홑-이불[혼니불]	막-일[망닐]
삯-일[상닐]	맨-입[맨닙]	꽃-잎[꼰닙]
내복-약[내ː봉냑]	한-여름[한녀름]	남존-여비[남존녀비]
신-여성[신녀성]	색-연필[생년필]	직행-열차[지캥녈차]
늑막-염[능망념]	콩-엿[콩녇]	담-요[담ː뇨]
눈-요기[눈뇨기]	영업-용[영엄뇽]	식용-유[시굥뉴]
국민-윤리[궁민뉼리]	밤-윷[밤ː뉻]	

앞 요소의 받침은 첨가된 'ㄴ' 때문에 비음으로 발음된다. '짓이기다'는 'ㄴ'이 첨가되어 [짓ㅡ니기다]와 같이 되고 다시 [ㄴ] 앞에서 '짓'은 [진]이 되어 결국 [진니기다]로 발음된다.

다만, 다음과 같은 말들은 'ㄴ' 음을 첨가하여 발음하되, 표기대로 발음할 수 있다.

이죽-이죽[이중니죽/이주기죽]	야금-야금[야금냐금/야그먀금]
검열[검ː녈/거ː멸]	욜랑-욜랑[욜랑놀랑/욜랑욜랑]
금융[금늉/그뮹]	

'야옹야옹[야옹냐옹]'은 'ㄴ'을 첨가하여 발음한다. 따라서 'ㄴ'이 첨가된 경우에는 사전에서 그 발음을 표시한다.

[붙임 1] '⌐ㄹ' 받침 뒤에 첨가되는 'ㄴ' 음은 [ㄹ]로 발음한다.

들-일[들ː릴]　　솔-잎[솔립]　　설-익다[설릭따]

물-약[물략]　　불-여우[불려우]　　서울-역[서울력]

물-엿[물렫]　　휘발-유[휘발류]　　유들-유들[유들류들]

'수원역'에서는 'ㄴ'을 첨가하여 [수원녁]으로 발음되지만 '서울역'에서는 [ㄹ]로 동화되어 [서울력]으로 발음한다. 만일 이러한 음의 첨가가 없을 경우에는 자연히 앞의 자음을 연음하여 발음한다.

절약[저략]　　월요일[워료일]　　목요일[모교일]　　금요일[그묘일]

'이글이글' 같은 단어는 [이글리글/이그리글]의 두 가지 발음이 모두 가능하나, '유월 유두'는 [유월류두]로 발음한다.

[붙임 2] 두 단어를 이어서 한 마디로 발음하는 경우에도 이에 준한다.

한 일[한닐]　　옷 입다[온닙따]　　서른여섯[서른녀섣]

3 연대[삼년대]　　먹은 엿[머근년]

할 일[할릴]　　잘 입다[잘립따]　　스물여섯[스물려섣]

1 연대[일련대]　　먹을 엿[머글련]

'잘 입다, 잘 익히다, 못 이기다, 못 잊다' 등의 경우에는 'ㄴ'(또는 'ㄹ')의 첨가 없이도 발음하는데, 이는 두 단어로 인식하고서 발음한다. 물론 이때에도 '[자립따]'나 '[모디기다]'와 같이 연음하여 발음한다.

다만, 다음과 같은 단어에서는 'ㄴ(ㄹ)' 음을 첨가하여 발음하지 않는다.

6·25[유기오]　　3·1절[사밀쩔]

송별-연[송ː벼련]　　등-용문[등용문]

'ㄴ, ㄹ'을 첨가하지 않고 발음하는 예들이다. '6.25[유기오]'뿐만 아니라 '8.15[파리로]'도 소리의 첨가 없이 발음한다.

이상은 한자어나 합성어 및 파생어 안에서 소리가 첨가되는 데에 대한 규정이었다. 그런데 '-이오?'(이것은 책이오?)를 줄여서 '-요?'라고 할 경우에는 'ㄴ'이나 'ㄹ'의 첨가 없이 받침을 연음하여 발음한다.

문-요?[무뇨]　　담-요?[다묘]
물-요?[무료]　　상-요?[상요]

29④

ㄱ, 합성어 및 파생어에서, 앞 단어나 접두사의 끝이 자음이고 뒤 단어나 접미사의 첫음절이 '이, 야, 여, 요, 유'인 경우에는, 'ㄴ' 음을 첨가하여 [니, 냐, 녀, 뇨, 뉴]로 발음하고, '검열'과 '이죽-이죽'은 표기대로 발음도 가능하기 때문에 [검:녈/거:멸], [이중니죽/이주기죽] 모두를 표준발음으로 인정한다.

ㄴ, 'ㄹ' 받침 뒤에 첨가되는 'ㄴ' 음은 [ㄹ]로 발음하므로 '물-약'과 '유들유들'은 [물략], [유들류들]이 표준 발음이다.

---

29 다음 〈보기〉에서 밑줄 그은 단어의 발음이 모두 맞는 것은?

─── 보 기 ───
ㄱ. 민식이는 검열에 걸려서도 이죽이죽 웃고 있었다.
ㄴ. 다리에 물약을 발랐더니 피부가 유들유들하다.

① ㄱ: [검 : 녈], [이주기죽]　ㄴ: [물략], [유드류들]
② ㄱ: [거 : 멸], [이중니죽]　ㄴ: [물냑], [유들류들]
③ ㄱ: [거 : 멸], [이주기죽]　ㄴ: [물냑], [유드류들]
④ ㄱ: [검 : 녈], [이중니죽]　ㄴ: [물략], [유들류들]

제30항 사이시옷이 붙은 단어는 다음과 같이 발음한다.

1. 'ㄱ, ㄷ, ㅂ, ㅅ, ㅈ'으로 시작하는 단어 앞에 사이시옷이 올 때는 이들 자음만을 된소리로 발음하는 것을 원칙으로 하되, 사이시옷을 [ㄷ]으로 발음하는 것도 허용한다.

냇가[내:까/낻:까]　　　　샛길[새:낄/샏:낄]
빨랫돌[빨래똘/빨랟똘]　　콧등[코뜽/콛뜽]
깃발[기빨/긷빨]　　　　　대팻밥[대:패빱/대:팯빱]
햇살[해쌀/핻쌀]　　　　　뱃속[배쏙/밷쏙]
뱃전[배쩐/밷쩐]　　　　　고갯짓[고개찓/고갣찓]

깃발은 [긷빨]→[깁빨]→[기빨]과 같은 과정을 거친 것이어서 원칙적으로는 [긷빨]을 표준 발음으로 정하는 것이 합리적이지만, 실제 발음을 고려하여 [기빨]과 [긷빨] 모두를 표준 발음으로 허용한다.

2. 사이시옷 뒤에 'ㄴ, ㅁ'이 결합되는 경우에는 [ㄴ]으로 발음한다.

콧날[콘날→콘날]   아랫니[아랟니→아랜니]

툇마루[퇻ː마루→퇸ː마루]   뱃머리[밷머리→밴머리]

'ㄴ, ㅁ' 같은 비음 앞에 사이시옷이 들어간 경우에는 'ㅅ→ㄷ→ㄴ'의 과정에 따라 사이시옷을 [ㄴ]으로 발음한다. '뱃머리'의 경우에는 [밴머리]가 표준 발음이 되고, 위치 동화까지 일어난 [*뱀머리]는 제21항의 규정에 따라 표준 발음으로 인정하지 않는다.

3. 사이시옷 뒤에 '이' 음이 결합되는 경우에는 [ㄴㄴ]으로 발음한다.

베갯잇[베갣닏→베갠닏]   깻잎[깯닙→깬닙]

나뭇잎[나묻닙→나문닙]   도리깻열[도리깯녈→도리깬녈]

뒷윷[뒫ː늋→뒨ː늋]

사이시옷 뒤에 '이' 또는 '야, 여, 요, 유' 등이 결합되는 경우에는 'ㄴ'이 첨가되기 때문에 사이시옷은 자연히 [ㄴ]로 발음된다.

---

30 다음 중 표준 발음을 바르게 적은 것은?

① 깃발[깁빨]   ② 콧등[코뜽]

③ 대팻밥[대팹빱]   ④ 나뭇잎[나무닙]

30②

②, 'ㄱ, ㄷ, ㅂ, ㅅ, ㅈ' 으로 시작하는 단어 앞에 사이시옷이 올 때는 이들 자음만을 된소리로 발음하는 것을 원칙으로 하되, 사이시옷을 [ㄷ]로 발음하는 것도 허용하므로, [코뜽/콛뜽] 모두 표준 발음이다.

①, ③, 위의 규정에 따라 [기빨/긷빨], [대: 패빱/대: 팯빱]이 표준 발음이다.

④, 사이시옷 뒤에 '이' 음이 결합되는 경우에는 [ㄴㄴ]로 발음하므로 [나문닙]이 표준 발음이다.

○ 복수 표준어

추가된 표준어	현재 표준어
간지럽히다	간질이다
남사스럽다	남우세스럽다
등물	목물
맨날	만날
묫자리	묏자리
복숭아뼈	복사뼈
세간살이	세간
쌉싸름하다	쌉싸래하다
토란대	고운대
허접쓰레기	허섭스레기
흙담	토담
구안와사	구안괘사
굽신*	굽실
눈두덩이	눈두덩
삐지다	삐치다
초장초	작장초
마실	마을
이쁘다	예쁘다
찰지다	차지다
-고프다	-고 싶다
걸판지다	거방지다
겉울음	건울음
까탈스럽다	까다롭다
실뭉치	실몽당이

* '굽신'이 표준어로 인정됨에 따라, '굽신거리다, 굽신대다, 굽신하다, 굽신굽신, 굽신굽신
하다' 등도 표준어로 함께 인정됨.

○ 별도 표준어

추가된 표준어	현재 표준어	뜻 차이
~길래	~기에	~길래: '~기에'의 구어적 표현.
개발새발	괴발개발	'괴발개발'은 '고양이의 발과 개의 발'이라는 뜻이고, '개발새발'은 '개의 발과 새의 발'이라는 뜻임.

추가된 표준어	현재 표준어	뜻 차이
나래	날개	'나래'는 '날개'의 문학적 표현.
내음	냄새	'내음'은 향기롭거나 나쁘지 않은 냄새로 제한됨.
눈꼬리	눈초리	• 눈초리: 어떤 대상을 바라볼 때 눈에 나타나는 표정. 예) '매서운 눈초리' • 눈꼬리: 눈의 귀 쪽으로 째진 부분.
떨구다	떨어뜨리다	'떨구다'에 '시선을 아래로 향하다'라는 뜻 있음.
뜨락	뜰	'뜨락'에는 추상적 공간을 비유하는 뜻이 있음.
먹거리	먹을거리	먹거리: 사람이 살아가기 위하여 먹는 음식을 통틀어 이름.
메꾸다	메우다	'메꾸다'에 '무료한 시간을 적당히 또는 그럭저럭 흘러가게 하다.'라는 뜻이 있음
손주	손자(孫子)	• 손자: 아들의 아들. 또는 딸의 아들. • 손주: 손자와 손녀를 아울러 이르는 말.
어리숙하다	어수룩하다	'어수룩하다'는 '순박함/순진함'의 뜻이 강한 반면에, '어리숙하다'는 '어리석음'의 뜻이 강함.
연신	연방	'연신'이 반복성을 강조한다면, '연방'은 연속성을 강조.
횡하니	힁허케	힁허케: '횡하니'의 예스러운 표현.
걸리적거리다	거치적거리다	
끄적거리다	끼적거리다	
두리뭉실하다	두루뭉술하다	
맨숭맨숭/ 맹숭맹숭	맨송맨송	
바둥바둥	바동바동	자음 또는 모음의 차이로 인한 어감 및 뜻 차이 존재
새초롬하다	새치름하다	
아웅다웅	아옹다옹	
야멸차다	야멸치다	
오손도손	오순도순	
찌뿌둥하다	찌뿌듯하다	
추근거리다	치근거리다	
개기다	개개다	개기다: (속되게) 명령이나 지시를 따르지 않고 버티거나 반항하다. (※개개다: 성가시게 달라붙어 손해를 끼치다.)
꼬시다	꾀다	꼬시다: '꾀다'를 속되게 이르는 말. (※꾀다: 그럴듯한 말이나 행동으로 남을 속이거나 부추겨서 자기 생각대로 끌다.)
놀잇감	장난감	놀잇감: 놀이 또는 아동 교육 현장 따위에서 활용되는 물건이나 재료. (※장난감: 아이들이 가지고 노는 여러 가지 물건.)
딴지	딴죽	딴지: ((주로 '걸다, 놓다'와 함께 쓰여)) 일이 순순히 진행되지 못하도록 훼방을 놓거나 어기대는 것. (※딴죽: 이미 동의하거나 약속한 일에 대하여 딴 전을 부림을 비유적으로 이르는 말.)
사그라들다	사그라지다	사그라들다: 삭아서 없어져 가다. (※사그라지다: 삭아서 없어지다.)

추가된 표준어	현재 표준어	뜻 차이
섬찟*	섬뜩	섬찟: 갑자기 소름이 끼치도록 무시무시하고 끔찍한 느낌이 드는 모양. (※섬뜩: 갑자가 소름이 끼치도록 무섭고 끔찍한 느낌이 드는 모양.)
속앓이	속병	속앓이: 「1」 속이 아픈 병. 또는 속에 병이 생겨 아파하는 일. 「2」 겉으로 드러내지 못하고 속으로 걱정하거나 괴로워하는 일. (※속병: 「1」 몸속의 병을 통틀어 이르는 말. 「2」 '위장병01'을 일상적으로 이르는 말. 「3」 화가 나거나 속이 상하여 생긴 마음의 심한 아픔.
허접하다	허접스럽다	허접하다: 허름하고 잡스럽다. (※허접스럽다: 허름하고 잡스러운 느낌이 있다.)
꼬리연	가오리연	• 꼬리연: 긴 꼬리를 단 연. ※ 가오리연: 가오리 모양으로 만들어 꼬리를 길게 단 연. 띄우면 오르면서 머리가 아래위로 흔들린다. (예문) 행사가 끝날 때까지 하늘을 수놓았던 대형 꼬리연도 비상을 꿈꾸듯 끊임없이 창공을 향해 날아올랐다.
의론	의논	• 의론(議論): 어떤 사안에 대하여 각자의 의견을 제기함. 또는 그런 의견. ※ 의논(議論): 어떤 일에 대하여 서로 의견을 주고받음. • '의론되다, 의론하다'도 표준어로 인정함. (예문) 이러니저러니 의론이 분분하다.
이크	이키	• 이크: 당황하거나 놀랐을 때 내는 소리. '이키'보다 큰 느낌을 준다. ※ 이키: 당황하거나 놀랐을 때 내는 소리. '이끼'보다 거센 느낌을 준다. (예문) 이크, 이거 큰일 났구나 싶어 허겁지겁 뛰어갔다.
잎새	잎사귀	• 잎새: 나무의 잎사귀. 주로 문학적 표현에 쓰인다. ※ 잎사귀: 낱낱의 잎. 주로 넓적한 잎을 이른다. (예문) 잎새가 몇 개 남지 않은 나무들이 창문 위로 뻗어올라 있었다.
푸르르다	푸르다	• 푸르르다: '푸르다'를 강조할 때 이르는 말. ※ 푸르다: 맑은 가을 하늘이나 깊은 바다, 풀의 빛깔과 같이 밝고 선명하다. • '푸르르다'는 '으불규칙용언'으로 분류함. (예문) 겨우내 찌푸리고 있던 잿빛 하늘이 푸르르게 맑아 오고 어디선지도 모르게 흙냄새가 뭉클하니 풍겨 오는 듯한 순간 벌써 봄이 온 것을 느낀다.

* '섬찟'이 표준어로 인정됨에 따라, '섬찟하다, 섬찟섬찟, 섬찟섬찟하다' 등도 표준어로 함께 인정됨.

○ 두 가지 표기를 모두 표준어로 인정한 것

추가된 표준어	현재 표준어
택견	태껸
품새	품세
짜장면	자장면

○ 복수 표준형

추가 표준형	현재 표준형	
말아 말아라 말아요	마 마라 마요	• '말다'에 명령형어미 '-아', '-아라', '-아요' 등이 결합할 때는 어간 끝의 'ㄹ'이 탈락하기도 하고 탈락하지 않기도 함. (예문) 내가 하는 말 농담으로 듣지 마/말아. 　　　애야, 아무리 바빠도 제사는 잊지 마라/말아라. 　　　아유, 말도 마요/말아요.
노랗네 동그랗네 조그맣네 …	노라네 동그라네 조그마네 …	• ㅎ불규칙용언이 어미 '-네'와 결합할 때는 어간 끝의 'ㅎ'이 탈락하기도 하고 탈락하지 않기도 함. • '그렇다, 노랗다, 동그랗다, 뿌옇다, 어떻다, 조그맣다, 커다랗다' 등등 모든 ㅎ불규칙용언의 활용형에 적용됨. (예문) 생각보다 훨씬 노랗네/노라네. 　　　이 빵은 동그랗네/동그라네. 　　　건물이 아주 조그맣네/조그마네.
엘랑	에는	• 표준어 규정 제25항에서 '에는'의 비표준형으로 규정해 온 '엘랑'을 표준형으로 인정함. • '엘랑' 외에도 'ㄹ랑'에 조사 또는 어미가 결합한 '에설랑, 설랑, -고설랑'도 표준형으로 인정함. • '엘랑, -고설랑' 등은 단순한 조사/어미 결합형으로 사전 표제어로는 다루지 않음. (예문) 서울엘랑 가지를 마오. 　　　교실에서랑 떠들지 마라. 　　　나를 앞에 앉혀놓고설랑 자기 아들 자랑만 하더라.
주책이다	주책없다	• 표준어 규정 제25항에 따라 '주책없다'의 비표준형으로 규정해 온 '주책이다'를 표준형으로 인정함. • '주책이다'는 '일정한 줏대가 없이 되는대로 하는 짓'을 뜻하는 '주책'에 서술격조사 '이다'가 붙은 말로 봄. • '주책이다'는 단순한 명사+조사 결합형이므로 사전 표제어로는 다루지 않음. (예문) 이제 와서 오래 전에 헤어진 그녀를 떠올리는 나 자신을 보며 '나도 참 주책이군' 하는 생각이 들었다.

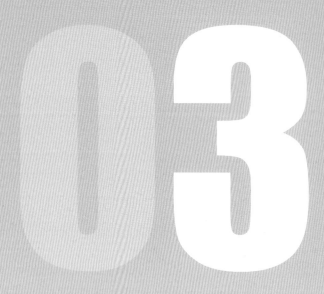

외래어 표기법

Loanword Orthography

문화체육관광부 고시 제2014-43호(2014. 12. 5., 일부 개정)

제1장 표기의 기본 원칙

제1항 외래어는 국어의 현용 24 자모만으로 적는다.

외래어는 외국어에서 차용해서 한국어의 일부로 쓰는 말이다. '담배'는 본래 'tobacco'에서 온 말인데, '연초'란 말로 번역하여 쓰기도 했지만 '담배'로 통용된다. 이러한 말을 외래어라고 한다.

외래어는 '담배', '남포' 등과 같이 이제는 그 어원을 잊었을 정도로 한국어의 한 부분이 된 것도 있지만, '아나운서, 넥타이' 등과 같이 그것이 외국에서 들어온 것이라는 의식이 남아 있는 것도 있고, '바캉스, 트러블' 등과 같이 아직 자리를 굳히지 못한 것도 있다. 이들이 한국어의 문맥 속에서 한국어식으로 발음되며, 때로는 그 본래의 뜻이 변해 가면서 한국어의 일부로 쓰이는 점은 같다.

제2항 외래어의 1 음운은 원칙적으로 1 기호로 적는다.

외국어의 1 음운이 한국어의 1 기호로 대응이 안 되는 경우에 한해서 2 기호로 표기할 때를 예상하여 '원칙적으로'라는 단서를 붙였다.

제3항 받침에는 'ㄱ, ㄴ, ㄹ, ㅁ, ㅂ, ㅅ, ㅇ'만을 쓴다.

'book'은 '*북'으로도 표기할 수 있지만, '북이'[*부키], '북을'[*부클]이라 하지 않고 '북이'[부기], '북을'[부글]이라 하는 것이 보통이다. 따라서, '*북'으로 표기할 필요가 없다. 외래어는 그대로 말음 규칙에 따라 표기하는 것이 옳다. 다만, 한국어의 'ㅅ' 받침은 단독으로는 'ㄷ'으로 발음되지만 모음 앞에서는 'ㅅ'으로 발음되는 변동 현상이 있는데, 이것은 외래어에도 그대로 적용된다. 'racket'은 [*라켇]으로 발음되지만, '라켓이'[라케시], '라켓을'[라케슬]로 변동하는 점이 한국어와 같다. 'ㅅ'에 한하여 말음 규칙에도 불구하고 'ㄷ'이 아닌 'ㅅ'을 받침으로 쓰는 것을 허용한다.

파열음 표기에는 된소리를 쓰지 않는 것을 원칙으로 한다.

유성·무성의 대립이 있는 외국어의 파열음을 한글로 표기할 때 유성 파열음은 평음(ㅂ, ㄷ, ㄱ)으로, 무성 파열음은 격음(ㅍ, ㅌ, ㅋ)으로 적기로 한 것이다. 한국어의 파열음에는 유성·무성의 대립이 없으므로 외래어의 무성음을 평음으로 적을 수도 있으나, 그러면 유성음을 표기할 방법이 없다. 유성 파열음을 가장 가깝게 표기할 수 있는 것은 평음이다. 따라서 무성 파열음은 격음이나 된소리로 표기할 수밖에 없다.

이 규정은 중국어 표기에도 적용된다. 중국어의 무기음이 우리의 된소리에 가깝게 들리기는 하지만, 무기·유기의 대립을 한국어의 평음과 격음으로 적는 것이 경음과 격음으로 적는 것보다 간편하고 효율적이다.

제5항 **이미 굳어진 외래어는 관용을 존중하되, 그 범위와 용례는 따로 정한다.**

다양한 경로를 통해 들어온 외래어는 어떤 특정한 원칙만으로는 그 표기의 일관성을 기하기 어렵다. [b, d, g]가 'ㅂ, ㄷ, ㄱ'으로 발음되고 있으나, 같은 [b, d, g]가 어느 경우에는 'ㅃ, ㄸ, ㄲ'으로 발음되고 있다. 또, 같은 말이 두 가지로 발음되고, 뜻도 달리 쓰이는 것이 있다.

cut	① 컷: 영화 따위의 장면, 작은 삽화.
	② 커트: 머리를 자르거나, 탁구 등의 운동에서 공을 깎아 치는 것.
type	① 타입: 어떤 형태나 유형
	② 타이프: 타자기
trot	① 트롯: 승마에서 말의 총총걸음.
	② 트로트: 대중 가요의 하나.

이러한 외래어 중 이미 오랫동안 쓰여져 굳어진 관용어는 그 관용을 인정하여 규정에 구애받지 않고 관용대로 적도록 한다.

1 다음 〈보기〉의 외래어 표기 기본원칙에 관한 설명 중 맞는 것은?

───── 보 기 ─────

ㄱ. 외래어는 한국어의 현용 24 자모만으로 적는다.

ㄴ. 외래어의 1 음운은 원칙적으로 1 기호로 적는다.

ㄷ. 받침에는 'ㄱ, ㄴ, ㄷ, ㄹ, ㅁ, ㅂ, ㅇ'만을 쓴다.

ㄹ. 파열음 표기에는 된소리를 쓰는 것을 원칙으로 한다.

① ㄱ, ㄴ   ② ㄱ, ㄹ

③ ㄴ, ㄷ   ④ ㄷ, ㄹ

제2장 표기 일람표

외래어는 표 1~5[1]에 따라 표기한다.

1. 1986년 고시본에는 제시된 외래어만 다룬다.

표 1   국제음성 기호와 한글 대조표

자음			반모음		모음	
국제음성기호	한글		국제음성기호	한글	국제음성기호	한글
	모음 앞	자음 앞 또는 어말				
p	ㅍ	ㅂ, 프	j	이*	i	이
b	ㅂ	ㅂ	ɥ	위	y	위
t	ㅌ	ㅅ, 트	w	오, 우*	e	에
d	ㄷ	드			ø	외
k	ㅋ	ㄱ, 크			ɛ	에
g	ㄱ	그			ɛ̃	앵
f	ㅍ	프			œ	외
v	ㅂ	브			œ̃	욍
θ	ㅅ	스			æ	애
ð	ㄷ	드			a	아
s	ㅅ	스			ɑ	아
z	ㅈ	즈			ɑ̃	앙
ʃ	시	슈, 시			ʌ	어
ʒ	ㅈ	지			ɔ	오
ts	ㅊ	츠			ɔ̃	옹
dz	ㅈ	즈			o	오
tʃ	ㅊ	치			u	우
ʤ	ㅈ	지			ə**	어
m	ㅁ	ㅁ			ɚ	어
n	ㄴ	ㄴ				
ɲ	니*	뉴				
ŋ	ㅇ	ㅇ				
l	ㄹ, ㄹㄹ	ㄹ				
r	ㄹ	르				
h	ㅎ	흐				
c	ㅎ	히				
x	ㅎ	흐				

*[j], [w]의 '이'와 '오, 우', 그리고 [ɲ]의 '니'는 모음과 결합할 때 제3장 표기 세칙에 따른다.

**독일어의 경우에는 '에', 프랑스 어의 경우에는 '으'로 적는다.

표 2　　　　　　　　스페인어 자모와 한글 대조표

		한글		보기
		모음 앞	자음 앞·어말	
		ㅂ	ㅂ	biz 비스, blandon 블란돈
				braceo 브라세오크
		ㅋ, ㅅ	ㄱ, ㅋ	colcren 콜크렌, Cecilia 세실리아
				coccion 콕시온, bistec 비스텍
				dictado 딕타도
		ㅊ	—	chicharra 치차라
		ㄷ	ㄷ	cfelicidad 펠리시다드
		ㅍ	ㅍ	fuga 푸가, fran 프란
		ㄱ, ㅎ	ㄱ	ganga 강가, geologia 헤올로히아
				yungla 융글라
		—	—	hipo 이포, quehacer 케아세르
		ㅎ	—	jueves 후에베스, reloj 렐로
		ㅋ	ㅋ	kapok 카포크
		ㄹ, ㄹㄹ	ㄹ	lacrar 라크라르, Lulio 룰리오, ocal 오칼
		이*	—	llama 야마, lluvia 유비아
		ㅁ	ㅁ	membrete 멤브레테
		ㄴ	ㄴ	noche 노체, flan 플란
		니*	—	nonez 뇨녜스, manana 마냐나
		ㅍ	ㅂ, ㅍ	pepsina 펩시나, planton플란톤
		ㅋ	—	quisquilla 키스키야
		ㄹ	ㄹ	rascador 라스카도르
		ㅅ	ㅅ	sastreria 사스트레리아
		ㅌ	ㅌ	tetraetro 테트라에트로
		ㅂ	—	viudedad 비우데다드
		ㅅ, ㄱ ㅅ	ㄱㅅ	xenon 세논, laxante 락산테, yuxta 육스타
		ㅅ	ㅅ	zagal 사갈, liquidez 리키데스
반모음	w	오·우*	—	walkirias 왈키리아스
	y	이*	—	yungla 융글라
모음	a		아	braceo 브라세오
	e		에	reloj 렐로
	i		이	Lulio 룰리오
	o		오	ocal 오칼
	u		우	viudedad 비우데다드

*ll, y, ñ, w의 '이, 니, 오,'는 다른 모음과 결합할 때 합쳐서 1음절로 적는다.

표 3

이탈리아어 자모와 한글 대조표

자모	한글		보기
	모음 앞	자음 앞·어말	
자음			
b	ㅂ	브	Bologna 볼로냐, bravo 브라보
c	ㅋ, ㅊ	크	Como 코모, Sicilia 시칠리아
			credo 크레도
ch	ㅋ	—	Pinocchio 피노키오, cherubino 케루비노
d	ㄷ	드	Dante 단테, drizza 드리차
f	ㅍ	프	Firenze 피렌체, freddo 프레도
g	ㄱ, ㅈ	그	Galileo 갈릴레오, Genova 제노바
			gloria 글로리아
h	—	—	hanno 안노, oh 오
l	ㄹ, ㄹㄹ	ㄹ	Milano 밀라노, largo 라르고, palco 팔코
m	ㅁ	ㅁ	Macchiavelli 마키아벨리
			mamma 맘마, Campanella 캄파넬라
n	ㄴ	ㄴ	Nero 네로, Anna 안나
			divertimento 디베르티멘토
p	ㅍ	프	Pisa 피사, prima 프리마
q	ㅋ	—	quando 콴도, queto 퀘토
r	ㄹ	르	Roma 로마, Marconi 마르코니
s	ㅅ	스	Sorrento 소렌토, asma 아스마, sasso 사소
t	ㅌ	트	Torino 토리노, tranne 트란네
v	ㅂ	브	Vivace 비바체, manovra 마노브라
z	ㅊ	—	tnozze 노체, mancanza 만칸차
모음			
a		아	abituro 아비투로, capra 카프라
e		에	erta 에르타, padrone 파드로네
i		이	infamia 인파미아, manica 마니카
o		오	oblio 오블리오, poetica 포에티카
u		우	uva 우바, spuma 스푸마

표 4　　　　　　　일본어의 가나와 한글 대조표

가나	한글	
	어두	어중·어말
ア イ ウ エ オ	아 이 우 에 오	아 이 우 에 오
カ キ ク ケ コ	가 기 구 게 고	카 키 쿠 케 코
サ シ ス セ ソ	사 시 스 세 소	사 시 스 세 소
タ チ ツ テ ト	다 지 쓰 데 도	타 치 쓰 테 토
ナ ニ ヌ ネ ノ	나 니 누 네 노	나 니 누 네 노
ハ ヒ フ ヘ ホ	하 히 후 헤 호	하 히 후 헤 호
マ ミ ム メ モ	마 미 무 메 모	마 미 무 메 모
ヤ イ ユ エ ヨ	야 이 유 에 요	야 이 유 에 요
ラ リ ル レ ロ	라 리 루 레 로	라 리 루 레 로
ワ (ヰ) ウ (ヱ) ヲ	와 (이) 우 (에) 오	와 (이) 우 (에) 오
ン		ㄴ
ガ ギ グ ゲ ゴ	가 기 구 게 고	가 기 구 게 고
ザ ジ ズ ゼ ゾ	자 지 즈 제 조	자 지 즈 제 조
ダ ヂ ヅ デ ド	다 지 즈 데 도	다 지 즈 데 도
バ ビ ブ ベ ボ	바 비 부 베 보	바 비 부 베 보
パ ピ プ ペ ポ	파 피 푸 페 포	파 피 푸 페 포
キャ キュ キョ	갸 규 교	캬 큐 쿄
ギャ ギュ ギョ	갸 규 교	갸 규 교
シャ シュ ショ	샤 슈 쇼	샤 슈 쇼
ジャ ジュ ジョ	자 주 조	자 주 조
チャ チュ チョ	자 주 조	차 추 초
ニャ ニュ ニョ	냐 뉴 뇨	냐 뉴 뇨
ヒャ ヒュ ヒョ	햐 휴 효	햐 휴 효
ビャ ビュ ビョ	뱌 뷰 뵤	뱌 뷰 뵤
ピャ ピュ ピョ	퍄 퓨 표	퍄 퓨 표
ミャ ミュ ミョ	먀 뮤 묘	먀 뮤 묘
リャ リュ リョ	랴 류 료	랴 류 료

표 5　　　　　　　　중국어의 주음부호와 한글 대조표

성모(聲母)				
음의 분류	주음부호	한어 병음 자모	웨이드식 로마자	한글
중순성 (重脣聲)	ㄅ ㄆ ㄇ	b p m	p p' m	ㅂ ㅍ ㅁ
순치성 (脣齒聲)	ㄈ	f	f	ㅍ
설첨성 (舌尖聲)	ㄉ ㄊ ㄋ ㄌ	d t n l	t t' n l	ㄷ ㅌ ㄴ ㄹ
설근성 (舌根聲)	ㄍ ㄎ ㄒ	g k h	k k' h	ㄱ ㅋ ㅎ
설면성 (舌面聲)	ㄐ ㄑ ㄒ	j q x	ch ch' hs	ㅈ ㅊ ㅅ
교설첨성 (翹舌尖聲)	ㄓ ㄔ ㄕ ㄖ	zh[zhi] ch[chi] sh[shi] r[ri]	ch[chih] ch'[ch'ih] sh[shih] j[jih]	ㅈ[즈] ㅊ[츠] ㅅ[스] ㄹ[르]
설치성 (舌齒聲)	ㄗ ㄘ ㄙ	z[zi] c[ci] s[si]	ts[tzŭ] ts'[tz'ŭ] s[ssŭ]	ㅉ[쯔] ㅊ[츠] ㅆ[쓰]

운모(韻母)				
음의 분류	주음부호	한어 병음 자모	웨이드식 로마자	한글
단운 (單韻)	ㄚ	a	a	아
	ㄛ	o	o	오
	ㄜ	e	ê	어
	ㄝ	ê	e	에
	ㅣ	yi(i)	i	이
	ㄨ	wu(u)	wu(u)	우
	ㄩ	yu(u)	yü(ü)	위
복운 (複韻)	ㄞ	ai	ai	아이
	ㄟ	ei	ei	에이
	ㄠ	ao	ao	아오
	ㄡ	ou	ou	어우
부성운 (附聲韻)	ㄢ	an	an	안
	ㄣ	en	ên	언
	ㄤ	ang	ang	앙
	ㄥ	eng	êng	엉
권설운 (捲舌韻)	ㄦ	er(r)	êrh	얼
결합운모 (結合韻母)	제치류 (齊齒類)	ㅣㄚ	ya(ia)	ya(ia)	야
	ㅣㄛ	yo	yo	요
	ㅣㄝ	ye(ie)	yeh(ieh)	예
	ㅣㄞ	yai	yai	야이
	ㅣㄠ	yao(iao)	yao(iao)	야오
	ㅣㄡ	you(ou, iu)	yu(iu)	유
	ㅣㄢ	yan(ian)	yan(ian)	옌
	ㅣㄣ	yin(in)	yin(in)	인
	ㅣㄤ	yang(iang)	yang(iang)	양
	ㅣㄥ	ying(ing)	ying(ing)	잉
	합구류 (合口類)	ㄨㄚ	wa(ua)	wa(ua)	와
	ㄨㄛ	wo(uo)	wo(uo)	워
	ㄨㄞ	wai(uai)	wai(uai)	와이
	ㄨㄟ	wei(ui)	wei(uei, ui)	웨이(우이)
	ㄨㄢ	wan(uan)	wan(uan)	완
	ㄨㄣ	wen(un)	wên(un)	원(운)
	ㄨㄤ	wang(uang)	wang(uang)	왕
	ㄨㄥ	weng(ong)	wêng(ung)	웡(웅)
	촬구류 (撮口類)	ㄩㄝ	yue(ue)	yüeh(üeh)	웨
	ㄩㄢ	yuan(uan)	yüan(üan)	위안
	ㄩㄣ	yun(un)	yün(ün)	윈
	ㄩㄥ	yong(iong)	yung(iung)	융

[   ]는 단독 발음될 경우의 표기임.
(   )는 자음이 선행할 경우의 표기임.

제3장 **표기 세칙**

제1절 **영어의 표기**

표 1에 따라 적되, 다음 사항에 유의하여 적는다.

제1항 무성 파열음 ([p], [t], [k])

1) 짧은 모음 다음의 어말 무성 파열음([p], [t], [k])은 받침으로 적는다.

gap[ɡæp] 갭   cat[kæt] 캣   book[buk] 북

2) 짧은 모음과 유음·비음([l], [r], [m], [n]) 이외의 자음 사이에 오는 무성 파열음 ([p], [t], [k])은 받침으로 적는다.

apt[æpt] 앱트   setback[setbæk] 셋백   act[ækt] 액트

3) 위 경우 이외의 어말과 자음 앞의 [p], [t], [k]는 '으'를 붙여 적는다.

stamp[stæmp] 스탬프   cape[keip] 케이프
nest[nest] 네스트   part[pɑːt] 파트
desk[desk] 데스크   make[meik] 메이크
apple[æpl] 애플   mattress[mætris] 매트리스
chipmunk[tʃipmʌŋk] 치프멍크   sickness[siknis] 시크니스

2 ③

③, 짧은 모음과 유음·비음([l], [r], [m], [n]) 이외의 자음 사이에 오는 무성 파열음([p], [t], [k])은 받침으로 적으므로 'setback[setbæk]'은 '셋백'으로 적는다.

①, 짧은 모음 다음의 어말 무성 파열음([p], [t], [k])은 받침으로 적으므로 'gap[gæp]'은 '갭'으로 적는다.

②, ③과 같은 규정으로 'act[ækt]'는 '액트'로 적는다.

④, 위의 두 경우 이외의 어말과 자음 앞의 [p], [t], [k]는 '으'를 붙여 적으므로 'apple[æpl]'은 '애플'로 적는다.

3 ②

②, 어말과 모든 자음 앞에 오는 유성 파열음([b], [d], [g])은 '으'를 붙여 적는다는 규정에 따라 'lobster[lɔbstə]'는 '로브스터'라고 적는다.

①, ③, ④, bulb[bʌlb], kidnap[kidnæp], signal[signəl]은 위의 규정에 따라 적은 것이므로 맞는 표기이다.

---

2 다음 중 영어의 한글 표기가 틀린 것은?

① gap - 갭　　　　② act - 액트

③ setback - 세트백　　④ apple - 애플

제2항 유성 파열음([b], [d], [g])

어말과 모든 자음 앞에 오는 유성 파열음은 '으'를 붙여 적는다.

bulb[bʌlb] 벌브　　　　　　land[lænd] 랜드

zigzag[zigzæg] 지그재그　　lobster[lɔbstə] 로브스터

kidnap[kidnæp] 키드냅　　　signal[signəl] 시그널

---

3 다음 중 영어의 한글 표기가 틀린 것은?

① bulb - 벌브　　　　② lobster - 롭스터

③ kidnap - 키드냅　　④ signal - 시그널

제3항 마찰음([s], [z], [f], [v], [θ], [ð], [ʃ], [ʒ])

1) 어말 또는 자음 앞의 [s], [z], [f], [v], [θ], [ð]는 '으'를 붙여 적는다.

mask[mɑ:sk] 마스크　　　jazz[dʒæz] 재즈

graph[græf] 그래프　　　olive[ɔliv] 올리브

thrill[θril] 스릴　　　　bathe[beið] 베이드

2) 어말의 [ʃ]는 '시'로 적고, 자음 앞의 [ʃ]는 '슈'로, 모음 앞의 [ʃ]는 뒤따르는 모음에 따라 '샤', '섀', '셔', '셰', '쇼', '슈', '시'로 적는다.

flash[flæʃ] 플래시　　　shrub[ʃrʌb] 슈러브

shark[ʃɑ:k] 샤크　　　　shank[ʃæŋk] 섕크

fashion[fæʃən] 패션   sheriff[ʃerif] 셰리프
shopping[ʃɔpiŋ] 쇼핑   shoe[ʃuː] 슈
shim[ʃim] 심

3) 어말 또는 자음 앞의 [ʒ]는 '지'로 적고, 모음 앞의 [ʒ]는 'ㅈ'으로 적는다.

mirage[mirɑːʒ] 미라지   vision[viʒən] 비전

---

4 다음 중 영어 표기법에 따라 바르게 적은 것은?

① flash - 플래쉬   ② vision - 비전
③ shank - 섕크   ④ sheriff - 쉐리프

제4항 파찰음([ts], [dz], [tʃ], [dʒ])

1) 어말 또는 자음 앞의 [ts], [dz]는 '츠', '즈'로 적고, [tʃ], [dʒ]는 '치', '지'로 적는다.

Keats[kiːts] 키츠   odds[ɔdz] 오즈
switch[switʃ] 스위치   bridge[bridʒ] 브리지
Pittsburgh[pitsbəːg] 피츠버그   hitchhike[hitʃhaik] 히치하이크

2) 모음 앞의 [tʃ], [dʒ]는 'ㅊ', 'ㅈ'으로 적는다.

chart[tʃɑːt] 차트   virgin[vəːdʒin] 버진

---

5 다음 중 영어의 한글 표기가 틀린 것은?

① Keats - 키트   ② bridge - 브리지
③ odds - 오즈   ④ switch - 스위치

---

4 ②

②, 어말 또는 자음 앞의 [ʒ]는 '지'로 적고, 모음 앞의 [ʒ]는 'ㅈ'으로 적는다는 규정에 따라 'vision[viʒən]'은 '비전'으로 적는다.

①, ③, ④, 어말의 [ʃ]는 '시'로 적고, 자음 앞의 [ʃ]는 '슈'로, 모음 앞의 [ʃ]는 뒤따르는 모음에 따라 '샤, 섀, 서, 셰, 쇼, 슈, 시'로 적는다는 규정에 따라 'flash[flæʃ]'는 '플래시', 'shank[ʃæŋk]'는 '섕크', 'sheriff[ʃerif]'는 '셰리프'로 적는다.

5 ①

①, 어말 또는 자음 앞의 [ts], [dz]는 '츠, 즈'로 적고, [tʃ], [dʒ]는 '치, 지'로 적는다는 규정에 따라 'Keats[kiːts]'는 '키츠'로 적는다.

②, ③, ④, 위의 규정에 따라 'bridge[bridʒ]'는 '브리지', 'odds[ɔdz]'는 '오즈' 'switch[switʃ]'는 스위치로 적는다.

제5항 비음([m], [n], [ŋ])

1) 어말 또는 자음 앞의 비음은 모두 받침으로 적는다.

steam[stiːm] 스팀   corn[kɔːn] 콘

ring[riŋ] 링   lamp[læmp] 램프

hint[hint] 힌트   ink[iŋk] 잉크

2) 모음과 모음 사이의 [ŋ]은 앞 음절의 받침 'ㅇ'으로 적는다.

hanging[hæŋiŋ] 행잉   longing[lɔŋiŋ] 롱잉

---

6 ③

③, 어말 또는 자음 앞의 비음([m], [n], [ŋ])은 모두 받침으로 적는다는 규정에 따라 'corn[kɔːn]'은 '콘'으로 적는다.

①, ②, ④, 위의 규정에 따라 'lamp[læmp]'는 '램프', 'hint[hint]'는 '힌트', 'ink[iŋk]'는 '잉크'로 적는다.

6 다음 중 영어의 한글 표기가 틀린 것은?

① lamp - 램프   ② hint - 힌트

③ corn - 코온   ④ ink - 잉크

제6항 유음([l])

1) 어말 또는 자음 앞의 [l]은 받침으로 적는다.

hotel[houtel] 호텔   pulp[pʌlp] 펄프

2) 어중의 [l]이 모음 앞에 오거나, 모음이 따르지 않는 비음([m], [n])앞에 올 때에는 'ㄹㄹ'로 적는다. 다만, 비음([m], [n]) 뒤의 [l]은 모음 앞에 오더라도 'ㄹ'로 적는다.

slide[slaid] 슬라이드   film[film] 필름

helm[helm] 헬름   swoln[swouln] 스월른

Hamlet[hæmlit] 햄릿   Henley[henli] 헨리

7 다음 중 영어의 한글 표기가 틀린 것은?

① Henley - 헨리　　　　② swoln - 스월른

③ helm - 헬름　　　　　④ slide - 스라이드

제7항 장모음

장모음의 장음은 따로 표기하지 않는다.

team[tiːm] 팀　　　　　　　　route[ruːt] 루트

---

8 다음 중 영어의 한글 표기가 틀린 것은?

① steam - 스팀　　　　② shark - 샤크

③ team - 팀　　　　　　④ route - 루ː트

제8항 중모음²([ai], [au], [ei], [ɔi], [ou], [auə])

중모음은 각 단모음의 음가를 살려서 적되, [ou]는 '오'로, [auə]는 '아워'로 적는다.

time[taim] 타임　　　　　　house[haus] 하우스
skate[skeit] 스케이트　　　oil[ɔil] 오일
boat[bout] 보트　　　　　　tower[tauə] 타워

---

9 다음 중 영어의 한글 표기가 틀린 것은?

① house - 하우스　　　　② boat - 보우트

③ time - 타임　　　　　④ skate - 스케이트

제9항 반모음([w], [j])

1) [w]는 뒤따르는 모음에 따라 [wə], [wɔ], [wou]는 '워', [wɑ]는 '와', [wæ]는 '왜', [we]는 '웨', [wi]는 '위', [wu]는 '우'로

---

7 ④

④, 어중의 [l]이 모음 앞에 오거나, 모음이 따르지 않는 비음([m], [n]) 앞에 올 때에는 'ㄹㄹ'로 적는다. 다만, 비음([m], [n]) 뒤의 [l]은 모음 앞에 오더라도 'ㄹ'로 적는다는 규정에 따라 'slide[slaid]'는 '슬라이드'로 적는다.

①, ②, ③, 위의 규정에 따라 'Henley[henli]'는 '헨리', 'swoln[swouln]'은 '스월른', 'helm[helm]'은 '헬름'으로 적는다.

8 ④

④, 장모음의 장음은 따로 표기하지 않는다는 규정에 따라 'route[ruːt]'는 '루트'로 적는다.

①, ②, ③, 외래어 표기법에 맞게 표기하였다.

2. 이 '중모음(重母音)'은 '이중 모음(二重母音)'으로, '중모음(中母音)'과 다르다.

9 ②

②, 중모음([ai], [au], [ei], [ɔi], [ou], [auə])은 각 단모음의 음가를 살려서 적되, [ou]는 '오'로, [auə]는 '아워'로 적는다는 규정에 따라 'boat[bout]'는 '보트'로 적는다.

①, ③, ④, 위의 규정에 따라 'house[haus]'는 '하우스', 'time[taim]'은 '타임', 'skate[skeit]'는 '스케이트'로 적는다.

적는다.

word[wəːd] 워드	want[wɔnt] 원트
woe[wou] 워	wander[wɑndə] 완더
wag[wæg] 왜그	west[west] 웨스트
witch[witʃ] 위치	wool[wul] 울

2) 자음 뒤에 [w]가 올 때에는 두 음절로 갈라 적되, [gw], [hw], [kw]는 한 음절로 붙여 적는다.

swing[swiŋ] 스윙	twist[twist] 트위스트
penguin[peŋgwin] 펭귄	whistle[hwisl] 휘슬
quarter[kwɔːtə] 쿼터	

3) 반모음 [j]는 뒤따르는 모음과 합쳐 '야', '얘', '여', '예', '요', '유', '이'로 적는다. 다만, [d], [l], [n] 다음에 [jə]가 올 때에는 각각 '디어', '리어', '니어'로 적는다.

yard[jɑːd] 야드	yank[jæŋk] 얭크
yearn[jəːn] 연	yellow[jelou] 옐로
yawn[jɔːn] 욘	you[juː] 유
year[jiə] 이어	Indian[indjən] 인디언
battalion[bətæljən] 버탤리언	union[juːnjən] 유니언

10 ③

③, 반모음 [j]는 뒤따르는 모음과 합쳐 '야, 얘, 여, 예, 요, 유, 이'로 적는다. 다만, [d], [l], [n] 다음에 [jə]가 올 때에는 각각 '디어, 리어, 니어'로 적는다는 규정에 따라 'yank[jæŋk]'는 '얭크'로 적는다.

①, ②, ④, 위의 규정에 따라 'union[juːnjən]'은 '유니언', 'Indian[indjən]'은 '인디언', 'battalion[bətæljən]'은 '버탤리언'으로 적는다.

---

10 다음 중 영어 표기법에 따라 바르게 적은 것은?

① union - 유니온   ② Indian - 인디안

③ yank - 얭크   ④ battalion - 버탤리온

제10항 복합어[3]

1) 따로 설 수 있는 말의 합성으로 이루어진 복합어는 그것을 구성하고 있는 말이 단독으로 쓰일 때의 표기대로 적는다.

cuplike[kʌplaik] 컵라이크   bookend[bukend] 북엔드
headlight[hedlait] 헤드라이트   touchwood[tʌtʃwud] 터치우드
sit-in[sitin] 싯인   bookmaker[bukmeikə] 북메이커
flashgun[flæʃgʌn] 플래시건   topknot[tɔpnɔt] 톱놋

2) 원어에서 띄어 쓴 말은 띄어 쓴 대로 한글 표기를 하되, 붙여 쓸 수도 있다.

Los Alamos[lɔs æləmous] 로스 앨러모스/로스앨러모스
top class[tɔpklæs] 톱 클래스/톱클래스

---

11 다음 영어 복합어 중 외래어 표기법에 따라 바르게 적은 것은?

① bookend - 북켄드   ② sit-in - 시틴
③ cuplike - 커플라이크   ④ topknot - 톱놋

제2절 독일어의 표기

표 1을 따르고, 제1절(영어의 표기 세칙)을 준용한다. 다만, 독일어의 독특한 것은 그 특징을 살려서 다음과 같이 적는다.

제1항 [r]

1) 자음 앞의 [r]는 '으'를 붙여 적는다.

Hormon[hɔrmoːn] 호르몬   Hermes[hɛrmɛs] 헤르메스

3. 이 '복합어'는 학교 문법 용어에 따르면 '합성어'가 된다.

11 ④

④. 따로 설 수 있는 말의 합성으로 이루어진 복합어는 그것을 구성하고 있는 말이 단독으로 쓰일 때의 표기대로 적는다는 규정에 따라 'topknot[tɔpnɔt]'은 '톱놋'으로 적는다.

①, ②, ③. 위의 규정에 따라 'bookend[bukend]'는 '북엔드', 'sit-in[sitin]'은 '싯인' 'cuplike[kʌplaik]'는 '컵라이크'로 적는다.

2) 어말의 [r]와 '-er[ər]'는 '어'로 적는다.

Herr[hɛr] 헤어   Rasur[razuːr] 라주어
Tür[tyːr] 튀어   Ohr[oːr] 오어
Vater[faːtər] 파터   Schiller[ʃilər] 실러

3) 복합어 및 파생어의 선행 요소가 [r]로 끝나는 경우는 2)의 규
　 정을 준용한다.

verarbeiten[fɛrarbaitən] 페어아르바이텐
zerknirschen[tsɛrknirʃən] 체어크니르셴
Fürsorge[fyːrzorgə] 퓌어조르게
Vorbild[foːrbilt] 포어빌트
auβerhalb[ausərhalp] 아우서할프
Urkunde[uːrkundə] 우어쿤데
Vaterland[faːtərlant] 파터란트

제2항 어말의 파열음은 '으'를 붙여 적는 것을 원칙으로 한다.

Rostock[rɔstɔk] 로스토크　　Stadt[ʃtat] 슈타트

제3항 철자 'berg', 'burg'는 '베르크', '부르크'로 통일해서 적
는다.

Heidelberg[haidəlbɛrk, -bɛrç] 하이델베르크
Hamburg[hamburk, -burç] 함부르크

제4항 [ʃ]

1) 어말 또는 자음 앞에서는 '슈'로 적는다.

Mensch[menʃ] 멘슈　　　　Mischling[miʃliŋ] 미슐링

2) [y], [ø] 앞에서는 'ㅅ'으로 적는다.

Schüler[ʃyːlər] 쉴러   schön[ʃøːn] 쇤

3) 그 밖의 모음 앞에서는 뒤따르는 모음에 따라 '샤, 쇼, 슈' 등으
   로 적는다.

Schatz[ʃats] 샤츠   schon[ʃoːn] 숀
Schule[ʃuːlə] 슐레   Schelle[ʃɛlə] 셸레

제5항 [ɔy]로 발음되는 äu, eu는 '오이'로 적는다.

läuten[lɔytən] 로이텐   Fräulein[frɔylain] 프로일라인
Europa[ɔyroːpa] 오이로파   Freundin[frɔyndin] 프로인딘

제3절 프랑스 어의 표기

표 1에 따르고, 제1절(영어의 표기 세칙)을 준용한다. 다만, 프랑스 어의 독특
한 것은 그 특징을 살려서 다음과 같이 적는다.

제1항 파열음([p], [t], [k]; [b], [d], [g])

1) 어말에서는 '으'를 붙여서 적는다.

soupe[sup] 수프   tête[tɛt] 테트
avec[avɛk] 아베크   baobab[baɔbab] 바오바브
ronde[rɔ̃ːd] 롱드   bague[bag] 바그

2) 구강 모음과 무성 자음 사이에 오는 무성 파열음('구강 모음+
   무성 파열음+무성 파열음 또는 무성 마찰음'의 경우)은 받침으
   로 적는다.

septembre[sɛptɑ̃ːbr] 셉탕브르   apte[apt] 압트
octobre[ɔktɔbr] 옥토브르   action[aksjɔ̃] 악시옹

제2항 마찰음([ʃ], [ʒ])

1) 어말과 자음 앞의 [ʃ], [ʒ]는 '슈', '주'로 적는다.

manche[mɑ̃ːʃ] 망슈   piège[pjɛʒ] 피에주
acheter[aʃte] 아슈테   dégeler[deʒle] 데줄레

2) [ʃ]가 [ə], [w] 앞에 올 때에는 뒤따르는 모음과 합쳐 '슈'로 적는다.

chemise[ʃəmiːz] 슈미즈   chevalier[ʃəvalje] 슈발리에
choix[ʃwa] 슈아   chouette[ʃwɛt] 슈에트

3) [ʃ]가 [y], [œ], [ø] 및 [j], [ɥ] 앞에 올 때에는 'ㅅ'으로 적는다.

chute[ʃyt] 쉬트   chuchoter[ʃyʃɔte] 쉬쇼테
pêcheur[pɛʃœːr] 페쇠르   shunt[ʃœ̃t] 쇵트
fâcheux[fɑʃø] 파쇠   chien[ʃjɛ̃] 시앵
chuinter[ʃɥɛ̃te] 쉬앵테

제3항 비자음([ɲ])

1) 어말과 자음 앞의 [ɲ]는 '뉴'로 적는다.

campagne[kɑ̃paɲ] 캉파뉴   dignement[diɲmɑ̃] 디뉴망

2) [ɲ]가 '아, 에, 오, 우' 앞에 올 때에는 뒤따르는 모음과 합쳐 각각 '냐, 녜, 뇨, 뉴'로 적는다.

saignant[sɛɲɑ̃] 세냥   peigner[peɲe] 페녜
agneau[aɲo] 아뇨   mignon[miɲɔ̃] 미뇽

3) [ɲ]가 [ə], [w] 앞에 올 때에는 뒤따르는 소리와 합쳐 '뉴'로 적는다.

lorgnement[lɔrɲəmɑ] 로르뉴망   baignoire[bɛɲwaːr] 베뉴아르

4) 그 밖의 [ɲ]는 'ㄴ'으로 적는다.

magnifique[maɲifik] 마니피크   guignier[giɲje] 기니에
gagneur[gaɲœːr] 가뇌르   montagneux[mɔ̃taɲø] 몽타뇌
peignures[pɛɲyːr] 페뉘르

제4항 반모음([j])

1) 어말에 올 때에는 '유'로 적는다.

Marseille[marsɛj] 마르세유   taille[tɑːj] 타유

2) 모음 사이의 [j]는 뒤따르는 모음과 합쳐 '예, 영, 야, 양, 요,
    용, 유, 이' 등으로 적는다. 다만, 뒷모음이 [ø], [œ]일 때에는
    '이'로 적는다.

payer[peje] 페예   billet[bijɛ] 비예
moyen[mwajɛ̃] 무아앵   pleiade[plejad] 플레야드
ayant[ɛjɑ] 에양   noyau[nwajo] 누아요
crayon[krɛjɔ̃] 크레용   voyou[vwaju] 부아유
cueillir[kœjiːr] 쾨이르   aïeul[ajœl] 아이욀
aïeux[ajø] 아이외

3) 그 밖의 [j]는 '이'로 적는다.

hier[jɛːr] 이에르   Montesquieu[mɔ̃tɛskjø] 몽테스키외
champion[ʃɑpjɔ̃] 샹피옹   diable[djɑːbl] 디아블

제5항 반모음([w])

[w]는 '우'로 적는다.

alouette[alwɛt] 알루에트   douane[dwan] 두안
quoi[kwa] 쿠아   toi[twa] 투아

제4절 에스파냐 어의 표기

표 2에 따라 적되, 다음과 같은 특징을 살려서 적는다.

제1항 gu, qu

gu, qu는 i, e 앞에서는 각각 'ㄱ, ㅋ'으로 적고, o 앞에서는 '구, 쿠'로 적는다.

다만, a 앞에서는 그 a와 합쳐 '과, 콰'로 적는다.

guerra 게라	queso 케소
Guipuzcoa 기푸스코아	quisquilla 키스키야
antiguo 안티구오	Quorem 쿠오렘
Nicaragua 니카라과	Quarai 콰라이

제2항 같은 자음이 겹치는 경우에는 겹치지 않은 경우와 같이 적는다.

다만, -cc-는 'ㄱㅅ'으로 적는다.

carrera 카레라	carreterra 카레테라
accion 악시온	

제3항 c, g

c와 g 다음에 모음 e와 i가 올 때에는 c는 'ㅅ'으로, g는 'ㅎ'으로 적고, 그 외는 'ㅋ'과 'ㄱ'으로 적는다.

Cecilia 세실리아	cifra 시프라
georgico 헤오르히코	giganta 히간타
coquito 코키토	gato 가토

제4항 x

x가 모음 앞에 오되 어두일 때에는 'ㅅ'으로 적고, 어중일 때에는 'ㄱㅅ'으로 적는다.

xilofono 실로포노   laxante 락산테

제5항 l

어말 또는 자음 앞의 l은 받침 'ㄹ'로 적고, 어중의 l이 모음 앞에 올 때에는 'ㄹㄹ'로 적는다.

ocal 오칼   colcren 콜크렌
blandon 블란돈   Cecilia 세실리아

제6항 nc, ng

c와 g 앞에 오는 n은 받침 'ㅇ'으로 적는다.

blanco 블랑코   yungla 융글라

제5절 이탈리아 어의 표기

표 3에 따르고, 다음과 같은 특징을 살려서 적는다.

제1항 gl

i 앞에서는 'ㄹㄹ'로 적고, 그 밖의 경우에는 '글ㄹ'로 적는다.

paglia 팔리아   egli 엘리
gloria 글로리아   glossa 글로사

제2항 gn

뒤따르는 모음과 합쳐 '냐', '녜', '뇨', '뉴', '니'로 적는다.

montagna 몬타냐   gneiss 녜이스
gnocco 뇨코   gnu 뉴
ogni 오니

제3항 sc

sce는 '셰'로, sci는 '시'로 적고, 그 밖의 경우에는 '스ㅋ'으로 적는다.

crescendo 크레셴도   scivolo 시볼로
Tosca 토스카   scudo 스쿠도

제4항 같은 자음이 겹쳤을 때에는 겹치지 않은 경우와 같이 적는다. 다만, -mm-, -nn-의 경우는 'ㅁㅁ', 'ㄴㄴ'으로 적는다.

Puccini 푸치니   buffa 부파
allegretto 알레그레토   carro 카로
rosso 로소   mezzo 메초
gomma 곰마   bisnonno 비스논노

제5항 c, g

1) c와 g는 e, i 앞에서 각각 'ㅊ', 'ㅈ'으로 적는다.

cenere 체네레   genere 제네레
cima 치마   gita 지타

2) c와 g 다음에 ia, io, iu가 올 때에는 각각 '차, 초, 추', '자, 조, 주'로 적는다.

caccia 카차   micio 미초

ciuffo 추포   giardino 자르디노
giorno 조르노   giubba 주바

제6항 qu

qu는 뒤따르는 모음과 합쳐 '콰, 퀘, 퀴' 등으로 적는다. 다만, o
앞에서는 '쿠'로 적는다.

soqquadro 소콰드로   quello 퀠로
quieto 퀴에토   quota 쿠오타

제7항 l, ll

어말 또는 자음 앞의 l, ll은 받침으로 적고, 어중의 l, ll이 모음
앞에 올 때에는 'ㄹㄹ'로 적는다.

sol 솔   polca 폴카
Carlo 카를로   quello 퀠로

제6절 일본어의 표기

표 4에 따르고, 다음 사항에 유의하여 적는다.

제1항 촉음(促音) [ッ]는 'ㅅ'으로 통일해서 적는다.

サッポロ 삿포로   トットリ 돗토리
ヨッカイチ 욧카이치

제2항 장모음

장모음은 따로 표기하지 않는다.

キュウシュウ(九州) 규슈   ニイガタ(新潟) 니가타
トウキョウ(東京) 도쿄   オオサカ(大阪) 오사카

제7절 중국어의 표기

표 5에 따르고, 다음 사항에 유의하여 적는다.

제1항 성조는 구별하여 적지 아니한다.

제2항 'ㅈ, ㅉ, ㅊ'으로 표기되는 자음(ㄐ, ㅘ, ㄗ, ㄑ, ㄔ, ㄘ) 뒤의 'ㅑ, ㅖ, ㅛ, ㅠ' 음은 'ㅏ, ㅔ, ㅗ, ㅜ'로 적는다.

ㄐㅡㄚ 쟈 → 자   ㄐㅡㅔ 졔 → 제

제4장 **인명, 지명 표기의 원칙**

제1절 **표기 원칙**

> **제1항** 외국의 인명, 지명의 표기는 제1장, 제2장, 제3장의 규정을
> 따르는 것을 원칙으로 한다.

제1항에서는 외국의 인명, 지명도 외래어이기 때문에 제1장, 제2장, 제3장의
여러 규정을 따라야 한다는 원칙을 제시한다.

> **제2항** 제3장에 포함되어 있지 않은 언어권의 인명, 지명은 원지음
> 을 따르는 것을 원칙으로 한다.
>
> Ankara 앙카라   Gandhi 간디

제2항에서는 본 외래어 표기법에 그 표기 기준이 밝혀져 있지 않은 언어권의
인명, 지명도 각기 그 언어 고유의 발음을 반영하여 적어야 한다는 원칙을 밝힌
것이다. 다만, 그 원지음을 알기 어려울 때에는 매체 언어(예컨대 영어, 프랑스
어 등)의 발음에 따라 표기할 수 있을 것이다.

> **제3항** 원지음이 아닌 제3국의 발음으로 통용되고 있는 것은 관용
> 을 따른다.
>
> Hague 헤이그   Caesar 시저

제4항 고유 명사의 번역명이 통용되는 경우 관용을 따른다.

Pacific Ocean 태평양   Black Sea 흑해

제3항과 제4항은 관용을 인정하는 경우를 다루고 있다. 원지음을 따르는 것이 원칙이지만, 실제로는 제3국의 발음으로 통용되고 있는 인명이나 지명은 그 관용을 인정한다는 것이 제3항의 내용이고, 번역에 의해서 수용되고 있는 것도 그 관용을 따른다는 것이 제4항의 내용이다.

원지음에 따른다는 원칙이지만, 우리가 실제로 그 많은 언어에 고루 통달할 수 없을 뿐만 아니라, 몇몇 언어권의 인명, 지명을 제외하고는 제3국의 발음을 통하여 수용된다는 현실을 인정한 탄력성 있는 처리이고, 또한 번역을 통한 차용도 있다는 사실을 받아들인 것이다.

4. 구체적으로 중국과 일본을 가리킨다.

제2절 동양[4]의 인명, 지명 표기

제1항 중국 인명은 과거인과 현대인을 구분하여 과거인은 종전의 한자음대로 표기하고, 현대인은 원칙적으로 중국어 표기법에 따라 표기하되, 필요한 경우 한자를 병기한다.

한자 문화권이라는 특수한 사정은 중국과 일본 두 나라의 인명, 지명의 표기에 대한 특별한 기준의 추가를 필요로 하게 한다.

중국이나 일본의 인명, 지명에 대해서는 우리의 한자음으로 읽는 것이 우리나라의 오랜 관행이었다. 그러나 이 전통은 원지음을 존중한다는 지금의 외래어 표기법의 기본 태도와 상충될 뿐만 아니라, 현실적으로도 원지음의 도전을 받고 있다. 어떻게 하면 전통은 전통대로 살리고, 현실은 현실대로 수용하면서 양자 간의 마찰을 극소화시킬 수 있을까 하는 것이 제2절의 여러 규정에 흐르는 기본 정신이라 할 수 있다.

중국 인명에 대한 과거와 현대의 구분은 대체로 종래와 같이 신해혁명(辛亥革命)을 분기점으로 한다. 다만, 현대인이라 하더라도 우리 한자음으로 읽는 관행이 있는 인명에 대하여는 '장개석'(蔣介石), '모택동'(毛澤東)과 같은 표기를 관용으로 허용할 수 있을 것이다. 이것은 지명의 경우 '상해'(上海), '황하(黃河)'

의 허용과 동일하다.

일본의 인명과 지명은 과거와 현대의 구분 없이 원지음에 따라 표기하는 것을 원칙으로 하는 한편, 중국의 인명, 지명은 고전을 통하여 우리의 생활 속에 융화되어 우리 한자음으로 읽는 전통이 서 있지만, 일본의 경우에는 그러한 인명, 지명이 있다 해도 그 수가 극히 제한되어 있기 때문에 중국의 경우에 비례할 만한 규정을 둘 처지가 아닌 것이다. 일본의 인명, 지명 중에서 한국 한자음으로만 표기해야할 것이 있다면, 제1장 제5항의 규정에 의하여 관용어로 특별히 인정한다.

중국 및 일본의 지명 가운데 한국 한자음으로 읽는 관용이 있는 것은 이를 허용하여 '東京'은 '도쿄', '동경'으로 '臺灣'은 '타이완', '대만' 등으로 적을 수 있다. 같은 중국 지명이라고 하더라도 '哈爾濱' 같은 것은 원지음대로 '하얼빈'이라 하고 '*합이빈'이라 하지는 않으며, 일본 지명의 '鹿兒島'를 '가고시마'라고 하지 '*녹아도'라고는 하지 않으나, 이런 사실에도 불구하고 한국 한자음으로 읽어온 전통을 살리고자 한 것이다.

제3절 **바다, 섬, 강, 산 등의 표기 세칙**

제1항 '해', '섬', '강', '산' 등이 외래어에 붙을 때에는 띄어 쓰고, 우리말에 붙을 때에는 붙여 쓴다.

카리브 해　　　북해　　　발리 섬　　　목요섬

'해', '섬', '강', '산'이 외래어에 붙을 때에는 띄어 쓰고, 우리말에 붙을 때에는 붙여 쓴다고 하였는데, 이는 외래어에 붙여 썼을 때에 일어날 혼동을 염려해서 구별지은 것이다.

제2항 바다는 '해(海)'로 통일한다.

홍해　　　　발트 해　　　아라비아 해

제3항 우리나라를 제외하고 섬은 모두 '섬'으로 통일한다.

타이완 섬　　코르시카 섬 (우리나라: 제주도, 울릉도)

바다는 '해(海)'로, 섬은 '도'와 '섬'으로 구분하여 표기한다.

제4항 한자 사용 지역(일본, 중국)의 지명이 하나의 한자로 되어 있을 경우, '강', '산', '호', '섬' 등은 겹쳐 적는다.

온타케 산(御岳)　　　주장 강(珠江)
도시마 섬(利島)　　　하야카와 강(早川)
위산 산(玉山)

한자를 기준으로 하나의 글자로 된 산이나 강 이름이 일반적이 아니라는 점을 들 수 있을 것이다.

제5항 지명이 산맥, 산, 강 등의 뜻이 들어 있는 것은 '산맥', '산', '강' 등을 겹쳐 적는다.

Rio Grande 리오그란데 강   Monte Rosa 몬테로사 산
Mont Blanc 몽블랑 산   Sierra Madre 시에라마드레 산맥

Mont Blanc의 경우 Mont가 '산'이라는 뜻이지만, '몽블랑' 전체를 고유 명사로 생각하는 것이 우리의 현실이므로, 거기에 다시 '산'을 붙여 '몽블랑 산'이라 하고, Rio Grande의 경우에도 Rio가 이미 '강'을 뜻하는 것이지만, '리오그란데'까지를 강 이름으로 하고 거기에 다시 '강'자를 붙이자는 내용이다.

---

12 다음 〈보기〉의 외래어를 외래어 표기법에 맞게 적은 것을 <u>모두</u> 고르시오.

— 보 기 —

ㄱ. Hague – 하이그   ㄴ. Gandhi – 간디
ㄷ. Ankara – 앙카라   ㄹ. Black Sea – 흑해

① ㄱ, ㄴ   ② ㄱ, ㄷ
③ ㄱ, ㄴ, ㄷ, ㄹ   ④ ㄴ, ㄷ, ㄹ

---

13 다음 중 관용적 표기가 허용되지 <u>않는</u> 것은?

① 東京 - 도쿄, 동경
② 鹿兒島 - 가고시마, 녹아도
③ 臺灣 - 타이완, 대만
④ 黃河 - 황허, 황하

---

14 다음 중 외래어 표기가 맞는 것은?

① 카리브해   ② 주장(珠江)
③ 코르시카 섬   ④ 도시마(利島)

---

12 ④

ㄱ. 원지음이 아닌 제3국의 발음으로 통용되고 있는 것은 관용을 따르므로 '헤이그'로 적는다.
ㄴ, ㄷ. 외래어 표기 세칙에 포함되어 있지 않은 언어권의 인명, 지명은 원지음을 따르는 것을 원칙으로 한다.
ㄹ. 고유 명사의 번역명이 통용되는 경우 관용을 따른다.

13 ②

②, 일본지명인 '鹿兒島'를 '가고시마'라고 하지 '*녹아도'라고 하지 않는다.
①, ③, ④, 모두 한자음으로 읽는 관용이 있으므로 허용한다.

14 ③

③, 우리나라를 제외하고 섬은 모두 '섬'으로 통일하는 규정에 따라 맞는 표기이다.
①, '해, 섬, 강, 산' 등이 외래어에 붙을 때에는 띄어 쓰고, 우리말에 붙을 때에는 붙여 쓰는 규정에 따라 '카리브 해'로 적는다.
②, ④, 한자 사용 지역(일본, 중국)의 지명이 하나의 한자로 되어 있을 경우, '강, 산, 호, 섬' 등은 겹쳐 적는 규정에 따라 '주장 강, 도시마 섬'이라고 적는다.

주의해야 할 외래어 표기

다음은 기본 외래어를 모아 놓은 것이다. '-'(짧은 줄표)의 왼쪽에는 올바른 외래어 표기를 보였고, 오른쪽에는 원어와 함께 괄호 안에 틀린 표기를 보였다. 원어가 영어인 경우에는 원어 앞에 아무 표시를 하지 않았고, 영어 이외의 것은 다음과 같이 약어로써 그 국명을 밝혔다.

스: 에스파냐어	프: 프랑스어	도: 독일어
네: 네덜란드어	포: 포루투갈어	랴: 라틴어
이: 이탈리아어	범: 범어	일: 일본어

ㄱ	
가드레일	guardrail (×가드래일)
가스	gas (×까스)
가스 라이터	gas lighter (×까스 라이타)
가스 레인지	gas range (×까스 렌지)
가스 버너	gas burner (×까스 바나)
가스 보일러	gas boiler (×까스 보일라)
가십	gossip (×까십)
가운	gown (×까운)
가이드	guide
가톨릭	catholic (×카톨릭)
개그	gag
개그 맨	gag man
개런티	guarantee
갱	gang (×깽)
거들	girdle
게릴라	스, guerilla
게스트	guest
게이트 볼	gate ball
게임	game (×께임)
고릴라	gorilla
고 스톱	go stop
곤돌라	gondola
골프	golf

그랑프리	프, grand prix
그래프	graph (×그라프)
그룹	group
그린 벨트	green belt
글라이더	glider
글러브	glove
기타	guitar (×키타)
깁스	도, gips (×기브스)
껌	gum

ㄴ	
나이트 클럽	night club (×나이트 크럽)
나이프	knife
나일론	nylon (×나이론)
난센스	nonsense (×넌센스)
냅킨	napkin (×내프킨)
네온 사인	neon sign (×네온 싸인)
네트워크	network (×네트웍)
넥타	nectar
넥타이	necktie
넥타이 핀	necktie pin
노이로제	neurose
노크	knock
노트	knot, note
노하우	knowhow

논픽션	nonfiction		디너 쇼	dinner show
누드	nude		디스켓	disket
누드 모델	nude model		디스코	disco
누드 쇼	nude show		디스코텍	discotheque
뉘앙스	프, nuance		디스크	disk
뉴스	news		디스크 자키	disk jockey (×디스크 재키)
뉴스 센터	news center (×뉴스 센타)		디자이너	designer
니스	네, varnish		디자인	design
니코틴	nicotine		디저트	desert
니트	knit		딜레마	dilemma
ㄷ			**ㄹ**	
다이빙	diving		라디오	radio
다이아몬드	diamond		라벨	프, label
다이어트	diet		라운지	lounge
다이얼	dial (×다이알)		라이벌	rival
다큐멘터리	documentary(×다큐멘타리)		라이터	lighter (×라이타)
다크 호스	dark horse		라인	line
다트	dart		라켓	racket (×라케트)
달러	dollar (×딸라)		란제리	프, lingelie
댐	dam (×땜)		랜턴	lantern
더블 베드	double bed		램프	lamp
더빙	dubbing		랩	lap, rap
덤프 트럭	dump truck		랭킹	ranking
덤핑	dumping		러닝 메이트	running mate
데모	demo, demonstration		러닝 셔츠	running shirts
데뷔	프, debut		러브 신	love scene
데생	프, dessin (×뎃생)		러시	rush
데이터	data (×데이타)		러시 아워	rush hour
데이트	date		럭비	rugby
도넛	doughnut (×도너츠)		레몬 주스	lemon juice (×레몬 쥬스)
듀엣	duet		레미콘	remicon
드라마	drama		레스토랑	프, restaurant
드라이	dry		레슨	lesson
드라이버	driver		레슬러	wrestler
드라이브	drive		레슬링	wrestling
드라이브 코스	drive course		레이더	radar (×레이다)
드라이어	dryer		레이스	lace, race
드라이 클리닝	dry cleaning		레이저	laser
드럼	drum		레인지	range
드레스	dress (×드래스)		레일	rail
드롭스	drops		레저	leisure (×레져)
드릴	drill		레저 붐	leisure boom (×레져 붐)
드링크	drink		레코드	record

레크리에이션	recreation (×레크레이션)	릴	reel
레퍼토리	repertory (×레파토리)	립스틱	lipstick
레포츠	leports	링거	ringer
렌즈	lens	링크	rink
렌터카	rent a car (×렌트카)		ㅁ
로고	logo	마가린	margarine
로맨스	romance (×로멘스)	마네킹	mannequin (×마네킨)
로봇	robot (×로보트)	마담	프, madame
로비	lobby	마라톤	marathon
로비스트	lobbist	마사지	massage (×맛사지)
로션	lotion (×로숀)	마스카라	mascara
로열 젤리	royal jelly (×로얄 제리)	마스코트	mascot
로열티	royalty (×로얄티)	마스크	mask
로켓	rocket (×로케트)	마스터 키	master key (×마스타 키)
로터리	rotary (×로타리)	마요네즈	프, mayonnaise
로프	rope	마이너스	minus
롤러	roller (×로울러)	마이크	micro phone
롤러 스케이트	roller skate (×로울러 스케이트)	마진	margin
		마케팅	marketing
루주	프, rouge	마크	mark
루트	root	매너	manner
룸 메이트	room mate	매니저	manager
룸 살롱	room salon (×룸 싸롱)	매니큐어	manicure
룩색	rucksack (×룩색)	매스 게임	mass game (×마스 게임)
르포	프, reportage	매스 미디어	mass media (×메스 미디어)
리그	league	매스컴	mass communication
리더	leader	매직	magic
리더십	leadership (×리더쉽)	매트	mat
리듬	rhythm	매트리스	mattress (×매트레스)
리모컨	remocon.	맨션	mansion (×맨숀)
리무진	limousine	맨홀	manhole
리바이벌	revival	머플러	muffler (×마후라)
리본	ribbon	멀티미디어	multi media (×멀티미디아)
리사이틀	recital	메가폰	megaphone
리셉션	reception (×리셉숀)	메뉴	menu
리스트	list	메달	medal
리시버	receiver	메달리스트	medalist
리어카	rearcar (×리아카)	메들리	medley
리포터	reporter	메리야스	스, medias
리포트	report	메모	memo
리프트	lift	메스	네, mes
리허설	rehearsal (×리허셜)	메시지	message (×메세지)
린스	rinse	메이크업	makeup

멜로디	melody		박스	box
멜론	melon		발레	프, ballet
멤버	member		발레리나	ballerina
모니터	monitor (×모니타)		발코니	balcony
모델	model		방갈로	bungalow
모델 하우스	model house		배드민턴	badminton
모자이크	mosaic		배지	badge (×뱃지)
모터	moter (×모타)		배터리	battery (×밧데리)
모터보트	moter boat (×모타보트)		백	bag
모터사이클	moter cycle (×모타사이클)		백 미러	back mirror (×백 밀러)
모텔	motel		밴드	band
모토	motto		버너	burner (×바나)
몽타주	프, montage (×몽타쥐)		버스	bus (×뻐스)
무드	mood		버저	buzzer (×부자)
무비 카메라	movie camera		버클	buckle
무스	moose		버킷	bucket
무크	mook		버터	butter
뮤지컬	musical (×뮤지칼)		범퍼	bumper
미니	mini		베니어	venner
미니 스커트	mini skirt		베드 신	bed scene
미디어	media (×미디아)		베란다	이, veranda
미라	포, mirra		베레	프, beret
미사	라, missa		베스트 셀러	best seller
미사일	missile		베이지	beige
미스	miss		베테랑	프, veteran
미스터리	mistery (×미스테리)		벨	bell
미팅	meeting		벨트	belt
믹서	mixer		보너스	bonus (×뽀나스)
밀리	milli		보디가드	bodyguard
밀크 셰이크	milk shake (×밀크 세이크)		보디빌딩	body building
밀크 캐러멜	milk caramel (×밀크 카라멜)		보스	boss
밍크	mink		보일러	boiler (×보일라)
ㅂ			보컬	vocal (×보칼)
바나나	banana (×버내너)		보트	boat
바리케이드	barricade		복서	boxer
바바리	burberry		복싱	boxing
바비큐	barbecue (×바베큐)		본드	bond
바이올린	violin		볼륨	volume
바자	bazaar		볼링	bowling (×보울링)
바캉스	vacance		볼펜	ball pen
바코드	barcode		부츠	boots (×부쓰)
바텐더	bartender (×바텐다)		부케	프, bouquet
바통	프, baton (×바톤)		부탄 가스	butane gas (×부탄 까스)
			불도그	bulldog (×불독)

불도저	bulldozer (×불도자)	사이클링	cycling
붐	boom	사인	sign (×싸인)
뷔페	프, buffet (×부페)	사인 펜	sign pen (×싸인 펜)
브래지어	brassiere (×브레져)	산타클로스	santa claus (×싼타 클로스)
브레이크	brake	샌드 백	sand bag
브레인	brain	샌드위치	sandwich
브로마이드	bromide	샌들	sandal (×샌달)
브로치	brooch	샐러드	salad (×사라다)
브리핑	briefing	샐러리 맨	salary man
블라우스	blouse (×브라우스)	샘플	sample
블랙	black	샤워	shower
블랙 박스	black box	샤프	sharp
블랙 커피	black coffee	샴페인	champagne (×삼페인)
블록	block	샴푸	shampoo (×샴푸)
블루스	blues	샹들리에	프, chandelier (×샹들리에)
블루진	blue jeans	서비스	service (×써비스)
비닐	vinyl (×비니루)	서치라이트	searchlight
비닐 하우스	vinyl house	서커스	circus (×써커스)
비디오	video (×비데오)	서클	circle (×써클)
비디오 카메라	video camera (×비데오 카메라)	선글라스	sun glass (×썬글라스)
비디오 테이프	video tape (×비데오 테잎)	세단	sedan (×쎄단)
비스킷	biscuit (×비스켓)	세미나	semina
비자	visa	세일	sale (×쎄일)
비전	vision (×비젼)	세일즈	sales
비즈니스	business (×비지니스)	세일즈맨	salesman
비즈니스 맨	business man (×비지니스 맨)	세트	set (×셋)
비치 파라솔	beach parasol	센서	sensor (×쎈서)
비키니	bikini	센서스	census (×쎈서스)
비타민	vitamin (×바이타민)	센스	sense (×쎈스)
비토	veto	센터	center (×쎈타)
비프스테이크	beefsteak	셀로판	cellophane
빌딩	building	셀프서비스	selfservice (×셀프써비스)
빌라	villa	셔벗	sherbet
빵	포, pao	셔츠	shirts (×샤츠)
삐라	bill	셔터	shutter (×샷타)
ㅅ		셔틀 버스	shuttle bus
사우나	sauna (×싸우나)	소스	sauce, source
사이다	cider	소시지	sausage (×소세지)
사이드 카	side car	소켓	socket (×소케트)
사이렌	siren (×싸이렌)	소파	sofa (×쇼파)
사이버	cyber (×싸이버)	소프트볼	soft ball
사이즈	size (×싸이즈)	소프트웨어	software
사이클	cycle (×싸이클)	솔로	solo
		쇼	show

쇼맨십	showmanship (×쇼맨쉽)	스테이크	steak
쇼 윈도	show window (×쇼 윈도우)	스테이플러	stapler (×스테플러)
쇼크	shock	스테인리스	stainless (×스텐레스)
쇼핑	shopping	스텝	step
쇼핑 백	shopping bag	스토브	stove
숄	shawl (×쇼울)	스튜디오	studio
수프	soup (×스프)	스튜어디스	stewardess
슈미즈	chemise	스트레스	stress
슈퍼	super (×수퍼)	스트립 쇼	stip show
슈퍼마켓	super market (×수퍼마켓)	스티로폼	styrofoam (×스치로폴)
슈퍼맨	super man (×수퍼 맨)	스티커	sticker
스낵	snack	스팀	steam
스노 타이어	snow tire	스파게티	이, spaghetti
스릴	thrill	스파이	spy
스모그	smog	스펀지	sponge (×스폰지)
스웨터	sweater	스펠링	spelling (×스페링)
스위치	switch	스포츠	sports
스카우트	scout	스포츠맨	sportsman
스카이 다이빙	sky diving	스포츠맨십	sportsmanship
스카치 테이프	scotch tape	스포츠 센터	sports center (×스포츠 센타)
스카프	scarf	스포츠 카	sports car
스캔들	scandal	스프링	spring
스케이트	skate	스피드	speed
스케이팅	skating	스피치	speech
스케일	scale	스피커	speaker (×스피카)
스케줄	schedule	슬라이드	slide
스케치	sketch	슬래브	slab (×슬라브)
스케치 북	sketch book	슬럼프	slump
스쿠버	scuba (×스쿠바)	슬레이트	slate
스쿠버 다이빙	scuba diving (×스쿠바 다이빙)	슬로건	slogan
스쿠터	scooter	슬롯 머신	slot machine
스크랩	scrap	슬리퍼	slipper (×스리퍼)
스크럼	scrum	슬립	slip
스키	ski	시가	cigar (×시거)
스타	star	시나리오	scenario
스타디움	stadium	시디	C.D.(compact disk)
스타일	style	시디롬	C.D.ROM (read only memory)
스타킹	stocking	시럽	syrup
스태프	staff	시리즈	series (×씨리즈)
스탠드	stand	시멘트	cement (×세멘트)
스탠드 바	stand bar	시소	seesaw
스탬프	stamp	시소 게임	seesaw game
스테레오	stereo (×스트레오)	시에프	C.F.(commercial film)
		시엠	C.M.(commercial message)

시즌	season
시트	sheet (×씨트)
신데렐라	cindderella
신드롬	syndrom (×신드롬)
실크	silk (×씰크)
심벌	symbol (×심볼)
심포지엄	symposium (×심포지움)

ㅇ	
아나운서	announcer (×어나운서)
아날로그	analogue (×아나로그)
아르바이트	도, arbeit
아마추어	amateur (×아마츄어)
아베크족	프, avec 족(族)
아스팔트	asphalt
아이디어	idea
아이러니	irony
아이스 링크	ice rink
아이스 박스	ice box
아이스크림	ice cream
아이스 하키	ice hockey
아이큐	I.Q(intelligence quotient)
아지트	agitation point
아치	arch (×아취)
아카시아	프, acacia
아크릴	acryl
아킬레스건	achilles 건(腱)
아파트	apart. (apartment house)
악센트	accent (×액센트)
안테나	antenna
알레르기	도, allergie
알로에	라, aloe
알루미늄	aluminium (×알미늄)
알리바이	alibi (×아리바이)
알칼리	alkali
알코올	alcohol (×알콜)
알파벳	alphabet (×알파베트)
앙케트	프, enquete (×앙케이트)
애드벌룬	adballoon (×애드발룬)
애프터 서비스	after service (×애프터 써비스)
액세서리	accessory (×악세사리)
액션	action (×액숀)
앨범	album
앰뷸런스	ambulance (×앰브런스)

앰프	amp.(amplifier)
앵글	angle
앵커	anchor
앵커맨	anchor man
에너지	energy
에세이	essay
에스컬레이터	escalator (×에스카레이타)
에스코트	escort
에어백	air bag
에어로빅	aerobic
에어컨	air con.(conditioner) (×에어콘)
에이엠	AM (amplitude modulation)
에이즈	AIDS (acquired immune deficiency syndrome)
에프엠	FM(frequency modulation)
에피소드	episode
엑스레이	Xray
엑스트라	extra
엔지니어	engineer
엔진	engine
엘리베이터	elevator (×엘레베이터)
엘리트	elite (×에리트)
엘피 가스	L.P.(liquefied petroleum) gas (×까스)
엠시	M.C.(master of ceremonies)
오디오	audio
오렌지	orange
오렌지 주스	orange juice (×오렌지 쥬스)
오르간	organ
오버	over (×오바)
오버 코트	over coat (×오바 코트)
오븐	oven
오아시스	oasis
오케스트라	orchestra
오토바이	autobicycle (×오도바이)
오페라	opera
오픈 카	open car
오피스텔	officetel
온 라인	on line
올림픽	olympic
옵서버	observer (×옵저버)
와이셔츠	white shirts (×와이샤츠)
와이퍼	wiper
와인	wine

왁스	wax	장르	프, genre (×쟝르)
왜건	wagon	재즈	jazz (×째즈)
요가	범, yoga	잭	jack (×쨕)
요구르트	yoghurt	잭나이프	jackknife (×쨕나이프)
요들	yodel	잼	jam (×쨈)
요트	yacht	점프	jump
워드 프로세서	wordprocessor	정글	jungle
워밍 업	warming up	제스처	gesture
워크숍	workshop (×워크샵)	제트	jet
워키토키	walkietalkie	젤리	jelly (×제리)
원피스	onepiece	주스	juice (×쥬스)
웨딩 드레스	wedding dress	지그재그	zigzag (×지그자그)
웨딩 마치	wedding march	지로	giro
웨이터	waiter (×웨이타)	지퍼	zipper
웨이트리스	waitress	지프	jeep (×짚)
웨이퍼	wafer (×웨하스)	징크스	jinks
위스키	whisky	짬뽕	일, ちゃんぽん
위트	wit	**ㅊ**	
윈드서핑	windsurfing (×윈드셔핑)	차트	chart
윙크	wink	찬스	chance (×챤스)
유니폼	uniform	채널	channel
유머	humor (×유우머)	챔피언	champion (×챔피온)
유스 호스텔	youth hostel	체인	chain
유에프오	U.F.O. (unidentfied flying object)	체크	check
		첼로	cello
유턴	Uturn	첼리스트	cellist
유토피아	utopia	초콜릿	chocolate (×초콜렛)
이데올로기	도, ideologie (×이데오르기)	치어 걸	cheer girl
이미지	image	치즈	cheese
이벤트	event	치킨	chicken
이슈	issue	침팬지	chimpanzee
이어폰	earphone	**ㅋ**	
인스턴트	instant	카누	canoe
인터넷	internet (×인터네트)	카드	card
인터뷰	interview	카드 섹션	card section (×카드 섹숀)
인터체인지	interchange	카레	curry
인터폰	interphone	카레 라이스	curry rice
인테리어	interior	카리스마	도, charisma
인플레이션	inflation	카메라	camera
잉꼬	일, いんこ (×잉코)	카바레	프, cabaret (×캬바레)
잉크	ink	카세트	cassette
ㅈ		카세트 테이프	cassette tape (×카세트 테잎)
잠바(=점퍼)	jumper	카 스테레오	car stereo

카스텔라	포, castella (×카스테라)	컨디션	condition (×컨디숀)
카운슬러	counselor (×카운셀러)	컨테이너	container
카운터	counter	컬러	color (×칼라)
카지노	casino	컬러	color television
카탈로그	catalogue (×카타로그)	텔레비전	(×칼라 텔레비젼)
카페	프, cafe	컬러 필름	color film (×칼라 필림)
카페리	car ferry	컴퍼스	compass (×콤파스)
카페테리아	cafeteria (×카펫테리아)	컴퓨터	computer (×콤퓨터)
카펫	carpet (×카페트)	컵	cup
카폰	carphone	컷	cut
카피	copy	케이블	cable
카피라이터	copywriter	케이블 카	cable car
칵테일	cocktail	케이블 티브이	cable TV
칵테일 파티	cocktail party	케이스	case
칼라	collar	케이크	cake (×케잌)
칼럼	column	케첩	ketchup (×케찹)
칼럼니스트	columnist	켄트지	kent 지(紙)
칼로리	colorie	코냑	프, cognac (×꼬냑)
칼슘	calcium	코너	corner
캅셀	도, kapsel	코드	code, cord
캐디	caddy	코러스	chorus
캐러멜	caramel (×카라멜)	코르덴	corded velveteen (×골덴)
캐럴	carol (×캐롤)	코르셋	corset
캐리커처	caricature	코미디	comedy (×코메디)
캐비닛	cabinet (×캐비넷)	코미디언	comedian (×코메디언)
캐스팅	casting	코스	course
캐시밀론	cashmilon (×카시미론)	코스모스	cosmos
캔	can	코치	coach
캔디	candy	코트	coat, court
캠퍼스	campus	코팅	coating
캠페인	campaign	코펠	도, kocher
캠프	camp	콘	corn
캠프 파이어	camp fire	콘도	condo
캠핑	camping	콘돔	condom
캡슐	capsule	콘사이스	concise (×콘사이즈)
커닝	cunning (×컨닝)	콘서트	concert
커버	cover (×카바)	콘센트	concentric plug
커브	curve	콘크리트	concrete
커트	cut	콘택트 렌즈	contact lens (×콘택즈 렌즈)
커튼	curtain (×커틴)	콜 걸	call girl
커피	coffee	콜드 크림	cold cream
커피 세트	coffee set (×커피 셑)	콜라	cola
커피 숍	coffee shop (×커피 숖)	콜레라	cholera (×코레라)
커피포트	coffeepot	콜 택시	call taxi

콤비	combination (×컴비)	택시	taxi
콤팩트	compact (×컴팩트)	탤런트	talent (×탈렌트)
콩트	프, conte	탱크	tank
쿠데타	프, coup d'etat	터널	tunnel
쿠션	cushion (×쿠숀)	터미널	terminal (×터미날)
쿠폰	coupon (×쿠퐁)	터부	taboo
쿼터	quarter	턴 테이블	turn table
퀴즈	quiz	테니스	tennis
크래커	cracker (×크래카)	테러	terror
크레용	프, crayon	테러리스트	terrorist
크레인	crane	테러리즘	terrorism
크레파스	craypas	테마	thema
크리스마스	christmas	테스트	test
크리스마스 카드	christmas card	테이블	table
크리스마스 캐럴	christmas carol (×크리스마스 캐롤)	테이프	tape (×테잎)
크리스천	christian (×크리스찬)	텐트	tent
크리스털	crystal (×크리스탈)	텔레비전	television (×텔레비젼)
크림	cream	텔레파시	telepathy
클라이맥스	climax (×클라이멕스)	텔렉스	telex (×테렉스)
클래식	classic (×크래식)	템포	이, tempo
클랙슨	klaxon (×크랙슨)	토너먼트	tournament (×토너멘트)
클럽	clup (×크럽)	토마토	tomato (×도마토)
클립	clip (×크립)	토스트	toast
키	key	토큰	token
키보드	keyboard	톤	ton, tone
키스	kiss	톨게이트	tollgate
킥 복싱	kick boxing	톱 뉴스	top news (×탑 뉴스)
킬로	kilo (×키로)	투피스	two piece (×튜피스)
ㅌ		튜브	tube
타깃	target (×타게트)	트랙터	tractor (×트랙타)
타워	tower	트랜지스터	transistor (×트랜지스타)
타월	towel (×타올)	트랙	track
타이	tie	트럭	truck
타이어	tire (×타이아)	트럼프	trump
타이츠	tights (×타이즈)	트렁크	trunk
타이틀	title	트레이드 마크	trade mark
타이프	type	트레일러	trailer
타이프 라이터	type writer	트로트	trot (×트롯)
타이피스트	typist	트로피	trophy
타이핑	typing	트위스트	twist
타일	tile (×타이루)	트윈	twin
타임 머신	time machine	티브이	T.V.(television)
		티셔츠	T shirts

티켓	ticket (×티케트)	페달	pedal
팀	team	페이스	pace
팀 워크	team work	페이지	page
팁	tip	페인트	paint
ㅍ		페퍼 포그	pepper fog
파노라마	panorama	펜	pen
파라솔	프, parasol	펜싱	fencing
파마	perma	펜치	pincers (×뻰찌)
파스	PAS (paraamino salichlic acid)	펜팔	pen pal
파우더	powder	펭귄	penguin
파운데이션	foundation (×파운데이숀)	포르노	pornography
파워	power	포마드	pomade
파이	pie	포스터	poster (×포스타)
파이프	pipe	포스터 컬러	poster color (×포스타 칼라)
파인애플	pineapple	포즈	pose
파인 주스	pine juice (×파인 쥬스)	포커	poker (×포카)
파일	file (×화일)	포크	fork, pork
파일럿	pilot (×파일러트)	포크 댄스	folk dance
파자마	pajamas	포크 송	folk dance
파트너	partner	포테이토 칩	potato chip
파티	party	폼	form
판탈롱	프, pantalon (×판타롱)	퓨즈	fuse (×퓨우즈)
팝송	pop song	프라이	fry
팝콘	popcorn	프라이드	pride
팡파르	프, fanfare	프라이드 치킨	fried chicken
패션	fashion	프라이버시	privacy
패션 모델	fashion model	프라이 팬	fry pan
패션 쇼	fashion show	프런트	front
패스트 푸드	fast food	프로	pro. (professional, program)
패턴	pattern	프로그래머	programmer
팩	pack	프로그램	program
팩스	fax (×팩시)	프로듀서	producer
팩시밀리	facsimile	프로펠러	propeller
팬	fan, pan	프로포즈	propose
팬 레터	fan letter	프로필	profile
팬티	panties	프리랜서	free lancer
팬티 스타킹	panty stocking	프리미엄	premium (×프레미엄)
팸플릿	pamphlet (×팜플렛)	프린터	printer
퍼스널 컴퓨터	personal computer (×퍼스날 컴퓨터)	프린트	print
퍼즐	puzzle	플라스틱	plastic (×플래스틱)
펀치	punch	플래시	flash (×후래쉬)
펌프	pump	플래카드	placard (×프랑카드)
페넌트	pennant (×페난트)	플랫폼	platform

플러그	plug
플러스	plus
플레이보이	play boy
피겨 스케이팅	figure skating
피망	piment
피아노	piano
피아니스트	pianist
피자	pizza (×핏자)
피치	pitch
피켓	picket
핀	pin
핀셋	프, pincette (×핀세트)
핀트	pint
필드 하키	field hockey
필름	film (×필림)
필터	filter
핑크	pink
ㅎ	
하드 트레이닝	hard training
하모니카	harmonica
하우스	house
하이라이트	high light (×하일라이트)
하이킹	hiking
하이테크	high tech
하이 힐	high heels shoes
하키	hockey
핫도그	hot dog
핫팬츠	hot pants
해머	hammer
해프닝	happening
핸드백	handbag
핸드볼	handball
핸들	handle
핸디캡	handicap
햄	ham
햄버거	hamburger
행 글라이더	hang glider
허스키	husky
헤드 라이트	head light
헤드폰	headphone
헤로인	heroin
헤어핀	hairpin
헬리콥터	helicopter

헬멧	helmet
헬스 클럽	health clup (×헬스 크럽)
호모	라, homo
호스	hose
호스티스	hostess (×호스테스)
호치키스	hotchkiss (×호치케트)
호크	hock
호텔	hotel
호프	hof
홈 뱅킹	home banking
홈 쇼핑	home shopping
훌라후프	hula hoop
휘슬	whistle
휠체어	wheel chair
휴머니스트	humanist
휴머니즘	humanism
히로뽕	philopon
히스테리	hysterie
히어로	hero
히터	heater, hitter (×히타)
히프	hip
힌트	hint
힐	heel

04

국어의 로마자 표기법

Romanization of Korean

문화체육관광부 고시 제2014-42호(2014.12.5., 일부개정)

제1장 **표기의 기본 원칙**

> **제1항** 국어의 로마자 표기는 국어의 표준 발음법에 따라 적는 것을 원칙으로 한다.

로마자 표기는 외국인이 읽을 것을 전제로 한다. 따라서 한국어의 발음을 나타내야만 외국인으로 하여금 한국어의 발음을 비슷하게 내도록 유도할 수 있다. 표음법[1]에 따라서 '신라[실라]'는 로마자로 표기할 때, '*Sinla'가 아니라 'Silla'로 표기한다.

표준 발음법에 따라 로마자 표기를 하기 때문에 외국인에게 편리한 것은 분명하지만 맞춤법에 익숙한 한국인은 발음형을 잘 의식하지 못해서 불편하기도 하다. 예컨대 '청량리'를 한국 사람이라면 누구나 [청냥니]로 늘 발음하면서도 '청량리'라는 글자에 익숙해져서 [청냥니]라는 발음형을 연상하지 못한다.

1. 전자법과 표음법 표기

	한라	종로
전자법	한라 [Hanla]	종로 [Jongro]
표음법	할라 [Halla]	종노 [Jongno]

> **제2항** 로마자 이외의 부호는 되도록 사용하지 않는다.

로마자는 a부터 z까지의 26 글자를 가리킨다. 한국어는 단모음 10개, 이중모음 11개로 모음이 모두 21개 그리고 자음이 19개이다. 이렇게 한국어의 글자 수와 로마자의 글자 수는 다르기 때문에 로마자는 한국어를 적기에 적합하지 않다. 그런 로마자로 한국어를 적기 위해서는 특별한 수단이 필요하다. 모음의 경우에 로마자에는 'a, e, i, o, u'의 다섯 글자밖에 없지만 한국어에는 'ㅏ, ㅓ, ㅗ, ㅜ, ㅡ, ㅣ, ㅐ, ㅔ, ㅚ, ㅟ'의 10모음이 있다. 따라서 로마의 모음 5개를 이용해서 한글의 단모음과 이중모음 21개를 모두 표시한다.

제2장 표기 일람

제1항 모음은 다음 각 호와 같이 적는다.

1. 단모음

ㅏ	ㅓ	ㅗ	ㅜ	ㅡ	ㅣ	ㅐ	ㅔ	ㅚ	ㅟ
a	eo	o	u	eu	i	ae	e	oe	wi

로마자를 쓰는 언어들에서 'a, o, u, i, e'는 [아], [오], [우], [이], [에] 음가를 지니는 게 가장 일반적이다. '어'와 '으'는 한국어의 특유한 모음으로 '어'는 eo로, '으'는 eu로 표기한다.

2. 이중 모음

ㅑ	ㅕ	ㅛ	ㅠ	ㅒ	ㅖ	ㅘ	ㅙ	ㅝ	ㅞ	ㅢ
ya	yeo	yo	yu	yae	ye	wa	wae	wo	we	ui

[붙임 1] 'ㅢ'는 'ㅣ'로 소리 나더라도 ui로 적는다.

광희문   Gwanghuimun

모음의 경우 글자 'ㅢ'는 그 앞에 자음이 왔을 때에 [ㅣ]로만 발음하도록 표준 발음법에 규정되어 있다. '희'는 [히]로만 발음한다. 그러나 로마자 표기를 할 때에는 '의' 자체가 ui이므로 '희'를 '*hi'가 아닌 'hui'로 적는다. 표준 발음법을 따르는 것을 원칙이지만 어원을 인정해서 예외로 표기한다.

[붙임 2] 장모음의 표기는 따로 하지 않는다.

1 ④
단모음은 다음 각 호
와 같이 적는다.

ㅏ	ㅓ	ㅗ	ㅜ	ㅡ
a	eo	o	u	eu
ㅣ	ㅐ	ㅔ	ㅚ	ㅟ
i	ae	e	oe	wi

④, e로 표기한다.

2. 표기 일람표의 자음이
란 '발음형'을 가리킨다.
한국어에 겹받침이 11개
있지만 겹받침은 어말에
서 둘 중의 어느 하나로만
발음된다. '삯', '여덟',
'삶', '값' 등을 표기할 경
우 이들의 발음은 [삭], [여
덜], [삼], [갑]이므로 sak,
yeodeol, sam, gap으로 적
어야 한다.

1 다음 중 단모음의 로마자 표기가 틀린 것은?

① ㅏ - a ② ㅡ - eu

③ ㅓ - eo ④ ㅔ - oe

제2항 자음²은 다음 각 호와 같이 적는다.

1. 파열음

ㄱ	ㄲ	ㅋ	ㄷ	ㄸ	ㅌ	ㅂ	ㅃ	ㅍ
g, k	kk	k	d, t	tt	t	b, p	pp	p

2. 파찰음

ㅈ	ㅉ	ㅊ
j	jj	ch

3. 마찰음

ㅅ	ㅆ	ㅎ
s	ss	h

4. 비음

ㄴ	ㅁ	ㅇ
n	m	ng

5. 유음

ㄹ
r, l

자음의 경우 각별한 주의가 필요하다. 한국어에서 받침 'ㄷ, ㅅ, ㅆ, ㅈ, ㅊ, ㅌ'은 어말에서 대표음 [ㄷ]으로 중화된다. '곧', '옷', '젖', '빛', '밭'의 발음은 각각 '[곧], [옫], [젇], [빋], [받]'이다.

[붙임 1] 'ㄱ, ㄷ, ㅂ'은 모음 앞에서는 'g, d, b'로, 자음 앞이나 어말에서는 'k, t, p'로 적는다([ ] 안의 발음에 따라 표기함.).

구미 Gumi	영동 Yeongdong	백암 Baegam
옥천 Okcheon	합덕 Hapdeok	호법 Hobeop
월곶[월곧] Wolgot	벚꽃[벋꼳] beotkkot	한밭[한받] Hanbat

한국어의 'ㄱ, ㄷ, ㅂ'은 어말에서는 파열이 일어나지 않고 폐쇄만 이루어진다.

[붙임 2] 'ㄹ'은 모음 앞에서는 'r'로, 자음 앞이나 어말에서는 'l'로 적는다. 단, 'ㄹㄹ'은 'll'로 적는다.

구리 Guri	설악 Seorak
칠곡 Chilgok	임실 Imsil
울릉 Ulleung	대관령[대괄령] Daegwallyeong

조건	표기	예
모음 앞	r	리을 rieul
자음 앞	l	울산 Ulsan
어말	l	돌 dol
ㄹㄹ	ll	선릉[설릉] Seolleung

2 다음 중 로마자 표기가 맞는 것은?

① 구미 - Kumi ② 합덕 - Habdeok
③ 울릉 - Ulleung ④ 설악 - Seolak

2 ③

③, 'ㄹ'은 모음 앞에서는 'r'로, 자음 앞이나 어말에서는 'l'로 적는다. 단, 'ㄹㄹ'은 'll'로 적는다는 규정에 따라 정답이다.

④, 위의 규정에 따라 'Seorak'로 적는다.

①, ②, 'ㄱ, ㄷ, ㅂ'은 모음 앞에서는 'g, d, b'로, 자음 앞이나 어말에서는 'k, t, p'로 적는다는 규정에 따라 'Gumi, Hapdeok'으로 적는다.

제3장 표기상의 유의점

> **제1항** 음운 변화가 일어날 때에는 변화의 결과에 따라 다음 각 호와 같이 적는다.

글자와 발음이 다른 경우, 글자를 기준으로 적지 않고 발음을 기준으로 표기한다. 글자와 발음이 다른 경우는 다섯 가지로 나눌 수 있다.

1. 자음 사이에서 동화 작용이 일어나는 경우

백마[뱅마] Baengma	신문로[신문노] Sinmunno
종로[종노] Jongno	왕십리[왕심니] Wangsimni
별내[별래] Byeollae	신라[실라] Silla

자음 사이에서 동화 작용이 일어나는 경우이다. 이 경우도 몇 가지로 나누어 볼 수 있다.

비음화 현상	'ㄱ, ㅂ'이 비음인 'ㄴ, ㅁ' 앞에서 비음인 'ㅇ, ㅁ'으로 바뀐 경우	백마[뱅마] 갑문[감문]
	'ㄹ'은 비음인 'ㅁ, ㅇ' 다음에서 반드시 비음인 'ㄴ'으로 바뀌는 경우	탐라[탐나] 강릉[강능]
	'ㄹ'은 비음인 'ㄴ' 다음에서 'ㄴ'으로 바뀌는 경우	판단력[판단녁]
	'ㄹ'은 'ㄱ, ㅂ' 다음에서 'ㄴ'으로 바뀌는데 이때는 'ㄱ, ㅂ'도 'ㅇ, ㅁ'으로 바뀌는 경우	독립[동닙] 십리[심니]
유음화	'ㄹ' 다음에 'ㄴ'이 올 때에는 'ㄴ'이 'ㄹ'로 바뀌는 경우	설날[설랄]
	'ㄴ' 다음에 'ㄹ'이 올 때에 앞의 'ㄴ'이 'ㄹ'로 바뀌는 경우	선릉[설릉]

2. 'ㄴ, ㄹ'이 덧나는 경우

학여울[항녀울] Hangnyeoul   알약[알략] allyak

합성어에서 둘째 요소가 '야, 여, 요, 유, 얘, 예' 등으로 시작되는 말이면 'ㄴ, ㄹ'이 덧난다.

3. 구개음화가 되는 경우

해돋이[해도지] haedoji	같이[가치] gachi
굳히다[구치다] guchida	

'ㄷ, ㅌ' 다음에 '이'가 오면 'ㄷ, ㅌ'이 'ㅈ, ㅊ'으로 바뀐다.

예 굳이[구지]

4. 'ㄱ, ㄷ, ㅂ, ㅈ'이 'ㅎ'과 합하여 거센소리로 소리 나는 경우

좋고[조코] joko	놓다[노타] nota
잡혀[자펴] japyeo	낳지[나치] nachi

다만, 체언에서 'ㄱ, ㄷ, ㅂ' 뒤에 'ㅎ'이 따를 때에는 'ㅎ'을 밝혀 적는다.

묵호 Mukho	집현전 Jiphyeonjeon

용언에 나타나는 유기음화는 표기에 반영하고, 체언에 나타나는 유기음화는 표기에 반영하지 않는다.

[붙임] 된소리되기는 표기에 반영하지 않는다.

압구정	Apgujeong	낙동강	Nakdonggang
죽변	Jukbyeon	낙성대	Nakseongdae
합정	Hapjeong	팔당	Paldang
샛별	saetbyeol	울산	Ulsan

된소리되기의 경우이다. '울산'이라 쓰지만 누구나 발음은 [울싼]이다. 발음에 따라 쓰는 원칙을 고수하면 Ulsan이 아니라 *Ulssan이 되어야 한다. 그러나 '울산'을 *Ulssan으로 쓴 전통이 없고 Ulsan으로 써서 문제가 발생하지 않는다.

---

3 다음 중 로마자 표기가 틀린 것은?

① 신라 - Silla ② 왕십리 - Wangsimri
③ 해돋이 - haedoji ④ 같이 - gachi

제2항 발음상 혼동의 우려가 있을 때에는 음절 사이에 붙임표(-)[3]를 쓸 수 있다.

중앙 Jung-ang   반구대 Ban-gudae
세운 Se-un   해운대 Hae-undae

모음의 경우, '애', '어', '으', '외'는 불가피하게 두 글자인 ae, eo, eu, oe로 쓴다. 그 결과 모음이 겹칠 경우에 발음하기가 혼동이 생긴다. '해운대'를 Haeundae로 쓰면 '*하운대'로 읽는 것을 막기 위하여 '해'와 '운' 사이에 붙임표를 넣어 Hae-undae로 쓸 수 있다.

자음의 경우, 'ㅇ'은 ng로 쓰기 때문에 다음에 모음이 이어 나오면 발음에 혼선이 생길 수 있다. '홍익'을 Hongik으로 적으면 '*혼긱'으로 읽을 가능성이 있으므로 Hong-ik으로 쓸 수 있다.

---

4 다음 중 음절 사이에 붙임표(-)를 바르게 쓴 것은?

① 홍익 Hongik → Hon-gik
② 해운대 Haeundae → Hae-undae
③ 중앙 Jungang → Jun-gang
④ 반구대 Bangudae → Bang-udae

제3항 고유 명사는 첫 글자를 대문자로 적는다.

부산 Busan   세종 Sejong

일반적으로 로마자를 문자로 쓰는 언어권에서 고유 명사는 첫 글자를 대문자로 적는데 이를 따른다.

5 다음 중 로마자 표기가 틀린 것은?

① 세종 - sejong
② 백마 - Baengma
③ 부산 - Busan
④ 샛별 - saetbyeol

제4항 인명은 성과 이름의 순서로 띄어 쓴다. 이름은 붙여 쓰는 것을 원칙으로 하되 음절 사이에 붙임표(-)를 쓰는 것을 허용한다 (( )안의 표기를 허용함).

민용하 Min Yongha (Min Yong-ha)
송나리 Song Nari (Song Na-ri)

중국에서는 로마자 표기에서도 성을 먼저 쓰는 확고한 원칙을 가지고 있고 일본은 그 반대이지만 최근에 성을 먼저 쓰려는 움직임도 있다. 중요한 것은 일관된 원칙인데 한국어에서의 순서대로 하는 것을 원칙으로 한다.
이름은 음절 사이의 표시를 없애는 것을 원칙으로 하고, 굳이 표기하고자 하는 경우에 붙임표를 쓸 수 있다.

(1) 이름에서 일어나는 음운 변화는 표기에 반영하지 않는다.

한복남 Han Boknam (Han Bok-nam)
홍빛나 Hong Bitna (Hong Bit-na)

(2) 성의 표기는 따로 정한다.

---

6 다음 〈보기〉의 이름을 로마자로 바르게 적은 것은?

─── 보 기 ───
홍빛나

① Hong Bit Na
② Bitna Hong
③ Hong Bitna
④ Hong Binna

5 ①

①, 고유 명사는 첫 글자를 대문자로 적는다는 규정에 따라 'Sejong'로 적는다.

②, ③, 고유명사이므로 첫 글자를 대문자로 바르게 적은 것이다.

④, 고유명사가 아니므로 첫 글자를 소문자로 바르게 적은 것이다.

6 ③

③, 인명은 성과 이름의 순서로 띄어 쓴다. 이름은 붙여 쓰는 것을 원칙으로 하되 음절 사이에 붙임표(-)를 쓰는 것을 허용하며, 이름에서 일어나는 음운 변화는 표기에 반영하지 않는다는 규정에 따라 'Hong Bitna, Hong Bit-na' 로 표기한다.

제5항 '도, 시, 군, 구, 읍, 면, 리, 동'의 행정 구역 단위와 '가'는 각각 'do, si, gun, gu, eup, myeon, ri, dong, ga'로 적고, 그 앞에는 붙임표(-)를 넣는다. 붙임표(-) 앞뒤에서 일어나는 음운 변화는 표기에 반영하지 않는다.

충청북도 Chungcheongbuk-do	제주도 Jeju-do
의정부시 Uijeongbu-si	양주군 Yangju-gun
도봉구 Dobong-gu	신창읍 Sinchang-eup
삼죽면 Samjuk-myeon	인왕리 Inwang-ri
당산동 Dangsan-dong	봉천1동 Bongcheon 1(il)-dong
종로 2가 Jongno 2(i)-ga	퇴계로 3가 Toegyero 3(sam)-ga

행정 구역 단위 앞에는 붙임표를 넣음으로써 행정 구역 단위임을 보여 준다. '리(里)'나 '면(面)'의 경우에도 붙임표 앞뒤에서 음운 변화가 일어나더라도 표기에 반영하지 않는다. 따라서 각각 -ri와 -myeon으로 표기한다.

[붙임] '시, 군, 읍'의 행정 구역 단위는 생략할 수 있다.

청주시 Cheongju	함평군 Hampyeong
순창읍 Sunchang	

7 ④

④, '도, 시, 군, 구, 읍, 면, 리, 동'의 행정 구역 단위와 '가'는 각각 'do, si, gun, gu, eup, myeon, ri, dong, ga'로 적고, 그 앞에는 붙임표(-)를 넣는다. 붙임표(-) 앞뒤에서 일어나는 음운 변화는 표기에 반영하지 않는다는 규정에 따라 '삼죽면'의 발음이 [삼중면]이지만 '삼죽'과 '면'을 따로 적어 'Samjuk-myeon'으로 표기한다.

①, ②, ③, 바르게 표기한 것이다.

7 다음 중 행정 구역의 로마자 표기가 틀린 것은?

① 충청북도 Chungcheongbuk-do
② 종로 2가 Jongno 2(i)-ga
③ 의정부시 Uijeongbu-si
④ 삼죽면 Samjung-myeon

제6항 자연 지물명, 문화재명, 인공 축조물명은 붙임표(-) 없이 붙여 쓴다.

남산 Namsan	속리산 Songnisan
금강 Geumgang	독도 Dokdo

경복궁 Gyeongbokgung	무량수전 Muryangsujeon
연화교 Yeonhwagyo	극락전 Geungnakjeon
안압지 Anapji	남한산성 Namhansanseong
화랑대 Hwarangdae	불국사 Bulguksa
현충사 Hyeonchungsa	독립문 Dongnimmun
오죽헌 Ojukheon	촉석루 Chokseongnu
종묘 Jongmyo	다보탑 Dabotap

자연 지물명이나 문화재명의 경우 산, 강, 탑, 암과 같은 요소 앞에는 붙임표 (-)를 붙이지 않는다.

---

8 다음 중 붙임표(-)가 바르게 쓰인 것은?

① 금강 Geum-gang ② 경복궁 Gyeongbokgung
③ 속리산 Songni-san ④ 독도 Dok-do

제7항 인명, 회사명, 단체명 등은 그동안 써 온 표기를 쓸 수 있다.

인명, 회사명, 단체명 중에서 그동안 써 온 표기를 그대로 쓰고자 할 경우에는 이를 허용한다. 다만 이제 처음 표기를 시작하는 사람이나 회사, 단체는 표기법에 따를 것을 권장한다.

제8항 학술 연구 논문 등 특수 분야에서 한글 복원을 전제로 표기할 경우에는 한글 표기를 대상으로 적는다. 이때 글자 대응은 제2장을 따르되 'ㄱ, ㄷ, ㅂ, ㄹ'은 'g, d, b, l'로만 적는다. 음가 없는 'ㅇ'은 붙임표(-)로 표기하되 어두에서는 생략하는 것을 원칙으로 한다. 기타 분절의 필요가 있을 때에도 붙임표(-)를 쓴다.

집 jib		짚 jip	
밖 bakk		값 gabs	
붓꽃 buskkoch		먹는 meogneun	

8 ②

②, 자연 지물명, 문화재명, 인공 축조물명은 붙임표(-) 없이 붙여 쓴다는 규정에 따라 정답이다.

①, ③, ④, 위의 규정에 따라 'Geumgang, Songnisan, Dokdo'로 적는다.

독립	doglib	문리	munli
물엿	mul-yeos	굳이	gud-i
좋다	johda	가곡	gagog
조랑말	jolangmal	없었습니다	eobs-eoss-seubnida

한글 복원을 염두에 두고 로마자 표기를 해야 하는 언어학 학술 논문을 작성할 때나 전산 분야에서 한국어 문장을 통째로 로마자로 적을 경우가 있다. 이런 경우에도 글자 배당은 표음법에 따른 표기를 그대로 사용한다. 다만 'ㄱ, ㄷ, ㅂ, ㄹ' 네 글자만은 표음법에서 이미 각각 두 글자를 배당하고 있기 때문에 그 중에서 'g, d, b, l'을 전자법에서 사용한다. 전자법에서는 음가 없는 'ㅇ'도 기호를 배당해야 하는데 붙임표(-)를 쓴다. 다만 단어 처음에서는 붙임표를 쓰지 않는 것을 원칙으로 한다. 또 '있습니다'의 경우 issseubnida가 되어 '˙잇씁니다'로 복원될 여지가 있으므로 '있'과 '습니다' 사이에 붙임표(-)를 쓸 수 있다.

9 ③

③, 학술 연구 논문 등 특수 분야에서 한글복원을 전제로 표기할 경우에는 한글 표기를 대상으로 적는다. 이 때 글자 대응은 제2장을 따르되 'ㄱ, ㄷ, ㅂ, ㄹ'은 'g, d, b, l'로만 적는다. 음가 없는 'ㅇ'은 붙임표(-)로 표기하되 어두에서는 생략하는 것을 원칙으로 한다. 기타 분절의 필요가 있을 때에도 붙임표(-)를 쓴다는 규정에 따라 'gagok' 대신 'gagog'을 사용한다.

①, ②, ④, 위와 같은 특수 경우가 아닌 일반 로마자 표기법에 따라 적은 것이다.

9 다음 중 특수 분야에서 한글복원을 전제로 로마자 표기를 한 경우는?

① 종묘 Jongmyo

② 다보탑 Dabotap

③ 가곡 gagog

④ 독립 Dongnip

05

조선말규범집 북한

조선말규범집의 띄어쓰기와 맞춤법은 조선말규범집에서 규정한 대로 제시하였다.

조선민주주의인민공화국 국어사정위원회(1988.2.16.)

맞춤법

총칙

조선말맞춤법은 단어에서 뜻을 가지는 매개 부분을 언제나 같게
적는 원칙을 기본으로 하면서 일부 경우 소리나는대로 적거나 관
습을 따르는것을 허용한다.

제1장 조선어자모의 차례와 그 이름

제1항 조선어자모의 차례와 그 이름은 다음과 같다.

ㄱ(기윽)	ㄴ(니은)	ㄷ(디읃)	ㄹ(리을)	ㅁ(미음)	ㅂ(비읍)
ㅅ(시읏)	ㅇ(이응)	ㅈ(지읒)	ㅊ(치읓)	ㅋ(키윽)	ㅌ(티읕)
ㅍ(피읖)	ㅎ(히읗)				
ㄲ(된기윽)	ㄸ(된디읃)	ㅃ(된비읍)	ㅆ(된시읏)	ㅉ(된지읒)	ㅏ(아)
ㅑ(야)	ㅓ(어)	ㅕ(여)	ㅗ(오)	ㅛ(요)	ㅜ(우)
ㅠ(유)	ㅡ(으)	ㅣ(이)	ㅐ(에)	ㅒ(얘)	ㅔ(에)
ㅖ(예)	ㅚ(외)	ㅟ(위)	ㅢ(의)	ㅘ(와)	ㅝ(워)
ㅙ(왜)	ㅞ(웨)				

자음글자의 이름은 각각 다음과 같이 부를 수도 있다.

(그) (느) (드) (르) (므) (브) (스) (응) (즈) (츠)
(크) (트) (프) (흐) (끄) (뜨) (쁘) (쓰) (쯔)

제2장 형태부의 적기

제2항 조선어의 글에서 쓰는 받침은 다음과 같다.

ㄱ	책(책이, 책을, 책에)
	먹다(먹으니, 먹어, 먹지)
ㄲ	몫 (몫이, 몫을, 몫에)
ㄴ	논 (논이, 논을, 논에)
	안다(안으니, 안아, 안지)
ㄵ	앉다(앉으니, 앉아, 앉지)
ㄶ	많다(많으니, 많아, 많지)
ㄷ	낟알(낟알이, 낟알을, 낟알에)
	굳다(굳으니, 굳어, 굳지)
	듣다(들으니, 들어, 듣지)
ㄹ	길(길이, 길을, 길에)
	멀다(머니, 멀어서, 멀지)
ㄺ	닭(닭이, 닭을, 닭에)
	맑다(맑으니, 맑아, 맑지)
ㄻ	삶(삶이, 삶을, 삶에)
	젊다(젊으니, 젊어, 젊지)
ㄼ	여덟(여덟이, 여덟을, 여덟에)
	넓다(넓으니, 넓어, 넓지)
ㄽ	돐(돐이, 돐을, 돐에)
ㄾ	훑다(훑으니, 훑어, 훑지)
ㄿ	읊다(읊으니, 읊어, 읊지)
ㅀ	옳다(옳으니, 옳아, 옳지)
ㅁ	밤(밤이, 밤을, 밤에)
	심다(심으니, 심어, 심지)
ㅂ	집(집이, 집을, 집에)
	곱다(곱으니, 곱아, 곱지)
	굽다(구우니, 구워, 굽지)
ㅄ	값(값이, 값을, 값에)
	없다(없으니, 없어, 없지)
ㅅ	옷(옷이, 옷을, 옷에)
	솟다(솟으니, 솟아, 솟지)
	잇다(이으니, 이어, 잇지)
ㅇ	땅 (땅이, 땅을, 땅에)
	동이다(동이니, 동여, 동이지)
ㅈ	낮(낮이, 낮을, 낮에)
	맞다(맞으니, 맞아, 맞지)
ㅊ	빛(빛이, 빛을, 빛에)
	쫓다(쫓으니, 쫓아, 쫓지)

ㅋ	부엌(부엌이, 부엌을, 부엌에)
ㅌ	밭(밭이, 밭을, 밭에)
	맡다(맡으니, 맡아, 맡지)
ㅍ	숲(숲이, 숲을, 숲에)
	높다(높으니, 높아, 높지)
ㅎ	히읗(히읗이, 히읗을, 히읗에)
	좋다(좋으니, 좋아, 좋지)
ㄲ	밖(밖이, 밖을, 밖에)
	엮다(엮으니, 엮어, 엮지)
ㅆ	있다(있으니, 있어, 있지)

제3항 받침 ≪ㄷ, ㅌ, ㅅ, ㅆ, ㅈ, ㅌ≫가 가운데서 어느 하나로 적어야 할 까닭이 없는것은 관습대로 ≪ㅅ≫으로 적는다.

례 무릇, 빗나가다, 사뭇, 숫돌, 첫째, 헛소리, 햇곡식, 얼핏, 읽으렷다

제4항 한 형태부안의 두 모음사이에서 나는 자음은 혀옆소리가 아닌 한에서 받침에서 적지 않는다.

		(옳음)	(그름)
례	1)	겨누다	견우다
		디디다	딛이다
		디딤다	딛업다
		메추리	멧추리
		비치다	빛이다
		소쿠리	속후리
		시키다	식히다
		지키다	직히다
		여기다	역이다
	2)	기쁘다	깃브다
		바싹	밧삭
		부썩	붓석
		해쓱하다	햇슥하다
		아끼다	앗기다
		여쭈다	엿주다
		오빠	옵바

| 우뚝 | 웃둑 |
| 으뜸 | 웃듬 |

제5항 한 형태부안의 두 모음사이에서 나는 혀옆소리는 ≪ㄹ ㄹ≫로 적는다.

	(옳음)	(그름)
례	걸레	걸네
	놀라다	놀나다
	벌레	벌네
	실룩실룩	실눅실눅
	빨래	빨내
	알락달락	알낙달낙
	얼른	얼는

제6항 한 형태부안에서 받침 ≪ㄴ, ㄹ, ㅁ, ㅇ≫ 다음의 소리가 된소리로 나는 경우에는 그것을 된소리로 적는다.

	(옳음)	(그름)
례	걸써	걸서
	말씀	말슴
	뭉뚝하다	뭉둑하다
	반짝반짝	반작반작
	벌써	벌서
	활짝	활작
	훨씬	훨신
	알뜰살뜰	알들살들
	옴짝달싹	옴작달삭

그러나 토에서는 ≪ㄷ≫ 뒤에서 된소리가 나더라도 된소리로 적지 않는다.

	(옳음)	(그름)
례	~ㄹ가	~ㄹ까
	~ㄹ수록	~ㄹ쑤록
	~ㄹ지라도	~ㄹ찌라도
	~올시다	~올씨다

제7항 형태부의 소리가 줄어진 경우에는 준대로 적되 본래형태를 잘 파악할수 있도록 받침을 바로잡아 적는다.

례	(옳음)	(그름)
	갖가지(가지가지)	갓가지
	갖고(가지고)	갓고
	기럭아(기러기야)	기러가
	딛고(디디고)	딧고
	엊저녁(어제저녁)	엇저녁
	온갖(온가지)	온갓

제3장 말줄기와 토의 적기

제8항 말줄기와 토가 어울릴적에는 각각 그 본래형태를 밝혀 적는 것을 원칙으로 한다.

례	
	같다, 같으니, 같아, 같지
	낳다, 낳으니, 낳아, 낳지
	삶다, 삶으니, 삶마, 삶지
	집이, 집을, 집에
	팥이, 팥을, 팥에
	흙이, 흙을, 흙에
	입다, 입으니, 입어, 입지

제9항 오늘날 말줄기에 토가 붙은것으로 인정되기 어려운 경우에는 그것들을 밝혀 적지 않는다.

례	(옳음)	(그름)
	고치다	곧히다
	나타나다	달아나다
	바라보다	발아보다
	바치다	받히다
	부러지다	불어지다

사라지다	살아지다
자라나다	잘아나다
자빠뜨리다	잡바뜨리다

  말줄기에 토가 붙은것으로 인정되는 경우에도 뜻이 딴 단어로 바뀐것은 그 말줄기와 토를 밝히지 않는다.

레

(옳음)	(그름)
– 드러나다	들어나다
스무나문	스물남은
쓰러지다	쓸어지다
– (열흘)나마	(열흘)남아
(고개)너머	(고개)넘어

제10항 일부 형용사, 동사에서 말줄기와 토가 어울릴 적에 말줄기의 끝소리가 일정하게 바뀌여지는 것은 바뀐대로 적는다.

1) 말줄기의 끝을 ≪ㄹ≫로 적거나 적지 않는 경우

레
　　　　갈다 – 갈고, 갈며, 갈아
　　　　　　　　가니, 갑니다, 가시니, 가오
　　　　돌다 – 돌고, 돌며, 돌아
　　　　　　　　도니, 돕니다, 도시니, 도오
　　　　불다 – 불고, 불며, 불어
　　　　　　　　부니, 붑니다, 부시니, 부오

레
　　　　낫다 – 낫고, 낫지
　　　　　　　　나으니, 나아
　　　　짓다 – 짓고, 짓지
　　　　　　　　지으니, 지어
　　　　잇다 – 잇고, 잇지
　　　　　　　　이으니, 이어

3) 말줄기의 끝을 ≪ㅎ≫으로 적거나 적지 않는 경우

레
　　　　벌겋다 – 벌겋고, 벌겋지
　　　　　　　　벌거오, 벌거니, 벌겁니다
　　　　　　　　벌개서, 벌거리

커다랗다 - 커다랗고, 커다랗지
커다라오, 커다라니, 커다랍니다
커다래서
허옇다 - 허옇고, 허옇지
허여오, 허여니, 허엽니다, 허여리

【붙임】 ≪ㅎ≫ 받침으로 끝난 본래의 말줄기가 두 소리마디이상으로 된 형용사, 동사는 모두 여기에 속한다.

4) 말줄기의 끝 ≪ㄷ≫를 ≪ㄹ≫로도 적는 경우

례 걷다 - 걸고, 걷지, 걸으니, 걸어
듣다 - 듣고, 듣지, 들으니, 들어
묻다 - 묻고, 묻지, 물으니, 물어

5) 말줄기의 끝 ≪ㅂ≫을 ≪오(우)≫로도 적는 경우

례 고맙다 - 고맙고, 고맙지, 고마우니, 고마와
곱다 - 곱고, 곱지, 고우니, 고와
춥다 - 춥고, 춥지, 추우니, 추워

6) 말줄기의 끝 ≪ㄹ≫를 ≪르 ㄹ≫로도 적는 경우

례 누르다 - 누르고, 누르지, 누르러, 누르렀다
푸르다 - 푸르고, 푸르지, 푸르러, 푸르렀다
이르다 - 이르고, 이르지, 이르러, 이르렀다

7) 말줄기의 끝 ≪르≫를 ≪ㄹ ㄹ≫로도 적는 경우

례 기르다 - 기르고, 기르지, 길러, 길렀다
빠르다 - 빠르고, 빠르지, 빨라, 빨랐다

8) 말줄기의 끝을 ≪—≫로 적거나 적지 않는 경우

례 고프다 - 고프고, 고프지, 고파, 고팠다
부르트다 - 부르트고, 부르트지, 부르터, 부르텄다
뜨다 - 뜨고, 뜨지, 떠, 떴다

9) 말줄기의 끝을 ≪ㅜ≫로 적거나 적지 않는 경우

[례]   푸다 – 푸고, 푸지, 퍼, 펐다

제11항 말줄기가 ≪아, 어, 여≫ 또는 ≪았, 었, 였≫과 어울릴적에는 그 말줄기의 모음의 성질에 따라 각각 다음과 같이 구별하여 적는다.

1) 말줄기의 모음이 ≪ㅏ, ㅑ, ㅗ, ㅏㅡ, ㅗ, ㅡ≫인 경우에는 ≪아, 았≫으로 적는다.

[례]   막다 – 막아, 막았다
          따르다 – 따라, 따랐다
          얇다 – 얇아, 얇았다
          오다 – 와, 왔다
          오르다 – 올라, 올랐다

【붙임】말줄기의 모음이 ≪ㅏㅡ, ㅗㅡ≫인 것이라도 합친말줄기인 경우에는 ≪어, 었≫으로 적는다.

[례]   곱들다 – 곱들어, 곱들었다
          받들다 – 받들어, 받들었다
          올들다 – 올들어, 올둘었다

2) 말줄기의 모음이 ≪ㅓ, ㅕ, ㅜ, ㅡ, ㅓㅡ, ㅜㅡ, ㅡㅡ, ㅣㅡ≫인 경우에는 ≪어, 었≫으로 적는다.

[례]   거들다 – 거들어, 거들었다
          겪다 – 겪어, 겪었다
          넣다 – 넣어, 넣었다
          두다 – 두어, 두었다
          부르다 – 불러, 불렀다
          치르다 – 치러, 치렀다
          크다 – 커, 컸다
          흐르다 – 흘러, 흘렀다

3) 말줄기의 모음이 ≪ㅣ, ㅐ, ㅔ, ㅚ, ㅟ, ㅢ≫인 경우와 줄기가 ≪하≫인
경우에는 ≪여, 였≫으로 적는다.

례   기다 – 기여, 기였다
      개다 – 개여, 개였다
      베다 – 베여, 베였다
      되다 – 되여, 되였다
      쥐다 – 쥐여, 쥐였다
      하다 – 하여, 하였다
      희다 – 히여, 히였다

그러나 말줄기의 끝소리마디에 받침이 있을 때에는 ≪어, 었≫으로 적는다.

례   길다 – 길어, 길었다
      심다 – 심어, 심었다
      짓다 – 지어, 지었다

【붙임】 부사로 된 다음과 같은 단어들은 말줄기와 토를 갈라 적지 않는다.

례   (옳음)   (그름)
      구태여   구태어
      도리여   도리어
      드디여   드디어

제12항 모음으로 끝난 말줄기와 모음으로 시작한 토가 어울릴적
에 소리가 줄어든것은 준대로 적는다.

1) 가지다 – 가지여, 가지였다
   가지다 – 가져, 가졌다

   고이다 – 고이여, 고이였다
   괴다 – 괴여, 괴였다

   모이다 – 모이여, 모이였다
   뫼다 – 뫼여, 뫼였다, 모여, 모였다

보다 - 보아, 보았다
보다 - 봐, 봤다

주다 - 주어, 주었다
주다 - 줘, 줬다

꾸다 - 꾸어, 꾸었다
꾸다 - 꿔, 꿨다

뜨다 - 뜨이다, 뜨이여, 뜨이였다
뜨다 - 띄다, 띄여, 띄였다

쏘다 - 쏘아, 쏘았다
쏘다 - 쏴, 쐈다

쏘이다 - 쏘이여, 쏘이였다
쐬다 - 쐬여, 쐬였다

쓰다 - 쓰이다, 쓰이여, 쓰이였다
쓰다 - 씌다, 씌여, 씌였다

쪼이다 - 쪼이여, 쪼이였다
죄다 - 죄여, 죄였다

2) 되다 - 되여서, 되였다
   되다 - 돼서, 됐다

   하다 - 하여서, 하였다
   하다 - 해서, 했다

3) 개다 - 개여서, 개였다
   개다 - 개서, 갰다

   메다 - 메여서, 메였다
   메다 - 메서, 멨다

그러나 다음과 같은 단어들은 줄어든대로 적는다.

례 1) 살찌다 - 살쪄, 살쪘다
지다 - 져, 졌다
치다 - 쳐, 쳤다
찌다 - 쪄, 쪘다
2) 건느다 - 건너, 건넜다
잠그다 - 잠가, 잠갔다
치르다 - 치러, 치렀다
크다 - 커, 컸다
쓰다 - 써, 썼다
3) 가다 - 가, 갔다
사다 - 사, 샀다
서다 - 서, 섰다
켜다 - 켜, 켰다

제13항 말줄기의 끝소리마디 《하》의 《ㅏ》가 줄어지면서 다음에 온 토의 첫 소리 자음이 거세게 될 때에는 거센소리로 적는다.

례

(본말)	(준말)
가하다	가타
다정하다	다정타
례하건대	례컨대
발명하게	발명케
선선하지 못하다	선선치 못하다
시원하지 못하다	시원치 못하다

그러나 《아니하다》가 줄어든 경우에는 《않다》로 적는다.

례

(본말)	(준말)
넉넉하지 아니하다	넉넉치 않다
서슴지 아니하다	서슴지 않다
주저하지 아니하다	주저치 않다

【붙임】 이와 관련하여 《않다》, 《못하다》의 앞에 오는 《하지》를 줄인 경우에는 《치》로 적는다.

례 고려치 않다, 괜치 않다, 넉넉치 않다, 만만치 않다, 섭섭치 않다, 편안치 못하다, 풍부치 못하다, 똑똑치 않다, 우연치 않다

제4장 합친말의 적기

제14항 합친말은 매개 말뿌리의 본래 형태를 각각 밝혀 적는 것을 원칙으로 한다.

례 1) 걷잡다, 낮보다, 눈웃음, 돋보다, 물오리, 밤알, 손아귀, 철없다, 꽃철, 끝나다
2) 값있다, 겉늙다, 몇날, 빛나다, 칼날, 팥알, 흙내

그러나 오늘날 말뿌리가 뚜렷하지 않은 것은 그 본래 형태를 밝혀 적지 않는다.

례 며칠, 부랴부랴, 오라버니, 이틀, 이래

제15항 합친말을 이룰적에 ≪ㅂ≫이 덧나거나 순한소리가 거센소리로 바뀌여 나는 것은 덧나고 바뀌여나는 대로 적는다.

례 마파람, 살코기, 수캐, 수퇘지, 좁쌀, 휘파람, 안팎

【붙임】 소리같은 말인 다음의 고유어들은 혼동을 피하기 위하여 아래와 같이 적는다.

례 다달이, 마소, 무넘이, 부나비, 부넘이, 부삽, 부손, 소나무, 수저, 화살, 여닫이

제17항 합친말에서 앞말뿌리의 끝소리 ≪ㄹ≫이 닫김소리로 된것은 ≪ㄷ≫으로 적는다.

례 나흗날, 사흗날, 섣달, 숟가락, 이튿날

제5장 앞붙이와 말뿌리의 적기

제18항 앞붙이와 말뿌리가 어울릴적에는 각각 그 본래형태를 밝혀적는것을 원칙으로 한다.

례
- 갓풀, 덧신, 뒷일, 맏누이, 선웃음, 참외, 햇가지, 이랫집, 웃집, 옛말
- 빗보다, 싯허옇다, 짓밟다, 헛디디다

제6장 말뿌리와 뒤붙이기(또는 일부 토)의 적기

제19항 자음으로 시작한 뒤붙이가 말뿌리와 어울릴적에는 각각 그 형태를 밝혀적는 것을 원칙으로 한다.

1) 새 단어를 새끼치는 뒤붙이

례
- 곧추, 날치, 덮개, 돋보기, 셋째, 잎사귀
- 꽃답다, 뜬적뜬적하다, 의롭다

2) 동사의 사역, 피동의 기능을 나타내는 ≪이, 히, 기, 리, 우, 구, 추≫

례 감기다, 걷히다, 놓이다, 담기다. 돋구다, 막히다, 맞추다, 맡기다, 살리다, 세우다, 꽂히다, 뽑히다, 앉히다, 옮기다, 웃기다, 익히다, 입히다

3) 힘줌을 나타내는 ≪치≫

례 놓치다, 덮치다, 받치다, 뻗치다, 엎치다

4) 형용사를 동사로 만드는 ≪추≫, ≪히≫

례
- 낮추다, 늦추다
- 굳히다, 넓히다, 밝히다

5) ≪하다≫가 붙어서 형용사로 될수 있는 말뿌리와 어울려 부사를 만드는 뒤붙이 ≪히≫

례 넉넉히, 답답히, 미끈히, 꾸준히, 똑똑히, 빤히, 씨원히

제20항 말뿌리와 뒤붙이가 어울려 파생어를 이룰적에 빠진 소리
는 빠진대로 적는다.

> [례] 가으내, 겨우내, 무질(물속에 잠기는것), 바느질

제21항 ≪ㄹㄱ, ㄹㅂ, ㄹㅌ, ㄹㅎ≫ 등의 둘받침으로 끝난 맗부리에 뒤붙이
가 어울릴적에 그 둘받침중의 한 소리가 따로 나지 않는것은 안나
는대로 적는다.

> [례] 말끔하다, 말쑥하다, 실쭉하다, 할짝할짝하다, 얄팍하다

제22항 말뿌리와 뒤붙이가 어울리여 아주 다른 뜻으로 바뀐것은
그 말뿌리와 뒤붙이를 밝혀적지 않는다.

> [례] 거두다, 기르다, 도리다, 드리다, 만나다, 미루다, 부치다, 이루다

제23항 모음으로 된 뒤붙이가 말뿌리와 어울릴적에는 다음과 같
이 갈라 적는다.

1) 말뿌리와 뒤붙이를 밝혀 적는 경우
(1) 명사나 부사를 만드는 뒤붙이 ≪이≫
> [례] ① 길이, 깊이, 높이, 미닫이, 벼훑이, 살림살이, 손잡이, 해돋이
>   ② 네눈이, 삼발이
>   ③ 같이, 굳이, 깊이, 많이, 좋이
>   ④ 곳곳이, 낱낱이, 샅샅이, 집집이

그러나 본딴말에 붙어서 명사를 이루는것은 밝혀 적지 않는다.
> [례] 누더기, 더퍼리, 두드러기, 무더기, 매미, 깍두기, 딱따기

(2) 명사를 만드는 뒤붙이 ≪음≫
> [례] 갚음, 걸음, 물음, 믿음, 졸음, 죽음, 꽃묶음, 엮음, 웃음, 이음

그러나 다음과 같은 단어들은 말뿌리와 뒤붙이를 밝혀 적지 않는다.

례 거름(거름을 내다)
    고름(고름을 짜다)
    마름(한마름, 두마름)
    주검(주검을 다루다)

(3) 동사의 상을 나타내거나 형용사를 동사로 만드는 ≪이≫, ≪우≫, ≪으키≫, ≪이키≫, ≪애≫

례 높이다, 놓이다, 돋우다, 들이키다, 먹이다, 쌓이다, 없애다, 일으키다

(4) ≪하다≫가 붙어서 형용사로 될수 있는 ≪ㅅ≫ 받침으로 끝난 말뿌리와 어울려서 부사를 만드는 뒤붙이 ≪이≫

례 반듯이(반듯하게 펴놓다), 꼿꼿이, 깨끗이, 따뜻이, 뚜렷이, 빵긋이, 뿌듯이, 어렴풋이

(5) 형용사를 만드는 ≪없≫

례 객없다, 덧없다, 부질없다, 시름없다

(6) ≪거리≫와 어울릴 수 있는 말뿌리에 붙어서 동사를 만드는 뒤붙이 ≪이≫

례 반짝이다, 번득이다, 번쩍이다, 속삭이다, 움직이다

2) 말뿌리와 뒤붙이를 밝혀 적지 않는 경우
(1) 말뿌리에 ≪이≫, ≪음≫ 이외의 뒤붙이가 붙어서 이루어진 명사나 부사

례 ① 나머지, 마감, 마개, 마중, 바깥, 지붕, 지푸래기, 끄트머리, 뜨더귀, 싸래기, 쓰레기, 올가미
    ② 너무, 도로, 바투, 비로소, 자주, 뜨덤뜨덤
    ③ 거뭇거뭇, 나붓나붓, 쫑긋쫑긋, 오긋오긋, 울긋불긋

(2) 어떤 토나 ≪하다≫가 붙어서 단어를 이루는 일이 없는 말뿌리에 뒤붙이 ≪이≫, ≪애기≫, ≪어기(에기)≫, ≪아기≫가 붙어서 된 명사나 부사

례 갑자기, 동그라미, 반드시, 슬며시, 흐르래기, 부스레기

(3) 뒤붙이 ≪앟, 엏≫ 또는 ≪업≫, ≪읍≫이 붙어서 이루어진 형용사

례 가맣다, 간지럽다, 누렇다, 둥그렇다, 미덥다, 발갛다, 부드럽다, 시끄럽다, 징그럽다, 파랗다, 싸느랗다, 어지럽다, 우습다

제24항 부사에서 뒤붙이 ≪이≫나 ≪히≫가 그 어느 하나로만 소리나는 것은 그 소리대로 적는다.

1) ≪히≫로 적는것(주로 ≪하다≫를 붙일수 있는것)
   례 고요히, 덤덤히, 마땅히, 빈번히, 지극히, 뻔히

2) ≪이≫로 적는것(주로 ≪하다≫를 붙일수 없는것)
   례 간간이, 고이, 기어이, 객적이, 뿔뿔이, 짬짬이

3) 말뿌리에 직접 ≪하다≫를 붙일수 없으나 ≪히≫로만 소리나는것은 ≪히≫로 적으며 말뿌리에 직접 ≪하다≫를 붙일 수 있으나 ≪이≫로만 소리나는 것은 ≪이≫로 적는다.
   례 – 거연히, 도저히, 자연히, 작히
       – 큼직이, 뚜렷이

제7장 한자말의 적기

제25항 한자말은 소리마디마다 해당 한자음대로 적는것을 원칙으로 한다.

례 국가, 녀자, 뇨소, 당, 락원, 로동, 례외, 천리마, 풍모

그러나 아래와 같은 한자말은 변한 소리대로 적는다.

(옳음)	(그름)
궁 냥	궁 량
나 사	라 사
나 팔	라 팔
류 월	륙 월
시 월	십 월
오뉴월	오류월, 오륙월
요 기	료 기

제26항 한자말에서 모음 ≪ㅖ≫가 들어 있는 소리마디로는 ≪계≫, ≪례≫, ≪혜≫, ≪예≫만을 인정한다.

> 례 계산, 계획, 례절, 례의, 실례, 세계, 혜택, 연예대, 은혜, 예술, 예지, 예약

그러나 그 본래소리가 ≪게≫인 한자는 그대로 적는다.

> 례 게시판, 게재, 게양대

제27항 한자말에서 모음 ≪ㅢ≫가 들어있는 소리마디로는 ≪희≫, ≪의≫만을 인정한다.

> 례 순희, 회의, 희망, 유희, 의견, 의의

띄여쓰기

총칙

조선어의 글에서는 단어를 단위로 하여 띄여쓰는것을 원칙으로 하되 자모를 소리마디단위로 묶어쓰는 특성을 고려하여 특수한 어휘부류는 붙여쓰도록 한다.

제1장 명사와 관련한 띄여쓰기

제1항 토가 붙은 명사는 뒤의 자립적인 명사와 띄여쓴다.

> 례 – 사상에서 주체, 정치에서 자주, 경제에서 자립,
> 국방에서 자위
> 당과 수령의 배려
> 숨은 영웅들의 모범
> – 당의 유일사상체계
> 주체위업을 만대에
> 온 사회의 주체사상화

제2항 명사들이 토없이 직접 어울린 경우에는 하나의 개념을 가지고 하나의 대상으로 묶여지는 덩이를 단위로 띄여쓴다.

1) 일반적인 대상을 나타내는 경우
(1) 기관이름이나 ≪국, 처, 과…≫ 등의 조직기구체계의 이름과 그 직명사이는 줄어들지 않는 경우에 띄여쓴다.

> 례 조직계획처 처장, 강연과 과장, 당위원회 지도원, 행정 및 경제지도위원회 지도원

그러나 기관, 부서의 이름과 직무사이가 줄어든 경우에는 그것들을 붙여쓴다.

례 정무원총리, 도당책임비서, 조직계획처장, 연구실장, 군당조직비서, 인쇄직장장, 상점책임자, 출판사장, 갱구장

(2) 일정한 단계를 이루면서 련달아 결합된 단위는 단계적으로 내려가면서 띄여쓴다.

례 ─ 지난해 늦가을 어느날 이른새벽에
　　　00사범대학 력지학부 지리과 2학년 1반
　　　1986년 10월 10일 금요일 오전
　　　협동농장 1작업반 2분조
　　─ 도당위원히 00부 00과 지도원
　　　동경 62도 5분
　　　오후 3시 20분, 령하 20도, 기원전 3세기, 섭씨 2도

(3) 앞의 명사가 ≪부문,분야, 기관, 담당, 관계, 이상…≫ 등과 함께 쓰이는 경우에 이 단어들은 앞 단위에 붙여쓰며 ≪부문, 분야, 기관, 담당, 관계, 이상≫의 뒤에 오는 단위는 띄여쓴다.

례 관계부문 일군들
　　농촌경리부문 일군들
　　행정경제분야 책임일군들
　　국가기관 지도일군들
　　사회과학과목관계 교원들
　　소대장이상 간부들
　　체육담당 지도원들

그러나 이것들이 딴 단어와 결합되여 하나의 단위로 될 때에는 붙여쓴다.

례 부문위원회, 기관책임자, 관계기관, 담당지도원

(4) 개념상 ≪하나의 대상으로 묶여지는 덩이≫인 일반명사에서 앞에 ≪년(년도)≫이 오는 경우에는 그것을 뒤의 단어와 띄여쓴다.

례 1985년 인민 경제 및 사회발전계획 초안
　　1985년 국가예산
　　1986년도 1.4분기 세부계획

(5) 명사들이 토없이 련달아 어울리는 경우에는 하나의 대상으로 묶어지는 단위별로 띄여쓴다.

례 우리 나라 사회주의건설 장성속도 시위
　　우리 당 언어정책 관철정형에 대한 서술
　　전공지식 습득정형 료해장악과 관련
　　하루 평균생산실적 부쩍 장성

　　　　도내 제철공장 콕스 7천여톤 절약
　　　　이웃집 마루방벽에 걸린 그림
　　　　15세기중엽 우리 나라 사회경제형편

(6) 같은 명사끼리 토없이 어울린 경우에 하나의 개념을 가지고 하나의 대상
　　으로 묶여지는 덩이는 붙여쓴다.

례　 － 사회주의 건설, 무고기잡이전투, 사회주의농촌, 강철공업,
　　　　사회주의농촌건설, 국제로동운동
　　　－ 어업로동자, 국어교원, 단행본편집원, 농업근로자, 철도로동자

(7) 명사가 토없이 수사나 부사와 어울려 하나의 대상을 나타내는 단위는
　　붙여쓴다.

례　 － 2중영웅, 2중3대혁명붉은기, 백날기침, 7개년계획,
　　　　3개년인민경제계획, 열두삼천리벌
　　　－ 세벌김, 네발짐승, 1년열두달, 3년석달
　　　－ 척척박사, 산들바람

2) 고유한 대상을 나타내는 경우

(1) 단계적으로 내려가면서 이루어지는 정식으로 되는 기관, 부서, 직무는
　　각각 띄여쓴다.

례　 조선로동당 중앙위원회 ○○부 부장
　　　조선민주주의인민공화국 정무원 총리
　　　조선민주주의인민공화국 최고인민회의 상설회의 의원
　　　사회과학원 과학지도국 국장
　　　○○공산대학 학장(강좌장)
　　　○○제1사범대학 도서관 관장(부관장)
　　　3.8유치원 원장
　　　조선민주주의인민공화국 정부대표단 단장

【붙임】 고유명칭에서 차례, 등급, 특징, 돐 등을 따로 드러나게 할 때에는
이에 준한다.

례　 － 자유독립훈장 제1급
　　　　조선민주주의인민공화국창건 20주년 기념훈장
　　　　전사의 영예훈장 제1급
　　　　제3차 7개년계획, 제2차 세계대전
　　　　제1차 원수폭금지세계대회
　　　　사회주의 10월혁명 60돐 기념행사

(2) 단계적으로 마디를 이루는 회의, 사변, 기념일등은 그 매개 단위를 띄여 쓰되 마지막의 명칭은 그앞의 단위에 붙여쓴다.

례 - 화룡현 홍기하전투
　　　조선로동당 중앙위원회 제6기 제10차 전원 회의
　　　평양시 농촌경리부문 책임일군협의회
　　- 공화국정부성명지지 ○○시군중대회
　　　보천보전투승리기념 사회과학원토론회
　　- 조선인민군창건 ○○돐기념 평양시경축대회
　　　보천보전투승리 ○○돐 사회과학토론회
　　　꾸바혁명승리 ○○돐 7월 26일대회

【붙임】 이 경우에 기념대상, 시기, 주최자 등의 일부가 줄어들 때는 한 단위 또는 두 단위로 띄여쓸수 있다.

례 - 공화국정부성명 ○○시지지대회
　　　공화국창건 20돐기념
　　- 보천보전투승리 기념강연회
　　　인민군창건기념일

(3) 고유한 명칭이 한덩어리로 붙지 못하고 떨어지는 경우에는 단어들의 결합관계를 고려하여 다음과 같은 형식으로 띄여쓴다.

례 조선통일지지 라오스위원회
　　주체사상연구 부르끼나파쏘위원회
　　주체사상연구 마다가스까르 프로레타리아운동전국위원회
　　조선민주주의인민공화국주재 독일민주주의공화국대사관
　　오끼나와주둔 미해병대소속 고용병놈

(4) 개념상 ≪하나의 대상으로 묶어지는 덩이≫를 이루는 고유명칭은 붙여쓰는것을 원칙으로 한다.

례 - 조선로동당, 조선민주주의인민공화국, 김일성종합대학,
　　　타도제국주의동맹, 조선사회주의로동청년동맹,
　　　재일본조선인총련합회, 새날협동농장,김종태사범대학,
　　　서남아프리카인민조직, 평양제1고등중학교,
　　　사리원제1사범대학, 개성학생소년궁전
　　- 김혁, 차광수, 리보배, 김한길, 황보노을, 독고영숙
　　- 김일성저작집, 김일성훈장, 자유독립훈장,
　　　주체사상탑, 개선문, ≪승리 -58≫형, ≪만경봉≫호, ≪자주≫호

그러나 외국의 나라이름이나 고유대상이름, 사변이름, 사람이름 등은 그 나라에서 하는대로 따른다.

레 세인트 루씨아
　　산토메 프린시페
　　싼 마리노
　　에르네스또 체 게바라
　　크라스나야 즈베즈다

(5) 중요 사변, 운동, 회의, 조약, 기념일, 공식대표, 강령, 선언 등의 이름은 하나로 붙여쓴다.

레 4.15명절, 4월15일 명절, 2.16명절, 2월 16일 명절,
　　평양선언, 7.4공동성명, 9.9절, 남호두군정간부회의,
　　동녕현성진공전투, 3대혁명붉은기쟁취운동, 3.1인민봉기,
　　독일민주주의공화국대표단, 3.8국제부녀절, 전국어머니대회
　　조국광복회10대강령, 2월17일과학자, 기술자돌격대

(6) ≪쏘련, 중국, 민주예멘, 영국, 프랑스, 일본…≫ 등은 국가의 정식이름이 줄어든 형태로 보고 그 뒤에 오는 단위는 붙여쓴다.

레 쏘련외무성 부상
　　중국문화부장 도착
　　프랑스정부 각료

3) 고유한 명칭의 앞뒤에 보통명사적인것이 어울린 경우

(1) 고유한 명칭의 앞뒤에 오는 보통명사적인것은 원칙적으로 띄여쓴다.

레 － 최고인민회의 대의원, 조선중앙방송위원회 탁구선수
　　　량강도 지방공업, 평양시 건설, 청진시 근로자들
　　－ 창성군내 인민들, 함흥경기장 앞마당, 2.8문화회관 뒤면
　　－ 중앙인민위원회 정령, 로동행정부 지시,
　　　국영 제○○농장 종업원
　　－ 조선민주주의인민공화국 정부성명, 조선로동당 친선참관단,
　　　조선중앙통신사 대변인 성명, 일본사회당 특별성명

(2) 동격어나 이에 준하는 단위는 띄여쓴다.

레 － 항일혁명투쟁참가자 오중흡, 공화국영웅 안영애, 박사 김준식,
　　　인민배우 김인덕, 원사, 박사 김경남, 공훈예술가 리익성,
　　　외교부장 ○○○○○○각하, 본사기자 황병희
　　－ 당보 ≪로동신문≫, 당기관잡지 ≪근로자≫, 영웅도시 평양,
　　　천하명승 금강산

로씨야작가 레브. 똘스또이의 ≪전쟁과 평화≫
소설가 에틸리온 보이니츠의 ≪등에≫

(3) 칭호, 직덩 등이 뒤에 올적에는 그것을 앞에 붙인다.
례 - 김철수동지, 옥희아주머니, 리수복영웅, 성희누나,
　　조창길부장, 순철로인, 김춘식박사, 김일순선생님,
　　안영철아바이, 죠리오큐리녀사
　 - 위노그라노브원사, 사스뜨라 아미죠오각하, ○○부장동무
　 - 한일권대의원선생, 김철이박사선생

그러나 뒤에 오는 칭호나 직명을 붙여씀으로써 달리 리해될수 있는 경우에는
띄여쓸수 있다.
례 김철 부부장, 장욱 총국장

(4) 고유한 명칭의 중간에 끼는 ≪직속, 부속, 소속, 산하, 아래…≫ 등은 앞
단위에 붙여쓰며 그 뒤단위는 띄여쓴다.
례 ○○○사범대학부속 ○○○고등중학교, ○○동무소속 해안포중대,
　　채취공업위원회산하 광산, 탄광, 과학원아래 각 연구소들

【붙임】 그러나 이것들이 일반적인 대상과 어울릴적에는 뒤단위에 붙여쓴다.

례 직속기관, 부속인민학교, 산하기업소, 소속구분대, 아래기관

(5) 기관, 부서, 행정단위 등의 이름앞에 ≪3대혁명 붉은기, 근위, 천리마…≫
와 기타 칭호들이 오는 경우에 칭호는 뒤단위와 띄여서 쓴다.
례 - 천리마 ○○○일용품공장, 3대혁명붉은기, ○○탄광기계공장,
　　근위1급 ○○군　○○협동농장
　 - 천리마 천년작업반, 평안북도 ○○군 ○○
　　협동농장 천리마 제1작업반 3분조

그러나 이것들이 뒤에 오는 단위와 결합되여 하나의 단위로 될 때에는 붙여
쓴다.
례 3대 혁명붉은기공장, 천리마작업반

4) 나란히 어울린것에 공통적으로 걸리는 단위가 온 경우
(1) 자립적으로 쓰이면서 두 단위에 각각 공통적으로 걸리는 단위는 모든
경우에 띄여쓴다.
례 - 해주와 사리원 지방

사상혁명, 기술혁명, 문화혁명 수행
- 세계각국 국회 및 국회의원들
축구와 배구 및 롱구 경기

(2) 다른 명사의 앞에서 그것과 붙여서 쓰는 ≪국제, 선진, 원시, 원생…≫등
이 공통적인것의 앞에 올 때는 띄여쓴다.

[례] - 국제 공산주의운동과 로동운동
선진 기술과 리론
원시 유적과 유물
원생 식물과 동물

(3) 반점(,) 과 같은 부호를 찍어서 명사들이 련결된 경우에는 앞뒤에 오는
공통적 단위는 띄여쓴다.

[례] 교원, 학생, 사무원 협의회
대학내 교원, 학생, 사무원
세멘트, 강철, 석탄 생산실적
사진, 도서 전람회
국영 공장, 농장 사무원들

【붙임】 뒤에 공통적으로 걸리는 칭호, 직명 같은것도 앞명사와 띄여쓴다.

[례] - 김정범, 박곰손, 황영순 동무들
김한길, 리순이, 정일모 연구사들

(4) 공통적으로 걸리는 단위로 보아도 불합리하고 공통적으로 걸리지 않는
단위로 보아도 불합리한 경우에는 다 띄여쓰는것을 원칙으로 한다.

[례] 당, 국가, 경제 기관 일군들
국영농장, 협동농장, 개인부업 경리

(5) 호상관계가 두번이상 이루어지는 단위를 나타내는 말마다나 단어 ≪시이
≫는 띄여쓰는것을 원칙으로 한다.

[례] - 국영, 협동단체 및 합영기관 공업총생산액학교,
마을 그리고 가정 위생상태
- 협동적 소유와 협동적 소유, 전인민적 소유와 전인민적 소유,
협동적 소유와 전인민적소유 사이

(6) 두개 또는 그 이상의 명사가 아무런 부호없이 같은 자격으로 어룰리는
것의 뒤에 공통적인것이 올 때는 그것을 붙여쓴다.

례 – 사상기술문화혁명을 수행한다.
　　대외대내정세의 연구
　　아침저녁식사를 여기서 한다.
　　교원학생궐기모임이 있었다.
　　조직정치사업에 뒤이어
　　사회정치활동 진행정형을 총화한다.

(7) 공통적으로 걸리는 단위가 하나의 소리마디로 되였거나 ≪하다, 되다,
　시키다…≫ 등이 오는 경우에는 그 앞단위에 붙여쓰는것을 원칙으로 한
　다.
례 각 도, 시, 군당 책임비서
　　창성, 피현, 대관군 소재지
　　기술신비주의, 보신주의적 태도
　　계속혁신, 계속전진하는 집단

5) 앞명사를 다시 받는다고 하수 있는 ≪자신, 자체, 전체, 전부, 전원, 일행,
　일가, 일동, 일체, 모두…≫ 등은 그 앞단위에 붙여쓰는것을 원칙으로 한다.
례 기사장자신이 만들었다.
　　지구자체도 돈다.
　　로동자전체가 일떠섰다.
　　학생전원이 참가했다.
　　려행자일행은 후식도 없이 걸어갔다.
　　박사일가는 오늘도 모여앉았다.
　　아들딸모두가 행복하게 자랐다.

【붙임】 ≪스스로≫도 이에 준하여 처리한다.

례 참가자스스로가 이야기의 참뜻을 깨달았다.
　　학생스스로가 대답하였다.

제3항 불완전명사와 이에 준하는 단위들은 원칙적으로 앞단어에
붙여쓰며 일부 경우에 띄여쓰는것으로 조절한다.

1) 순수한 불완전명사는 앞단어가 어떤 품사이건, 어떤 형태에 놓여있건 언제
　나 그것에 붙여쓴다.
례 – 분…그분, 어느분, 걸어가고있는분

탓…아이탓, 누구탓

것…좋은것, 나의것, 갈것

나위…말할나위가 없다.

녘…해질녘, 날이 샐녘

지…떠난지, 간지가 오래다

때문…그때문에, 가기때문이다

리…갈리 없다, 모를리가 없다

번…이번 전람회

양…아는양을 한다

- 걷거나 앉아있는분

좋고나쁜것, 말하거나 쓸나위가 없다, 날이 새고 동틀녘,

그와 나때문이다, 가거나 올리 없다.

2) ≪상, 중, 간, 판, 경, 항, 측, 장, 조, 전, 편, 산, 호, 성, 하, 전, 후, 내, 외, 차, 초, 말, 발, 착, 행, 년, 부, 별, 용, 분, 과, 급, 당, 기, 계, 래, 형, 제, 식, 상(모양), 적≫ 등과 같은 한자말이나 불완전명사와 ≪뒤붙이적 단어≫는 그 앞단위에 붙여쓰며 그뒤에 오는 단위는 띄어쓴다.

례 상…시간상 제약을 받는다.

중…회의중 사담을 하지 말것

간…형제간 의리를 지킬다.

전…학령전 아동교양문제

후…전쟁후 6년간의 생활

내…학교내 위생환경을 변혁

초…올해초 기후변동은 매우 심했다.

발…평양발 급행렬차, 보건부발 제○○호

부…3일부 신문

분…5월분 강철생산계획

별…개인별 경쟁

용…학생용 책가방

급…대사급 외교관계

과…화본과 식물

당…단위당 생산능률

계…민단계 인사들

차…제20차 올림픽 경기대회

조…제1조

행…개성행 렬차

외…계획외 공사

전…영웅전

말…12월말 생산실적

하…현정세하에서…

기…제1기 졸업생, 최고인민회의 제8기 제1차회의

상…반월상 신경전

판…제1판

경…12월경

항…제1항

측…우리측 대표

장…제1장

편…제1편

편… ≪만경봉호≫편

호…제1호

형…최신형 중거리미싸일

식…중앙련쇄식 계전기련동장치

제…외국제 경기관총

성…만성 진행성 변이성 이발주위염

산…○○○산 닭고기

적…전국적 전력소비실태자료

3) 시간과 공간의 뜻을 추상적으로 나타내는 고유어명사 ≪앞, 옆, 뒤, 끝, 속, 밖, 안, 우, 아래, 밑, 사이(새), 때, 제, 결, 길, 군테, 해, 달, 날, 낮, 밤, 곳, 자리, 고장, 어간, 어구, 가운데, 구석≫ 등은 토없는 명사, 수사, 대명사 뒤에서 붙여쓰며 일부 경우에는 규정형뒤에서도 붙여쓴다.

> 례 학교앞에, 말 쥐에, 처마끝에, 인민대중속에, 대문밖에, 걸어갈제, 일제때, 이해, 그날, 지난날, 그날밤, 그날낮, 그길로, 제자리, 사는곳, 쉴사이(새)
> ≪년, 놈, 녀석, 자≫ 등도 이에 준하여 처리한다.

【붙임】 이러한 경우에 ≪들≫은 ≪뒤붙이≫와 같이 처리한다.

> 례 인민들속에서, 학생들사이, 집들곁에

그러나 이러한 단어들은 다른 단어의 앞뒤에 오면서 자립적인 기능도 수해하며 따라서 띄여쓴다.

> 례 - 앞 키큰 사람
>   밤 10시
>   뒤 련합부대

4) ≪등, 대, 겸, 따위≫와 같은 불완전명사는 원칙적으로 띄여쓴다.

[례] – 김나리 등이 이겼다. 걷고 뛰고 달리는 등 운동
　　　– 의학대학 대 체육대학 축구경기
　　　　공중 대 지상 화력 시험훈련
　　　　대학교원 겸 공장기사
　　　　사과, 배, 감 따위의 과일이 많다.

【붙임】 그러나 ≪대≫, ≪따위≫가 다른 단어와 어울려 하나의 덩어리로 됨을 나타낼 때는 붙여쓴다.

[례] – 지대공우도탄, 지대지미싸일
　　　– 이따위짓, 그따위놈, 제따위

제2장 수사, 대명사와 관련한 띄여쓰기

> **제5항** 수는 아라비아수자로만 적을수도 있고 순수 우리 글로만 적을수도 있으며 아라비아수자에 《백, 천, 만, 억, 조》 등의 단위를 우리 글자와 섞어서 쓸수도 있다. 이때의 띄여쓰기는 다음과 같다.

1) 아라비아수자로 적을 때에는 단의 자리로부터 세자리까지는 반점을 찍지 않고 붙여쓰며 그이상의 자리수에서는 세자리씩 올라가면서 반점(,)을 찍는다.

[례] – 12
　　　325
　　　1,482,522
　　　9,372,586,65
　　　– 23.5
　　　1,482.52

2) 수사를 우리 글자로만 적거나 아라비아수자에 《백, 천, 만, 억, 조》 등의 단위를 우리 글자와 섞어 적을 때에는 그것을 단위로 하여 띄여쓴다.

[례] – 구십삼억 칠천 이백 오십팔만 륙천 삼백 륙십오
　　　– 3만 5천 6백 25
　　　– 십삼점 이오(13.25)
　　　– 삼과 이분의 일 (3½)

3) 우리 글자로만 수를 적되 《십, 백, 천, 만》 등의 단위를 표시하지 않고 수자의 이름으로만 적을 때는 붙여쓴다.

> 례　삼오(35), 삼오삼(353), 이사오륙(2456), 칠구공공찰오(790085)

특별한 목적으로 반점을 찍을 필요가 있을 때에는 아라비아수자로만 적을 때와 같은 자리에 (즉 단의 자리로부터 세자리씩 올라가면서) 찍는다.

> 례　이, 사오륙(2,456)
> 칠구공, 공팔오(790,085)

제6항 《수》나 《여》, 《나마(나문)》가 수사와 직접 어울려서 대략의 수량을 나타내는것은 붙여쓴다.

> 례　– 수십, 수백만, 수십억, 삼백 수십(개), 수백수천(발), 수삼년, 수삼차
> 　　– 백여, 50여, 1,000여(톤), 5년여, 3시간여, 수십여(년), 수만수천여(개)
> 　　– 100나마, 오백명나마, 석달나마, 스무나문, 여나문

제7항 수사가 토없이 완전명사와 어울린것은 띄여쓰며 단위명사(또는 이에 준하는 명사)와 어울린것은 붙여쓰는것을 원칙으로 한다.

1) 수사가 토없이 완전명사와 어울린것

> 례　두 공산주의자의 이야기
> 　　세 기술일군의 참관
> 　　일곱 녀학생의 아름다운 소행

2) 수사가 토없이 단위명사(또는 이에 준하는 명사)와 어울린것

> 례　50명, 48톤, 5시, 2년, 5일, 두살, 다섯개, 세마리, 한두름, 두벌, 네말, 여섯컬레, 39분, 28초, 네그릇, 12자, 세뭉음, 여덟병, 한길, 석단, 학생 9명, 1등, 최근 100년간, 실 한토리, 1급, 1항차, 1량

【붙임】 《성상, 세월, 나이, 평생, 고개》 등과 같은 완전명사도 단위명사에 준하여 처리한다.

> 례　15성상, 70나이의 고령, 60평생, 20여성상, 60여평생, 70살나이에, 마흔고개, 칠순고개, 60살고개

제8항 대명사는 원칙적으로 다른 품사와 띄여쓰며 불완전명사(또는 이에 준하는 일부 명사)와 직접 어울린것만 붙여쓴다.

> 례
> – 내 조국, 우리 식, 우리 말, 이 나라, 제 땅우에서, 제 힘으로…
>   저기 저 바다로 우리 함께 가자.
>   내 네 말을 잊지 않고 있다.
> – 이것, 그이, 저분, 무엇때문에, 누구것이냐?, 네탓이다, 이해, 이달, 그밖에, 그곳, 그때, 이때, 제때…

【붙임】 대명사가 다른 품사와 어울려 하나의 덩이로 굳어졌거나 《자신, 자체, 전체, 모두, 스스로》와 어울리는 경우의 띄여쓰기는 기본적으로 명사의 경우와 같다.

> 례
> – 내남없이, 너나들이, 저저마다
> – 나자신, 우리들전체, 그들자체, 우리스스로…

제9항 같은 수사나 대명사가 겹치면서 강조 또는 여럿의 뜻을 나타내는것은 붙여쓴다.

> 례
> – 하나하나, 둘둘, 하나씩하나씩, 둘씩둘씩, 열스무(차례), 하나둘(구령)
> – 누구누구, 무엇무엇(뭣뭣)
> – 너도나도, 그나저나, 이곳저곳, 네것내것, 내일네일

제3장 동사, 형용사와 관련한 띄여쓰기

제10항 동사나 형용사끼리 어울렸을 경우의 띄여쓰기는 다음과 같이 한다.

1) 토가 붙은 자립적인 동사나 형용사가 다른 자립적인 동사나 형용사와 어울린것은 원칙적으로 띄여쓴다.

> 례
> – 들고 가다, 가면서 말한다, 들어서 올리다, 붉게 타다, 깨끗하여 좋다, 용감하고 지혜롭다.
> – 맑고 아름다운 강산, 슬기롭고 용감한 우리 인민

2) 토가 있지만 띄여쓰지 않는것은 다음과 같다.

(1) 《고》형의 동사가 다른 동사와 어울려 하나의 동사로 녹아붙은것은 띄여쓰지 않는다.

례 – 짜고들다, 먹고떨어지다, 밀고나가다, 들고뛰다, 캐고들다, 타고나다, 놀고먹다, 들고치다, 파고들다, 안고뭉개다

(2) 《아, 어, 여》형의 동사나 형용사가 보조적으로 쓰이는 동사가 직접 어울린것은 붙여쓴다.

례 – 돌아가다, 돌아치다, 몰아내다, 볶아대다, 잡아쥐다
– 젊어지다, 쓸어버리다, 들어보다, 애써보다, 적어두다
– 베껴주다, 견디여내다, 버티여내다, 다녀가다
– 반가와하다, 미워하다, 두려워하다

(3) 《아, 어, 여》형이 아닌 다른 형 뒤에서 보조적으로 쓰인 동사나 형용사는 붙여쓴다.

례 – 읽고있다, 쓰고있다, 맡고있다, 쉬고있다, 읽고계시다, 쓰고계시다, 맡고계시다, 쉬고계시다
– 읽고싶다, 먹고싶다, 가고싶다, 듣고싶다, 읽는가싶다, 먹는상싶다, 될상싶다, 아시다싶이, 보시다싶이
– 하고나서, 끝나고나서, 읽다나니, 늙다나니, 보고나니, 돌아다니다나면
– 쓰고말다, 보고말다, 버리고말다, 가고말다, 나가자마자, 들어서자마자, 물어보자마자
– 읽는가보다, 올가보다, 왔댔나보다, 알고보니, 써놓고보니, 세워놓고보니

(4) 《아, 어, 여》형의 동사나 형용사가 잇달아있을 경우에는 자립적인 행동의 단위마다 띄여쓴다.

례 – 기여넘어가 살펴보다, 들어가 집어올리다, 만나보아 알고있다, 받아안아 덮어쌓다

(5) 토 《나, 디, 고, 도 ㄴ…》을 사이에 두고 두개의 동사나 형용사가 겹친것은 붙여쓴다.

례 – 크나큰, 기나긴, 머나먼, 높으나높은, 젊으나젊은, 깊으나깊은, 자나깨나
– 달디단, 쓰디쓴, 높디높은, 깊디깊은, 차디찬, 넓디넓은
– 넓고넓은, 멀고먼, 부르고부르는, 크고작은, 높고낮은, 주고받는

- 가도가도, 오도가도, 길고도긴, 넓고도넓은
- 긴긴(밤), 먼먼(옛날)

【붙임】 그밖의 형태의 합친말, 겹친말도 이에 준한다.

례 　- 높으락낮으락, 이러쿵저러쿵, 죽을둥살둥, 이러니저러니, 들락날락, 왔다갔다, 들쑥날쑥, 본숭만숭, 앞서거니뒤서거니, 덮어놓고, 묻다 못해, 하다못해, 보아하니

(6) 《듯, 만, 번, 법, 사, 척, 체…》 등이 붙은 동사나 형용사가 토없이 《하다》와 어울린것은 붙여쓴다.

례 　- 올듯하다, 들을만하다, 만날번하다, 갈법하다, 웃을사하다, 가는척 하다, 아는체하다
- 올듯말듯하다, 웃을사웃을사하다, 아는체마는체하다

그러나 《듯, 만, 번, 법, 사, 척, 체…》 뒤에 토가 붙으면 《하다》는 띄여쓰기로 한다.

례 　- 갈듯도 하다, 오를만도 하다, 그럴법도 하다
- 그럴만은 하다, 아는체를 한다, 웃을사는 한다
- 올듯말듯도 하다, 웃을사웃을사는 한다, 아는체마는체를 한다

(7) 토 《지》가 붙은 동사나 형용사가 다른 단어와 어울린것은 띄여쓴다.

례 　- 그렇지 않다, 이기지 못하다, 맞갖지 않다, 갈지 모른다
- 마지 못해, 머지 않아, 못지 않다
- 믿어마지 않다 바라마지 않다
  그리여마지 않다, 존경하여마지 않다

제11항 동사, 형용사가 명사, 부사와 어울린 경우의 띄여쓰기는 다음과 같다.

1) 토없는 명사에 《하다, 되다, 시키다》가 직접 붙은것은 붙여쓴다.

례 　- 건설하다, 겨냥하다, 나무하다, 눈짓하다, 바느질하다, 창조하다, 투 쟁하다, 이신작칙하다, 영광찬란하다
- 구현되다, 련관되다, 참되다, 창설되다, 영웅되다, 공고발전되다
- 련습시키다, 분리시키다, 숙련시키다, 공고발전시키다, 긍정감화시 키다

그러나 《하다, 되다, 시키다》의 앞에 《못, 아니, 안》 등이 끼일 때에는 앞의 명사단위를 띄여쓴다.

례 용서하다 − 용서 못하다
말하다 − 말 못하다
허용되다 − 허용 안되다
모순되다 − 모순 안되다
운동시키다 − 운동 안시키다
숙련시키다 − 숙련 못시키다

2) 명사에 《지다》가 직접 어울린것은 붙여쓴다.

례 − 값지다, 흙지다, 건방지다, 외지다, 구성지다, 멋지다, 둥글지다, 아롱지다
− 모지다, 살지다, 그늘지다, 굽이지다, 장마지다, 언덕지다, 얼룩지다, 열매지다, 짝지다

3) 토없는 명사에 《답다, 거리다, 겁다, 맞다, 궂다, 적다, 어리다》 등이 직접 어울려서 형용사를 이루는것은 붙여쓴다.

례 − 꽃답다, 남자답다, 청년답다, 녀성답다, 인민군대답다
− 흥겹다, 눈물겹다, 정겹다
− 능청맞다, 방정맞다
− 심술궂다, 버릇궂다, 험상궂다
− 멋적다, 맛적다, 열적다
− 지성어리다, 정성어리다, 정기어리다, 피어리다

4) 토없는 명사에 고유어로 된 동사와 형용사가 직접 어울려서 하나의 동사나 형용사를 이루는것은 붙여쓴다.

례 − 꿈꾸다, 춤추다, 잠자다, 짐지다, 셈세다, 숨쉬다, 금긋다, 걸음걷다, 뜸뜨다
− 가살부리다, 극성부리다, 심술피우다, 익살피우다, 방정떨다, 엄부럭떨다, 소리치다, 활개치다, 굽이치다, 고동치다, 끝맺다, 시집가다, 맴돌다, 감사납다, 길차다, 힘차다, 주제넘다, 몸풀다, 눈팔다, 낯설다, 일삼다
− 낯익다, 눈멀다, 힘들다, 빛나다, 유별나다, 끝나다, 한결같다, 낯같다, 류다르다, 눈부시다, 때늦다, 움트다, 싹트다, 해지다, 번개치다, 대바르다, 가슴아프다, 심술궂다, 남부럽다, 마음놓다, 의리깊다, 실속있다, 패기있다, 활기있다, 깊이있다, 무게있다, 쓸새없다, 맥없다,

힘없다, 례절없다, 눈치없다, 나많다, 꼴사납다, 나어리다, 발벗다, 수놓다, 마감짓다, 매듭짓다, 손대다, 밥먹다, 발맞추다, 꽃같다, 꿀같다

【붙임】대명사나 그밖의 품사와 어울려 하나의 동사나 형용사로 쓰이는것도 이에 준한다.

례   – 그같은, 이같은, 나보고, 너나들이하면서, 제자리걸음하고…
       – 곧이듣다, 내리누르다, 가로채다, 올리빈히다, 가로지르다, 냅다지르다, 냅다치다, 기껏해서

5) 동사, 형용사가 명사, 부사와 어울려 잇달아있는 경우에는 행동의 단위에 따라 처리한다.

례   – 몸바쳐 일하고있다.
         어깨겯고 나아간다.
         앞장서 나가고있다.
         몸바쳐 투쟁해나가고있다.
       – 해빛을 받아안고 솟구쳐나다.
         일을 바로잡아 고쳐나갔다.
         제품을 만들어 내려보냈다.
         물에 씻겨 내려가고있었다.

6) 동사, 형용사의 앞에 오는 명사에 토가 없어도 토를 줄였다는것이 뚜렷하고 끊기여 발음될 때는 띄여쓰는것을 원칙으로 한다.

례   은혜로운 해발 안고
     사랑의 정 품고
     간절한 마음 담아
     멸적의 기세 드높은
     우리의 정성 담은 선물

제12항 《앞, 뒤, 곱, 겹》 등이 동사나 형용사와 어울린것은 붙여쓴다.

례   – 앞서다, 앞지르다, 앞당기다, 앞차다, 앞두르다
       – 뒤서다, 뒤늦다, 뒤떨어지다, 뒤쫓다, 뒤돌리다
       – 곱먹다, 곱가다, 곱돕다, 곱씹다
       – 겹쓰다, 겹쌓다, 겹입다, 겹차다, 겹싸다

【붙임】《앞장, 버금, 다음, 으뜸》과 《첫째》도 이에 준한다.

> 례 – 앞장서다, 버금가다, 다음가다, 으뜸가다, 첫째가다

제4장 관형사, 부사, 감동사와 관련한 띄여쓰기

제13항 관형사는 그뒤의 단어와 띄여쓴다.

> 례 – 모든 공장, 여러 책, 온갖 문제, 새 규정책, 온 마을, 별의별 이야기, 별 이야기, 각 도서관, 여느 기술자, 제반 사실, 첫 전투, 첫 프로레타리아정권, 맨 웃자리, 현 국제정세, 매 도, 매 군, 무슨 일, 어느 동무, 웬 사람, 순 독학으로, 귀 대표부, 딴 사람, 전(이전) 대통령, 한다는 선수, 이까짓 종이
> – 온갖 한다는 선수들, 별 딴 문제, 무슨 별별 이름모를 식물들, 여러 새 양복, 그까짓 딴 마음, 한다는 여러 인사들, 제반 새 사전들, 별의별 새 이야기
> – 원 이름밑에 새 이름을, 옛 전우들의 모습, 온 정신을 가다듬어, 각 대학 학생들

이와 관련하여 관형사 《첫, 새》 등은 일부 합친말의 구성부분으로 된것만을 례외적으로 붙여쓰기로 한다.

> 례 – 첫코, 첫발, 첫맛, 첫날옷, 첫젖, 첫어구, 첫인상, 첫길, 첫더위, 첫물, 첫울음, 첫술, 첫눈, 첫정, 첫끝, 첫입, 첫날밤, 첫머리, 첫시작, 첫새벽, 첫추위, 첫아침, 첫인사, 첫출발, 첫국밥, 첫솜씨, 첫마수걸이, 첫닭울이, 첫걸음마
> – 새색시, 새각시, 새신랑, 새서방, 새해

그밖의 관형사도 합친말의 구성부분으로 들어간것은 붙여쓴다.

> 례 – 각살림, 온종일, 전당, 별소리, 헌쇠, 딴판, 옛말, 헛물, 맨주먹, 원가지, 전세계

【붙임】《일단》과 《전체, 일부, 소수, 극소수, 력대, 해당》등은 관형사적으로 처리하여 명사의 앞에서 띄여쓴다.

> 례 – 일단 유사시, 전체 인민, 일부 력량, 해당 력사적 사실

－ 소수 자본가계급, 극소수 특권층, 력대 위정자들

제14항 부사는 기본적으로 띄여쓰되 특수한 경우에 조절하여 붙여쓴다.

1) 자립적인 모든 부사는 띄여쓴다.

례 － 나란히 눕다, 따뜻이 보살피다, 먼저 가다, 무척 애쓰다, 바로 찌르다, 극력 아껴쓰다, 아까 떠났다, 가까이 접근하다
  － 비교적 높다, 편의상 한곳에 넣어둔다, 사실 알고있었다, 정말 기적적이다
  － 똑바로 서다, 스스로 물러가다, 더욱 아름답다, 차차 더워지다, 철렁 떨어지다, 반드시 읽어야 한다, 잘 쓴다, 잘 간다

2) 일부 부사에 《하다, 되다, 시키다》가 붙어 하나의 동사처럼 된것은 붙여쓴다.

례 못하다, 잘되다, 안시키다, 덜되다

3) 부사를 겹쳐쓰거나 잇달아쓸 경우에는 붙여쓴다.

례 － 가득가득, 서로서로, 거듭거듭, 고루고루(골고루), 어슬렁어슬렁, 차츰차츰, 높이높이, 다시다시, 다시금다시금, 두고두고
  － 더욱더, 더더욱, 이리저리, 울긋불긋, 그럭저럭, 얼기설기, 허둥지둥, 올망졸망, 곧이곧대로
  － 또다시, 한층더, 모두다, 다같이, 똑같이

4) 부사가 다른 품사의 단어와 어울린 경우라도 한덩어리로 굳어진것은 붙여쓴다.

례 － 가슴깊이, 심장깊이, 가슴뿌듯이, 가슴듬뿍, 하늘높이, 가뭇없이, 영낙없이, 난데없이, 끝없이, 한량없이, 한없이, 한결같이, 감쪽같이, 불같이, 벼락같이, 꿈결같이
  － 더없이, 꼼짝없이, 덧없이, 다시없이, 하염없이, 두말없이
  － 꼼짝못하게, 쥐죽은듯이
  － 왜냐하면, 다시말하여, 아닌게아니라, 다름아니라

5) 이음부사 《및, 또, 또한, 또는》 등이 두개 이상의 단어를 련결할 때에는 그 앞뒤단위를 언제나 띄여쓴다.

－ 조선민주주의인민공화국 당 및 정부대표단

로동자, 농민, 근로인테리 및 군인들

평양시행정 및 경제지도위원회

화학 및 경공업위원회

－ 전진, 전진, 투쟁 또 투쟁

사과와 배 또는 복숭아와 감

솜씨있는데다가 또한 용단도 있다

제15항 두개이상의 서로 다른 품사가 하나로 녹아붙어 한마디의 부사와 같이 된 경우는 붙여쓴다.

－ 간밤에, 오는해에, 지난해에, 지난달에, 이른봄에, 이른아침에, 낮은 가을에

－ 여름날에, 봄날에

－ 이다음, 요사이, 이해에, 그해에, 이달에, 그날에, 그사이, 그동안

제16항 감동사나 느낌을 나타내는 말마디들은 소리와 뜻을 고려하여 따로 띄여쓴다.

－ 아아 아!

－ 아 아아!

이뿔사, 열쇠를 잊었군!

－ 여, 빨리 끝내세, 박동무!

응, 곧 끝내겠네.

좋소! 기다리지

－ 얼씨구 절씨구 얼싸 둥둥

얼씨구절씨구 얼싸둥둥

제5장 특수한 말, 특수한 어울림에서의 띄여쓰기

제17항 글의 론리적 련관에 따라 붙여쓰고 띄여쓰는 경우는 다음과 같다.

1) 동격어를 받는 단어의 뒤에 온 명사는 띄여쓴다.

례 신문 《민주조선》 창간
    박사 김준석동지 집필원고
작가 리기영선생 창작사업

2) 련달아서 명사들이 토없이 어울릴 때 그 명사들사이를 떼고 붙이는것은 앞에 놓인 단위와의 론리적 련관에 따른다.

례 - 우리 당 정책 관철에서
        우리 집 문제, 새 전망계획 기간
        낡은 사상 잔재, 낡은 사상 독소
        사상, 기술, 문화의 3대혁명 수행
        여러가지 광물 생산실적
        우리 나라 주재 ○○대사관
    - 김 아무개 청년을 포함한 대표단성원(대표단성원 전체)
        김 아무개 청년을 단장으로 하는 대표단 성원(대표단의 한 성원)
    - 새 전쟁 도발책동(새 전쟁)
        새 전쟁도발책동(새 책동)

제18항 고유어로 된 차례수사가 규정어로 될 때는 그 뒤 단위를 띄여쓴다.

례 - 첫째 문제, 둘째 강의, 셋째 주, 넷째 손잡이

이에 준해서 《첫번째, 두번째…》 등도 같이 처리한다.

례 첫번째 교실
    두번째 집
    다섯번째 공격

제19항 명사와 토없이 직접 어울린 《너머, 따라, 건너, 걸러》는 붙여쓴다.

례 산너머 외가집에 갔다.
    오늘따라 바람이 세군.
    바다건너 먼 대륙에서 왔다.
    두달걸러 받았다.

제20항 여러가지 부호 다음에 오는 토는 그 부호뒤에 붙여쓴다.

> 례 － 《가》에서 《ㅏ》가 모음이다.
> － X는 모르는 수이다.
> － 그는 《불이야》라고 웨쳤다.

제21항 학술용어, 전문용어의 띄여쓰기는 다음과 같다.

1) 하나의 대상, 하나의 개념을 나타내는 용어는 품사소속과 형태에는 관계없이 붙여쓰는것을 원칙으로 한다.

> 례 － 난바다, 먼바다, 먼거리수송대, 나도국수나무, 꿩의밥풀, 굳은-넓은 잎나무
> － 나무타르, 변형이음률, 세마치장단, 끝소리법칙, 한곬빠지기현상

2) 규정어, 보어, 상황어로서의 구획이 뚜렷한 대상의 이름은 원칙적으로 그 규정어, 보어, 상황어 단위로 띄여쓴다.

> 례 － 모뜨는 기계, 모내는 기계, 벼베는 기계, 풀베는 기계, 벼가을하는 기계, 강냉이영양단지모 옮겨심는 기계, 짚신고부리는 기계
> － 키큰 나무, 키작은 나무, 떨어진 과일, 물얕은 바다

제22항 성구나 속담 등의 띄여쓰기는 다음과 같다.

1) 단어들이 토없이 어울려 이루어진 속담이나 고유어성구는 원칙적으로 붙여쓴다.

> 례 － 곁불맞다, 량다리치기, 식은죽먹기, 수박겉핥기
> － 이웃사촌, 오누이쌍둥이, 부엉이셈, 토끼잠
> － 두루미꽁지같다, 선손쓰다, 코떼우다

2) 토가 줄어진 속담이나 성구는 원칙적으로 단어 또는 단어화된것을 단위로 띄여쓴다.

> 례 － 소 닭보듯
> 고양이 쥐생각하듯
> 꿩구워먹는 자리

문장부호법

총칙

현대조선말의 문장부호는 문장들, 문장안의 각 단위들을 뜻과 기능에 따라 갈라주기 위하여 친다.

제1항 우리 글에서 쓰는 부호의 종류와 이름

.	점	!	느낌표
:	두점	–	이음표
,	반점	–	풀이표
;	반두점	…	줄임표
?	물음표		
≪ ≫	인용표	……	밑점
〈 〉	거듭인용표	○○○, ×××, □□□	숨김표
( )	쌍괄호	〞	같음표
[ ]	꺾쇠괄호	~	물결표

제2항 점(.)

1) 문장(감탄문과 의문문 제외)이 끝났을 때 문장끝의 오른편 아래쪽에 친다. (이 부호의 이름은 ≪끝점≫이라 할수 있다.)

례   우리 시대는 위대한 주체시대이다.

2) 략자나 줄임말임을 보여주기 위하여 오른편 아래쪽에 친다.

(1) 년, 월, 일을 줄인 경우에는 그 수의 오른편 아래쪽에 치는것을 원칙으로 한다.

례   1985. 10. 10
1948. 9.
1945.
1985–1986.

(2) 략자나 달과 날의 수자가 합쳐서 ≪명사화≫되였거나 그뒤에 자립적인
  단어가 올 때에는 그 말마디의 사이에 친다.

례 － ≪ㅌ.ㄷ≫

례 － 4.25 축구팀
  － 민족최대의 명절 4.15
    9.9절
  － 레. 브. 똘스또이

3) 대목이나 장, 절을 가르는 표식에 괄호나 동그라미가 없을적에 그뒤에 친다.

례 － 제1장. 제1절. 제1조. 제6항.
  － I. 1. 3. ㄱ.
  － 그림 1. 모내는 기계의 구조 그림2. 꿀벌의 구조
    그러나 다음과 같은 경우에는 점을 치지 않는다.

  례 도표 1-2
    그림 2-1
    1－씨, 2－잎, 3－꽃

제3항 두점(:)

1) 뒤에 설명을 보라는것을 밝히는 단어나 말마디 뒤에 친다.

례 － 례:
  － 믈음:
    대답: － 김은덕동무의 토론:
        － 주의: 순이의 야무진 말:
    비고: － 열매의 종류:
        － 실험조건:

2) 한 문장이 대체로 끝나면서 뒤에 오는 말들이 앞문장을 설명하거나 보충할
  때 그 앞문장의 끝에 칠 수 있다.

례 ○ 장내는 바야흐로 홍성거렸다: 손님들이 밀려들고 아이들이 뛰놀고
    풍악소리가 들리고 하면서…
  ○ 우리 공장에서는 여러가지 제품들을 만들고있다: 옷장, 책장, 걸상,
    신발장, 밥상 등

제4항 반두점(;)

앞 문장안에 이미 반점(,)으로 구분된 말이 여러개 잇달아있고 다음에 다른 측면에서의 말이 련달아 을 때 더 크게 묶어지는 단위를 구분하기 위하여 칠수 있다.

례
- 상점에는 무우, 배추, 시금치, 쑥갓 등과 같은 남새; 물고기, 미역, 젓갈 등과 같은 갖가지 수산물; 그리고 여러가지 과실들이 차있었다.
- 공장에서는 종업원들의 기술기능수준을 높이는데 많은 힘을 돌렸다. 로동자들의 기술적 자질, 생산장성, 공장의 발전전망 등을 고려하여 이 사업을 계획성있게 끌고나갔으며; 직종, 소질, 작업조건 등을 잘 타산하여 양성반을 조직하여 운영하였으며; 기능이 높고 낮은 로동자들을 잘 배합하여 개별전습을 잘하도록 하였다.

제5항 반점(,)

1) 복합문에서 이음토가 없이 문장들이 이어질 때 단일문들사이에 친다.

례 나는 로동자, 너는 농장원.

2) 어떤 문장이나 말마디가 련결되거나 맺음토로 끝났다 하더라도 뒤의 문장이나 말마디와 밀접히 련관되여 있을적에는 그 맺음토의 뒤에 친다.

례
- 왔거나, 왔거나, 혁명이 왔거나.
- 바람이 세다, 창문을 주의해라.
- 어제도 좋았고, 오늘도 좋고, 래일은 더욱 좋을 우리 생활!

3) 죽 들어 말한 단어들사이를 갈라주기 위하여 친다.

례
- 도시와 농촌에서, 일터와 마을에서, 학교와 가정에서 생활은 약동하고있다.
- 우리는 영화에서 높은 혁명성, 당성, 계급성, 인민성의 본보기를 충분히 받아안았다.

4) 문장의 첫머리나 가운데에 들어있는 부름말, 끼움말, 느낌말 같은것을 구분하기 위하여 친다.

례 － 동무들아, 이 기세로 굳게 뭉치여 인민경제계획을 승리로 맺자.
－ 우리는 그때에도, 다시말해서 전쟁때도 책을 놓지 않았다.
－ 아, 우리 조국은 얼마나 아름다운가!

5) 제시어뒤에 친다.

례 － 당, 그가 있음으로 하여 오늘의 승리가 있다.
－ 혁명적 예술인이 되는것, 이것은 사회주의, 공산주의 문화예술을 창조하는 작가, 예술인들에게 있어서 가장 중요한 임무로 된다.
－ 우리 당의 령도밑에 민족간부, 그가운데서도 기술간부가 많이 자랐다.

6) 동격어뒤에도 칠수 있다.

례 영광스러운 우리 조국, 조선민주주의인민공화국

7) 문장성분의 차례를 바꾸어 한 부분을 특별히 힘주어 나타낼 때에는 그 힘준 말뒤에 친다.

례 － 나가자, 판가리싸움에
나가자, 유격전으로
－ 그가 왔답니다, 전쟁때 우리 집에 얼마간 묵어갔던 그 군관아저씨가…

8) 하나의 피규정어에 동시에 관계하는 두개이상의 규정어가 잇달을 때 그것들을 구분하기 위하여 친다.

례 － 한데 뭉친, 아무도 꺾을수 없는 우리 인민의 힘
－ 인민들이 살기 좋은, 번영하는 새 조선을 건설하기 위하여 투쟁하였다.

9) 문장에서 단어들의 관계가 섞갈릴수 있을 경우에는 그것을 구분하기 위하여 찍는다.

례 － 세계 혁명적 인민들은, 새 세계대전을 일으키고 인류에게 헤아릴수 없는 참화를 들씌우며 새로 독립한 나라들을 내부로부터 와해시키고 책동하는 미제국주의를 반대하여 견결히 싸워나가야 한다.
－ 그는 재빨리, 달리는 차를 잡아탔다.
－ 인민들의 정성이 깃든, 사랑의 위문품을 가득 실어왔다.

제6항 물음표(?)

1) 물음을 나타내는 문장의 끝에 친다.

례 ─ 사회주의, 공산주의 건설에서 청년들이 하여야 할 임무는 무엇인가?
　　 ─ 차는 몇시에 떠났어?

2) 의심쩍거나 망설이게 됨을 나타낼 때 친다.

례 ─ 박선생이 왔다?
　　 ─ 어떻게 할가? 이것도 가져간다?

【붙임】 ≪수사학적 물음≫으로 된 문장이 끝났을 때에는 점을 치는것을 원칙으로 한다.

례 동무가 그래서 되겠는가. 대오의 앞장에 서야 할 동무가 말이요.

제7항 느낌표(!)

1) 느낌을 나타내는 문장끝에 친다.

례 ─ 여기에 한 당원의 충성의 기록장이 있다!
　　 ─ 아, 금강산은 참말 아름답구나!

2) 부름말, 느낌말, 제시어 등이 센 감동적 어조를 가지고있을 때 그뒤에 칠수 있다.

례 ─ 동무들! 우리의 생활이 행복할수록 남녘땅 형제들을 잊지 맙시다.
　　 ─ 백두산! 너는 혁명의 뿌리가 내린 조종의 산, 조선의 넋이여라.

제8항 이음표(-)

두개이상의 단어가 어울리여 하나의 통일된 개념을 나타낼 때 칠수 있다.

례 ○ 조선-꾸바친선협회
　　　 맑스-레닌주의
　　 ○ 굳은-넓은잎나무
　　　 구조-문법적 특성
　　 ○ 물리-화학적 성질

제9항 풀이표(—)

1) 같은 종류의 문장성분들과 그것에 대한 묶음말사이에 친다.

　례　벼, 보리, 밀, 강냉이—이런 알곡들은…
　　　이런 알곡들—벼, 보리, 밀, 강냉이 등은…

2) 동격어의 뒤에 칠수 있다.

　례　영광스러운 우리 조국—조선민주주의인민공화국
　　　렬사들이 걸어온 길—혁명의 길은 간고하고도 영예로운 길이였다.

3) ≪에서—까지≫의 뜻을 나타내기 위하여 칠수 있다.

　례　평양—신의주, 아침—점심

4) 제시어의 뒤에 칠수 있다.

　례　우리 생활—그것은 곧 예술이다.

5) 서로 맞서거나 대응하는 관계를 나타낼 때 칠수 있다.

　례　공대—의대 축구경기

6) 특수한 글에서 주어와 술어가 토없이 맞물렸을 때 그사이에 칠수 있다.

　례　○ 나— ≪갈매기≫호 선장,
　　　○ 철호—통신병
　　　○ 순이—간호원

제10항 줄임표(…)

1) 문장 또는 문장안의 일부 말마디가 줄어진것을 나타내기 위하여 그 줄어진 부분이 석점을 찍는다.

　례　— ≪…갑문건설에서 또다시 조선사람의 본때를 보입시다.≫
　　　— 그때 박동무가 있기는 했습니다만…

【붙임】 인용하는 글에서 번호 한개, 단어 하나, 문장이나 단락 하나, 표현의 일부를 줄여도 석점(…)으로 표시하는것을 원칙으로 한다.

2) 제목이나 차례의 뒤에 보충하는 설명을 붙일 때 칠수 있다. 이때의 점의
   수는 제한이 없다.

례 　－ 머리글……편집위원회
　　　－ ≪우리 말 강좌≫……언어학연구소
　　　－ 학계소식……편집부

제11항 인용표(≪　≫)

1) 이미 이루어진 말이나 대화를 인용할 때 그 문장의 앞뒤에 친다.

례 　≪야, 백두산이 보인다!≫
　　　박동무는 ≪내가 이겼지.≫라고 힘주어 말하였다.

2) 어떤 말마디나 표현을 특별히 드러내서 나타낼적에 그것의 앞뒤에 친다.

례 　－ ≪김일성저작집≫
　　　　　≪영화예술론≫
　　　－ ≪80년대속도≫
　　　　　혁명소설 ≪백두산기슭≫

3) ≪이른바≫라는 뜻을 가지고 따온 일반적인 말마디나 부정적인 표현의 앞
   뒤에 친다.

례 　－ ≪바다의 왕≫이라는 고래
　　　　　≪하늘의 독수리≫라는 비행사
　　　－ 미제는 ≪원조≫를 미끼로 남의 나라를 침략한다.

제12항 거듭인용표(〈　〉)

인용한 말 안에 또 다른 인용표안에 들어간 말이 인용될 때에 친다.

례 　－ ≪열철동무는 〈하자고 결심만 하면 못할 일이 없습니다.〉라고 하면
　　　　서 계획된대로 내밀자.≫고 토론했다.
　　　－ ≪우리 분조에는 〈천리마〉호가 3대나 배정되였습니다.≫－분조장의 말

그리고 인용표안에 들어가는 모든 인용표는 거듭인용표를 친다.

례 　≪우리의 투쟁목표는 〈다시한번 〈평양속도〉를 창조하자.〉이것입니다.≫
　　　그는 힘있게 말하였다.

제13항 쌍괄호와 꺾쇠괄호(( ), [ ])

1) 본문을 보충하기 위하여 붙인 말의 앞뒤에 쌍괄호(( ))를 친다.

례 － 내가 대학에 입학하던 해였다. (그해도 풍년이 들었었다.) 어머니는
집을 떠나는 나에게 훌륭한 농업전문가가 되여 돌아오라고 당부하
였다.
－ 밀영안에서 무슨 일이 일어난것이 분명했다. (무슨 일일가?)
－ 전보미동무(로력영웅이다.)는 오늘도 자기 계획을 2배로 넘쳐하였다.

2) 인용하는 말이 나온곳을 밝히는 말마디의 앞뒤에 쌍괄호(( ))를 친다.

례 － ≪인적드문 심산유곡에 구차한 생을 도모하고있는 이 늙은 백성이
오매불망 그리워하던 장군님의 존안을 이렇게 문득 뵈옵게 되니 황
송하기가 그지 없습니다.≫(총서 ≪불멸의 력사≫ 중 장편소설 ≪고
난의 행군≫에서)

3) 괄호안에 또 다른 괄호 또는 쌍괄호나 인용표가 있을 때 바깥것은 꺾쇠괄
호([ ])로 묶는다.

례 ≪근대철학의 큰 기본문제는 존재에 대한 사유의 관계여하의 문제이다.≫
[≪루드위히 프이에트바흐와 독일고전철학의 종말≫(에프. 엥겔스) 조선
로동당출판사 1957년판, 25페지]

【붙임】 꺾쇠괄호는 여러가지 형태로 쓸수 있다.

례 [ ], 【 】, …

제14항 인용표와 괄호 안에서의 부호사용법

1) 인용표나 괄호안의 말이 문장인 경우에는 거기에 해당한 부호를 친다.

례 － ≪올해도 거름을 많이 냅시다! 정당 20톤은 문제없습니다.≫라고 분
조장은 신이 나서 말한다.≫고 토론했다.
－ 우리는 매우 긴장한 투쟁을 하고 있었다. (상반년계획을 4.15전으로
끝내야 했었다.)

【붙임】 ≪〈…〉라고≫로 끝나는 경우에 ≪라고≫의 뒤에는 해당한 부호를
치는것을 원칙으로 한다.

〔례〕 ≪50톤은 문제없습니다.≫라고,

≪빨리 서둘자요!≫라고…

≪번개≫라고?

2) 인용표나 괄호 안의 말이 문장이 아닐 때에는 아무 부호도 치지 않는다.

〔례〕 – 다시한번 ≪80년대속도≫를 창조하자!

– 학생들(다섯사람)은 노래부르며 마을앞을 지나갔다.

【붙임】 그러나 인용표나 괄호 안의 말이 여러 마디일적에는 그것들사이에 구별하는 부호를 친다.

〔례〕 – ≪견주다, 겨누다, 겨루다≫는 소리가 비슷하나 뜻이 다른 딴 단어들 이다.≫고 토론했다.

– 같이 있던 네사람(작업반장, 분조장, 태식아바이, 성숙)이 달려왔다.

3) 괄호안의 말이 전체 문장의 끝에 있는 경우는 괄호뒤에 아무 부호도 치지 않는다.

〔례〕 – 공든 탑이 무너지랴? (속담)

– 우리는 몹시 기뻤다. (분기계획을 넘쳐수행한것으로 하여)

– 눈접방법(그림 5)

4) 인용표안에 있는 문장의 끝에서 전체 문장도 끝나는 경우는 끝맺는 부호를 다음과 같이 친다.

〔례〕 – ≪애, 주의해. 〈낮말은 새가 듣고 밤말은 쥐가 듣는다.〉≫

– ≪속담에도 있지만 〈때지 않은 굴뚝에서 연기날가?〉≫

– ≪동무들! 〈생산도 학습도 생활도 항일유격대식으로!〉≫

제15항 밑점(……)

문장안에서 특별히 중점을 두고 힘주어말하는 부분이나 읽는 사람의 주의를 끌기 위한 부분에 찍되 점의 수는 글자의 수에 따른다.

〔례〕 우리의 관심은 어디서, 언제 그리고 어떻게 이 문제가 해결되였는가에 있었다.

【붙임】 중점을 두어 강조하는 부분을 드러내기 위하여서는 밑줄(＿＿＿)이 나 물결줄(~~~) 같은것도 쓸수 있다.

제16항 숨김표(××× , □□□, ○○○ 등)

문장에서 글자로 나타낼 필요성이 없을 때 그 글자수만큼 둔다.

> 레 아프리카의 일부 지방에 들이닥친 무데기비로 ×××에서는 약 ○○○
> 정도의 재산피해를 보았다.

【붙임】 숨김표는 출판물의 성격에 따라 동일한것을 쓸수도 있고 서로 다른
것을 쓸수도 있다.

숨김표의 구체적인 이름은 다음과 같다.

가위숨김표 ××× (가위 가위 가위)
네모숨김표 □□□ (네모 네모 네모)
동그라미숨김표 ○○○ (공 공 공)

제17항 같음표(〃)

같은 말이나 같은 표현이 겹쳐나올 때 두번째부터의 그 부분을 나타내기 위하
여 쓸수 있다.

> 레 제1작업반 반장
> 제2 〃 〃
> 제3 〃 〃
> 제6 〃 부반장

【붙임】 때에 따라서는 같음표를 ≪-〃-≫로도 표시할수 있다.

> 레 평양시인민위원회 지도원
> 남포시 —————— 〃 ——————

제18항 물결표(~)

1) ≪내지≫라는 뜻으로 쓰되 단위를 나타내는 말은 마지막 수자에만 붙인다.

> 레 - 10~12시
> - 5~8월

- 100∼150명
  5∼6개
- 10만∼15만개

2) 단위가 되풀이되면서 그 일부를 줄일 때 쓴다.

[례] 체육
～가
～하다

제19항 제목글에서의 부호사용법

1) 제목글에서 느낌문, 물음문의 경우는 문장의 끝에 해당한 부호를 치고 서술문의 경우에는 끝점을 치지 않을 수 있다.

[례] 우리식으로 꾸려놓으니 보기도 좋다!
누가 이겼을가?
모내기를 끝냈다

2) 신문, 잡지 등의 제목글이 명명문이거나 또는 맺음토없이 끝난 문장인 경우는 부호를 치지 않는것을 원칙으로 한다.

[례] 충성의 구감
한 간호원에 대한 이야기

【붙임】그러나 특별히 감정의 색채를 뚜렷이 하기 위하여 해당한 부호를 칠수도 있다.

[례] 인간에 대한 지극한 사랑!
≪힘장수≫?

제20항 대목이나 장, 절, 문단 등을 가르는 부호와 그 차례(그 이름도 다음과 같이 통일하여 부르기로 한다.)

[례] - Ⅰ, Ⅱ, Ⅲ……로마수자 일, 이, 삼
1, 2, 3……아라비아수자 일, 이, 삼
1), 2), 3)……반괄호 일, 이, 삼
(1), (2), (3)……쌍괄호 일, 이, 삼

－ ㄱ‥‥‥ 그
　　ㄴ‥‥‥ 느
　　ㄷ‥‥‥ 드
－ ①, ②, ③ ‥‥‥ 동그라미 일, 이, 삼
　　－‥‥‥ 풀이표
　　○‥‥‥ 동그라미
　　.‥‥‥ 풀이점
　　※‥‥‥ 참고표
　　✻‥‥‥ 꽃표

문화어발음법

총칙

조선말발음법은 혁명의 수도 평양을 중심지로 하고 평양말을 토대로 하여 이룩된 문화어의 발음에 기준한다.

제1장 모음의 발음

제1항 모음들이 일정한 자리에서 각각 짧고 높은 소리와 길고 낮은 소리의 차이가 있는것은 있는대로 발음한다.

> 례 (짧고 높은 소리)　　(길고 낮은 소리)
> 밤 (낮과 밤)　　밤(밤과 대추)
> 곱다(손이 곱다)　　곱다(꽃이 곱다)
> 사다(책을 사다)　　사람(사람이 온다)

제2항 ≪ㅢ≫는 겹모음으로 발음하는것을 원칙으로 한다.

> 례 의리, 의무, 의사, 의주, 의롭다, 의젓하다, 의존하다, 의지하다

【붙임】 1) 된소리자음과 결합될 때와 단어의 가운데나 끝에 있는 ≪ㅢ≫는 [ㅣ]와 비슷하게 발음함을 허용한다.

> 례 ― 띄우다[띠우다], 씌우다[씨우다]
> ― 결의문[겨리문], 회의실[회이실], 정의[정이], 의의[의이]

2) 속격으로 쓰인 경우 일부 [ㅔ]와 비슷하게 발음함을 허용한다.

> 례 혁명의 북소리[혁명에 북소리]
> 우리의 집은 당의 품[우리에 지븐 당에 품]

제3항 ≪ㅚ≫, ≪ㅟ≫는 어떤 자리에서나 홑모음으로 발음한다.

> 례 − 외국, 외삼촌, 외따르다, 대외사업
>   − 위대하다, 위병대, 위하여, 가위

제4항 ≪ㄱ, ㄹ, ㅎ≫ 뒤에 있는 ≪ㅖ≫는 각각 [ㅔ]로 발음한다.

> 례 계속[게속], 계시다[게시다], 관계[관게], 례절[레절], 사례[사레], 차례
>   [차레], 혜택[헤택], 은혜[은헤]

제2장 첫 소리 자음의 발음

제5항 ≪ㄹ≫은 모든 모음앞에서 ≪ㄹ≫로 발음하는것을 원칙으로 한다.

> 례 라지오, 려관, 론문, 루각, 리론, 레루, 용광로

제6항 ≪ㄴ≫은 모든 모음앞에서 ≪ㄴ≫로 발음하는것을 원칙으로 한다.

> 례 남녀, 냠냠, 녀사, 뇨소, 뉴톤, 니탄, 당뇨병

제3장 받침소리와 관련한 발음

제7항 우리 말의 받침소리는 [ㄱ, ㄴ, ㄷ, ㄹ, ㅁ, ㅂ, ㅇ]의 7개이다.

제8항 ≪ㄹ≫이 받침소리로 될 때는 혀옆소리로 발음한다.

례 – 갈, 갈매기, 놀다
　　 – 달과 별, 말과 글, 쌀과 물, 얼른
　　 – 갈라지다, 달리다, 몰리다, 빨래, 쏠리다

제9항 받침자모와 받침소리의 호상관계는 다음과 같다.

1) 받침 ≪ㄼ, ㄹ, ㅋ, ㄲ≫의 받침소리는 무성자음앞에서와 발음이 끝날 때는 [ㄱ]으로 발음한다.

례 – 넋살[넉쌀], 붉다[북따], 부엌세간[부억세간], 낚시[낙시]
　　 – 몫[목], 닭[닥], 동녘[동녁], 밖[박]

그러나 받침 ≪ㄺ≫은 그 뒤에 ≪ㄱ≫으로 시작되는 토나 뒤붙이가 올 때는 [ㄹ]로 발음하는것을 원칙으로 한다.

례 – 맑고[말꼬], 맑구나[말꾸나], 맑게[말께], 맑기[말끼]
　　 – 밝고[발꼬], 밝구나[발꾸나], 밝게[발께], 밝기[발끼]
　　 – 붉고[불꼬], 붉구나[불꾸나], 붉게[불께], 붉기[불끼]

2) 받침 ≪ㅅ, ㅈ, ㅊ, ㅌ, ㅆ≫의 받침소리는 무성자음앞에서와 발음이 끝날 때는 [ㄷ]으로 발음한다.

례 – 잇다[읻따], 잦다[잗따], 닻줄[닫쭐], 밭갈이[받까리], 있다[읻따]
　　 – 옷[옫], 젖[젇], 꽃[꼳], 뭍[묻]

3) 받침 ≪ㄼ, ㄿ, ㅄ, ㅍ≫의 받침소리는 무성자음앞에서와 발음이 끝날 때는 [ㅂ]으로 발음한다.

례 – 넓지[넙찌], 읊다[읍따], 없다[업따], 높다[놉따]
　　 – 값[갑], 앞[압]

그러나 받침 ≪ㄼ≫은 그 뒤에 ≪ㄱ≫으로 시작되는 토나 뒤붙이가 올 때는 [ㄹ]로 발음하는것을 원칙으로 하며 ≪여덟≫은 [여덜]로 발음한다.

례 – 넓고넓은[널꼬널븐], 넓구나[널꾸나], 얇게[얄께], 얇기[얄끼], 짧고 [짤꼬], 짧거나[짤꺼나]

4) 받침 ≪ㄽ, ㄾ, ㅀ≫의 받침소리는 무성자음앞에서와 발음이 끝날 때는[ㄹ] 으로 발음한다.

례 – 곬빠지기[골빠지기], 핥다[할따], 곯느냐[골르냐], 옳네[올레]
　　 – 돐[돌], 곬[골]

5) 받침 ≪ㄼ≫의 받침소리는 무성자음앞에서와 발음이 끝날 때는 [ㅁ]으로 발음한다.

[례]   – 젊다[점따], 젊고[점꼬], 삶느냐[삼느냐], 삶네[삼네]
      – 고결한 삶[~삼], 죽음과 삶[~삼]

6) 받침 ≪ㄵ, ㄶ≫의 받침소리는 무성자음앞에서와 발음이 끝날 때는 [ㄴ]으로 발음한다.

[례]   – 앉다[안따], 앉고[안꼬], 얹게[언께], 얹느냐[언느냐]
      – 많다[만타], 많고[만코], 많네[만네]

7) 말줄기끝의 받침 ≪ㅎ≫은 단어의 끝소리마디에서와 ≪ㅅ≫이나 ≪ㄴ≫으로 시작한 토앞에서 [ㄷ]처럼 발음한다.

[례]   – 히읗[히읃], 좋소[졷쏘], 좋니[졷니→존니]
      – 놓네[녿네→논네]

제4장 받침의 이어내기현상과 관련한 발음

제10항 모음앞에 있는 받침은 그 모음에 이어서 발음한다.

[례]   – 높이[노피], 삼발이[삼바리], 깎아치기[까까치기], 깎음[까끔]
      – 몸에[모메], 물에[무레], 조국은[조구근], 조선아[조서나], 꽃을[꼬츨], 입으로[이브로]
      – 받았다[바닫따], 밭았다[바탇따], 잊었다[이젇따], 있었다[이썯따]
      – 8.18[팔일팔→파릴팔], 6.25[륙이오→류기오], 3.14[삼일사→사밀사]

제11항 모음앞에 있는 둘받침은 왼쪽받침을 받침소리로 내고 오른쪽받침은 뒤의 모음에 이어서 발음한다.

[례]   넋을[넉슬], 닭이[달기], 돐을[돌슬], 맑은[말근], 밟아[발바], 젊음[절믐], 훑어[훌터], 얹으니[언즈니], 없음[업슴], 읊어[을퍼]

제5장 받침의 끊어내기현상과 관련한 발음

제12항 홑모음 ≪아, 어, 오, 우, 애, 외≫로 시작한 고유어말뿌리의 앞에 있는 받침 ≪ㄳ, ㄺ, ㅋ, ㄲ≫은 [ㄱ]으로, ≪ㅅ, ㅈ, ㅊ, ㅌ≫은 [ㄷ]으로, ≪ㅄ, ㅍ≫은 [ㅂ]으로 각각 끊어서 발음한다.

〔례〕 - 넋없다[넉업따→너겁따]
　　　　부엌안[부억안→부어간], 안팎일[안팍일→안파길]
　　 - 옷안[옫안→오단], 첫애기[첟애기→처대기],
　　　　젖어머니[젇어머니→저더머니], 닻올림[닫올림→다돌림]
　　 - 값있는[갑읻는→가빈는], 무릎우[무릅우→무르부]

그러나 ≪맛있다≫, ≪멋있다≫만은 이어내기로 발음한다.
〔례〕 맛있다[마싣따], 멋있다[머싣따]

제13항 단어들이 결합관계로 되여있는 경우에도 앞단어가 받침으로 끝나고 뒤단어의 첫소리가 모음일적에는 끊어서 발음함을 원칙으로 한다.

〔례〕 팥 아홉키로[팓 아홉키로], 짚 열단[집 열딴], 옷 열한벌[옫 여란벌]

제6장 된소리현상과 관련한 발음

제14항 동사나 형용사의 줄기의 끝받침 ≪ㄴ, ㄵ, ㄼ, ㅁ≫에 이어내는 토나 뒤붙이의 순한소리는 된소리로 발음하는것을 원칙으로 한다.

〔례〕 - (아기를)안다[안따], 안고[안꼬], 안기[안끼]
　　 - (나무를)심다[심따], 심고[심꼬], 심기[심끼]
　　 - 앉다[안따], 앉고[안꼬], 앉기[안끼]
　　 - 옮다[옴따], 옮고[옴꼬], 옮기[옴끼]

【붙임】 그러나 사역 또는 피동의 뜻을 나타내는 상토 ≪기≫ 일적에는 된소리로 발음하지 않는다.

례 감기다[감기다], 남기다[남기다], 신기다[신기다], 안기다[안기다]

제15항 일부 단어에서나 고유어의 보조적 단어 또는 토에서 ≪ㄹ≫ 받침뒤에 오는 순한 소리를 된소리로 발음하는것을 국한하여 허용한다.

례 – 발달[발딸], 설정하다[설쩡~]
　　– 갈것[갈껏], 열개[열깨], 여덟빌[여덜삘]
　　– 갈가?[갈까?], 갈수록[갈쑤록]

제16항 일부 한자말안에서 울림자음이나 모음으로 끝난 소리마디 뒤에 오는 순한소리를 되도록 순한소리로 내며 일부 된소리로 발음하는것을 국한하여 허용한다.

례 – 군적으로[군쩍으로], 도적[도쩍], 당적[당쩍]
　　– 성과[성꽈], 창고[창꼬]
　　– 내과[내꽈], 외과[외꽈], 리과[리꽈]

제17항 단어나 단어들의 결합관계에서 울림자음이나 모음으로 끝난 단위의 뒤에 오는 모든 첫 소리 마디는 순한소리로 내는것을 원칙으로 하되 일부 경우에만 된소리로 낸다.

례 순한소리
　　– 된벼락, 센바람, 훈장, 안사돈, 인민반, 몸가짐, 봄가을, 봄소식, 날바다, 마을사람, 별세계
　　– 가로적기, 교과서, 나무배, 나무순, 로바닥
례 된소리
　　논두렁[논뚜렁], 손가락[손까락], 손등[손뚱], 갈대숲[갈때숲], 그믐달[그믐딸], 강가[강까], 나루가[나루까]

제18항 말줄기의 끝받침이 ≪ㅎ≫, ≪ㄶ≫, ≪ㅀ≫ 일적에는 토의 순한소리 ≪ㅅ≫을 된소리로 발음할수 있다.

> 례 좋소[졷쏘], 많습니다[만씀니다], 옳소[올쏘]

제7장 ≪ㅎ≫과 어울린 거센소리되기현상과 관련한 발음

제19항 토나 뒤붙이의 첫머리에 온 순한소리는 말줄기의 끝받침 ≪ㄶ, ㅀ, ㅎ≫뒤에서 거센소리로 발음한다.

> 례 – 좋다[조타], 좋고[조코], 좋지[조치]
> – 많다[만타], 많고[만코], 많지[만치]
> – 옳다[올타], 옳고[올코], 옳지[올치]

제20항 한 단어에서 받침 ≪ㄱ, ㄷ, ㅂ, ㅈ≫이나 ≪ㄺ, ㄼ, ㄾ≫ 뒤에 ≪ㅎ≫이 올 때 그 ≪ㅎ≫은 각각 [ㅋ, ㅌ, ㅍ, ㅊ]으로 발음한다.

> 례 – 먹히다[머키다], 특히[트키], 딱하다[따카다], 역할[여칼], 맏형[마텽], 잡히다[자피다], 맺히다[매치다], 꽂히다[꼬치다]
> – 앉혔다[안쳗따], 얹히다[언치다], 밝혔다[발켣따], 밝히다[발키다], 넓혔다[널펻따], 밟히다[발피다]

제8장 닮기현상이 일어날 때의 발음

제21항 받침 ≪ㄷ, ㅌ, ㄾ≫ 뒤에 토나 뒤붙이인 ≪이≫가 올 때 그 ≪이≫는 각각 [지, 치]로 발음한다.

> 례 가을걷이[가을거지], 굳이[구지], 해돋이[해도지], 같이[가치], 붙이다 [부치다], 벼훑이[벼훌치], 핥이다[할치다]

제22항 받침 ≪ㄱ, ㄳ, ㅋ, ㄲ≫, ≪ㄷ, ㅅ, ㅈ, ㅊ, ㅌ, ㅆ≫, ≪ㄹ, ㅂ, ㅄ, ㅍ≫ 뒤에 자음 ≪ㄴ, ㅁ, ㄹ≫이 이어질 때는 다음과 같이 발음하는것을 원칙으로 한다.

1) 받침 ≪ㄱ, ㄳ, ㅋ, ㄲ≫은 [ㅇ]으로 발음한다.

례 익는다[잉는다], 격멸[경멸], 식료품[싱료품], 몫나눔[몽나눔], 삯말[상말], 동녘노을[동녕노을], 부엌문[부엉문], 닭네[당네]

2) 받침 ≪ㄷ, ㅅ, ㅈ, ㅊ, ㅌ, ㅆ≫은 [ㄴ]으로 발음한다.

례 받는다[반는다], 맏며느리[만며느리], 웃느냐[운느냐], 옷매무시[온매무시], 낫날[난날], 젖먹이[전머기], 꽃눈[꼰눈], 밭머리[반머리], 있는것[인는건]

3) 받침 ≪ㄹ, ㅂ, ㅄ, ㅍ≫은 [ㅁ]으로 발음한다.

례 밟는다[밤는다], 법령[범령], 없는것[엄는건], 앞마을[암마을]

제23항 받침 ≪ㄷ≫ 뒤에 ≪ㄴ≫이 왔거나 받침 ≪ㄴ≫ 뒤에 ≪ㄹ≫이 올적에는 그 ≪ㄴ≫을 [ㄹ]로 발음하는것을 원칙으로 한다.

례 - 들놀이[들로리], 물농사[물롱사], 별나라[별라라],
　　살눈섶[살룬섭]
　　- 근로자[글로자], 문리과[물리꽈], 본래[볼래], 천리마[철리마]

그러나 일부 굳어진 단어인 경우에는 적은대로 발음함으로써 닮기현상을 인정하지 않는다.

례 선렬, 순렬, 순리익

제24항 받침 ≪ㄴ≫ 뒤에 ≪ㄴ≫이 올적에는 적은대로 발음하는것을 원칙으로 한다.

례 눈나비, 단내, 분노, 신념, 안내

그러나 일부 굳어진 단어인 경우에는 그 ≪ㄴ≫을 [ㄹ]로 발음한다.

례 곤난[골란], 한나산[할라산]

제25항 이상과 같은 닮기현상밖의 모든 ≪영향관계≫를 원칙적으로 인정하지 않는다.

례 　　　(옳음)　　　　　　　(그름)
　－ 밥그릇[밥그릍]　　　　[박끄릍]
　　밭관개[받관개]　　　　[박꽌개]
　　옆보다[엽보다]　　　　[엽뽀다]
　－ 안기다[안기다]　　　　[앙기다]
　　온갖[온갇]　　　　　　[옹갇]
　　감기[감기]　　　　　　[강기]
　－ 선바위[선바위]　　　　[섬바위]
　　전보[전보]　　　　　　[점보]
　－ 잡히다[자피다]　　　　[재피다]
　　녹이다[노기다]　　　　[뇌기다]
　　먹이다[머기다]　　　　[메기다]

제9장 사이소리현상과 관련한 발음

제26항 합친말(또는 앞붙이와 말뿌리가 어울린 단어)의 첫 형태부가 자음으로 끝나고 둘째 형태부가 ≪이, 야, 여, 요, 유≫로 시작될 때는 그사이에서 [ㄴ]소리가 발음되는것을 허용한다.

례 － 논일[논닐], 밭일[받일→반닐], 꽃잎[꼳입→꼰닙],
　　어금이[어금니]
　－ 짓이기다[짇이기다→진니기다], 옛이야기[옏이야기→옌니야기]

제27항 합친말(또는 앞붙이와 말뿌리가 어울린 단어)의 첫 형태부가 모음으로 끝나고 둘째 형태부가 ≪이, 야, 여, 요, 유≫로 시작될 때는 적은대로 발음하는것을 원칙으로 하면서 일부 경우에 ≪ㄴㄴ≫을 끼워서 발음하는것을 허용한다.

례 – 나라일[나라일], 바다일[바다일], 베개잇[베개잇]
　　– 수여우[순녀우], 수양[순냥]

제28항 앞말뿌리가 모음으로 끝나고 뒤말뿌리가 순한소리나 울림자음으로 시작된 합친말 또는 단어들의 결합에서는 적은대로 발음하는것을 원칙으로 하면서 일부 경우에 ≪ㄷ≫을 끼워서 발음하는것을 허용한다.

례 – 개바닥[개바닥], 노래소리[노래소리],
　　사령부자리[사령부자리]
　　– 가위밥[가윗밥→가위빱], 배전[밷전→배쩐],
　　쇠돌[쇧돌→쇠똘], 이몸[읻몸→인몸]

제10장 약화 또는 빠지기현상과 관련한 발음

제29항 말줄기끝의 ≪ㅎ≫은 모음으로 시작된 토나 뒤붙이 앞에서 발음하지 않는다.

례　낳아[나아], 낳으니[나으니]
　　닿아[다아], 닿으니[다으니]
　　많아[만아→마나], 싫어[실어→시러]

제30항 소리마디의 첫소리 ≪ㅎ≫은 모음이나 울림자음 뒤에서 약하게 발음할수 있다.

례　마흔, 아흐레, 안해, 열흘, 부지런히, 확실히, 험하다, 말하다

제31항 둘받침 ≪ㅀ≫으로 끝나는 말줄기에 ≪ㄴ≫으로 시작되는 토가 이어질 때 ≪ㅎ≫은 받침소리로 내지 않는다.

례　옳네[올레], 싫네[실레], 곯느니라[골르니라]

【붙임】 ≪ᄚ≫으로 끝나는 말줄기에 ≪ㄴ≫으로 시작되는 토가 이어질 때의 ≪ㅎ≫도 받침소리로 내지 않는다.

례   [제9장 6) 참조]

내려쓰기

1. 조선말은 왼쪽으로부터 오른쪽으로 가로쓰는것을 기본으로 한다.

2. 특수하게 내려쓸 때에는 오른쪽으로부터 왼쪽으로 내려쓴다. 그러나 가로쓰는 글과 배합하여 내려쓰는 경우에는 왼쪽으로부터 오른쪽으로 쓰는것을 원칙으로 한다.

3. 내려쓸 때의 맞춤법, 띄여쓰기, 부호 등은 다 가로쓸 때의 규칙을 그대로 적용한다.

조선말규범집 중국

조선말규범집의 띄어쓰기와 맞춤법은 조선말규범집에서 규정한 대로 제시하였다.

중국조선어사정위원회 편찬(2015)

조선말표준발음법

총칙

조선말표준발음법은 우리 나라 조선족인민들에게 널리 쓰이고 조선말발달법칙에 맞는 발음을 가려잡는 것을 원칙으로 한다.

제1장 모음 "ㅚ, ㅟ, ㅢ, ㅖ"의 발음

제1항 "ㅚ, ㅟ"는 홑모음으로 발음하는 것을 원칙으로 한다.

례 외교부[외교부], 시외[시외], 위성[위성], 고귀하다 [고귀하다]

【붙임】 "ㅚ, ㅟ"는 각각 겹모음[ㅞ, ㅟㅣ] 로도 발음할 수 있다.
례 외가집[웨가찝], 위대하다[위이대하다], 윙윙 [위잉위잉]

제2항 "ㅢ"가 단어의 첫머리에서 그 홀로 쓰일 때 겹모음으로 발음하는 것을 원칙으로 한다. 그러나 단어의 첫머리에서 자음과 결합될 경우, 단어의 첫머리가 아닌 경우에는 홑모음 [ㅣ]로 발음한다. 그리고 속격토로 쓰일 경우 [에]로도 발음할 수 있다.

의사[의사], 의견[의견], 희망[히망], 띄여 쓰다[띠여 쓰다], 의의[의이],
사회주의[사회주이], 회의실[회이실], 친선의 노래[친선에 노래], 이번
회의의 의의[이번 회이에 의이]]

제3항 "ㄱ, ㄹ, ㅁ, ㅎ"뒤에 있는 "ㅖ"는[ㅔ]로 발음한다.

경례[경레], 계급[게급], 계시다[게시다], 례절[레절], 세계[세게], 은혜
[은헤], 혜택[헤택], 첨예[처메]

제2장 단어 첫머리의 자음 "ㄴ, ㄹ"의 발음

제4항 "ㄴ, ㄹ"는 모든 모음 앞에서 [ㄴ, ㄹ]로 발음하는 것을 원칙
으로 한다.

나라[나라], 녀성[녀성], 뇨산[뇨산], 뉴대[뉴대], 니탄[니탄], 니꼬찐[니
꼬찐], 랑비[랑비], 량심[량심], 력사[력사], 로동[로동], 료해[료해], 루
락[루락], 류학[류학], 리론[리론], 래일[래일], 레루[레루], 례외[레외],
뢰관[뢰관]…

제3장 받침소리의 발음

제5항 우리 말의 받침소리는 [ㄱ, ㄴ, ㄷ, ㄹ, ㅁ, ㅂ, ㅇ] 7개이다.
받침으로 쓰이는 자모와의 호상관계는 다음과 같다.

1) 받침 "ㄱ, ㄲ, ㅋ, ㄳ, ㄺ"의 받침소리는 [ㄱ]이다. 그 가운데서 받침 "ㄺ"은
그 뒤에 토나 접미사 "-고, -기, -게" 등이 올 때는 [ㄹ]로 발음한다.

국[국], 박[박], 옥[옥]
낚시[낙시], 낚다[낙다], 닦다[닥따], 밖[박]
동녘[동녁], 부엌[부억], 새벽녘[새벽녁], 키읔[키윽]
넋[넉], 넋살[넉쌀], 몫[목]
굵다[국따], 굵다[극따], 닭[닥], 맑다[막따], 밝다[박따], 붉다[북따], 읽
다[익따], 흙[흑], 굵게[굴께], 맑게[말께], 밝고[발꼬], 읽기[일끼]

2) 받침 "ㄴ, ㄵ, ㅀ"의 받침소리는 [ㄴ]이다.

> 례   손[손],
> 앉다[안따], 없다[언따]
> 많다[만타], 끓다[끈타]

3) 받침 "ㄷ, ㅌ, ㅈ, ㅊ, ㅅ, ㅆ, ㅎ"의 받침소리는 [ㄷ]이다.

> 례   곧[곧], 닫다[닫따], 듣다[듣따], 묻다[묻따], 뜯다[뜯따]
> 뭍[묻], 바깥[바깓], 밭[받], 붙다[붇따], 뱉다[밷따], 솥[솓]
> 낯[낟], 낮다[낟따], 빚다[빋따], 꽂다[꼳따]
> 솟다[솓따], 옷[옫], 웃다[욷따]
> 있다[읻따], 젓[젇], 젓다[젇따]
> 빛발[빋빨], 윷[윧], 꽃[꼳], 쫓다[쫃따]
> 놓소[녿쏘]

4) 받침 "ㄹ, ㄾ, ㄽ, ㅭ"의 받침소리는 [ㄹ]이다.

> 례   길[길], 갈[갈], 갈다[갈다], 놀다[놀다]
> 곬[골], 외곬[외골], 돌[돌]
> 핥다[할따], 훑다[훌따]
> 옳다[올타]

5) 받침 "ㅁ, ㄻ"의 받침소리는 [ㅁ]이다.

> 례   곰[곰], 놈[놈]
> 삶[삼], 삶다[삼따], 젊다[점따], 옮다[옴따]

6) 받침 "ㅂ, ㅍ, ㅄ, ㄼ, ㄿ"의 받침소리는 [ㅂ]이다. 그러나 받침 "ㄼ"은 그
뒤에 토나 접미사 "-고, -기, -게" 등이 올 때에는 [ㄹ]로 발음한다. 그리고
"여덟"만은 언제나 [여덜]로 발음한다.

> 례   갑[갑], 곱다[곱따], 덥다[덥따], 밉다[밉따], 밥[밥], 법[법], 좁다[좁따]
> 깊다[깁따], 높다[놉따], 늪[늡], 덮다[덥따], 무릎[무릅]
> 값[갑], 없다[업따]
> 넓다[넙따], 밟다[밥따], 떫다[떱따]
> 읊다[읍따]
> 밟고[발꼬], 넓기[널끼], 떫게[떨게]

7) 받침 "ㅇ"의 받침소리는 [ㅇ]이다.

> 례   땅[땅], 공산당[공산당]

제6항 단어안에서 받침은 뒤의 모음에 이어서 발음한다. 둘받침은 왼쪽 받침이 받침소리로 되고 오른쪽 받침이 뒤의 모음에 이어서 발음된다.

례 국영[구경], 군음식[구늠식], 넋이[넉시→넉씨], 높으니[노프니], 몸이 [모미], 물오리[무로리], 받으니[바드니], 밟아[발바], 밭에[바테], 속옷 [소곧], 손에[소네], 앉으니[안즈니], 절약[저략], 첨예[처메], 흙이[흘 기], 깎으니[까끄니], 떡이[떠기]

【붙임】 "ㄷ, ㅈ, ㅋ, ㅌ, ㅍ, ㅎ"의 경우에는 특별히 다음과 같이 발음한다.

례 디읃이[디으시], 디읃을[디으슬]
지읒이[지으시], 지읒을[지으슬]
치읓이[치으시], 치읓을[치으슬]
키읔이[키으기], 키읔을[키으글]
티읕이[티으시], 티읕을[티으슬]
피읖이[피으비], 피읖을[피으블]
히읗이[히으시], 히읗을[히으슬]

제7항 "아, 어, 오, 우, 으, 애, 외"로 시작한 어근의 앞에 있는 받침 "ㅋ, ㄲ, ㄺ", "ㅌ, ㅈ, ㅊ, ㅅ", "ㅍ, ㅄ"은 각각 같은 계렬의 받침소리 [ㄱ], [ㄷ], [ㅂ]으로 끊었다가 다시 그 받침소리를 뒤에 오는 모음에 이어서 발음한다.

례 값없다[갑업따→가법따], 넋없이[넉업씨→너겁씨], 닭우리[닥우리→다 구리], 맛오르다[맏오르다→마도르다], 부엌안[부억안→부어간], 웃옷 [욷옫→우돋], 젖어미[젇어미→저더미], 팥알[팓알→파달]

【붙임】 "멋있다", "맛있다"는 각각[머싣따], [마싣따]로 발음한다.

제8항 받침 "ㅇ"은 모음앞에서도 받침소리 [ㅇ]으로 발음하는 것을 원칙으로 한다.

例 방안[방안], 병원[병원], 앙양[앙양], 송아지[송아지]…

【붙임】 "중앙, 영웅"은 [주앙, 여웅]으로 발음할 수 있다.

제4장 된소리현상과 관련한 발음

제9항 받침 "ㄱ, ㄲ, ㅋ, ㄳ, ㄺ", "ㄷ, ㅌ, ㅅ, ㅆ, ㅈ, ㅊ", "ㅂ, ㅍ, ㅄ, ㄼ, ㄿ" 다음에 오는 순한소리는 된소리로 발음한다.

例 먹다[먹따], 깎다[깍따], 닦다[닥따], 부엌간[부억깐], 몫도[목또], 맑다 [막따], 듣다[듣따], 밭도[받또], 잇다[읻따], 있지[읻찌], 늦다[늗따], 꽃 도[꼳또], 빛살[빋쌀], 입다[입따], 높다[놉따], 없다[업따], 밟다[밥따], 읊다[읍따]

제10항 용언어근의 끝음절받침 "ㄴ, ㄵ", "ㅁ, ㄻ", "ㄾ" 다음에 오는 토나 접미사의 첫머리에 온 순한소리는 된소리로 발음한다.

例 안고[안꼬], 안기[안끼], 안다[안따], 안소[안쏘], 안지[안찌], 앉고[안 꼬], 앉기[안끼], 앉다[안따], 안지[안찌], 앉소[안쏘], 남고[남꼬], 남기 [남끼], 남다[남따], 남소[남쏘], 남지[남찌], 옮고[옴꼬], 옮기[옴끼], 옮 다[옴따], 옮소[옴쏘], 옮지[옴찌], 훑고[훌꼬], 훑기[훌끼], 훑다[훌따], 훑소[훌쏘], 훑지[훌찌]

【붙임】 피동이나 사역의 뜻을 나타내는 "-기"일 때에는 된소리로 발음하지 않는다.

例 넘기다[넘기다], 안기다[안기다], 옮기다[옴기다]

제11항 용언토내에서 받침 "ㄹ" 다음에 오는 순한소리는 된소리로 발음한다.

例 -ㄹ가[-ㄹ까], -ㄹ수록[-ㄹ쑤록], -ㄹ지[-ㄹ찌]

【붙임1】 규정토 "ㄹ" 뒤에 순한소리로 시작한 명사가 올 때는 그 순한소리를 된소리로 발음한다.

예 갈 바[갈 빠], 갈 데[갈 떼], 갈 사람[갈 싸람]

【붙임2】 "열", "여덟" 뒤에 순한소리로 시작하는 명사가 올 때는 그 순한소리를 된소리로 발음한다.

예 열개[열깨], 열사람[열싸람], 여덟자[여덜짜], 여덟그릇[여덜끄릇]

제12항 한자어 안에서는 받침 "ㄹ" 뒤에 오는 순한소리 "ㄷ, ㅅ, ㅈ"을 된소리로 발음한다.

예 발달[발딸], 결심[결씸], 결정[결쩡]…

【붙임】 같은 한자가 겹쳐서 이루어진 한자어에서는 된소리로 내지 않는다.

예 절절하다[절절하다]…

제5장 《ㅎ》과 관련한 발음

제13항 받침 "ㅎ, ㄶ, ㅀ"의 "ㅎ"은 순한소리 "ㄱ, ㄷ, ㅈ"와 어울리여 각각 [ㅋ, ㅌ, ㅊ]으로 발음한다.

예 좋다[조타], 좋고[조코], 좋지[조치], 많다[만타], 많고[만코], 많지[만치], 옳다[올타], 옳고[올코], 옳지[올치]

【붙임】 "옳바르다", "싫증"은 각각[올바르다], [실쯩]으로 발음한다.

제14항 받침 "ㅎ"은 "ㅅ, ㅊ"이나 "ㄴ" 앞에서는 [ㄷ]으로 발음한다.

예 놓소[녿쏘], 놓치다[녿치다], 놓니[녿니→논니], 좋니[졷니→존니] 좋소[졷쏘]

제15항 둘받침 "ㄶ, ㅀ"은 "ㅅ"이나 "ㄴ, ㄹ" 앞에서 각각 [ㄴ], [ㄹ]로 발음한다.

> 례 많소[만쏘], 많네[만네], 곯리다[골리다], 옳소[올쏘], 옳네[올레]

제16항 받침 "ㅎ"은 모음앞에서 발음하지 않는다.

> 례 놓아[노아], 놓으니[노으니], 많아[마나], 많으니[마느니], 싫어[시러], 배앓이[배아리], 수놓이[수노이]…

제17항 받침소리 [ㄱ, ㄷ, ㅂ] 뒤에 "ㅎ"이 올 때 그 "ㅎ"는 각각 [ㅋ, ㅌ, ㅍ]로 발음한다.

> 례 석회[석쾨], 맏형[맏텽], 입학[이팍]

【붙임】 받침 "ㅅ, ㅈ, ㅊ"의 받침소리는[ㄷ]으로 되기에 "ㅎ"을 만나면 [ㅌ]으로 발음한다.

> 례 첫해[첟해→처태], 늦호박[늗호박→느토박], 꽃향기[꼳향기→꼳탕기]

제18항 둘받침 "ㄺ, ㄼ, ㄵ"은 뒤에 "ㅎ"이 올 때 그 둘받침의 왼쪽 자모는 제대로 받침소리로 내고 오른쪽 자모는 "ㅎ"과 어울려 해당한 거센소리로 발음한다.

> 례 밝히다[발키다], 밟히다[발피다], 앉히다[안치다], 얹히다[언치다]

제19항 모음이나 유향자음 뒤에 오는 음절의 첫소리 "ㅎ"은 약하게 발음한다.

> 례 아홉, 마흔, 안해, 열흘, 용감히

제6장 동화현상이 일어날 때의 발음

제20항 받침 "ㄷ, ㅌ, ㄾ" 뒤에 토나 접미사 "-이", "-히"가 올 때 받침중의 "ㄷ, ㅌ"은 그 "이", "히"와 어울리여 각각 [지], [치]로 발음한다.

> **례** 굳이[구지], 굳히다[굳치다], 해돋이[해도지], 밭이[바치], 벼훑이[벼훌치], 붙이다[부치다], 핥이다[할치다]

제21항 받침소리 [ㄱ, ㄷ, ㅂ] 뒤에 유향자음 "ㄴ, ㅁ, ㄹ"이가 올 때 그 받침소리를 해당한 계렬의 유향자음으로 발음한다.

> **례** 폭로[퐁로], 부엌문[부엉문], 닦는다[당는다], 몫몫[몽목], 흙물[흥물], 받는다[반는다], 밭머리[반머리], 꽂는다[꼰는다], 쫓는다[쫀는다], 웃는다[운는다], 있는다[인는다], 협력[혐력], 엎는다[엄는다], 없느냐[엄느냐], 밟는다[밤는다], 읊는다[음는다]

【붙임】 단어들이 어울릴 때 우와 같은 동화현상이 일어나는 것은 본항의 규정을 따른다.

> **례** 밥 먹는다[밤멍는다], 옷 만든다[온만든다]…

제22항 받침소리 [ㄹ]뒤에 "ㄴ"이 올 때 그 "ㄴ"을 [ㄹ]로 발음한다.

> **례** 별나라[별라라], 실내[실래], 옳네[올레], 할는지[할른지]

제23항 한자어의 한 형태소안에서 받침 "ㄴ" 뒤에 "ㄹ"이 올 때에 그 "ㄴ"을 [ㄹ]로 발음한다.

> **례** 건립[걸립], 단련[달련], 산량[살량], 인류[일류], 진리[질리], 혼란[홀란]

제24항 합성어 또는 파생어에서 앞 형태소의 끝소리가 "ㄴ"이고 뒤 형태소의 첫소리가 "ㄹ"일 때에는 제대로 [ㄴ, ㄹ]로 발음하는 것을 원칙으로 하면서 [ㄴ, ㄴ]로 발음하는 것도 허용한다.

> **례** 순리윤[순리윤], [순나윤], 생산량[생산량], [생산냥], 손로동[손로동], [손노동]

【붙임】 한자 "렬, 률" 앞에 오는 "ㄴ"은 제대로 발음한다.

> **례** 전율[전뉼], 선렬[선녈], 선율[선뉼]

제25항 한자 "렬", "률"은 모음아래에서는 [열], [율]로 발음하고 "ㄹ"을 제외한 기타 자음아래에서는 [녈], [뉼]로 발음한다.

> **례** 가렬하다[가열하다], 강렬하다[강녈하다], 격렬하다[격녈하다], 규률[규율], 능률[능뉼], 법률[범뉼], 생산률[생산뉼], 선률[선뉼], 진렬실[진녈실]

제26항 한자어안에서 받침 "ㄴ" 뒤에 "ㄴ"이 올 때는 제대로 [ㄴ, ㄴ]로 발음하는 것을 원칙으로 한다.

> **례** 근년[근년], 관념[관념], 만년필[만년필], 안내[안내], 한난계[한난게]

【붙임】 그러나 "곤난"은 발음이 굳어진대로 [골란]으로 발음한다.

제27항 다음과 같은 동화현상은 표준발음으로 인정하지 않는다.

1) 받침소리 [ㄷ](ㄷ, ㅌ, ㅅ, ㅆ, ㅈ, ㅊ), [ㅂ]이 뒤에 오는 "ㄱ, ㅂ"와 같아지게 발음하는 것은 표준발음으로 인정하지 않는다.

	그름	옳음
받고	[박꼬]	[받꼬]
돋보기	[돕뽀기]	[돋뽀기]
밭고랑	[박꼬랑]	[받꼬랑]

엿보다	[엽뽀다]	[연뽀다]
있고	[익꼬]	[읻꼬]
늦보리	[늡뽀리]	[늗뽀리]
꽃보라	[꼽뽀라]	[꼳뽀라]
갑갑증	[각깝증]	[갑깝쯩]

2) 받침소리 [ㄴ, ㅁ]이 뒤에 오는 자음 "ㄱ, ㄲ, ㅋ"를 닮아서 [ㅇ]으로 발음하
는 것은 표준발음으로 인정하지 않는다.

	그름	옳음
반갑다	[방갑따]	[반갑따]
산꼭대기	[상꼭대기]	[산꼭때기]
손칼	[송칼]	[손칼]
참고	[창꼬]	[참꼬]
깜고	[깡꼬]	[깜꼬]

3) 받침소리 [ㄴ]이 뒤에 오는 "ㅂ, ㅃ, ㅍ, ㅁ"를 닮아서 [ㅁ]로 발음하는 것을
표준발음으로 인정하지 않는다.

	그름	옳음
전보	[점보]	[전보]
눈뿌리	[눔뿌리]	[눈뿌리]
간판	[감판]	[간판]
신문	[심문]	[신문]

제7장 사이소리현상이 일어날 때의 발음

제28항 합성어(또는 파생어)에서 앞 형태소가 유향자음이거나 모
음으로 끝나고 뒤 형태부의 첫소리가 순한소리일 때는 그 순한소
리를 된소리로 발음한다.

례 손등[손뚱], 달빛[달삗], 밤길[밤낄], 총소리[총쏘리], 정신병[정신뼝],
도장방[도장빵], 기발[기빨], 코등[코뚱], 바다가[바다까], 보리짚[보리찝],
시계방[시계빵], 표기법[표기뻡], 일군[일꾼]

【붙임】 한자어에서 다음과 같은 경우에도 사이소리를 내여 발음한다.

례 ~가(价): 대가[대까], 물가[물까], 원가[원까], 평가[평까]

~건(件): 문건[문껀], 사건[사껀], 조건[조껀]

~격(格): 성격[성껵], 엄격성[엄껵썽], 주격[주껵]

~구(句): 례구[레꾸], 성구[성꾸]

~고(库): 금고[금꼬], 저장고[저장꼬], 창고[창꼬]

~과(果): 성과[성꽈], 효과[효꽈], 후과[후꽈]

~과(科): 내과[내꽈] 분과[분꽈]

~권(权): 인권[인꿘], 정권[정꿘]

~법(法): 가법[가뻡], 필법[필뻡], 헌법[헌뻡]

~수(数): 배수[배쑤], 허수[허쑤]

~자(字): 문자[문짜], 한자[한짜]

~적(的): 내적[내쩍], 인적[인쩍]

~점(点): 관점[관쩜], 우점[우쩜], 중점[중쩜]

> **제29항** 합성어(또는 파생어)에서 앞 형태소가 자음으로 끝나고 뒤 형태소가 "야, 여, 요, 유, 이"로 시작될 때는 아래 음절 첫소리에 언제나 [ㄴ]을 덧내여 발음한다.

례 관절염[관절념→관절렴], 낮일[낟닐→난닐], 담요[담뇨], 덧양말[덛냥말→던냥말], 물약[물냑→물략], 부엌일[부억닐→부엉닐], 사업열[사업녈→사엄녈], 솔잎[솔닙→솔립], 암여우[암녀우], 앞이마[압니마→암니마], 옛이야기[옏니야기→옌니야기], 콩엿[콩녇], 폭발약[폭빨냑→폭빨략], 꽃잎[꼳닙→꼰닙]

【붙임】 단어들이 어울릴 때의 발음도 본항의 규정을 따른다.

례 쓸 일[쓸닐→쓸릴], 할 일[할닐→할릴], 흙 이기다[흑니기다→흥니기다]

> **제30항** 합성어(또는 파생어)에서 앞 형태소가 모음으로 끝나고 뒤 형태소가 유향자음 "ㄴ, ㅁ"으로 시작될 때는 그사이에 [ㄴ]을 덧내여 발음한다.

례 내물[낸물], 배머리[밴머리], 이레날[이렌날], 코날[콘날]…

제31항 합성어(또는 파생어)에서 앞 형태소가 모음으로 끝나고 뒤 형태소가 "야, 여, 요, 유, 이"로 시작될 때는 그사이에 [ㄴ, ㄴ]을 덧내여 발음한다.

례 나무잎[나문닙], 뒤일[뒨닐], 바다일[바단닐], 깨잎[깬닙]

조선말맞춤법

총칙

조선말맞춤법은 단어에서 뜻을 가진 매개의 부분을 언제나 같게 적는 형태주의원칙을 기본으로 한다.

제1장 자모의 차례와 그 이름

제1항 자모의 차례와 그 이름은 다음과 같다.

자음자(19개):

차례	자음	이름	
1	ㄱ	기윽	그
2	ㄴ	니은	느
3	ㄷ	디읃	드
4	ㄹ	리을	르
5	ㅁ	미음	므
6	ㅂ	비읍	브
7	ㅅ	시읏	스
8	ㅇ	이응	으
9	ㅈ	지읒	즈
10	ㅊ	치읓	츠
11	ㅋ	키읔	크
12	ㅌ	키읕	트
13	ㅍ	피읖	프
14	ㅎ	히읗	흐
15	ㄲ	된기윽	ㄲ
16	ㄸ	된디읃	ㄸ
17	ㅃ	된비읍	ㅃ
18	ㅆ	된시읏	ㅆ
19	ㅉ	된지읒	ㅉ

모음자(21개):

차례	모음	이름
1	ㅏ	아
2	ㅑ	야
3	ㅓ	어
4	ㅕ	여
5	ㅗ	오
6	ㅛ	요
7	ㅜ	우
8	ㅠ	유
9	ㅡ	으
10	ㅣ	이
11	ㅐ	애
12	ㅒ	얘
13	ㅔ	에
14	ㅖ	예
15	ㅚ	외
16	ㅟ	위
17	ㅘ	와
18	ㅝ	워
19	ㅙ	왜
20	ㅞ	웨
21	ㅢ	의

제2장 한 형태소의 적기

제2항 조선말의 받침은 다음과 같은 27개가 있다.

례 ㄱ - 막다, 먹, 익다, 떡
　　 ㄳ - 넋, 몫, 삯
　　 ㄴ - 간다, 문, 산, 신다
　　 ㄵ - 앉다, 엱다
　　 ㄶ - 귀찮다, 많다, 끊다
　　 ㄷ - 곧, 긷다, 묻다, 받다
　　 ㄹ - 갈다, 달, 몰다, 물
　　 ㄺ - 굵다, 기슭, 닭, 붉다, 흙
　　 ㄻ - 삶, 옮다, 젊다
　　 ㄼ - 넓다, 밟다, 여덟, 짧다
　　 ㄽ - 곬, 돐

ᆴ— 핥다, 훑다

ᆵ— 읊다, 읊조리다

ᆶ— 닳다, 싫다, 옳다

ㅁ— 감다, 몸, 심다, 꿈

ㅂ— 덥다, 밥, 입, 잡다

ㅄ— 가엾다, 값, 없다

ㅅ— 낫, 벗다, 옷, 짓다

ㅇ— 동이다, 방, 땅

ㅈ— 낮, 맞다, 젖, 찾다

ㅊ— 낯, 빛, 좇다, 쫓다

ㅋ— 동녘, 부엌

ㅌ— 같다, 맡다, 밑, 밭

ㅍ— 깊다, 높다, 늪, 숲

ㅎ— 놓다, 좋다, 히읗, 까맣다

ㄲ— 낚시, 묶다, 밖, 깎다

ㅆ— -겠다, 있다, -았다

제3항 받침 "ㄷ, ㅌ, ㅅ, ㅆ, ㅈ, ㅊ"가운데서 어느 하나로 밝혀 적을 수 없는 것은 "ㅅ"으로 적는다.

례 무릇, 뭇별, 빗나가다, 싱긋싱긋, 얼핏, 핫옷, 헛소문

제4항 한 형태소안의 두 모음사이에서 나는 설측음만은 "ㄹㄹ"로 적고 기타의 자음들은 받침으로 적지 않는다.

1) 설측음인 경우

옳음	그름
걸레	걸네
벌레	벌네
진달래	진달내
빨래	빨내
알롱달롱	알놓달놓
얼른	얼는

2) 설측음이외의 자음인 경우

옳음	그름
겨누다	견우다
디디다	딍이다
여기다	역이다
비키다(길을~)	빅히다
소쿠리	속후리
시키다(일을~)	식히다
비끼다(노을이~)	빗기다
이따금	잇다금
어깨	엇개

제5항 한 형태소안에서 받침 "ㄴ, ㄹ, ㅁ, ㅇ" 다음의 소리가 된소리로 나는 경우에는 아래 음절의 첫소리를 된소리로 적고 다른 받침들로 끝난 경우에는 언제나 된소리로 나지만 순한소리로 적는다.

1) 받침 "ㄴ, ㄹ, ㅁ, ㅇ" 다음의 소리가 된소리로 나는 경우

옳음	그름
말씀	말슴
벌써	벌서
반짝반짝	반작반작
골똘하다	골돌하다
산뜻하다	산듯하다
옴짝달싹	옴작달삭

그러나 토에서는 "ㄹ" 다음에 된소리가 나더라도 된소리로 적지 않는다.

옳음	그름
-ㄹ가	-ㄹ까
-ㄹ수록	-ㄹ쑤록
-ㄹ지라도	-ㄹ찌라도
-올시다	-올씨다

2) "ㄴ, ㄹ, ㅁ, ㅇ" 이외의 받침인 경우

옳음	그름
접시	접씨
몹시	몹씨
덥석	덥썩
적삼	적쌈
가락지	가락찌
깍두기	깍뚜기
막대기	막때기
억지로	억찌로
왁작(~ 떠든다)	왁짝

제6항 한 형태소안에서 같은 음절이나 비슷한 음절이 겹쳐나는 것을 같거나 비슷한 글자로 적는다.

옳음	그름
밋밋하다	민밋하다
꼿꼿하다	꼿곳하다
싹싹하다	싹삭하다
씁쓸하다	씁슬하다
짭짤하다	짭잘하다

제7항 형태소의 소리가 줄어진 경우에는 준 음절의 첫소리를 앞 음절의 받침으로 바로잡아 적는다.

옳음	그름
갖고(가지고)	갓고
엊그저께(어제그저께)	엇그저께
엊저녁(어제저녁에)	엇저녁
딛고(디디고)	딧고
및고(미치고)	밋고

제3장 어간과 토의 적기

제8항 어간과 토가 어울릴 적에는 각각 그 원형태를 밝혀 적는 것을 원칙으로 한다.

> **례** 손이, 손을, 손에
> 꽃이, 꽃을, 꽃에
> 먹다, 먹으니, 먹어, 먹지.
> 읊다, 읊으니 읊어, 읊지.
> 앉다, 앉으니, 앉아, 앉지.

그러나 오늘날 어간에 토가 붙은 것으로 인정되기 어렵거나 또한 어간에 토가 붙은 것으로 인정되는 경우라도 뜻이 달라진 것은 어간과 토를 밝혀 적지 않는다.

옳음	그름
나타나다	낱아나다
바라보다	발아보다
사라지다	살아지다
자라나다	잘아나다
자빠지다	잡바지다
부러지다	불어지다
나마(사흘~)	남아
너머(산~)	넘어
드러나다(정체가~)	들어나다
쓰러지다(나무가~)	쓸어지다

제9항 일부 용언에서 어간과 토가 어울릴 적에 어간의 끝소리가 일정하게 바뀌여지는 것은 바뀐 대로 적는다.

1) 어간의 끝소리를 "ㄹ"로 적거나 빼버리는 경우

> **례** 알다-알고, 알며, 알아 , 아니, 압니다, 아시니, 아오.
> 갈다-갈고, 갈며, 갈아, 가니, 갑니다, 가시니, 가오.
> 몰다-몰고, 몰며, 몰아 , 모니, 몹니다, 모시니, 모오.
> 달다-달고, 달며, 달아, 다니, 답니다, 다오.

2) 어간의 끝소리를 "ㅅ"으로 적거나 빼버리는 경우

례 낫다-낫고, 낫지,나으니, 나아

짓다-짓고, 짓지,지으니, 지어

잇다-잇고, 잇지, 이으니, 이어

3) 어간의 끝소리를 "ㅎ"으로 적거나 빼버리는 경우

례 노랗다-노랗고, 노랗지, 노라오, 노라니, 노라랴, 노라면, 노랍니다, 노래서

길다랗다-길다랗고, 길다랗지, 길다라오, 길다라니, 길다라랴, 길다라면, 길다랍니다, 길다래서

거멓다-거멓고, 거멓지, 거머오, 거머니, 거머랴, 거머면, 거멉니다, 거매서

4) 어간과 끝소리를 "ㄷ"-"ㄹ"로 적는 경우

례 걷다-걷고, 걷지,걸으니, 걸어

듣다-듣고, 듣지,들으니, 들어

긷다-긷고, 긷지, 길으니, 길어

5) 어간의 끝소리를 "ㅂ"-"오", "우"로 적는 경우

례 깁다-깁고, 깁지, 기우니, 기워

덥다-덥고, 덥지, 더우니, 더워

곱다-곱고, 곱지, 고우니, 고와.

6) 어간의 끝음절 "르"를 "르ㄹ"로 적는 경우

례 푸르다-푸르고, 푸르지,푸르러, 푸르렀다

누르다-누르고, 누르지,누르러, 누르렀다

이르다-이르고, 이르지, 이르러, 이르렀다

7) 어간의 끝음절 "르"를 "ㄹㄹ"로 적는 경우

례 고르다-고르고, 고르지, 골라, 골랐다

부르다-부르고, 부르지, 불러, 불렀다

오르다-오르고, 오르지,올라, 올랐다

8) 어간의 끝소리를 "ㅜ", "ㅡ"로 적거나 빼버리는 경우

례 푸다-푸고, 지, 퍼, 펐다

뜨다-뜨고, 뜨지, 떠, 떴다

담그다-담그고, 담그지, 담거, 담갔다

제10항 용언어간이 "아, 어, 여" 또는 "았, 었, 였"과 어울릴 적에는 그 어간의 모음의 성질에 따라 각각 다음과 같이 갈라 적는다.

1) 어간의 모음이 "ㅏ, ㅑ, ㅗ, ㅏㅡ, ㅗㅡ"인 경우("ㅏㅡ, ㅗㅡ"는 어간 끝소리 가 "ㅡ"로 된 경우)에는 "아, 았"으로 적는다.

례 받다-받아, 받았다
    얇다-얇아, 얇았다
    녹다-녹다, 녹았다
    따르다-따라, 따랐다
    노느다-노나, 노났다

【붙임】 어간의 모음이 "ㅏㅡ, ㅗㅡ"인 것이라도 합성어간인 경우에는 "어, 었"으로 적는다.

례 나쁘다-나뻐, 나뻤다.

2) 어간의 모음이 "ㅓ, ㅕ, ㅜ, ㅡ, ㅓㅡ, ㅜㅡ, ㅡㅡ, ㅣㅡ"인 경우에는 "어, 었"으로 적는다.

례 벗다-벗어, 벗었다
    겪다-겪어, 겪었다
    두다-두어, 두었다
    쓰다-써, 썼다
    거르다-걸러, 걸렀다
    부르다-불러, 불렀다
    흐르다-흘러, 흘렀다
    치르다-치러, 치렀다

3) 어간의 모음이 "ㅣ, ㅐ, ㅔ ㅚ, ㅟ, ㅢ"인 경우와 어간이 "하"인 경우에는 "여, 였"으로 적는다.

례 기다-기여, 기였다
    매다-매여, 매였다
    세다-세여, 세였다
    되다-되여, 되였다
    쥐다-쥐여, 쥐였다
    희다-희여, 희였다
    하다-하여, 하였다

그러나 어간이 받침으로 끝난 경우에는 "어, 었"으로 적는다.

례 밀다-밀어, 밀었다
심다-심어, 심었다
잇다-이어, 이었다
짓다-지어, 지었다
맺다-매어, 맺었다
뱉다-뱉어, 뱉었다

제11항 모음으로 끝난 어간과 모음으로 시작한 토나 접미사가 어울릴 적에 소리가 줄어진 것은 준대로 적을 수 있다.

례 ① 뜨다-뜨이다-띄다, 뜨이여-띄여, 뜨이였다-띄였다
트다-트이다-틔다, 트이여-틔여, 트이였다-틔였다
② 모이다-뫼다, 모이여서-뫼여서-모여서, 모이여야-뫼여야-모여야, 모이였다-뫼였다-모였다
고이다-괴다, 고이여서-괴여서-고여서, 고이여야-괴여야-고여야, 고이였다-괴였다-고였다
③ 보다-보아-봐, 보았다-봤다
쏘다-쏘아-쏴, 쏘았다-쐈다
④ 주다-주어-줘, 주었다-줬다
꾸다-꾸어-꿔, 꾸었다-꿨다
⑤ 바치다-바치여-바쳐, 바치여서-바쳐서, 바치여야-바쳐야, 바치였다-바쳤다
오시다-오시여-오셔, 오시여서-오셔서, 오시여야-오셔야, 오시였다-오셨다
⑥ 하다-하여서-해서, 하여도-해도, 하였지-했지, 하였다-했다
되다-되여서-돼서, 되였지-됐지, 되여도-돼도, 되여어야-돼야, 되였다-됐다
⑦ 개다-개여서-개서, 개여야-개야, 개였다-갰다
메다-메여서-메서, 메여야-메야, 메였다-멨다

그러나 다음과 같은 단어들은 줄어든 대로만 적는다.

례 ① 지다-(지여)져, 졌다
치다-(치여)쳐, 쳤다
찌다-(찌여)쪄, 쪘다
② 사다-(사아)사, 샀다

자다-(자아)자, 잤다
서다-(서어)서, 섰다
가다-(가아)가, 갔다
커다-(켜어)켜, 켰다
짜다-(짜아)짜, 짰다
퍼다-(퍼어)퍼, 폈다

제12항 어간과 토가 녹아 붙어 소리가 줄어진 경우에는 줄어진 대로 적을 수 있다.

> 례 나는-난
> 너를-널
> 나를-날
> 자네는-자넨
> 무엇을-무얼(뭘)
> 무엇이요-뭐요(머요)
> 그것이-그게
> 그것으로-그걸로

제13항 어간의 끝음절 "하"의 "ㅏ"가 줄어져서 뒤에 오는 "ㄱ, ㄷ, ㅈ"가 거센소리로 될 때에는 거센소리로 적는다.

> 례 례하건대-례컨대
> 다정하다-다정타
> 시원하지-시원치
> 발명하게-발명케

그러나 다음과 같은 경우에는 어간의 끝음절의 첫소리 "ㅎ"를 받침으로 올려 적는다.

> 례 아니하다-않다, 않고, 않지
> 저러하다-저렇다, 저렇지
> 자그마하다-자그맣다
> 어쩌하다-어쩧다, 어쩧고, 어쩧지
> 그러하다-그렇다, 그렇고, 그렇지
> 흔하다-흖다, 흖고, 흖지

그리고 어간의 끝음절 "하"가 아주 줄어질 경우에는 준대로 적는다.

> **례** 생각하다-생각다
> 깨끗하다-깨끗다
> 못하지 않다-못지 않다.

제14항 토 "-지" 뒤에 "않-"이 어울려 "-잖-"이 될 적과 "-하지" 뒤에 "않-"이 어울려 "-찮-"이 될 적에는 준대로 적는다.

> **례** 많지 않다-많잖다
> 적지 않다-적잖다
> 무섭지 않다-무섭잖다
> 만만하지 않다-만만찮다
> 시원하지 않다-시원찮다
> 흔하지 않다-흔찮다

제4장 합성어의 적기

제15항 합성어는 매개 어근의 형태를 각각 밝혀 적는 것을 원칙으로 한다.

> **례** ① 걷잡다, 닻줄, 꽃철, 낮보다, 돋보다, 흙벽, 옮걸다, 집안, 꿇앉다…
> ② 꽃무늬, 끝마치다, 빛나다, 겉늙다, 설날, 칼날, 팥알, 젖어미, 값있다, 덧없다…

그러나 오늘날 두개의 어근이 뚜렷하지 않은 것은 그 형태를 밝혀 적지 않는다.

> **례** 며칠, 부랴부랴, 이틀, 이태…

제16항 합성어(또는 파생어)를 이룰 적에 어근사이에서 "ㅂ"이 덧나거나 뒤에 오는 어근의 첫소리가 거센소리로 바뀌여 나는 것은 덧나고 바뀌여 나는 대로 적는다.

례 ① 멥쌀, 좁쌀, 찹쌀, 부릅뜨다, 몹쓸놈, 휩쓸다…
② 머리카락, 안팎, 휘파람, 수펄, 마파람…

제17항 합성어(또는 파생어)를 이룰 적에 "ㄹ"이 "ㄴ, ㄷ, ㅅ, ㅈ" 우에서 빠지는 경우에는 빠진 대로 적는다.

례 미닫이, 차돌,버드나무, 화살, 마소, 보조개, 바느질, 소나무…

제18항 합성어에서 어근의 받침소리 [ㄹ]이 뒤에 오는 어근과 어울리면서 폐쇄음이 된 것은 "ㄷ"로 적는다.

례 섣달, 숟가락, 이튿날, 나흗날, 며칟날…

제5장 **접두사와 어근의 적기**

제19항 접두사와 어근이 어울릴 적에는 각각 그 형태를 고정시켜 적는다.

례 덧저고리, 선웃음, 풋곡식, 헛걸음, 짓밟다, 맏아들, 맨발, 맞들다, 선잠, 햇쌀, 햇닭, 싯누렇다, 샛말갛다…

제6장 **어근과 접미사의 적기**

제20항 자음으로 시작된 접미사가 어근과 어울릴 적에는 그 형태를 각각 밝혀 적는 것을 원칙으로 한다.

1) 새 단어를 만드는 접미사
례 덮개, 접게, 셋째, 잎사귀, 앞장, 찜질, 늙수그레하다. 정답다

2) 동사의 사역 또는 피동을 나타내는 접미사

례 돋구다, 솟구다, 잠기다, 웃기다, 밟히다, 얽히다, 입히다, 업히다, 맺히다

3) 강조의 뜻을 나타내는 접미사 "-치"

례 놓치다, 덮치다, 뻗치다, 엎치다, 밀치다, 받치다

4) 형용사를 동사로 만드는 접미사 "-히", "-추"

례 붉히다, 밝히다, 넓히다, 굳히다, 낮추다, 늦추다

【붙임】 둘받침 "ㄺ, ㄻ, ㄾ, ㅀ"으로 끝난 어근에 접미사가 어울릴 적에 그 둘받침이 받침소리규칙에 맞지 않게 발음되는 경우에는 그 받침을 밝혀 적지 않는다.

례 말끔하다, 말쑥하다, 말짱하다, 널찍하다, 얄팍하다, 얄직하다, 실쭉하다

제21항 어근과 접미사가 어울리여 그 뜻이 달라진 경우에는 어근과 접미사를 밝혀 적지 않는다.

례 거두다(곡식을~), 기르다, 드리다(선물을~), 바치다(공량을~), 도리다, 미루다, 부치다(편지를~), 이루다

제22항 모음으로 시작된 접미사가 어근과 어울릴 적에는 다음과 같이 갈라 적는다.

1) 어근과 접미사를 밝혀 적는 경우
(1) 명사나 부사를 만드는 접미사 "-이"

례 길이, 다듬이, 손잡이, 같이, 많이, 굳이, 좋이, 괴로이, 참되이, 즐거이, 홍겨이, 정다이, 부질없이, 곳곳이, 집집이, 몫몫이, 푼푼이(~모은 돈), 층층이, 번번이(계획을~넘쳐 완수하다)

(2) 명사를 만드는 접미사 "-음"

례 얼음, 물음, 믿음, 웃음, 졸음, 묶음, 걸음

【붙임】 그러나 다음과 같은 단어들은 어근과 접미사를 밝혀 적지 않는다.
거름(~을 내다), 노름(~을 놀다), 고름(~을 짜다)

(3) 동사의 사역 또는 피동을 나타내거나 형용사를 동사로 만드는 접미사들인 "-이", "-우", "-으", "-으키", "-이키", "-애"

<kbd>례</kbd> 놓이다, 높이다, 녹이다, 덮이다, 먹이다, 돋우다, 일으키다, 돌이키다, 없애다

(4) "-거리"와 어울릴 수 있는 어근에 붙어서 동사를 만드는 접미사 "-이"

<kbd>례</kbd> 번득이다, 번쩍이다, 속삭이다, 움직이다

2) 어근과 접미사를 밝혀 적지 않는 경우
(1) 어근에 "-이", "-음"이외의 접미사가 붙어서 이루어진 명사나 부사

<kbd>례</kbd> 나머지, 마개, 마감, 마중, 지붕, 끄트머리, 바깥, 너무, 도로, 바투, 비로소, 자주, 뜨덤뜨덤, 거뭇거뭇, 오긋오긋

(2) 의성의태어에 "-이"가 붙어서 이루어진 명사

<kbd>례</kbd> 개구리, 꾀꼬리, 귀뚜라미, 기러기, 딱따구리, 더퍼리, 얼루기

(3) 어떤 토나 "하다"가 붙어서 단어를 이루는 일이 없는 어근에 접미사 "-이", "-아기", "-애기", "-어기(에기)"가 붙어서 된 명사나 부사

<kbd>례</kbd> 동그라미, 갑자기, 반드시(~ 하여야 한다), 슬며시, 까그라기, 호르래기, 두드러기, 부스레기

(4) 접미사 "-앟(-엏)", "-업(-압)", "-읍"이 붙어서 이루어진 형용사

<kbd>례</kbd> 가맣다, 누렇다, 발갛다, 써느렇다, 간지럽다, 보드랍다, 미답다, 부드럽다, 씨끄럽다, 어지럽다, 우습다

제23항 부사를 만드는 접미사 "-이", "-히"는 다음과 같이 갈라 적는다.

1) 어간에 "하다"를 붙일 수 있는 부사
(1) 받침 "ㅅ, ㄱ"을 제외한 기타의 받침과 모음 아래에서는 "히"로 적는다.

<kbd>례</kbd> 부지런히, 덤덤히, 마땅히, 영원히, 고요히

(2) 받침 "ㅅ" 아래에서는 "-이"로 적는다.

<kbd>례</kbd> 뚜렷이, 깨끗이, 따뜻이

(3) 받침 "ㄱ"아래에서는 발음에 따라 "-이", "-히"로 갈라 적는다.(한자어에서는 전부 "-히"로 적고 고유어에서는 대부분 "-이"로 적는다.)

[례] 엄격히, 정확히, 진득이, 큼직이, 수두룩이, 납죽이

2) 어간에 "하다"를 붙일 수 없는 부사는 "-이"로 적는 것을 원칙으로 한다. 그러나 뚜렷이 "-히"로 발음되는 것은 "-히"로 적는다.

[례] 기어이, 번번이, 고이, 공교로이, 자연히, 특히, 가히, 작히

제7장 한자어의 적기

제24항 한자어는 음절마다 조선어현대발음에 따라서 적는 것을 원칙으로 한다.

[례] ① 인민(人民), 혁명(革命), 로동(劳动), 례외(例外), 녀자(女子)
② 일체(一切), 당분(糖分), 절실(切实), 사탕(砂糖), 성위(省委), 동북(东北), 생략(省略), 패배(败北)

【붙임】 그러나 습관에 따라 달리 발음되는 것은 달리 발음 되는 대로 적는다.

제25항 한자 "不"의 음은 "ㄷ, ㅈ"를 첫소리로 하는 자가 뒤에 올 때는 "부"로 적고 그 외에는 "불"로 적는다.

[례] ① 부단(不断), 부당(不当), 부동(不同), 부득불(不得不), 부자연(不自然), 부적당(不适当), 부족(不足), 부주의(不注意), 부지중(不知中)…
② 불요불굴(不挠), 불운(不运), 불인정(不人情), 불편(不便)…

제26항 한자어에서 모음 "ㅖ"가 들어있는 음절로는 "계", "례", "혜", "예"만을 인정한다.

[례] 세계(世界), 계산(计算), 혜택(惠泽), 은혜(恩惠), 례절(礼节), 예술(艺术)…

【붙임】그러나 원음이 "게"인 것은 그대로 적는다.

> 례 게시판(揭示板), 게재(揭載)…

제27항 한자어에서 모음 "ㅢ"가 들어있는 음절로는 "희", "의"만을 인정한다.

> 례 회의(會議), 의의(意義), 의학(醫學), 희망(希望), 유희(遊戲)…

조선말띄여쓰기

총칙

첫째, 조선말은 단어를 단위로 하여 띄여 쓰는 것을 원칙으로 한다.
둘째, 남과 북이 합의를 본 것은 그대로 쓴다.

제1장 명사, 수사, 대명사와 관련한 띄여 쓰기

제1항 명사에 토가 붙은 경우에는 뒤의 단어와 띄여 쓴다.

례 봄이 오니 산과 들에 꽃이 핀다.

제2항 인명에서 이름과 호는 성에 붙여 쓴다.

례 김철수, 서화담

제3항 호칭어는 붙여 쓴다.

례 김군, 리영철씨, 순희양, 지○○동지, 장○○동무

제4항 관직명은 띄여 쓴다.

례 김○○ 주임, 권○○ 국장

【붙임】 그러나 성씨 바로 뒤에 올 때에는 붙여 쓴다.

제5항 지명의 단위를 나타내는 단어는 앞말에 붙여 쓴다.

> **례** 연길시, 공원가

제6항 고유한 대상의 이름은 붙여 쓴다.

> **례** 중화인민공화국, 중국공산당, 연변조선족자치주인민정부, 연길시제3중
> 학교

제7항 당조직, 국가기구, 인민단체, 행정구역 등의 명칭은 전체와
부분(또는 급별)의 사이를 띄여 쓴다.

> **례** 중국공산당 중앙위원회
> 중국공산당 중앙위원회 정치국 상무위원회
> 중화인민공화국 외교부 아시아주사
> 중국공산당 길림성위원회 선전부
> 연변대학 조선-한국학학원 조선어문학부 조선어학과
> 연변대학 교무처
> 연길시 하남가두 신원거주민위원회18조

제8항 회의명칭(전람회, 운동회 명칭도 포함함)은 회의의 주최단
위를 나타내는 부분, 순차를 나타내는 부분, 범위를 나타내는 부
분, 내용을 나타내는 부분을 각각 띄여 쓴다.

> **례** 중국공산당 제18차 전국대표대회
> 중국공산당 제18기 중앙위원회 제1차 전원회의(당중앙 제18기 제1차
> 전원회의)
> 연길시 각족 각계 인민 중화인민공화국성립55돐 경축대회
> 제1회 전국조선족축구대회

제9항 기관이나 부서의 이름과 직무이름(또는 직업, 신분, 칭호),
사람이름 사이는 각각 띄여 쓴다.

례 중국공산당 중앙위원회 위원 장○○(중앙위원 장○○)
　　선전부 부장 김○○(선전부장 김○○)
　　교육국 국장 장○○(교육국장 장○○)
　　정치부 주임 리○○
　　중국공산당 당원 리○○(공산당당원 리○○, 공산당원 리○○)
　　연변대학 교수 류○○(연대 교수 리○○)

제10항 국가나 정당, 사회단체 등의 정식 이름 뒤에 오는 보통명사는 띄여 쓴다.

례 중화인민공화국 정부성명
　　중화인민공화국 외교부 각서
　　중국공산당 중앙위원회 기관지
　　조선민주주의인민공화국 귀빈
　　중화전국체육총회 성명

제11항 동격어나 이에 준하는 말은 띄여 쓴다.

례 수도 북경
　　텔레비죤드라마 "사랑이 뭐길래"
　　잡지 《연변문학》
　　1년12달
　　여름 삼복 때
　　동서남북 사방

제12항 모점(、)을 찍어서 렬거되거나 토 "-과", "-와", 접속사 "및" 등에 의하여 열거된 명사의 앞뒤에 공통적으로 어울리는 단어는 띄여 쓴다.

례 문구점에는 연필、 만년필、 원주필 및 필기책 등 학용용품을 사는 아이들로 가득했다.
　　학교 교원과 학생
　　당과 인민 앞에
　　현대적 공업과 농업
　　20세기 초엽과 중엽

제13항 장소적 의미를 나타내는 고유명사 뒤에 오는 명칭은 띄여 쓴다.

> 례 할빈시 흑룡강일보사
> 연길시 연변인민출판사
> 중국 북경

제14항 관형사적으로 쓰이는 "각급, 각종, 각항, 력대, 매개, 소수, 전체, 해당, 일부, 일체, 각계각층……" 등 명사는 뒤의 명사와 띄여 쓴다.

> 례 각급 당조직, 각종 활동, 각항 정책, 매개 기업소들, 력대 통치배들, 소수 농민들, 전체 로동자들, 해당 기관, 일부 학교, 일체 문체, 각계각층 대표

제15항 앞의 명사를 다시 받는다고 할 수 있는 명사 "자신, 자체, 전체, 전부, 전원, 일행, 일가, 일동"은 앞의 단어와 띄여 쓴다.

> 례 학생 자신이 만든 것이다.
> 지구 자체도 돈다.
> 학생 전원
> 답사자 일행
> 학급 전체

제16항 사람의 이름 뒤에 오는 "작곡, 작사, 안무, 각색, 목각, 시……" 등 명사는 앞의 단어와 띄여 쓴다.

> 례 김〇〇작곡
> 김〇〇작사
> 김〇〇안무
> 김〇〇각색
> 김〇〇목각
> 김〇〇시

제17항 전문용어는 붙여 쓴다.

> **례** 염알칼리성토양
> 고속전기계산기
> 거센소리
> 1원2차방정식
> 직각2등변삼각형

제18항 명사 결합체에서 붙여 쓰면 두가지 뜻으로 리해될 수 있는 경우 의미 단위별로 뜻이 통하게 띄여 쓴다.

> **례** 중세 언어연구(중세에 진행된 언어연구)
> 중세언어 연구(중세의 언어 연구)

제19항 명사끼리 토 없이 결합되여 하나의 대상, 현상, 상태를 나타내는 경우 붙여 쓴다.

> **례** 가야금병창
> 회사회원

제20항 토가 없이 결합된 단위가 너무 길어 읽고 리해하기 힘들 때에는 뜻단위로 띄여 쓴다.

> **례** 중증 급성 호흡기 증후군

제21항 불완전명사는 앞의 단어와 띄여 쓴다.

> **례** 아는 것이 힘이다.
> 더 말할 나위가 없다.
> 따위- 사과배 따위의 과실.
> [고유어불완전명사 자료]
> 감, 것, 결, 김, 나름, 나절, 나위, 녘, 노릇, 등, 듯, 대로, 데, 만, 무렵,

물, 바, 번, 벌, 법, 분, 사, 상, 수, 셈, 자, 줄, 즈음, 즘, 지, 짓, 척, 치, 채, 체, 컨, 탁, 터, 턱, 통, 폭, 품, 해, 깨, 껏, 따위, 딴, 또래, 때문, 뿐, 뿐만, 쪽, 쪽쪽, 쯤, 이, 념, 내기, 리, 만, 만큼, 만치, 손, 탓

【붙임】 "상, 중, 부, 분"과 같은 한자어 불완전명사는 앞의 단어에 붙여 쓴다.

례 사상상, 정치상
    회의중, 학습중
    3일부 "인민일보"
    6월분 계획
    [한자어불완전명사 자료]
    급, 계, 과, 별, 분, 상, 장, 전, 판, 편, 하, 항, 형, 호, 간, 중, 경, 기, 내, 당, 말, 발, 번, 부, 산, 조, 차, 착, 초, 측, 행, 양, 외, 래

제22항 단위명사는 앞의 단어에 붙여 쓴다.

례 한개, 1개, 세마리, 3마리, 열장, 10장
    일년, 1년
    1949년 10월 1일
    11시 23분 5초
    95페센트 (95%)
    [단위명사 자료]
    가마, 가지, 건(件), 교(신문교정 2교), 구(시체 2구), 군데, 기(期), 개, 냥, 두름(명태 한두름), 대(자동차 3대), 량(려객렬차 2량), 리(里), 리 (10전 1리), 마리, 명, 문(대포 두문), 문(신발 39문), 매(수저 1매), 매 (원고지 50매), 발, 방, 보(2보 앞으로 갓), 분, 장, 정(기관총 2정), 촌, 치, 채, 컬레, 타스, 톨(밤 한톨), 톳(김 한톳), 통, 푼, 필, 할(7할), 회, 회전, 위(3위), 가닥, 가락, 가마, 가마니, 가지, 가치, 간(방 한간), 갈래, 갈이, 감, 갑, 걸음, 겹, 고랑, 고뿌, 곡, 곡조, 곱, 곱절, 곳, 공기, 교시(1 교시), 구절, 굽이, 그루, 그릇, 근, 급(1급), 길(한길 넘는 우물), 계단, 권, 낟가리, 년, 놈, 다발, 단, 단(1단), 달, 덩어리, 달구지, 덩이, 돌림, 돌, 등(2등), 등분, 대, 대접, 되, 렬(5렬에 서다), 마디, 막(2막 1장), 말, 망태기, 모(두부 3모), 모숨, 목판(엿 두목판), 무지, 묶음, 바가지, 바퀴, 발, 발(새끼 두발), 발자국, 발작(두발작), 방울, 벌, 병, 봉지, 배(새끼돼 지를 두배째 낳다), 배(한배, 두배), 사발, 삼태기, 삽, 섬, 송이, 수(장기 두수 들다), 순배, 숟가락, 숟가락, 술, 승(3전 3승), 시간, 세기(21세기),

세대, 자(천 3자), 자루, 잔, 장(연극 3막 2장), 장(론문 제1장 3절), 점(고기 한점), 접(마늘 한접), 종목, 종지, 주(한주, 두주), 주간, 주년, 주야, 주일, 줄, 줄기, 줌, 지게, 질, 짐, 제, 차량(두차량의 짐), 차례, 참(두참을 쉬다), 첩, 초, 축(두축), 춤(벼모 두춤), 책, 칸, 타래, 탕크, 토리, 토막, 통, 퉁구리, 파(두파로 갈라지다), 판(제1판), 편, 평(방안의 면적 20평), 포기, 포대, 폭, 필, 패(세패의 선수들), 페지, 항(3항), 호, 해(한해, 두해), 행, 회, 환, 홰(닭이 세홰째 운다), 까풀, 꺼풀, 꼬치, 꼬투리, 꼬삐, 꼭지, 꼴(두꼴을 넣다), 꾸레미, 꿰미, 떨기, 뜸(바느질 두뜸), 떼기, 뿜, 쌍, 짝, 쪼각, 쪼박, 쪽(마늘 두쪽), 알, 오리(실 두오리), 오래기, 인(5인), 잎, 원, 전(10전)

제23항 수사는 아라비아수자로 적는 것을 원칙으로 하되 옹근수인 경우 왼쪽으로 가면서, 소수인 경우 오른쪽으로 가면서 세개 단위씩 띄여 쓴다. 조선문자로 단위를 달아줄 경우거나 순 조선문자로 적을 경우에는 "만, 억, 조" 등의 단위에서 띄여 쓴다.

례 987 654 321
0.002 321 78
9억 8765만 4321
구억 팔천칠백륙십오만 사천삼백스물하나

제24항 수사가 완전명사와 어울리는 경우에는 띄여 쓴다.

례 두 사람, 일곱 학생, 다섯 나라, 13억 중국인민
70 평생, 30 나이, 20명 정도, 30도 이상, 100% 담보

제25항 대명사는 아래 단어와 띄여 쓴다.

례 우리 나라, 내 나라, 이 책, 그 사람, 누구 모자, 여기 있다.

제26항 "상, 성, 식, 적, 제, 용" 등 뒤에 오는 단어는 띄여 쓴다.

례 시간상 제약

식물성 기름
연변식 랭면
력사적 사명
국산제 무기
학생용 가방

제2장 동사, 형용사와 관련한 띄여 쓰기

제27항 동사나 형용사는 앞뒤의 단어와 띄여 쓴다.

례 배우며 일한다.
겸손하고 근신하다.
자원하여 일하다.
읽고 쓰기가 좋다.

제28항 토 "-아, -어, -여, -아다, -어다, -여다"가 붙은 동사나 형용사가 다른 동사나 형용사와 어울려 하나의 동작, 상태를 나타내는 것은 붙여 쓴다.

례 돌아가다, 귀담아듣다, 무거워보이다, 일어나다, 심어주다, 뛰여내리다, 버티여내다, 반가와하다, 건너다보다, 넘겨다보다, 바라다보다

제29항 동사나 형용사가 어울려서 하나로 녹아붙은 것은 붙여 쓴다.

례 아닌게아니라, 아니나다를가

제30항 보조용언은 앞의 단어와 띄여 쓴다.

례 발전하고 있다.
읽고 있다.
보고 싶다.
울상 싶다.

견지하고야 말다.

읽고 나다.

울어 버리다.

제31항 "듯, 만, 번, 법, 사, 척, 체……"가 붙은 동사나 형용사가 "하다"와 어울리는 경우에는 붙여 쓴다.

[례] 옳은듯하다, 쓸만하다, 만날번하다, 이길번하다, 이길법하다, 웃을사하다, 아는척하다, 아는체하다, 모르는체하다

제32항 명사에 동사나 형용사가 직접 어울려서 하나의 단어로 된 것은 붙여 쓴다.

[례] 건설하다, 세련되다, 훈련시키다, 교육받다, 물결치다, 욕보다, 값지다, 그늘지다, 멋지다, 능청맞다, 심술궂다, 멋쩍다, 지성어리다, 남다르다, 낯설다, 눈익다, 담차다, 눈부시다, 빛나다, 애쓰다, 왕청같다, 거침없다, 속절없다, 힘없다

제33항 부사에 동사나 형용사가 직접 어울려서 동사나 형용사를 이룬 것은 붙여 쓴다.

[례] 잘하다, 잘되다, 잘시키다, 잘살다, 못하다, 못되다, 못시키다, 못나다, 아니하다, 아니되다, 아니시키다, 같이하다, 더없다, 가까이하다, 방긋하다, 생긋하다, 오싹하다, 찰싹하다, 방긋방긋하다, 생글생글하다, 반질반질하다, 바삭바삭하다, 쩔쩔매다, 설설기다, 가로채다, 내리누르다, 바로잡다, 가로퍼지다

제3장 관형사, 부사, 감탄사와 관련한 띄여 쓰기

제34항 관형사는 아래의 단어와 띄여 쓴다.

례 온 나라, 새 교과서, 웬 사람, 전 세계, 각 공장, 본 공장, 제 문제, 원 계획초안, 모든 학생, 무슨 일, 어느 겨를, 여느 사원, 여러 나라, 온갖 노력, 별의별 이야기

【붙임】 아래와 같은 경우는 접두사이기 때문에 붙여 쓴다.

례 새해, 새옷, 새집, 새봄
첫여름, 첫머리, 첫시작
맨처음, 맨머리, 맨발, 맨주먹
별말, 별소리, 별걱정
딴말, 딴생각, 딴마음, 딴세상
옛동무, 옛모습, 옛친구, 옛이야기
온몸, 온종일, 온밤

제35항 두 부사가 겹쳐 새로운 부사를 만드는 경우 붙여 쓴다.

례 거의다, 더욱더, 더한층, 모두다, 이리저리, 고루고루, 새록새록, 이래저래…

제36항 명사에 "없이, 같이, 높이, 깊이, 가득, 듬뿍……" 등이 직접 어울려서 부사를 이룰 때 붙여 쓴다.

례 두말없이, 번개같이, 하늘높이, 가슴깊이, 가슴가득, 가슴듬뿍…

제37항 감동사는 앞뒤의 단어와 띄여 쓴다.

례 아, 어머니조국이여!
야, 만리장성이 정말 웅위하구나!
아 아아! 아아 아!
얼씨구 절씨구

조선말문장부호법

총칙

첫째, 중국, 한국, 조선에서 통용으로 쓰는 문장부호는 그대로 사용한다.

둘째, 중국, 한국, 조선에서 서로 달리 쓰는 문장부호는 문장 리해의 편리에 따라 사용한다.

셋째, 기능과 모양에 따라 문장부호 이름을 단다.

제1항 문장부호의 종류와 이름

종류	이름	종류	이름
.	마침표	" "	인용표
:	설명표	' '	거듭인용표
/	분수표	《 》	서명표
,	쉼표	( )	소괄호
、	렬거표	[ ]	중괄호
?	물음표	{ }	대괄호
!	느낌표	. . .	드러냄표
–	이음표	○○○	숨김표
—	풀이표	″	같음표
……	줄임표	~	포함표

제2항 마침표(.)

1) 하나의 문장이 완전히 끝났음을 보일 때 문장 끝의 오른편 아래쪽에 찍는다.

> 례 연길은 연변조선적자치주의 주부이다.

2) 준말임을 나타내기 위하여 오른편 아래쪽에 찍는다.

례 1949. 10. 1.
　　웨. 이. 레닌
　　레. 브. 똘스또이

3) 달과 날의 수자를 합쳐서 이룬 명사에서는 두수자의 중간 아래쪽에 찍는다.

례 5.1절, 5.7지시, 5.4운동

4) 대목이나 장과 절을 가르는 부호에 소괄호, 중괄호, 대괄호나 동그라미가 없을 적에 그 부호 뒤에 찍는다.

례 1. 3. 7

제3항 설명표(:)

1) 내포되는 종류를 들 적에 찍는다.

례 문장 부호: 마침표, 쉼표, 따옴표, 묶음표
　　문방사우: 붓, 먹, 벼루, 종이

2) 소표제 뒤에 간단한 설명이 붙을 때에 찍는다.

례 일시: 1984년 10월 15일 10시
　　마침표: 문장이 끝남을 나타낸다.

3) 저자명 다음에 저서명을 적을 때에 찍는다.

례 정약용: 목민심서, 경세유표
　　주시경: 국어 문법, 서울 박문서관, 1910.

4) 시(時)와 분(分), 장(章)과 절(節) 따위를 구별할 때나, 둘 이상을 대비할 때에 찍는다.

례 오전10 : 20 (오전 10시 20분)
　　요한3 : 16 (요한복음 3장 16절)
　　대비65 : 60 (65대 60)

제4항 분수표(/)

1) 대응되거나 대립되거나 대등한 것을 함께 보이는 단어와 구절 사이에 쓴다.

례 백이십오원/ 125원
   착한 사람/ 악한 사람

2) 분수를 나타낼 때 찍는다.

례 3/4분기, 5/20

제5항 쉼표(,)

1) 복합문에서 접속토가 없이 문장들이 이어질 때 단순문 사이에 찍는다.

례 아버지는 퇴직간부, 형님은 회사직원, 나는 대학생.

2) 종결토로 끝난 문장 또는 구절이라 하더라도 뒤의 문장이나 구절에 밀접히
   련계되였을 때는 그 종결토 뒤에 찍는다.

례 가자, 어서가자, 조국이 부르는 곳으로!
   동물원에 들어가 동북호랑이를 본다, 아프리카의 기린을 본다, 참대곰
   을 본다하며 의의있는 하루를 보내였다.

3) 문장속에 있는 호칭어, 삽입어, 감동어, 제시어 등을 구분하기 위하여 찍는다.

례 선생님, 북경으로 언제 가십니까?
   간단히 말하면, 언어란 사람들의 교재의 도구이다.
   아, 이것은 얼마나 아름다운 화폭인가.

4) 문장성분이 전도된 어순에서 종결술어 뒤에 찍는다.

례 일어나라, 굶주린 노래를, 전 세계 로고대중들!

5) 문장에서 단어들의 관계가 섞갈릴 수 있을 적에 그것을 구분하기 위하여
   찍는다.

례 우리들은, 인민을 압박착취하기 위하여 침략을 일삼는 제국주의도배들
   을 반대하여 일떠선 인민들에게 열렬한 지원을 보낸다.

제6항 렬거표(、)

동종의 문장성분들을 똑똑히 갈라주기 위하여 그사이에 찍는다.

례 남새상점에는 배추、파、시금치 같은 남새와 사과、배、복숭아、감 같은 과일들도 있었다.

량식、면화、유료、마류、잠사、차엽、당료、채소、담배、과실、약재、잡류 등 12개 항목의 생산을 힘써 발전시켜야 하며 농업、림업、목축업、부업、어업 등 5업을 병진시키는 방침을 실시하여야 한다.

제7항 의문표(?)

1) 의문의 뜻을 나타내는 문장 끝에 쓴다.

례 지금은 몇시입니까?

허송세월하기보다 더 큰 죄악이 있다면 그것은 무엇인가?

2) 의심쩍거나 망설이게 됨을 나타낼 때 쓴다.

례 리동무가 래일 떠난다? 저걸 어쩐담? 참 딱한 일이군.

3) 의문과 감탄의 뜻이 동반되는 문장에서는 물음표와 느낌표를 함께 쓴다.

례 당신은 정말 이만저만이 아닌데요?!

제8항 느낌표(!)

1) 감탄의 뜻을 나타내거나 강한 어조를 가지는 문장 끝에 쓴다.

례 아, 얼마나 아름다운 북국의 풍경인가!

위대한 중국공산당 만세! 만만세!

제국주의를 타도하자!

2) 호칭어, 감동어, 제시어들이 강한 감동적 억양을 가지고 있을 때 그뒤에 쓴다.

례 조국이여! 길이 빛나라.

아! 태양이 솟아오른다.

붉은기! 이것은 혁명의 상징.

제9항 이음표(‒)

두개 이상의 단어가 어울려 하나의 통일된 개념을 나타낼 때 그 단어들 사이에 쓴다.

> **례** 맑스‒레닌주의, 모택동사상
> 장강‒회하지역

제10항 풀이표(—)

1) 동종의 문장성분들과 총괄어 사이에 쓴다.

> **례** 씨름, 그네뛰기, 널뛰기—이 모든 민족경기가 당의 따사로운 빛발아래서 날로 더 이채를 띠고 있다.
> 실천, 인식, 재실천, 재인식—이러한 형식이 무한히 순환, 반복되며 매개 순환에서의 실천과 인식의 내용은 번마다 한급 더 높은 정도에 오른다.

2) 동격어 뒤에 쓴다.

> **례** 영광스러운 조국—중화인민공화국 만세!

3) "에서—까지", "부터—까지"의 뜻을 나타내기 위하여 쓴다.

> **례** 북경—장춘
> 상학시간: 8시—12시

4) 서로 대립되는 관계를 나타내기 위하여 쓴다.

> **례** 북경청년대—연변팀축구시합

5) 소리의 여운 혹은 긴소리를 나타낼 때 쓴다.

> **례** 눈보라가 윙—윙— 불어온다.
> 쉬— 조용하오. 무슨 소리가 나는것 같소.

6) 제목글에서 본 제목 외에 부제목이 있을 때 부제목 앞에 쓴다.

> **례** 인민영웅들은 길이길이 빛나리라!
> —수도의 인민영웅기념비를 우러러보며

7) 문장의 내용을 보충, 설명하는 삽입어 또는 삽입문의 앞뒤에 괄호대신에 쓴다.

> **례** 지금 우리의 임무는 인민의 국가기구―이것은 주로 인민의 군대, 인민의 경찰, 인민의 법정을 가리킨다.

제11항 줄임표(……)

1) 문장이 끝나지 않았거나 일부가 생략된 것을 나타내기 위하여 쓴다. 줄임표는 여섯점을 찍는다.

> **례** "그 동무가 노력은 하지만 암만하여도……"용수는 말끝을 얼버무렸다.

2) 담화에서 이야기가 잠간 중단되였거나 침묵을 나타낼 때 쓴다.

> **례** "리선생과 전형은 모두……희생되였습니다."
> "재영씨, 자신에 대하여 어떻게 생각하오?"
> "……"
> 재영이는 머리를 떨구고 말없이 서있었다.

3) 제목이나 차례의 뒤에 보충하는 설명을 붙일 때 쓴다. 이때의 점의 수는 제한이 없다.

> **례** 머리말……편자
> 제2절 명사………(12)

제12항 인용표(" "), (' ')

1) 다른 사람의 말이나 글을 그대로 인용할 때 그 문장의 앞뒤에 갈라 쓴다.

> **례** 우리는 "한 있는 생명을 인민을 위하여 복무하는 한없는 사업에 바친" 뢰봉의 정신을 따라배워야 한다.

2) 인용표안에 또 다른 인용표를 써야 할 경우에는 거듭인용표(' ')를 쓴다.

> **례** "여러분, 힘냅시다! '하늘이 무너져도 솟아날 구멍이 있다'고 하지 않았습니까?"

3) 문장에서 중요한 부분을 두드러지게 나타낼 때 인용표(" ")를 쓴다.

> **례** 21세기 "정보화시대"

제13항 서명표(《 》)

도서, 신문, 잡지 등의 이름을 나타낼 때 서명표(《 》)를 쓴다.

례 《인민일보》, 《공산당선언》, 《중국조선어문》 잡지.

제14항 묶음표(소괄호, 중괄호, 대괄호) (( ), [ ], { })

1) 어떤 말에 대한 간단한 설명이나 보충적인 부분을 첨가하는 경우에 그 내용을 묶어주기 위하여 소괄호를 그 앞뒤에 갈라 쓴다.

례 그가 대학을 졸업하고 류학을 갈 때는 겨울이였다.(그해 겨울에는 눈도 많이 왔었다.)

2) 우리 글에서 한자거나 외래어를 밝힐 경우에 한자거나 래어의 그 앞뒤에 소괄호를 갈라 쓴다.

례 기강(紀綱)을 세우다.
카바이드찌끼(電石灰)
이미지(image)를 높이다.

3) 인용문의 출처를 밝힐 때 그 앞뒤에 소괄호를 갈라 쓴다.

례 "우리의 문학예술은 모두가 인민대중을, 무엇보다도 먼저 공농병을 위한 것이며 공농병을 위하여 창작되고 공농병에게 리용되는 것이다." ("연안문예좌담회에서 한 강화", "모택동선집" 제3권 제1146페지)

4) 묶음표안에 또 다른 묶음표가 있게 될 적에는 바깥 것은 중괄호를, 안의 것은 소괄호를 쓴다.

례 "인민, 오직 인민만이 세계의 력사를 창조하는 동력이다."["련합정부를 론함"("모택동선집" 제3권, 민족출판사 조선문판 제1502페지)]

5) 제목이나 종목을 특별히 나타내기 위하여 중괄호를 쓴다.

례 [지리편]
1. 면적
2. 인구

6) 사전 등에서 단어의 품사거나 발음을 표시할 때 중괄호를 쓴다.

례 당[명사]
　　당성[―썽]
　　간다[동사]

7) 여러 단어를 동등하게 묶어서 보일 때 대괄호를 쓴다.

례 주격토 $\left\{ \begin{array}{c} -가 \\ -이 \end{array} \right\}$

제15항 드러냄표(_____)

문장가운데서 특히 중요하다고 생각되거나 읽는 사람의 주의를 끌기 위하여 그 부분을 강조할 필요가 있을 때 해당한 부분의 글자밑에 끗는다.

례 <u>종이장도 맞들면 가볍다고</u> 아무리 힘든 일이라도 여럿이 서로 힘을 모아 함께 하면 안 될 일이 없다.

제16항 숨김표(〇〇〇)

문장에서 글자로 나타내고 싶지 않을 적에 그 글자수만큼 친다.

례 〇〇는 지난날 혁명자들의 련락총점이였다.

제17항 같음표(〃)

같은 말이나 표현이 겹쳐 나올 때 우에 적힌 것과 같다는 것을 나타내기 위하여 쓴다.

례 제1생산대 대장
　　제2　〃　〃
　　〃　〃　부대장

제18항 포함표(~)

1) "내지"라는 뜻으로 쓰되 단위명사는 마지막수자에 붙인다.

례 10~20명, 4~6월, 1~2원

2) 단어의 형태가 되풀이되면서 그 일부를 줄일 때 쓴다.

례를 들면 "해죽"과 관련하여 "해죽거리다", "해죽이"를 "~거리다","~이"로 적을 수 있다.

제19항 인용표와 괄호안에서의 부호

1) 인용표와 괄호안의 말이 문장인 경우는 거기에 문장으로서 필요한 부호를 쓴다.

례 "새들이 모두 어델 갔을가? 아, 모진 비바람 때문에 나오지 못했는가 봐…"옥보는 부지중 이런 생각이 들었다.
"아무렴, 그렇게 해야지!"하고 그는 말하였다.

2) 인용표나 괄호안의 말이 문장이 아닐 경우는 그것을 위한 아무 부호도 치지 않는다.

례 기실 "혁명"이란 것이 별로 희한한 것은 아닙니다. 오직 혁명이 있기 때문에 사회가 개혁될 수 있고 인류가 진보할 수 있습니다.

3) 인용표 안에 있는 문장의 끝에서 전체 문장도 끝나는 경우에는 끝맺는 부호를 다음과 같이 쓴다.

⑴ 인용표안의 문장과 전체로서의 문장이 같은 종류의 문장일적에는 인용표 밖에만 해당한 부호를 쓴다.

례 실천이 증명하다 싶이 "군중은 진정한 영웅이고 우리자신은 흔히 유치하기 짝이 없다."
당의 호소대로 "금년임무를 국경절전으로 완수하라"!
그래 "아니 땐 굴뚝에서 연기가 날가"?

⑵ 인용표안의 문장과 전체로서의 문장이 다른 종류의 문장일적에는 인용표의 안팎에 각각 해당한 부호를 쓴다.

례 벌써 "차시간이 되었다"?

4) 괄호안의 말이 전체 문장의 끝에 있고 그 뒤에 다른 문장이 이어져 있지 않는 경우에는 괄호 뒤에 아무 부호도 치지 않는다.

례 우리는 몹시 기뻤다. (년간계획이 한달 전에 끝났던 것이다.)

제20항 제목에서의 부호

1) 제목의 글이 종결토로 끝난 감탄문, 의문문인 경우는 문장의 끝에 해당한
   부호를 쓴다.

   례 위협이냐, 공갈이냐?
          사회로 진출하는 대학생들을 열렬히 환송한다.

2) 신문, 잡지 등에서 제목의 글이 명명문이나 종결토가 없이 끝난 문장인
   경우는 부호를 치지 않는 것을 원칙으로 한다.

   례 고귀한 품성
          고향산 기슭에서

최윤곤(崔潤坤)

동국대학교 문학박사, 한국어문법/한국어교육 전공

동국대학교 국어국문문예창작학부 초빙교수

한국 어문 규정 입문

1판1쇄 발행 2017년 2월 24일

지 은 이   최 윤 곤
펴 낸 이   김 진 수
펴 낸 곳   **한국문화사**
등   록   1991년 11월 9일 제2-1276호
주   소   서울특별시 성동구 광나루로 130 서울숲 IT캐슬 1310호
전   화   02-464-7708
전   송   02-499-0846
이 메 일   hkm7708@hanmail.net
홈페이지   www.hankookmunhwasa.co.kr

ISBN 978-89-6817-461-2 93710

이 도서의 국립중앙도서관 출판예정도서목록(CIP)은 서지정보유통지원시스템
홈페이지(http://seoji.nl.go.kr)와 국가자료공동목록시스템(http://www.nl.go.kr/kolisnet)에서
이용하실 수 있습니다.(CIP제어번호: CIP2017002811)